AF571091

Burak Gümüs

Türkische Aleviten

Vom Osmanischen Reich bis zur heutigen Türkei

Hartung-Gorre Verlag Konstanz 2001

KONSTANZER SCHRIFTEN ZUR SOZIALWISSENSCHAFT
BAND 58

Herausgegeben von Horst Baier und Erhard R. Wiehn

Bibliografische Information Der Deutschen Nationalbibliothek
Die Deutsche Nationalbibliothek verzeichnet diese Publikation in der Deutschen Nationalbibliografie; detaillierte bibliografische Daten sind im Internet über http://dnb.d-nb.de abrufbar.

Erste Auflage 2001, 2. Auflage 2005
3. Auflage 2021.
Druck BoD GmbH, Norderstedt

HARTUNG-GORRE VERLAG
KONSTANZ
ISSN 0936 - 8868
ISBN 978-3-89649-752-9 und 3-89649-752-9

Inhalt

1. Einleitung

1.1. Problemstellung

> "In einer Spielshow trat eine schwangere Frau auf ... Jemand fragte sie: 'Wer hat dir das angetan? '- 'Mein Vater', antwortete sie. Darauf die Nachfrage: 'Bist du etwa ein Rotschopf?' Rothaarige - das ist im Vokabular der Vorurteile das Codewort für Alawiten [[1]]. Sie zu verspotten, ihnen gar Inzest zu unterstellen, ist bei der sunnitischen Mehrheit gängig. Den Alawiten, einer ... konfessionellen Minderheit, sexuelle Ausschweifungen anzudichten, ist nicht unüblich." (Die Zeit Nr.13/24.3.1995, S.3)

Mit schätzungsweise einem Drittel der Bevölkerung bilden die Aleviten nach den Sunniten die größte Glaubensgemeinschaft in der Türkei. "Obwohl sie sich zum Islam bekennen, gelten sie aufgrund ihrer unorthodoxen Auslegung des Islam und ihren heidnisch anmutenden Praktiken als Ketzer." (Kehl-Bodrogi 1992: 1) Für Angehörige einer derart stigmatisierten Minderheit war und ist der Zugang zu gesellschaftlichen Ressourcen der konfessionellen Mehrheitsgesellschaft der Sunniten oft nur über die Verheimlichung der eigenen Identität möglich (vgl. Kehl-Bodrogi 1992: 1-2), wobei die schon seit Reichszeiten praktizierte jahrhundertealte Diskriminierungspalette vom Ausschluß an der Teilhabe an sozialer Interaktion über pogromähnliche Ausbrüche von Konfessionshaß bis hin zu Massakern (wie z.B. in Corum, Kahramanmaras oder Sivas) reicht. Das zunächst durch Militärs und später durch die konservativen Parteien begünstigte Phänomen der Reislamisierung erzeugte Anfang der 90er ein gesellschaftliches Klima, das m.E. zunehmend durch religiöse Intoleranz gekennzeichnet ist. Zeitgleich sind zahlreiche Vorfälle von *Coming out* durch Angehörige dieser Minderheit und verstärktes Selbst- und Fremdinteresse am Alevitentum zu beobachten. Es werden zahlreiche entsprechende Periodika veröffentlicht und Vereine gegründet, auf deren öffentlichen Veranstaltungen wie Podiumsdiskussionen, Vorträgen und Kongressen sowie Konzerten mit alevitischer Musik und Tanzvorführungen stattfinden. Dort wird die Forderung nach staatlicher Anerkennung des Alevitentums und damit nach seiner Gleichberechtigung erhoben. Es gibt nun zwar nicht wenige wissenschaftliche Publikationen über die religiösen Inhalte des Alevitentums, jedoch ist die Anzahl der soziologischen Arbeiten über Ursachen und Folgen der Verrandung der Angehörigen dieser Glaubensgemeinschaft gering. Dabei wird davon ausgegangen, daß Margi-

[1] Es gibt noch keine einheitliche Schreibweise für die Angehörigen dieser Glaubensgemeinschaft ("Alewiten", "Alevi", "Alawiten", "Ala'wi" etc.). Der Verfasser dieser Schrift benutzt die Bezeichnung "Aleviten".

nalisierung und Entdiskriminierung nicht gegeben ist, sondern durch soziale Konstruktion politischer Eliten je nach machtpolitischen Zweckerwägungen erzeugt wird.

1.2. Zielsetzung

Es soll eine herrschaftstheoretische Analyse über Ursachen und Folgen sowie nicht intendierten Wirkungen der Verrandung von minoritären sozialen Kollektiven im Rahmen eines Herrschaftssystems versucht werden: Eine politische Elite führt dabei zur Verstetigung ihrer Herrschaft eine von den Beherrschten zu akzeptierende Legitimationsideologie mit entsprechenden Werten und Normen als "Leitkultur" ein und konstruiert darauf aufbauend neben der Kerngesellschaft eine Gruppe, die durch die Nichteinhaltung der aufgestellten Standards zwangsläufig entsteht und diskriminiert wird. Es sollen Gemeinsamkeiten und Unterschiede der Motive der osmanischen bzw. türkischen Herrscher für die Verrandung und graduelle Emanzipation der Aleviten sowie die der dabei benutzten Mechanismen der Inklusion und Absonderung anhand der historischen Entwicklung bis zur Gegenwart herausgearbeitet werden. Es ist zu erläutern, welche Folgen die Aufstellung eines herrschenden Werte- und Normensystems für die abweichenden Betroffenen hat. Dabei stehen folgende Fragen im Mittelpunkt:

- Warum und wie wird und wurde kollektive Identität der Beherrschten im Rahmen einer Herrschaftsbeziehung durch Eliten im Türkischen Reich und in der kemalistischen und heutigen Republik geschaffen?
- Warum und wie sind die jeweilige Kerngesellschaft und die Randgruppen im Osmanischen Reich und in der Türkei entstanden?
- In welcher Beziehung stand und steht die jeweilige Kerngesellschaft zu den Aleviten?
- Welche Folgen hatten die im Reich und heute herrschenden Werte und Normen auf die Aleviten?
- Warum und wie haben Aleviten auf Diskriminierung und Emanzipation reagiert?

1.3. Vorgehensweise

Im 1. Kapitel dieser Arbeit wird in die Alevitenfrage eingeführt. Nach der Beschreibung der Problemstellung, Zielsetzung und Vorgehensweise werden Begriffsbestimmungen vorgestellt.

Im 2. Kapitel erfolgt zuerst die Vorstellung des machttheoretischen Ansatzes zur sozialen Konstruktion von Randgruppen, wobei auch auf verschiedene Formen der Grenzziehung zwischen 'uns' und den 'anderen' eingegangen wird. Die skizzenhafte Darstellung der Entstehungsgeschichte des orthodoxen Islam und des Alevitentums ist die zweite Aufgabe dieses Kapitels.

Das 3. Kapitel arbeitet die Unterschiede zwischen alevitischen und sunnitischen Lehren und Riten als Abgrenzungsmerkmale heraus.

Im 4. Kapitel werden die machtrelevanten Bedingungen im Osmanischen Reich untersucht, welche zur Verfolgung und Vernichtung dieser Glaubensgemeinschaft zu Anlaß gegeben haben. Dabei werden Motive der jeweiligen Herrscher und die benutzten Vorgehensweisen der Aussonderung herausgearbeitet, bevor auf die Reaktion der Aleviten eingegangen wird.

Warum es zu einer graduellen Emanzipation der alevitischen Minderheit unter Atatürk und deren Loyalität gegenüber den Kemalisten gekommen ist, versucht das 5. Kapitel zu erklären.

Ziel des 6. Kapitels ist die Darstellung von Ursachen und Folgen der wieder stattfindenden Diskriminierung der Aleviten nach dem Ende der kemalistischen Herrschaft über die bürgerkriegsähnliche Zustände in den 70er Jahren zwischen Linken und Rechten bis zur verstärkten staatlichen und gesellschaftlichen Reislamisierung in der Türkei seit dem Militärputsch von 1980 mit der weiteren Verrandung der Aleviten und deren partiellen Vernichtung in Sivas und Gaziosmanpasa als Folge. Es wird gezeigt, daß mit der Übernahme der Regierungsgewalt durch nationalkonservative Regierungs- oder militärische Eliten nach 1950 eine schrittweise sunnitische Revision des Kemalismus mit der Folge der erneut eingesetzten Verrandung der Aleviten stattgefunden hat. Das alevitische *Revival* sowie deren Abkehr von der türkisch-islamischen Kerngesellschaft steht dabei im Vordergrund. Danach wird kurz die seit 1997 stattfindende neue Eindämmungspolitik der türkischen Armee gegenüber dem sunnitischen Islamismus mit der graduellen Entdiskriminierung der Aleviten als mögliche Folge diskutiert.

Eine zusammenfassende vergleichende Betrachtung der Ergebnisse als Erkenntnisgewinn, Diskussion weiterer Forschungsfragen und ein Ausblick in den künftigen Entwicklungsverlauf sind Bestandteile des 7. Kapitels.

1.4. Begriffsbestimmungen

Unter Elite sollen Angehörige einer führenden, sozialen Personengruppe verstanden werden, die Inhaber der höchsten Rangplätze auf der Machtskala der Gesellschaft sind, da sie die hierarchisch höchsten Positionen in sozialen Teilbereichen (Justiz, Verwaltung, Politik, Militär, Bildung etc.) einnehmen und Entscheidungen mittels ihrer Position über das spezifische soziale Subsystem hinaus mitbestimmen. Sie sind mächtig, können also ihren eigenen Willen auch gegen den Widerstand der Betroffenen durchsetzen, weil sie über die dazu nötigen Mittel verfügen. Sie gelten dann als Herrschende, wenn die Betroffenen ihre Macht als rechtmäßig anerkennen. Beherrschte sollen alle Betroffenen in einer Beziehung sein, über die legitime oder illegitime Macht ausgeübt wird. Die Machtausübung ist aus der Sicht der Beherrschten bei der sozial wirksamen Geltung des von den Herrschenden durchgesetzten und von den Betroffenen anerkannten Werte und Normensystems legitim. Das Werte- und Normensystem ist die Gesamtheit aller handlungsleitenden Richtlinien, Verhaltensstandards und Vorstellungen des Gewünschten im Rahmen eines Verhältnisses zwischen Betroffenen und Herrschern. Die Beherrschten teilen sich in die Gruppe der Kerngesellschaft und in die Randgruppe auf. Die Randgruppe ist die Menge aller Beherrschten, die nach dem vorherrschenden Werte- und Normensystem abweicht und deshalb gegenüber der normal behandelten oder gar bevorzugten Hauptgruppe der Wert- und Normkonformen benachteiligt wird. Türken sind alle ehemalige oder momentane Staatsbürger der Republik Türkei bzw. alle deren direkten Nachfahren ohne Unterscheidung auf Sprache, Abstammung, Selbsteinschätzung, Religion und Konfession. Damit sind neben turkstämmigen Personen auch Kurden[2] und Zaza[3] miteinbezogen. Die meisten Türken sind Sunniten. Sunniten sind Angehörige der größeren der beiden Hauptgruppen des Islams in der Türkei, deren Glaubens- und Pflichtenlehre neben dem Koran auf der Gesamtheit der von Mohammed überlieferten Aussprüche und Verhaltensweise beruht. Aleviten sollen heißen: Angehörige einer konfessionellen Gemeinschaft, die das Alevitentum als Glaubenswelt haben. Dieses ist ein Synkretismus vor allem urpersischer, urtürkischer, persischer, islamisch-heterodoxer und schiitischer Glaubenselemente. Da die Aleviten eine Glaubensgruppe sind, umfassen sie auch verschiedene ethnische Gruppen wie Kurden, Araber, Zaza oder Turkstämmige. Türkische Aleviten sollen heißen: alle ehemaligen oder aktuellen Staatsbürger der Türkei oder ihre Nachfahren, die gleichzeitig das Alevitentum als Glaubenswelt haben oder auch deren Nachkömmlinge sind. Damit sind auch kurdisch- oder zazastämmige Aleviten in der Gruppe der Türkischen Aleviten miteinbezogen.

[2] Kurden sollen eine in verschiedene Sprachgruppen aufgeteilte ethnische Gruppe vor allem in der Osttürkei mit eigener Blutsabstammung und Sprache sein. Die meisten Kurden in der Türkei sind Sunniten.

[3] Die Zaza sind eine Sprachgruppe, die je nach Selbst- oder Fremdeinschätzung bzw. Konfession und politischer Haltung entweder ethnisch als Zaza definiert oder zu den Kurden, Turkstämmigen oder auch Aleviten zugerechnet werden (Türkdogan 1997: 286ff.; Türkdogan 1998: 214f.; Kehl-Bodrogi 1998).

2. Zum theoretischen und historischen Bezugsrahmen

2.1. Der machttheoretische Ansatz zur Verstetigung der Herrschaft

Es wird zunächst davon ausgegangen, daß Akteure interagieren. Jede Handlung eines Akteurs hat positive oder/und negative externe oder/und interne Effekte, d.h. jede Verhaltensweise eines Akteurs hat 'gute' oder/und 'schlechte' Auswirkungen auf sich selbst oder/und auf andere Akteure. Es gibt damit auch andere Akteure neben dem Handelnden, die von dessen Handlungen profitieren oder davon auch in negativer Weise betroffen werden können. Diese Handlungen erzeugen damit bei ihnen ein Interesse an der Kontrolle dieser Handlungen, um diese entweder zu fördern oder zu unterbinden (vgl. Coleman 1995: 321ff.). Dafür sind Werte und Normen da. Letztere schreiben dann vor, was geboten und verboten ist. Die Funktionen der Normen sind auf gesamtgesellschaftlicher Ebene die gesellschaftliche Koordination und die Erhaltung der Stabilität der Herrschaftsordnung in einer Gesellschaft und damit die Verhinderung des Herrschaftsentzugs. Normen geben die Interessen der Elite wieder, da sie das Handeln, welches ihnen nützt, mit Sanktionen gebieten, und jenes, was ihnen schadet, als abweichendes Handeln titulieren und mit negativen Sanktionen verbieten: "Die herrschenden Werte und Normen sind die Werte und Normen der Herrschenden" (Wiehn o.J.: 1), d.h. der definitionsmächtigen Eliten. Die Elite ist jeweils eine führende einflußreiche Personengruppe in den verschiedenen Teilbereichen (Politik, Regierung, Militär, Verwaltung, Kultur, Bildung, Justiz etc.) eines Herrschaftssystems. Der angewandte Ansatz geht damit nicht von einem monolithischen Verständnis des Elitenbegriffs aus. Er verkennt damit die nicht Ausdifferenzierung unter den Eliten und ignoriert somit auch nicht den möglichen Kampf verschiedener Elitefraktionen um die Herrschaft. Die jeweils herrschende Elite hat ein Interesse an der Aufrechterhaltung der sozialen (Herrschafts-) Ordnung, dem Komplex ihres Werte- und Normensystems, welches ihnen dazu nützt, knappe Ressourcen zu mehren und ihre Position zu halten. Der Staat als eine Körperschaft mit Gewaltmonopol mit einem umfassenden Sanktions- und Rechtsapparat zur Satzung und Durchsetzung von Normen bzw. Schutz von 'Recht und Ordnung' dient ihnen dazu als Mittel zur Wahrnehmung von Interessen.

Da aber Sanktionen bei abweichendem Verhalten Sanktionskosten verursachen, können sie nur kurzfristig die Herrschaftsposition sichern. Es ist zur Verstetigung der Herrschaft ein (geglaubter) gesellschaftlicher Konsens über Werte und Normen zwischen Herrschern und Beherrschten notwendig: denn dies legitimiert die Herrschaft. Der Glaube an die Legitimität der

Herrschaft (vgl. Weber 1980: 122) führt zum Gehorsam bzw. zur Loyalität der Beherrschten gegenüber ihrer Elite und stabilisiert deren Ordnung zur temporären Macht, die lediglich auf Sanktionshärte und –wahrscheinlichkeit beruht und so von Sanktionskosten abhängt. Die Loyalität kann durch subjektive Identifikation der Beherrschten mit dem von den Herrschenden propagierten sozialen Kollektiv- der Kerngesellschaft- (Staatsbevölkerung) erfolgen, bei dem sie sich als Mitglieder einer (gedachten) Eigengruppe erleben. Dies geschieht wiederum durch Betonung bestimmter Werte und Normen als Staatsideologie zur Hervorhebung von Referenzkriterien zur Ein- und Ausgrenzung und durch Ausführung von Ritualen.

2.1.1. Rolle der Bezugsmerkmale

Die sozial konstruierte Staatsbevölkerung kann Züge einer 'ethnischen Gruppe' im Sinne Webers aufweisen[4]. Die soziale Konstruktion der Staatsbevölkerung hängt von der 'Manipulation' der Wahrnehmungs- und Deutungsmuster ab. Diese bestimmen dann, ob in einem sozialem Kollektiv ein Kollektivbewußtsein vorhanden ist oder nicht. Menschen handeln dann so, als ob es zum Beispiel ethnische oder gar konfessionelle Gruppen gibt. Das Kollektivbewußtsein bzw. das Bewußtsein, einer Gruppe anzugehören, ist die 'Seele' eines sozialen Kollektivs. Soziale Kollektive bedürfen zur sozialen Identitätskonstruktion und Stiftung von Kollektivbewußtsein positive und negative Selbst- und Grenzdefinitionen mit jeweiligen Bezugsmerkmalen. Diese bewirken die Identifikation der individuellen Akteure mit der vorgestellten Eigengruppe nach ihren Wahrnehmungsmustern bei ihrer subjektiven Situationsdefinition. Positive und negative Bezugskriterien für die Beeinflussung dieser Wahrnehmungs- und Deutungsmuster sind geglaubte gemeinsame Sprache, Abstammung, Geschichte, Religion, Konfession etc.: Wenn man sagt, was man ist, sagt man auch, was man nicht ist.

Es wird dabei eine Tendenz begünstigt, die Eigenschaften der Eigengruppe bzw. des vorgestellten eigenen sozialen Kollektivs höher zu bewerten als jene Gruppe der Nichtdazugehörigen, welche dadurch als minderwertig wahrgenommen und bewertet werden und ein geringeres Sozialprestige besitzen. Es sind nicht die kognitiv wahrnehmbaren tatsächlich vorhandenen

---

[4] Ethnische Gruppen sind "Menschengruppen, welche aufgrund von Aehnlichkeiten [sic!] des äußeren Habitus oder Sitten oder beider von Erinnerung an Kolonisation und Wanderung einen subjektiven Glauben an eine Abstammungsgemeinschaft hegen, derart, daß dieser für die Propagierung von Vergemeinschaftungen wichtig wird ... ganz einerlei, ob eine Blutsgemeinschaft objektiv vorliegt oder nicht. Von der 'Sippengemeinschaft' scheidet sich diese ... Gemeinsamkeit dadurch, daß sie an sich nur (geglaubte) 'Gemeinsamkeit', nicht aber 'Gemeinschaft' ist, wie die Sippe, zu deren Wesen ein reales Gemeinschaftshandeln gehört. [Diese; BG] ... Gemeinsamkeit ... ist dem gegenüber nicht selbst Gemeinschaft, sondern nur ein die Vergemeinschaftung er-

oder sozial konstruierten Gemeinsamkeiten oder Unterschiede wie Hautfarbe, Barttracht, Kleidung (Kopftuch), Ausleben von Sitten, die von belang sind, sondern wie diese beurteilt werden. Die Hervorhebung, Tradierung bzw. Institutionalisierung bestimmter Gemeinsamkeiten oder Unterschiede als Referenz- und Abgrenzungsmerkmale zur 'Manipulation' von Wahrnehmungs- und Deutungsmustern[5] hängt von definitionsmächtigen Eliten mit Medien- und Sozialisationsinstanzen wie zum Beispiel Schulen oder Militär ab. Diese setzen diese Kriterien mit Sanktionen wirksam durch und verschaffen ihnen somit soziale Geltung und tradieren sie durch Wert- und Norminternalisierung. Dabei kommt es zur einseitigen Orientierung der anerzogenen Weltwahrnehmungsweisen und Deutungsmuster von Schülern oder Soldaten an den Erwartungen ihrer mit Deutungsautorität und Sanktionsmacht ausgestatteten Lehrern und Vorgesetzten im Rahmen sozialen Lernens.

2.1.2. Rolle der Rituale

Kollektive Identität der Kerngesellschaft beruht nicht nur auf Grenzen zwischen innen und außen, sondern auch auf der Überwindung innerer Heterogenität bzw. individueller Verschiedenheit der Angehörigen der Kerngesellschaft. Die "Zugehörigkeit zur einer Gemeinschaft muß sozial konstruiert und immer wieder bekräftigt werden." (Giesen 1999a: 134; vgl. Donnan/Wilson 1999: 64). Dafür sind Rituale da. Unter Ritualen sollen "standardisierte gemeinsame Aktivitäten [verstanden werden; BG], die ... individuelle Veränderungen und Kritik ausschließen –und dadurch kollektive Identität der Teilnehmer [gerade durch Einheitlichkeit und Übereinstimmung in den Handlungstätigkeiten; BG] produzieren." (Giesen 1999b: 83) Rituale bestehen aus bereits vorgefertigten, mobilen und versetzbaren Fertigteilen, die nach einem klaren Entwurf, dem "Montageplan", wie in einer industriellen Fließbandfertigung zu einem Produkt, dem jeweiligen Ritual zusammengefügt werden (vgl. Oppitz 1999: 73): Es zählen zu diesen Fertigteilen *Materialien* in Gestalt gewisser Objekte, die zur Durchführung des Rituals zur gegebener Zeit an bestimmten Orten gebraucht werden. *Sprache*, also vorfor-

---

leichterndes Moment. Sie kommt ... der politischen Vergemeinschaftung fördernd entgegen." (Weber 1980: 237)

[5]Akteure orientieren sich vor ihrer Handlungsauswahl bei ihrer subjektiven "Definition der Situation" (Esser 1996) an ihrer anerzogenen Weltwahrnehmungs- und internalisierten Deutungsmustern. Die anhand dieser subjektiven Wahrnehmungs- und Deutungsmuster eingeschätzte Lage gilt dann für sie als eine tatsächlich vorgegebene, auch wenn sie von der objektiv gültigen Realität abweicht und somit eine Konstruktion ist. Da sich Akteure bei Wahl zwischen ihren Handlungsmöglichkeiten ihrer eigenen Orientierungs- und Normalitätsfolien bedienen, sind die Folgen der ausgewählten Handlungsoptionen reale Tatbestände: "If men define situations as real, they are real in their consequences." (Thomas/Thomas 1928: 572).

mulierte Äußerungen wie Gelübde, Gebete, magische Formeln oder rezitierte Mythen[6] gehören genauso zu den 'Bauelementen' wie auch *Bewegungen*, wozu besondere, standardisierte Handlungen, Tanzeinlagen und Gesten der Teilnehmer zählen. Die durch musikalische Ausdrucksmittel erzeugte *Klänge*, Melodien und Rhythmusfolgen sind auch die rituellen Bestandteile, die alle nach einem Entwurf zum jeweiligen Ritus zusammengesetzt werden (vgl. Oppitz 1999: 73f.).

Die Sichtbarkeit anderer Teilnehmer beseitigt Verlegenheit und Unsicherheiten und regt die sich gegenseitig verstärkenden Handlungen an, deren Ausübung isolierten Individuen schwer fallen würde. Die Gegenwart der Teilnehmer erlaubt auch direkte Kommunikation durch körperliche Gesten, die ihrerseits regelmäßig Emotionen und gegenseitig affektive Bindungen hervorrufen, den Eindruck von außergewöhnlicher Kommunikation vermitteln und kollektive Identität schaffen (vgl. Giesen 1999b: 85; Voigt 1999: 66). Kein Ritual ist spontan, zufällig oder willkürlich (vgl. Michaels 1999: 34). Durch Repetitivität, Normativität, Einheitlichkeit und Gleichzeitigkeit der Ausführungen von rituellen Handlungen "verschafft sich die Gemeinschaft Ausdruck und erhält sich, solange sie die Form einhält. Zugleich wird aus dem Prozeß, indem subjektive Gefühle in ein Gemeinschaftserlebnis transformiert und gesteigert werden, ein Prozeß der >Selbstcharismatisierung< der Gemeinschaft als solcher." (Soeffner 1992a: 116). Es gibt verschiedene Arten von Ritualen. Es soll versucht werden, skizzenhaft drei vorzustellen:

- Bekenntnisrituale: Der Verdacht des bloß äußerlichen Lippenbekenntnisses der Mitglieder der Kerngesellschaft zur Gemeinschaft erfordert stete und ständig zu erneuernde besondere Bekräftigungen in Form von rituellen Gelöbnissen (vgl. Giesen 1999b: 58).
- Rituale der Erinnerung: Ein weiteres Mittel zur Stiftung von Gemeinschaftsglauben sind Zeremonien der Erinnerung an die Vergangenheit in der Gegenwart, die das "kollektive Gedächtnis"[7] (Halbwachs 1991) der Gemeinschaft prägen und dadurch deren kollektive

---

[6] Mythen sind nicht verifizierbare Erzählungen mit Wahrheitsanspruch, mit denen Aspekte des Lebens interpretiert werden und bei individuellen und kollektiven Akteuren in ähnlichen sozialen Situationen Haltungen hervorrufen und so zu bestimmten festen Verhaltensmustern führen. Mythen werden bei Ritualen nicht bloß willkürlich aus dem Zusammenhang herausgerissen und als Literatur konsumiert, sondern nehmen dabei einen sinntragenden Platz ein. Mythos und Ritus stehen in einem Interdependenzverhältnis zueinander: "Ohne den Mythos, der ihn aus erstem ableitet, wäre ein Ritus beliebig, und ohne den Ritus, der ihn sich einverleibt, wäre der Mythos nur eine Erzählung." (Oppitz 1999: 84)

[7] Das ist die in einem kommunikativen Prozeß erzeugte Gesamtheit von Wissensbeständen, die die Weltwahrnehmungsweise und Deutungs- und damit auch Handlungsmuster von Kollektiven steuert und von Generation zu Generation weitergegeben wird (vgl. Assmann 1988). "Zwar 'haben' Kollektive kein Gedächtnis, aber sie bestimmen das Gedächtnis ihrer Glieder." (Assmann 1992: 36)

Identität aufrechterhalten: "der soziale Prozeß der Erinnerung schafft eine Vergangenheit, die wiederum jene Gemeinschaft begründet, in der der soziale Prozeß der Erinnerung stattfindet." (Giesen 2000: 9) Erinnerungsrituale vergegenwärtigen die Vergangenheit in besonderen Personen, Örtlichkeiten[8], Ereignissen[9] und begründen somit die Grenzen der Erinnerungsgemeinschaft in der scheinbaren Unveränderlichkeit des Vergangenen[10]. Nur derjenige, der an kollektiver Erinnerung teilhat, bezeugt seine Zugehörigkeit zur Erinnerungsgemeinschaft. Im Hintergrund von Ritualen der Erinnerung steht ein Gründungsmythos der Erinnerungsgemeinschaft bzw. der durch gemeinsame Erinnerung konstruierten Kerngesellschaft in Form von Triumph und Trauma: die Einwanderung eines Stammes in das gelobte Land oder ihre Vertreibung aus ihrer angestammten Heimat, als Abwehr eines äußeren Feindes oder eine Besatzung nach einer Schicksalsschlacht, als Held, der die Gemeinschaft einte, oder als eine erfolgreiche oder mißlungene Revolution des Volkes gegen seine Unterdrücker (vgl. Giesen 1999b: 45).

- Reinigungsrituale: Der Übergang zwischen innen und außen der Gemeinschaft (Geburt, Beerdigung, Heirat etc.) bei Aufnahme neuer Mitglieder von der Außenwelt oder Abstoßung von bisherigen Mitgliedern im Falle von deren abweichenden Verhaltensweisen werden durch Reinigungsrituale geregelt, die eine Rolle bei der Grenzkonstruktion der Kerngesellschaft spielen: "Zeremonielle Waschungen, Fasten und sexuelle Enthaltsamkeit, Schweigegebote und vorgeschriebene Formen der Einsamkeit und Isolation vor dem Eintritt in die Statusgruppe sollen die Einflüsse der Außenwelt auf Distanz halten ... Reinigungsrituale ... bestimmen vor allem ... den Alltag der Angehörigen: Askeseübungen, Hygieneforderungen und ein System der Eßtabus und Diätvorschriften regeln die Reinhaltung des Leibes" (Giesen 1999b: 35) und schützen die Kerngesellschaft vor den Einflüssen der Außenwelt.

[8] Erinnerung ist an besondere, eigens dafür ausgestattete und gestaltete bestimmte Örtlichkeiten gebunden, an denen es primär um die Vergegenwärtigung der Vergangenheit geht (vgl. Assmann 1992: 39).

[9] Erinnerungen sind zeitlich an bestimmte Tage des Jahres durch periodisch wiederkehrende Gedenktage gebunden. Die Zeiten der Erinnerung sind durch besondere Handlungsformen und Rituale gekennzeichnet: "Kommensurabilität, Zusammentreffen der Gemeinschaftsangehörigen zu traditionellen Gesängen, Lesungen oder Opfern etc. Sehr häufig sind [Orte und Zeiten der Erinnerung; BG] ... gekoppelt: an den heiligen Orten der Erinnerung ist ein bestimmtes Ritual vorgeschrieben, und zu den Zeiten der Erinnerung begibt man sich an besondere Orte, Plätze, Gotteshäuser, Friedhöfe etc." (Giesen 2000: 12-13)

[10] Die Erinnerungsgemeinschaft bildet ein "Bewußtsein ihrer Identität durch die Zeit hindurch aus, so daß die erinnerten Fakten stets auf Entsprechungen, Ähnlichkeiten, Kontinuitäten hin ausgewählt und perspektiviert zu werden pflegen." (Assmann 1992: 40)

Die kollektive Identität der konstruierten Kerngesellschaft kann bei der Teilnahme an Ritualen auch durch eine negative Identität erfahren werden, welche von den wahrgenommenen Nichtdazugehörigen, der sozialen Randgruppe, repräsentiert wird. Denn die Gegenwart der Teilnehmer bei den Zeremonien erleichtert auch soziale Kontrolle: "Sie zeigt das abweichende Verhalten derer, die nicht teilnehmen, die nicht tanzen, singen, beten oder trinken wie alle anderen." (Giesen 1999b: 85) Die Nichtdazugehörigen bzw. "anderen" werden gerade durch ihre Abwesenheit repräsentiert und fallen dadurch in negativer Weise als Außenseiter auf. Somit kann Teilnahme an Ritualen auch als Bezugs- und Diskriminierungsmerkmal herangezogen werden.

2.1.3. Entstehung von Randgruppen

> Soziale Randgruppen "können als Minderheitengruppen von Menschen verstanden werden, die gemäß herrschenden Werten und Normen in der Regel als solchen der Herrschenden oder Geherrschthabenden nach einem (ethnisch/'rassistisch') oder mehreren Merkmalen [Referenzkriterien; BG] durch verungleichende Diskriminierung, Deprivilegierung, Unterprivilegierung, Verfolgung und Vernichtung gegenüber der 'Kerngesellschaft' der Herrschenden sowie der durch sie 'normal' Behandelten, Bevorzugten und Begünstigten mehr oder weniger dauerhaft oder sogar traditionell benachteiligt sind." (Wiehn o.J.: 1)

Randgruppen können sozialen Charakter annehmen, falls ihre Mitglieder soziale Beziehungen untereinander entfalten, ihrerseits auch nach Hervorhebung dieser Referenzkriterien ein Kollektivbewußtsein besitzen und zum kollektiven Handeln fähig sind. Dies festigt ihre Identität nach innen und außen (vgl. Wiehn 1994: 169). Die tatsächlichen oder konstruierten Merkmale, die zur Konstruktion der Kerngesellschaft hervorgehoben werden, sind damit Abgrenzungs- und Diskriminierungsmerkmale, "insofern sie nämlich aus dem herrschenden Werte- und Normensystem als dem der Herrschenden abgeleitet erscheinen, stigmatisierenden Charakter annehmen und sich in stereotypen Fremd- und Selbstbildern verfestigen; die ihrerseits zu normativen Charakter neigen, der Selbst- und Fremdverhalten zu prägen vermag." (Wiehn 1994: 172)

Soziale Randgruppen entstehen als Folge der Konstruktion der kollektiven Identität der Kerngesellschaft im Sinne der Staatsbevölkerung durch Etablierung eines Werte- und Normensystems durch eine herrschende Elite durch Vorgänge innerhalb und zwischen Gesellschaften (vgl. Wiehn 1994: 172-173):

- innergesellschaftlich durch gezielte Ausgrenzung, Dämonisierung, Agitation, Propaganda, Bürgerkriege, Revolution

- zwischengesellschaftlich durch Migration, Zuwanderung, Vertreibung, Eroberung, Unterwerfung

Im Falle der Dämonisierung der Nichtdazugehörigen werden "Fremde und Außenseiter ... mit einer starken und feindlichen Identität versehen, welche die Existenz der ... Gemeinschaft [der Kerngesellschaft; BG] bedroht." (Giesen 1999b: 36-37) Die Dämonisierung geschieht auch mit Hilfe der Vorurteile, welche abwertende und feindselige Aussagen und Bewertungen gegenüber Teilen von Bevölkerungsgruppen sind und Korrelationen zwischen der kollektiven Herkunft mit persönlichen Charaktereigenschaften hervorheben. Sie sind wirklichkeitsinadäquat, beruhen auf unzulässigen Verallgemeinerungen und werden gegen Erfahrung immunisiert. Die Übernahme der Vorurteile geschieht eher im Rahmen sozialen Lernens in der Familie, Schule etc. aber auch durch Medien. Dämonisierung und Vorurteile haben zumeist einen "Druck zur Folge, eine bestimmte Sicherheitsdistanz zu wahren ... oder ... über Krieg und Gegenangriff herzustellen." (Giesen 1999b: 37) Schwache Formen der Herstellung dieser Sicherheitsdistanz sind der Mangel auf Vertrauen oder die Verweigerung an der Teilhabe an sozialer Interaktion. Vorurteile und Dämonisierung können somit soziales Handeln und Beziehungen bzw. Verkehrsbeziehungen beeinflussen und zur negativen Diskriminierung der Außenseiter führen, bis hin zur verbaler und nonverbaler Gewalt mit Tötungsabsicht oder gar zum Massenmord.

2.1.4. Funktionen von verrandeten Minderheiten

Die sozialen Randgruppen sind für die Aufrechterhaltung des Herrschaftssystems funktional bedeutsam:

- Sie leisten einen Beitrag zur negativen Selbstdefinition und Binnenintegration der Kerngesellschaft bzw. der Staatsbevölkerung: Stabilisierung nach innen wird durch Stabilisierung nach außen erreicht.
- Sie zeigen auch durch ihre Verrandung, welche Folgen Devianz, normkonträres, vom herrschenden Werte- und Normensystem abweichendes Verhalten haben kann. Sie dienen somit als Abschreckungsbeispiel[11]. Darin liegt auch ihre affirmative und konfirmative Funktion (vgl. Haas, Berndt, Dommermuth et al. 1998: 9). Eine totale Vernichtung würde längerfristig keine herrschaftsstabilisierende Wirkung haben, da sie das Ab-

[11] Potentielle Abweichler in der Kerngesellschaft werden dann durch die von ihnen subjektiv als hoch eingeschätzte Sanktionswahrscheinlichkeit und durch die kostenwirksame Sanktionshärte abgeschreckt.

schreckungsbeispiel zerstört. Eine partielle Vernichtung kann im Gegensatz dazu durch kleine Massaker erwünschte herschaftsstabilisierende Wirkungen hervorrufen.

- Randgruppen dienen als Ressourcenlieferant, da durch ihre Diskriminierung auch ihnen Ressourcen durch negative Diskriminierung entzogen werden, die dann von der Kerngesellschaft bezogen werden und somit einen Beitrag zum Erhalt dieser leisten.
- Sie eröffnen ein Ventil für Kritik an dem bestehenden sozialen Herrschaftssystem durch die Mitglieder der Kerngesellschaft. Denn sie können als Aggressionsobjekte fixiert werden, derart, daß die 'Schuld' nicht an den bestehenden Verhältnissen zu suchen ist, sondern ihnen zugeschrieben wird. Die Kritik führt dann nicht zur Veränderung der Herrschaftsordnung und stabilisiert die Herrschaft der Elite (vgl. Lenk 1979: 30-31).
- Sie neigen dazu, "innovative Funktionen auszuüben, wenn und insofern sie daran interessiert sein sollten, ihren diskriminierten, unterprivilegierten Status zu verbessern." (Wiehn 1994: 174) Ein weiterer Grund kann sein, daß sie als Nichtdazugehörige eine sachlich nüchterne Distanz zum bestehenden Herrschaftssystem besitzen, so daß sie die Defizite des Systems eher als Mitglieder der Kerngesellschaft durchschauen können. Angehörige der Herrschaftsgruppe sind erst dann an innovativen Funktionen interessiert, wenn diese die Stabilisierung ihrer Herrschaft fördert (vgl. Wiehn 1994: 179).

2.1.5. Verhaltensweisen von stigmatisierten Kollektiven

Je nach der Art der Herrschaftsgruppe und der Randgruppe und deren Grad der Akzeptanz der Werte und Normen ist eine partielle oder gar völlige Entdiskriminierung möglich. Mitglieder der Randgruppe können das System der herrschenden Werte und Normen akzeptieren oder aber ablehnen. Wenn sie es akzeptieren, haben sie es internalisiert und handeln (über-) konform. Oder sie lehnen es auf der Normebene ab und sind nur auf der Verhaltensebene linientreu (Scheinkonformität), oder sie rebellieren offen (vgl. Wiehn 1994: 178)[12].

Das herrschende Werte- und Normensystem mit seinen Sozialisationsinstanzen und Sanktionsapparat definiert sozialen Status und entscheidet über den Zugang zu Ressourcen bei den Wertzuweisungen u.a. auf den Ebenen der Sicherheit und des Wohlstandes und schafft dadurch die strukturellen Rahmenbedingungen und Sachzwänge, in denen die Mitglieder der sozialen Randgruppen agieren und reagieren. Angehörige der Randgruppe, welche von der Kernge-

[12] Heckmann hat, was ethnische Randgruppen anbelangt, sechs typische Orientierungs- und Handlungsmuster herausgearbeitet, die von der Überanpassung bis zur Politisierung reichen (vgl. zu den Details Heckmann 1992: 204-206; vgl. zur Marginalisierung und Politisierung Stonequist 1937).

sellschaft nicht als solche wahrgenommen werden können, gehören zu den Diskreditierbaren. Sie haben bei der Auswahl ihrer Handlungsoption die Wahl zwischen (Über-, Schein-) Konformität und '*Coming out*': "Wegen der großen Belohnungen, die die Tatsache als normal [also als Mitglied der Kerngesellschaft im Sinne der Staatsbevölkerung; BG] betrachtet zu werden, mit sich bringt, werden fast alle Personen, die die Möglichkeit haben, zu täuschen, dies auch bei irgend einer Gelegenheit absichtlich tun." (Goffman 1975: 96). Informationsmanagement bzw. Konformität führt zum partiellen Zugang zur Kerngesellschaft und damit zu Ressourcen und zur Entdiskriminierung. Aber die gleichzeitige partielle Zugehörigkeit zur Kerngesellschaft und zur Randgruppe müßte durch doppelte Halbsozialisation Konflikte beim Akteur über gegensätzliche Wahrnehmungs-, Deutungs- und Handlungsmuster und damit Zugehörigkeit- und Verhaltensunsicherheit auslösen (vgl. Heckmann 1992: 203ff.): "Vermutlich wird ... [der täuschende Akteur bzw. Angehörige der sozialen Randgruppe; BG] auch unter den Gefühlen von Illoyalität und Selbstverachtung leiden, wenn er nicht gegen >>offensive<< Bemerkungen einschreiten kann, die von Mitgliedern ... [der Kerngesellschaft; BG], in die er sich hineintäuscht, gemacht werden gegen die [soziale Randgruppe; BG], aus der er sich heraustäuscht- besonders dann, wenn er selbst es gefährlich findet, sich dem Einstimmen in diese Schmähungen zu enthalten." (Goffman 1975: 112). Die Zugehörigkeitsunsicherheit, die Gefahr der Nichtangemessenheit von früheren Verheimlichungsstrategien, verbunden mit der permanenten Angst, entdeckt zu werden, führen zu psychischen Anspannungen bzw. Kosten (vgl. Goffman 1975: 111), so daß deutliche Ablehnung leichter als die Ungewißheit zu ertragen ist. Dies kann zu freiwilligen *Outings* durch stigmatisierende Symbole[13] und auch zur offenen Rebellion der Randgruppe gegen die Kerngesellschaft führen (vgl. Goffman 1975: 126-127), insbesondere dann, wenn die von ihnen eingeschätzte Wahrscheinlichkeit der künftigen Diskriminierungserfahrungen und die -härte (wie z.B. Deportation und Vernichtung) hoch sind. Anders gewendet: Sie gehen davon aus, daß sie niemals zur Kerngesellschaft gehören und einen Platz darin finden werden. Darüber hinaus können sie u.U. davon ausgehen, daß auch ihre physische Sicherheit und ihr Wohlstand gefährdet ist. Damit ist die Loyalitätsfrage in ihrer Situationsdefinition endgültig geklärt, und es herrscht Gewißheit darüber. Es kann davon ausgegangen werden, "daß in [wahrgenommenen; BG] existentiellen Lebenssituationen die eigene Identität den Wechselwirkungen zwischen Fremdbestimmung und Selbstannahme ausgeliefert ist. Die Außenwelt [bzw. die Kerngesellschaft im Sinne der Staatsbevölkerung; BG] des frem-

[13] Symbole sind codierte Signale, deren Sinn nur der Akteur versteht, der den Code entschlüsseln kann.

den 'Du bist' bedroht die Innenwelt des eigenen 'Ich bin' so lange, bis irgendwann das 'Du bist' in 'ich bin' aufgeht ... Gruppen, die diskriminiert und ausgegrenzt werden, wenden sich ... der von außen bestimmten Identität zu, sie beginnen, die angeblichen kulturellen Wurzeln neu zu entdecken." (Knoll 1998: 13). Dissimilation und Automarginalisierung als endgültige Abkehr von der Kerngesellschaft als Reaktion auf bisher erlittene und künftig bevorstehende negative Diskriminierung sind nicht selten die Folge von Fremdverrandung. Dabei wird die Eigenidentität durch diesmal ihre eigene Hervorhebung der Diskriminierungsmerkmale durch den "Einsatz emblematischer Ausdrucksmittel" (Soeffner 1992a: 112) konstruiert. Die Zugehörigkeit zu einer (Rand-) Gruppe kann ein Angehöriger nach außen dadurch anzeigen, daß es gruppenkonforme Handlungen, Einstellungen, Glaubenspostulate, Sitten, Kleidung etc. zu einer signifikanten Inszenierung zusammenstellt" (Soeffner 1992b: 79), wie es nun von ihm erwartet wird. Das sich als Reaktion auf negative Diskriminierung von der Kerngesellschaft ab- und zur Randgruppe hinwendende Individuum versucht dabei "die Interpretation und Präsentation der eigenen Gruppe exemplarisch am Einzelfall (den man selbst zu inszenieren hat) darzustellen." (Soeffner 1992b: 79). In Goffmans Sprache gesprochen: das Individuum, das bei der Interaktion mit Angehörigen der Kerngesellschaft Informationen zu managen hat, formt seine Situation mittels markanter Markierungen in die eines Individuums um, das unbequeme soziale Situationen zu managen hat (vgl. Goffman 1975: 126). Das dabei verwendete Stigmasymbol zeigt nicht nur an, "wer >wer< oder >was< ist, sondern auch, wer >wer< für wen in welcher Situation ist." (Soeffner 1992b: 78) Es veranschaulicht ">Mitgliedschaft in ... < und >Abgrenzung von ...< durch bewußte Präsentation und Stilisierung eines Selbst für interpretierende andere (Beobachter)." (Soeffner 1992b: 79) Diese eingesetzten Symbole erleichtern deren subjektive "Definition der Situation" (Esser 1996): Dann haben Angehörige der Kerngesellschaft keine Schwierigkeiten, "die >inneren< Überzeugungen der Demonstranten sofort und ohne Umstände an deren Äußerem abzulesen. Im emblematischen Ausdruck ... artikuliert sich so die >Gruppenseele<." (Soeffner 1992a: 113) Eine weitere mögliche Folge ist die Politisierung von Angehörigen von verrandeten Kollektiven, um den Status als Randgruppe aktiv zu verbessern (vgl. Heckmann 1992: 207). Je nach Konfliktschärfe, Machtressourcenverteilung und Erfolgswahrscheinlichkeit kann es bei den Beziehungen zwischen Kerngesellschaft und Randgruppen auch zu Bürgerkriegen und Separatismus führen[14].

[14] Eine stark ausgeprägte ethnische oder konfessionelle Schichtung muß nicht zwangsläufig zum Konfliktausbruch führen, da die von der Ressourcenallokation ausgeschlossene, diskriminierte Gruppe eben diese Mittel

Nachdem der theoretische Bezugsrahmen abgesteckt worden ist, soll versucht werden, die Geschichte des sunnitischen Islam und des Alevitentums zu skizzieren, um in das Thema "Türkische Aleviten" einzuführen. Es wird dabei der methodologische Agnostizismus angewandt:

> "Wissenschaftliche Untersuchungen müssen die letzten Wahrheitsansprüche der Aussagen ihrer Untersuchungssubjekte einklammern. Sie können nicht entscheiden, ob es Gott, höhere Wesen und transzendente Wirklichkeit gibt oder nicht, sondern nur, ob sie von Menschen als wirklich angesehen werden oder nicht. Im Rahmen einer Wissenschaft wird Gott deswegen immer nur in (gedachten) Anführungszeichen erscheinen, und Transzendenz erscheint als Immanenz. Religiöse Inhalte sind also nur insofern gegeben, als sie Inhalten menschlichen Bewusstseins, menschlichen Handelns und Kommunizierens sind." (Knoblauch 1999: 14)

Der hier dargestellte Islam ist nicht als ein monolithischer Block zu verstehen: Es gibt weder *die* Geschichte noch *den* Islam, weil es verschiedene vom Gegenwartsbewußtsein beeinflußte Geschichtsbilder (vgl. Ende 1996: 73) und –quellen und religiöse Strömungen gibt (vgl. Krämer 1994: 28).

2.2. Zur Geschichte des sunnitischen Islam und des Alevitentums

2.2.1. Ausschnitthaftes über die Geschichte des Sunnitentums

Die jüngste der großen Weltreligionen wurde am Anfang des siebten Jahrhunderts von Mohammed, einem Angehörigen einer führenden Sippe in Mekka, auf der arabischen Halbinsel gestiftet. Dessen Andachtsübungen verdichteten sich zu visionären Offenbarungserlebnissen, daß er sich als letzter gottgesandter Prophet berufen und beauftragt glaubte, die Menschheit zum Glauben an den einen einzigen allmächtigen Gott (Allah) aufzurufen (vgl. Glasenapp 1996: 366ff.; vgl. Schimmel 1990: 12ff.; vgl. Khoury 1978: 20ff.). Mohammed verkündete einen unverfälschten Monotheismus. Dieser sei jedoch durch die von ihm auch anerkannten Buchreligionen Juden- und Christentum entstellt worden. Er wurde mit seiner Auswanderung nach Medina geistiges und religiöses Oberhaupt eines sich über ganz Arabien ausbreitenden Staatswesens. Religion und Politik verschmolzen dabei zu einer Einheit: Im Islam gibt es keine "Trennung von Staat und Kirche" (vgl. Busse 1996: 25). Mohammed wird die Übernahme jüdischer, christlicher, altarabischer, urpersischer, sumerischer und sabäischer Glaubensele-

---

fehlen, um erfolgreich den bisherigen *Status quo* zu verändern. Sie können sich dann eine möglich Veränderung des *Status quo* kaum vorstellen, und wenn sie es dennoch tun, betrachten sie dies als unrealistisch.

mente in islamische Glaubenskonzeptionen und Riten zugeschrieben[15] (vgl. Schimmel 1994: 12-13; Cig 1995, Dursun 1995: 15ff.; Dursun 1996: 77ff.; Sever 1995):

> "Doch darf man niemals vergessen, daß keine Religion aus dem Nichts gegründet wird, sondern immer an vorhandene Glaubensgrundlagen anknüpft und sich der vorhandenen Sprache und Vorstellungswelt anpassen muß, um sich überhaupt verständlich zu machen." (Schimmel 1994:13)[16]

Der Islam verbreitete sich dabei nicht als eine bereits vorformulierte und ausgefeilte Lehre, sondern bildete erst in der politisch-historischen Entwicklung seine rechtlichen, staatsbezogenen und religiösen Konturen aus. Es kam durch den charismatisch legitimierten Herrscher Mohammed zur Rechtschöpfung kraft göttlicher Offenbarung von Fall zu Fall[17].

Mohammeds Nachfolger eroberten den Vorderen Orient von Marokko über den Balkan hinweg bis nach Zentralasien. Die konfessionelle Ausdifferenzierung hat diesen Vorgang begleitet. Die Gebetssprache ist Arabisch.

Ausgangspunkt für die konfessionelle Spaltung zwischen Sunniten und Schiiten bzw. Aleviten ist der Kampf zwischen Mohammeds Nachfolgern um die Leitung der Muslime. Denn nach dem Tode des führungscharismatischen Propheten entbrannte ein Streit um die Nachfolgeschaft bzw. um die Führung der politischen und religiösen Muslimgemeinde zwischen seinen Kampfgenossen und Ali, seinem Vetter, Mitkämpfer und Schwiegersohn (vgl. Schimmel 1990: 20f.). Dieser wurde übergangen. Im Verlauf von 24 Jahren bekleideten hintereinander drei andere gewählte Mitstreiter (Ebubekir, Ömer, Osman) das Amt des *Kalifen*[18]. Erst nach dem

---

[15] Es wird aus darstellungsökonomischen Gründen nicht darauf eingegangen, ob überhaupt und wenn ja, welche Elemente welcher Glaubenswelt warum, wie, wann Einzug in den Islam gefunden haben, da es das Thema dieser Arbeit peripher berührt.

[16] Für fromme Muslime muß es die durch die Übernahme von Elementen hervorgegangene Übereinstimmung des Islam mit andern Glaubensrichtungen nicht unbedingt heißen, daß ihre Religion eine Fälschung ist. Diese Deckung kann auch eine Bestätigung der schon vorher geoffenbarten göttlichen Wahrheiten in anderen Religionen bedeuten.

[17] Religiöse Verkündigungen ergingen aus konkretem geschichtlichen Anlaß und hatten somit Präzedenzfalleigenschaften, die dann vorherige koranische Aussagen überlagerten oder gar aufhoben (vgl. Antes 1994: 30). "Das Wechselspiel von religiöser Botschaft und konkreten Lebensumständen intensivierte sich in der Phase der raschen Expansion. Viele Fragen wurden pragmatisch gelöst, ohne systematische theologische Reflexion über Gut und Böse, Wahr und Falsch, Zulässig und Unzulässig. Die Rationalisierung erfolgte erst im nachhinein, als bereits etablierte Praktiken und Verordnungen regelrecht abgesegnet und für islamgerecht erklärt wurden." (Krämer 1994: 28) Verkündigungen Mohammeds, die als Offenbarungen Allahs legitimiert wurden, dienten vermutlich auch dem privaten Interesse des Propheten: "O Prophet, Wir erlauben dir deine Gattinnen, denen du ihre Mitgift gabst und (die Sklavinnen,) die deine Rechte besitzt von dem, was dir Allah an Beute gab, und die Töchter deines Oheims und deiner Tanten väterlicherseits sowie die Töchter deines Oheims und deiner Tanten mütterlicherseits, die mit dir auswanderten, und jedes gläubige Weib, wenn es sich dem Propheten schenkt, so der Prophet sie zu heiraten begehrt: ein besonderes Privileg für dich vor den Gläubigen." (Der Koran 1994: 406; Sure 33, Vers 50)

[18] Der Kalif ist der Stellvertreter des Propheten und damit oberster Herr der politischen und religiösen Muslimgemeinde. Im Gegensatz zum Propheten hat der Kalif nur politische, jedoch keine religiöse Macht. Seine Auf-

gewaltsamen Tode des dritten *Kalifen* Osman[19] kam Ali an die Macht. Der Statthalter Syriens, Muaviye, Angehöriger des mekkaner Patriziergeschlechts der Omayya, forderte Rache für den gewaltsamen Tod seines Verwandten Kalif Osman und lehnte sich gegen Ali auf. Nach einem militärischen Patt überredete er Ali zu einem richterlichen Vergleich (vgl. Radtke 1996: 54) über die Festlegung der richtigen Methode der Bestimmung des Nachfolgers des Propheten: Sollte dieser von einem Gremium gewählt oder dessen Amt erbcharismatisch weitergegeben werden? Sollte die "Nachfolgedesignation seitens des ... qualifizierten Verwaltungsstabs" (Weber 1980: 143) erfolgen oder von der Vorstellung beeinflußt werden, "daß das Charisma eine Qualität des B l u t e s sei und also an der Sippe, insbesondere den Nächstversippten, des Trägers hafte" (Weber 1980: 144)? Dies war auch die Frage, was an die Stelle der direkten Anweisungen Gottes treten sollte, wie sie durch Mohammed an die Gemeinde ergingen. Orthodoxe, aus denen die Sunniten hervorgegangen sind, glaubten, alle Probleme durch die traditionelle 'Gewohnheit' (*sunna*) mit der Berufung auf den Koran und auf die Verhaltensweisen, Aussprüche und Entscheidungen des Propheten Mohammed lösen zu können. Dessen Nachfolger sollte nicht unbedingt mit diesem blutsverwandt sein. Alis Anhänger, Vorläufer der Schiiten und damit auch in gewisser Weise der Aleviten, hielten beim richterlichen Vergleich zu Ali und leisteten auch später dessen Nachfolgern Treue(vgl. Radtke 1996: 53). Denn für sie trat damit neben Allah, Mohammed und seinen Botschaften auch der Glaube an ihren erbcharismatisch legitimen Führer der Gläubigen (*imam*) und damit an den 'wahren Interpreten des Koran'.[20]

---

gabe besteht vordringlich darin, den Bestand der islamischen Herrschaftsgebietes zu sichern und zu erweitern und die herrschende islamische Rechtsordnung zu wahren. Er hat aber keine religiöse Autorität in Glaubens- und Rechtsfragen. Im Gegensatz zum Propheten ist er an den Koran gebunden und hat somit kein Recht, frühere Koranaussagen zu widerrufen oder zu ersetzen. Er muß sich wie jeder andere Muslim Gottes Willen unterordnen, wie dieser im Koran geoffenbart und von islamischen Theologen und Rechtsgelehrten ausgelegt worden ist (vgl. Antes 1994: 55). Er kann aber vermutlich seinen Handlungsspielraum oder den seiner beherrschten Untertanen in allen Lebensbereichen durch Kooptation der Rechtsgelehrten erweitern oder einschränken, die die religiösen Werte und Normen entsprechend auslegen und so jeweils verschiedene Handlungen religiös legitimieren oder als abweichend brandmarken.

[19] Die endgültige Koranredaktion wird auf Osman zurückgeführt, der Ebubekirs begonnene Arbeit fortführend schriftlich z.B. auf Knochen, Leder und mündlich tradierte Offenbarungen Gottes gesammelt und geordnet und somit das heilige Buch der Muslime 'geschaffen' hatte (vgl. Dursun 1997: 113ff.; Busse 1996: 29; Schimmel 1990: 21; Schimmel 1994: 14).

[20] Der Imam, der mit dem gleichnamigen sunnitischen Vorbeter in der Moschee nicht zu verwechseln ist, ist direkter Nachfahre Mohammeds. Nach schiitischer und alevitischer Auffassung hat der "Prophet ... Ali besondere Erkenntnisse anvertraut, die er anderen seiner Angehörigen vorenthielt, und in seiner Familie erben sie sich fort. Ali ist ausdrücklich von ihm zu seinem Nachfolger im Lehrberuf und in der Herrschaft ernannt worden. Er ist der durch die Verfügung des Propheten Erkorene; nur ihm allein kommt der Titel >Herrscher der Rechtsgläubigen< zu." (Canetti 1993: 163). Er kann im Gegensatz zum sunnitischen Kalifen auch neu geschöpfte religiöse Offenbarungen als die von Mohammed ihm anvertraute geheime Erkenntnisse deklarieren bzw. legitimieren und neu verkünden. Damit hat er vermutlich die Möglichkeit, seinen Handlungsspielraum

Ali regierte kurz und wurde selber Opfer eines Mordanschlages. Dies begünstigte den Aufstieg seines omayyadischen Rivalen und dessen Nachkommen zum Amt des *Kalifen*. Alis Anhänger erkannten das von den Omayyaden gegründete Kalifatenreich nicht an und versuchten, ihren Imam an die Macht zu bringen. Sie erklärten zunächst Alis Sohn Hasan und nach dessen Ableben Hüseyin zu ihrem religiösen und politischen Führer. Dieser machte sich zusammen mit Familie und Anhängern auf den Weg durch eine Wüste zu der Stadt Kufa im heutigen Irak. Hüseyin stellte fest, daß diese Stadt wieder von ihm abgefallen war. Ihr Gouverneur sandte ihm eine viel stärkere Truppe von Reitern entgegen, die ihm zur Anerkennung Yezids aus der Omayyadendynastie als legitimen *Kalifen* aufforderten. Da er dies verweigerte, "schnitt [man; BG] ihm den Zugang zum Wasser ab. Man umzingelte ihn und seine kleine Schar. Auf der Ebene von Kerbela, am zehnten Tage des Monats Muharram, im Jahre 680 ... wurde Hussain mit den Seinen ... angegriffen und niedergemacht. 87 Leute fielen mit ihm, darunter eine ganze Anzahl aus seiner und seines Bruders Familie." (Canetti 1993: 163) Diese Ereignisse in Kerbela dienten künftig als Trauma-Mythos und prägten das kollektive Gedächtnis der Erinnerungsgemeinschaft der Schiiten und Aleviten als verfolgte Minderheit (vgl. Eral 1995: 16): Das Schicksal des Prophetenenkels und dessen Tod und die auch später erlittenen religiösen Verfolgungen steigerte das Gefühl von Alis Anhängern, kontinuierlich Bedrängnis und Verfolgung zu erleiden (vgl. Schimmel 1990: 67; vgl. Canetti 1993: 163ff.; vgl. Connerton 1989: 69f.).

Es soll nun der Versuch unternommen werden, ausschnitthaft die Entstehungsgeschichte des Alevitentums darzustellen[21].

---

und den seiner Untertanen in allen Lebensbereichen zu verändern und so an die aktuellen Erfordernisse anpassen.

[21] Sogar dies ist für den außenstehenden Autor sehr schwierig zu bewerkstelligen. Dies hat mehrere Gründe: Es besteht keine systematisch und schriftlich niederlegte alevitische Geschichtsschreibung. Offizielle osmanische und persische Quellen sind subjektiv und behandeln das Thema nicht erschöpfend (vgl. Ocak 2000: 211- 213). Publikationen über das Alevitentum in Form von Monographien und Periodika von Aleviten oder Außenstehenden erfreuen sich besonders seit dem Ende der 80er Jahren großer Beliebtheit. Jedoch wird die Vergangenheit nicht im Sinne dokumentenfundierter historischer Forschung aufbereitet, sondern die Entstehungsgeschichte wird in den Dienst aktueller tagespolitischer ideologischer, konfessioneller und ethnischer Opportunitätserwägungen gestellt (vgl. Vorhoff 2000: 59ff.; vgl. Engin 1996; vgl. Kehl-Bodrogi 2000: 145f.). Mal ist das Alevitentum aufgrund des jeweiligen Geschichtsmythos ein rein türkisches Phänomen, die Wurzel einer von "arabisch-islamischen Einfluß unberührten türkischen 'Urkultur'" (Kehl-Bodrogi 2000: 145), mal eine "kurdisch patentierte Glaubensphilosophie" (Bender 1990, zitiert nach Engin 1996: 704; vgl. Izady o.J.: 1f.) oder mal sogar der "wahre Islam" (Kehl-Bodrogi 1992: 33; vgl. Zelyut 1990): "Jeder bastelt sich [dabei; BG] seinen eigenen Alewiten." (Vorhoff 2000: 59) Vor diesem Hintergrund des Wechselverhältnisses von Geschichtsbild und Gegenwartsbewußtsein wird versucht, skizzenhaft die von vielen Autoren in ihren intersubjektiven Konsens als erwiesen betrachtete Entstehungsgeschichte des Alevitentums darzustellen. Genausowenig wie der orthodoxe Islam hatte das Alevitentum eine am Anfang ihrer Entstehungsgeschichte bereits vorformulierte und ausgefertigte Glaubenslehre. Da seine Entstehungsgeschichte bis in das Osmanische Reich

2.2.2. Ausschnitthaftes über alevitische Geschichte

Das Alevitentum ist in bezug auf seine Entstehungsgeschichte auf keine unmittelbare Stiftung und Offenbarung zurückzuführen. Es ist als ein Synkretismus alter zentralasiatischer urtürkischer Religionen, heterodoxen – nichtsunnitischen – Volksislamvorstellungen, christlichen, manichäischen, zorastrischen und buddhistischen Glaubenselementen ein Produkt des anatolischen Schmelztiegels (vgl. Oguz 2000: 191f.; Ocak 2000: 209f.; Ocak 1997: 195f.; Bal 1997c: 74f.; Bal 1997a: 37f.; Sener 1997: 36f.; Sener 1995: 109f.)[22]. Es wird sogar innerhalb dieses Konsensrahmens von den verschiedenen Autoren das Gewicht jeweils eines anderen Glaubenselements betont, so daß das Alevitentum mal eine sich im Kern an den schiitischen Islam anlehnende Kultursynthese (vgl. Sener 1995: 101f.; Sener 1997: 36f.; Aydin 1997: 87), mal aus dem urtürkischen Schamanismus (vgl. Bozkurt 1993) oder mal aus dem Manichäismus und Zorastrismus[23] hervorgegangen ist (vgl. Oguz 2000: 191f.; van Bruinessen o.J.: 2; Bender 1991). Das Alevitentum wurde hauptsächlich durch folgende Faktoren geprägt:

a) Die Religionen der in Anatolien eingewanderten zentralasiatischen Turkmenen

> Il y avait un "*fondement social* qui consistait à l'époque, en une société composéé par différentes tribus turques nomades et semi-nomades dont nous appelons certaines les *Turcomans*, guidéés par des chefs religieux dits *kam-ozan* (chaman) transformés en *baba* ou *dede* turcomanes à l'époque islamique, d'où les futurs *seyyid* ou *dede* kizilbaches en Anatolie, à partir du XVIe siècle." (Ocak 1997: 197)

Vorseldschukische turkmenische Nomaden- und Halbnomadenstämme Zentralasiens hatten im Rahmen einer kulturellen Synthese ihres schamanistischen und monotheistischen Himmelsgottglaubens (*Gök Tanri*) mit islamisch-mystischen, manichäischen, zorastrischen Elementen eine heterodoxe, nichtsunnische Form des (Volks-) Islam angenommen und mit nach Anatolien gebracht, wo sie auf eine Vielzahl von anderen religiösen Vorstellungen und Kulten trafen, die sie

---

hineinragt und mit der damaligen Verrandungslage der Aleviten im Zusammenhang steht, wird auf die im übernächsten Kapitel erst zu erläuternden Themen schon vorgegriffen.

[22] Auch hier darf nicht vergessen werden, daß "keine Religion aus dem Nichts gegründet wird, sondern immer an vorhandene Glaubensgrundlagen anknüpft und sich der vorhandenen ... Vorstellungswelt anpassen muß, um sich überhaupt verständlich zu machen." (Schimmel 1994: 13) Nicht die Zusammensetzung, sondern wie die verschiedenen Elemente zu einem neuen Ganzen zusammengefügt werden, ist das Problem. Für fromme Aleviten kann die Übernahme anderer Glaubenselemente aus anderen Glaubenswelten auch eine Bestätigung von bereits geoffenbarten religiösen Wahrheiten bedeuten.

[23] Im kurdisch-mikronationalistischen Diskurs gilt der Zorastrismus als die Ursprungsreligion aller Kurden (vgl. Kehl-Bodrogi 2000: 146f.).

auch zum Teil in ihre Glaubenswelt angenommen hatten (vgl. Akpinar 2000: 235; Bal 1997a: 46; Sener 1995: 128; Oguz 2000: 191).

Zuerst sind der *Gök-Tanri*-Glaube und magische schamanistische Praktiken zu nennen: Die zentralasiatischen Turkvölker hatten schon vor dem Islam eine monotheistische Religion, wonach 'Himmelgott' der einzige Gott und Schöpfer war (vgl. Bal 1997a: 47). Der Gottesglaube findet seinen Ausdruck in der Liebe zur Natur und den Menschen. Daß dabei 'Himmelsgott' den Menschen wie einen Bruder akzeptiert, spiegelt das Gottesverständnis der Turkmenen. Das Verhältnis zwischen 'Himmelsgott' und den Menschen ist nahezu gleichberechtigt. Es besteht dabei kein patriarchalisch-hierarchisches Befehlsverhältnis zwischen Gott und den Menschen, sondern der Mensch nähert sich freundschaftlich zu ihm: Es gibt keine bedingungslose Unterordnung unter einen restriktiven Gott aus Furcht vor dessen negativen Sanktionen (vgl. Bal 1997a: 58). Darüber hinaus wurden verstorbene Ahnen, Naturkräfte, Erde, Wasser, Feuer, Gebirge und Bäume verehrt. Dabei hatten die erbcharismatisch-magisch-religiöse Autoritäten (*kam ozanlar*) die Herrschaft durch das alleinige Besitz- und Deutungsmonopol auf die nur von ihnen mündlich überlieferte Glaubenslehre inne (vgl. Bal 1997a: 55). Es gibt einige Gemeinsamkeiten zwischen dem Alevitentum und den alttürkischen Glaubenslehren: Neben der ähnlichen Gottesvorstellung und der daraus abgeleiteten Liebe zum Mitmenschen nimmt die Frau in beiden religiösen Vorstellungen und Gesellschaften im Gegensatz zum orthodox-sunnitischen Islam eine emanzipiertere Position ein (vgl. Bal 1997a: 58) und darf mit Männern zusammen an Ritualen teilnehmen. Alevitische und alttürkische Schamanentänze ähneln sich in ihrer Choreographie; Schamanen und alevitische Heiligen werden ähnliche Wunderkräfte zugeschrieben, die Natur wird in beiden Kulturen verehrt, die politische und religiöse Führung wird bei beiden Gesellschaften erbcharismatisch weitergegeben und der gleiche Rauschtrank bei den Zeremonien benutzt (vgl. Bal 1997a: 63).

Darüber hinaus nahmen Turkmenen schon in Mittelasien zorastrische[24] und manichäische[25] Bestandteile in ihren bisherigen Glaubensvorstellungen auf[26]: Das zentrale alevitische Gebot,

---

[24] Der Zorastrismus ist eine auf einen in der göttlichen Ebene begründeten ethischen Gegensatz begründete altiranische Religion, wonach einem 'guten' Gott *Ahura Masda* ein 'bösartiger Geist' namens *Angra Manyu* gegenübersteht (vgl. Widengren 1965)

[25] Der Manichäismus ist eine von *Mani* gestiftete Religion, wonach die Weltordnung und die Entstehung des Menschen durch eine schuldhafte Vermischung von Licht und Materie bedingt ist. Der Mensch muß die Weltordnung in einem Akt der Erkenntnis durchschauen und die in ihm vorhandenen Lichtteile von der Materie seines Leibes befreien, um seine Seele mit der himmlischen Lichtwelt zu vereinigen. Nur auf diese Art und Weise kann er der Seelenwanderung entgehen. Dieses Erlösungsziel ist nur durch eine asketische Lebensführung zu erreichen (vgl. Runciman 1988).

die eigene Hand, Zunge und Lende zu beherrschen, sich also vor Diebstahl, Gewalt, übler Nachrede und ungezügelten Geschlechtsverkehr zu hüten, wird auf den Manichäismus zurückgeführt (vgl. Bal 1997c: 73; Ocak 2000: 231), während alevitische und zorastrische gebetsartige Redewendungen gemeinsame Strukturen aufweisen (vgl. Bal 1997a: 71).

Diese Turkmenenstämme traten in einen historischen jahrhundertelang dauernden Prozeß zum Islam über, ohne gänzlich ihr bisheriges 'heidnisches' vorislamisches Erbe aufzugeben (vgl. Sener 1995: 129)[27]. Sie waren dem Einfluß eines von *Scheich* Ahmet Yesevi gegründeten Ordens ausgesetzt, der urtürkisch-schamanistische mit islamisch-mystischen Elementen miteinander verbindend bei der Islamisierung bisher 'heidnischer' Türken mitgewirkt hatte (vgl. Franz 2000: 16). Die Turkmenen brachten als Nomaden eine faktisch unorthodoxe Form des formal-sunnitischen Islam nach Anatolien mit (vgl. Ocak 1997: 196). Vermutlich war die Bedingung für die Entstehung und das Ausleben des Hochislam bei Nomaden- und Halbnomadenstämmen ungünstig (vgl. Akpinar 2000: 240; Bozkurt 1993: 15-16). Denn damit eine Religion systematisch vereinheitlicht institutionalisiert werden kann, muß m.E. unter anderem auch ihre schriftlich überlieferte Lehre standardisiert durch das eigens dafür ausgebildete Lehrpersonal an den dazu bestimmten Lehrorten vermittelt und ihre Werte und Normen durch gesellschaftliche und juristische Instanzen sozialer Kontrolle wirksam durchgesetzt werden. Vermutlich war dies bei den turkmenischen Nomadenstämmen nicht gegeben.

b) Die Gegensätze zwischen Zentrum und Peripherie im Seldschukenreich

In dem in Anatolien entstandenen Seldschukischen Reich wuchs mit dem Übergang von der Nomaden- und Halbnomaden- zur Agrargesellschaft, mit dem gleichzeitigen Prozeß des Voranschreitens der Urbanisierung und Feudalisierung ein Bedarf an Reformen der bisherigen Verwaltungs- und Rechtsstruktur zur Regelung der Herrschaftsordnung und –beziehungen zur Handhabe eines Reiches. Denn das bisherige Werte- und Normensystem von reitenden Horden reichte dafür nicht mehr aus. Dieser Bedarf konnte durch das sunnitisch-islamische Recht, durch Hervorhebung der Scharia zum herrschenden Werte- und Normensystem befriedigt wer-

[26] Laut Oguz fanden diese Elemente erst viel später Einzug in die islamisch-mystischen Glaubensvorstellungen der in Anatolien eingewanderten Turkmenen. Dies geschah über die in den Bektaschi-Orden eingetretene häretisch-christliche Sekten (vgl. Oguz 2000: 191f.). Die Turkmenen ließen sich nach Mélikoff vorwiegend in den von diesen Christengruppierungen dominierten Gebieten nieder, wo diese sich wechselseitig in ihrem Glauben beeinflußt haben (vgl. Mélikoff 1999: 9).

[27] Der Genuß von Alkohol, das Malen von Bildern und die emanzipierte Stellung der Frau wurden auch nach dem Eintritt in den Islam beibehalten (vgl. Sener 1995: 124; Bozkurt 1993: 17).

den. Die Reichsbevölkerung hing oft einer unorthodox-islamischen, voralevitischenVolksreligion an, "die sich nach außen islamisch gab, im Innern jedoch vor allem aus vor- und außerislamischen Elementen zusammensetzte. Diese Volksreligion war ein Zeichen der relativen Unabhängigkeit ... von straffgeführten, religiösen, auch politischen Systemen" (Väth 1993: 212). Diese Unabhängigkeit wurde jedoch nun von der Führungsriege des Reiches anvisiert, um auch die Autonomie der Bevölkerung zugunsten der Reichsherrschaft einzuschränken. Die herrschende Aristokratie bekannte sich zum sunnitischen Islam, wenn auch in ihrer mystischen Variante, die die Turkmenen aus Zentralasien mitgebracht hatten. Dies führte zur Entstehung des offiziellen verschriftlicht-systematischen, sunnitischen Hochislam in den Städten und zur deren Verbreitung durch religiöse Lehranstalten (*medrese*) und damit zum Dualismus zwischen islamischer Orthodoxie und Heterodoxie (vgl. Bozkurt 1993: 17f.). Dieses Geschehen fand vor dem Hintergrund von Landenteignungen, wachsenden Steuerlasten für Landbenutzung, durch die vom Reich erzwungene Seßhaftigkeit von (Halb-) Nomaden bei gleichzeitiger Zunahme der Einwandererzahl und der gleichzeitiger Abnahme nutzbarer Landfläche statt. Diese Gegensätze waren Ursache der von messianisch-mystisch-islamischen Wanderprediger Baba Ishak inszenierten heterodoxen sozialreligiösen Revolutionsbewegung. Der *Babailer*-Aufstand war eine Reaktion verrandeter Turkmenenstämme im 13. Jahrhundert (vgl. Ocak 2000: 215; Bozkurt 1993: 18f.)[28].

c) Der Bektaschi-Orden

Es ging aus den an dem fehlgeschlagenen *Babailer*-Aufstand beteiligten gesellschaftlichen Gruppen die Bewegung der anatolischen mystischen Wanderprediger des Islam hervor. Diese mißachteten die rituellen Fünf Säulen und setzten sich über das Alkohol- bzw. Drogenkonsumverbot hinweg, glaubten an die Seelenwanderung und Reinkarnation Gottes im Menschen, was vom orthodoxen Sunnitenislam abgelehnt wurde. Während sie in den nun sunnitisch-dominierten Städten religiöser Diskriminierung in Form von verbaler und nonverbaler Gewalt ausgesetzt waren, genossen sie auf dem Land großes Ansehen. Dazu zählt auch *Scheich* Ahmet Yesevis Schüler und Baba Ishaks Vertreter Haci Bektas Veli, ein aus dem heutigen iranisch-turkmenischen Grenzgebiet (Horasan) stammender Wanderderwisch, der im 13. Jahrhundert in

[28] Der Glaubensunterschied zwischen sunnitischem Hochislam im Zentrum und dem heterodoxen Volksislam an der Peripherie des Reiches an sich hat laut Ocak eher eine untergeordnete Rolle gespielt, da während des Aufstandes sunnitische Zivilisten im Gegensatz zu Repräsentanten des Reichs nicht angegriffen wurden (vgl. Ocak 2000: 215).

Anatolien gewirkt hat: "Obwohl er Muslim war, hat er ... seine alten [urtürkischen; BG] Traditionen nicht vernachlässigt." (Mélikoff 1999: 5) Er ließ sich in dem Dorf Sulucakarahöyük (heute: Hacibektas) bei Nevsehir nieder und verkündete seine Lehre den Überlebenden des *Babailer*-Aufstandes (vgl. Bozkurt 1993: 27). Er fand mit "seinen freiheitlichen ... toleranten, humanistischen Anschauungen in Anatolien eine große Anhängerschaft ... Es waren Bauern, Agrarsklaven, christliche und muslimische Häretiker, andere Minderheiten, die ... unterdrückt und verfolgt wurden." (Gülcicek 1994: 34)

> Seine Gedanken waren unorthodox: "Bektas sammelt eine große Schülerschar um sich, die seine Lehre in Anatolien ausbreitet. Es ist eine ungewöhnliche Lehre, weil sie Sunna und Scharia wegläßt und weil sie Türkisch zur Kultsprache macht. Dies ist etwas Ungeheuerliches. Denn der Islam hat nur das Arabische zur Kultsprache ... Aber Bektas wagte es, das Türkische zur Kultsprache zu machen und auch die religiösen Lyriken in Türkisch abfassen zu lassen." (Dierl 1985: 37-38)

Darüber hinaus führte er das Cem-Ritual anstelle des bisherigen obligatorischen Reihengebetes in seine Lehren und Riten ein (vgl. Dierl 1985: 38). Erst nach seinem Tode gründeten im Osmanischen Reich im 14. Jahrhundert seine Anhänger einen nach ihm benannten Orden (vgl. Franz 2000: 19). Das weit in Anatolien und auf dem Balkan aufgespannte Netzwerk des Bektaschi-Ordens diente sowohl als Sozialisationsinstanz zur religiösen Unterweisung der aus der "Knabenlese" von Christenjungen hervorgegangenen Elitearmee der Janitscharen (vgl. Dierl 1985: 43; Schweizer 1979) als auch zu sozialen Solidaritätsdienstleistungen. Der Orden erleichterte zusammen mit anderen Derwischklöstern die Konvertierung der dort ansässigen Bevölkerung zum Islam mit toleranten, heterodox-islamischen Lehren und Riten in christlichen Gebieten des Reiches und trug somit zur ideologischen Herrschaftsstabilisierung des Reiches durch Internalisierung des als Herrschaftsideologie benutzten islamischen Werte- und Normensystems (vgl. Akyol 1999: 14f.).

Das Bektaschitentum nahm laut Oguz dabei durch den Eintritt südslawischer, christlich-häretischer Sektenangehöriger auch (wieder) manichäisch-asketische Elemente in sich auf (vgl. Oguz 2000: 197)[29]. Der Haci Bektas Veli zugeschriebene Satz "Hüte Deine Hand, Zunge und Lende" geht auf den manichäistischen Einfluß (unter den Turkmenen oder/und Bektaschiten) zurück. Der Bektaschi-Orden konnte aber erst im 16. Jahrhundert seinen Einfluß auf protoa-

[29] Bal (1997c: 73) und Ocak (2000: 31) gehen, wie schon erwähnt, im Gegensatz zu Oguz davon aus, daß die Turkmenenstämme und damit Bektaschiten schon diese Elemente in Zentralasien in ihre Glaubensvorstellungen aufgenommen haben. Eine weitere Erklärung könnte sein, daß es im Laufe der Geschichte mehrmalige Kontakte und wechselseitige Beeinflussungen zwischen den 'gleichen' Religionen gegeben hat.

levitische, graduell schiitisierten Turkmenenstämme wirksam ausweiten, die zuvor noch in einer "Ära ohne Ali" (Ocak 1996: 208), d.h. ohne schiitisch-islamischen Vorstellungen lebten. Das heißt bis zu dem Zeitpunkt hatten die Turkmenen mit ihrer diffusen Volksreligion das schiitische Element noch nicht aufgenommen. Damit konnte man m.E. zu dem Zeitpunkt noch nicht von "Aleviten" sprechen[30].

d) Der schiitische Einfluß

Erst am Anfang des 16. Jahrhunderts hatten "Aleviten" schiitische Vorstellungen übernommen:

> "Le *vernis chiite* établi par la propagande safavide, au début du XVIe siècle, grâce à Sah Ismail qui a fait de cette hétérodoxie islamo-turque des Turcomans, ce qu'on appelle le Kizilbachisme [[31];BG], par l'injection des éléments chiites adaptés à leur mentalité, en creant une organisation sociale et religieuse sur un fortement mystique." (Ocak 1997: 198)

Die schon seit Mehmet II. in Gang gesetzten Zentralisierungsbestrebungen, Steuerabgaben und Erzwingung der Seßhaftigkeit verschärften den Dualismus zwischen der sunnitisch-osmanischen Zentralmacht und den protoalevitischen heterodoxen Turkmenenstämmen. Letztere wandten sich dem turkmenischstämmigen Safavidenkönig Persiens, Schah Ismail, zu (vgl. Ocak 2000: 224). Dieser hatte am Anfang des 16. Jahrhunderts seine Dynastie im Iran mit Hilfe seiner esoterisch-schiitischen Ordenskrieger gegründet. Das nunmehr schiitische Persien rivalisierte mit dem sunnitischen Osmanischen Reich um Anatolien (vgl. Akyol 1999: 71f.)[32].

Die sozialen, ökonomischen und politischen Schwierigkeiten der (Halb-) Nomadenstämme verstärkten ihren seit den heterodoxen Derwischbewegungen bestehenden jahrhundertealten Glauben an einen endzeitlichen Erlöser und an die Inkarnation Gottes im Menschen (vgl. Ocak 2000: 224). Schah Ismail versuchte die Entfremdung zwischen dem Staat Osmanischen Reich und Teilen seiner oppositionellen, islamisch-heterodoxen gesellschaftlichen Gruppen und die Sehnsucht dieser nach Erlösung für sein eigenes Interesse an Anatolien nutzbar zu machen und sie als Bündnispartner zu gewinnen (vgl. Väth 1993: 213). Es gelang ihm, sich diesen oppositionellen Turkmenen als den 'Erwarteten Erlöser' (*'Beklenen Mehdi'*), als ein Nachkomme und

---

[30] Ocak widerspricht damit Seners These, daß islamisierte Turkmenen bereits in Zentralasien schon esoterisch-schiitische Glaubensvorstellungen hatten (vgl. Sener 1995: 101f.; Sener 1997: 36f.).

[31] Die Bezeichnung 'Kizilbas' (Rotkopf) geht auf die Kopfbedeckung der im ostanatolisch-westiranischen Grenzgebiet ansässigen turkmenischen Anhänger des Safavidenordensführers Scheich Haydar zurück, der Vater des späteren Schahs Ismail ist. Er hatte die Kopfbedeckung im Grenzland eingeführt. Scheich Haydar war Oberhaupt eines von Safi ad Din in Erdebil (Ostaserbaidschan) gegründeten, ursprünglich sunnitisch-turkmenischen Sufi-Ordens, dessen Nachfolger Anfang des 15. Jahrhunderts zum Schiitentum konvertiert waren (vgl. Bozkurt 1993: 42f.)

Inkarnation Alis und sogar Gottes zu präsentieren. Schah Ismail begann erfolgreich mit der intensiven Werbung für schiitische Ideen und somit um das religiöse und politische Bewußtsein der Turkmenenstämme. Erst dann fanden Teile des Schiitentums wie die Passion um Kerbela, der Ali- und Zwölfimamekult Einzug nach Anatolien und damit in die "bisher diffuse Volksreligion der Turkmenen" (Väth 1993: 213). Verschriftlichungen von esoterisch-schiitischer Glaubenslehre, Werte und Normen (*Buyruk*[33]) wurden als "Sendschreiben [bzw.; BG] als Missionierungs- und Propagandaschriften" (Otter-Beaujean 1997: 220) unter großer Geheimhaltung durch die von ihm autorisierte Stellvertreter und Verbindungsmänner zu den turkmenischen, religiösen und politischen Clanchefs bzw. Nachfahren der zentralasiatischen *kam ozanlar* nach Anatolien geschickt. Diese mußten dann an ihn Abgaben entrichten (vgl. Otter-Beaujean 1997: 220). Darüber hinaus wurden diese ihm nahestehenden heterodoxen Clanchefs der Nomadenstämme direkt oder über Verbindungsmänner durch entsprechende Bescheinigungen (*siyadetname*) zu leiblichen Nachkommen Alis und der 12 Imame erklärt. Dadurch bekamen diese Clanchefs eine religiös erworbene, erbcharismatische Legitimation gegenüber ihren Clan-Untertanen und wurden damit zu den späteren *Dede* und Untergebenen Schah Ismails (vgl. Ocak 1997: 201; Ocak 2000: 226):

> "According to Alevi tradition, the issue of Evlad-i Resul (descendants of the Prophet), which is a mandatory qualification for the institution of Dede, has developed as a result of Safavi propaganda. In addition, the institution of Dede become consolidated with the help of written documents by the halifes (assistant) of Shah Ismail and heterodox Islam, embedded with Shiite motifs had spread throughout Anatolia and the Balkans." (Yaman o.J. : 5)

Nach erfolglosen proiranischen und von Schah Ismail unterstützten Turkmenenaufständen als deren reaktive Verhaltensweise auf politische und ökonomische Verrandung im Reich im Rahmen einer grenzüberschreitenden konfessionellen Allianz und nach dem osmanischen Sieg über Persien 1514 ist es zur Sicherung und Konsolidierung osmanischer Reichsgrenzen gekommen[34]. Aleviten wurde dabei der Zugang zu Persien abgeschnitten. Diverse alevitische Gruppen schlossen sich den Sufi- und anderen Bektaschi-Orden an, um vor osmanischer Verfolgung und Vernichtung sicher zu sein (vgl. Otter-Beaujean 1997: 223, Fußnote 23).

Dabei kam es ab dem 16. Jahrhundert zur wechselseitigen Beeinflussung zwischen den schiitisierten protoalevitischen (Halb-) Nomadenstämmen und den Bektaschiten.

---

[32] Darauf wird im übernächsten Kapitel später eingegangen.

[33] Ein Buyruk ist eine Verschriftlichung alevitischer Lehren und Riten in osmanisch-türkischer Sprache, deren Ausgaben sich im Besitz der *Dede* befinden. Diese haben das alleinige Besitz- und Deutungsmonopol, halten den Inhalt geheim und tradieren ihn mündlich (vgl. Otter-Beaujean 1997: 216ff.).

Das Ergebnis dieser historisch, politisch und religiösen Entwicklungen ist die Vermischung der schiitischen, islamisch-mystischen, manichäischen, zorastrischen und schamanistischen Glaubensinhalte, woraus sich als Kongregation hauptsächlich dieser Elemente das Alevitentum herausgebildet hat. Erst seit diesem Zeitpunkt kann m.E. vom Alevitentum gesprochen werden. Es bildeten sich künftig innerhalb der alevitischen Gemeinschaft zwei Formen der Lehrautorität heraus, von denen der eine vom *Celebi*, dem Vorsitzendem des das spirituelle und organisatorische Zentrum aller Aleviten und Bektaschiten darstellenden Haci-Bektas-Klosters, und der andere vom *Dede* (oder *Pir*) repräsentiert wurde. Der *Celebi* mußte auch seine Abstammung auf Haci Bektas zurückführen. Die *Dede* wurden entweder in ihrem Amt vom *Celebi* bestätigt bzw. ernannt, oder sie mußten ihre Position erbcharismatisch legitimieren und zeigen, daß sie aus dem Hause des Propheten abstammten (vgl. Väth 1993: 213). Die durch Schah Ismail geheiligten Erbpriester, die nun ihre Genealogie bis hin zur Familie des Propheten Mohammed und Ali zurückführen konnten und denen auch Heilkräfte zugeschrieben wurden, waren jeweils für ihre Gemeinden in ihrem Bezirk (*ocak*) zuständig (vgl. Väth 1993: 213). Die erbcharismatisch religiös legitimierten *Dede* hatten fortan die Aufgabe, die Gemeinde in religiösen und gesellschaftlichen Angelegenheiten zu führen, die Riten zu leiten, Streitschlichtungs- und richterliche Funktionen auszuüben (vgl. Yaman o.J.: 9). Sie hatten die alleinige Besitz- und Deutungsmacht über die mündlich überlieferte Lehre (vgl. Otter-Beaujean 1997: 216ff.) und bestimmten dadurch auch vermutlich Werte und Normen, Weltwahrnehmungsweisen, Deutungs- und Verhaltensmuster ihrer Untertanen. Dadurch ist es innerhalb der Alevitengemeinde selber zu einer sozialen Ausdifferenzierung zwischen herrschender Elite und Beherrschten gekommen:

> "Alevi society is divided into two separate endogamous groups ... the spiritual and social elite, the ocak, who claim descent from Ali, Hussein, the 12 Imams, legendary Saints or religious warriors (gazi) and constitute a priestly caste, and the majority lay members, the talips (disciples) ... Most ocakzade (sons of ocak) recognize the ultimate authority of the supreme head of the Celebi in Hacibektas monastery. From these descent lines come the mursits (teachers), dede (grandfathers), pirs (elders), and rehber (guides). They stand in a master-disciple relationship to each other in their hierarchy, and each has specific duties towards the lay community. The dede overseas several villages and visits them annually, the rehber representing him in each village." (Zeidan 1995: 11-12)

Die Alevitengemeinschaft hat sich vermutlich selbst wiederum in eine Kerngesellschaft (von Herrschenden und privilegierten Beherrschten) und Randgruppen ausdifferenziert. Letztere

---

[34] Es wird im übernächsten Kapitel näher darauf eingegangen.

werden bei ihrer Opposition zu den herrschenden alevitischen Gemeindewerten und Normen auf den Cem-Zusammenkünften von der gesamten Gemeinschaft sozial isoliert.

Es soll versucht werden, die räumliche und demographische Verteilung der Aleviten in der Türkei aufzuzeigen.

2.2.3. Aleviten in der Türkei

Die Aleviten sind neben den Sunniten die zweitgrößte Glaubensgruppe in der Türkei (vgl. Väth 1993: 211). Ihr Anteil an der Gesamtbevölkerung beträgt nach einigen Schätzungen 20- 30 %. Dies wäre in absoluten Zahlen 13–16 Millionen (vgl. Aydin 1997: 87). Ihre Angehörigen sind auf verschiedene ethnische Gruppen verteilt: turk-, kurdisch-, zaza- und arabischstämmige Aleviten (vgl. van Bruinessen o.J.: 2)[35]. Trotz dieser Verteilung auf verschiedene Ethnien kann die Konfessionsgruppe der Aleviten als eine 'ethnische Gruppe' im Weberschen Sinne (vgl. Weber 1980: 237) betrachtet werden, da sie eine geglaubte Gemeinsamkeit bzw. ein Kollektivbewußtsein besitzen, das die ethnische Identität im Sinne der Blutsgemeinschaft bzw. Abstammung überlagert (vgl. Aydin 1997:68). Die Aleviten konzentrieren sich räumlich in mittel-, ost-, süd- und südostanatolischen Provinzen der Türkei (vgl. Aydin 1997: 87), wobei es auch alevitische Ansammlungen in den Küstenregionen der Ägäis, des Mittelmeeres und im Ostthrakien gibt (vgl. van Bruinessen o.J. :2). Die Aleviten besitzen aber kein geschlossenes Siedlungsgebiet (vgl. Werle/Kreile 1987:36).

2.3. Zusammenfassung

Soziale Randgruppen sind Personengruppen, die wegen ihrer Abweichung von herrschenden Werten und Normen durch die Kerngesellschaft dauerhaft benachteiligt werden. Sie sind nicht gegeben, sondern entstehen zwangsläufig erst durch die Konstruktion einer Kerngesellschaft (aus Herrschenden und der von ihnen privilegierten Bevölkerung) durch die Aufstellung eines Werte- und Normensystems, nach dessen Maßstab sie diskriminiert werden. Die Diskriminierung bezieht sich auf dafür anfällige Merkmalsausprägungen wie Zugehörigkeit zur einer Religionsgemeinde, Blutsgemeinschaft, Hautfarbe oder Regelkonformität etc. Erst durch ihre Benachteiligung aufgrund dieser Merkmale kann es zur einer Kerngesellschaft der Bevorzugten kommen. Soziale Randgruppen haben herrschaftsstabilisierende Funktionen, da sie zum

---

[35] Türkische Aleviten arabischer Abstammung bzw. arabische Alawiten werden aufgrund ihrer unterschiedlichen geschichtlichen Erfahrung und Glaubensinhalte gesondert betrachtet und in dieser Arbeit nicht berücksichtigt (vgl. Engin/Franz 2000: 157ff.; Aringberg-Laanatza 1999: 195ff.; Firro 1997: 87ff.).

Beispiel durch ihre Benachteiligung zur Abschreckung potentieller Abweichler, als Negativbeispiel zur Binnenintegration der Hauptgesellschaft oder als Ressourcenlieferanten für Angehörige der Privilegierten dienen. Sie können den herrschenden *Status quo* entweder annehmen oder ihn insgeheim ablehnen oder aber offen gegen ihn rebellieren.

Der Islam ist die vom arabischen Kaufmann Mohammed gestiftete monotheistische Religion, die sich als Weiterentwicklung der jüdischen Religion und des Christentums sieht. Der zum Teil gewaltsam ausgetragene Streit um die Erbfolge nach Mohammeds Tod zwischen der Familie des Propheten und dessen anderen ehemaligen Mitstreitern verursachte die Spaltung der Glaubensgemeinschaft in Sunniten und Schiiten. Diese hat das Alevitentum zum Teil beeinflußt.

Das Alevitentum ist ein Synkretismus verschiedener vor allem vorislamischer, alttürkischer, islamisch-mystischer, schiitischer, urpersisch-zorastrischer und christlich-häretischer Glaubenselemente, was durch die Migration türkischer Nomadenstämme und der daraus resultierenden wechselseitigen religiös-kulturellen Vermischung im Schmelztiegel zwischen Balkan, Anatolien und Zentralasien im Laufe der Jahrhunderte, durch anatolische islamisch-mystische Derwischbewegungen und durch den Einfluß des schiitischen Persiens wesentlich geprägt worden ist.

Das kommende Kapitel soll kurz die Grundsätze, Lehren und Rituale des orthodoxen Islam und des Alevitentums vorstellen, um Unterschiede zu Diskriminierungsmerkmalen zur Konstruktion von Kerngesellschaft und Randgruppe herauszuarbeiten. Die Gemeinsamkeiten und Unterschiede der Werte und Normen des Aleviten- und Sunnitentums wurden dabei fast immer ohne ihre Differenzierung zwischen der ideellen Norm- und der tatsächlichen Verhaltensebene untersucht. Der Unterschied zwischen religiösem Ideal bzw. Anspruch auf der einen und dem tatsächlichen Verhalten der sunnitischen oder alevitischen Menschen in ihrem Alltag auf der anderen Seite wurde aus darstellungsökonomischen Gründen vernachlässigt.

3. Sunnitische und alevitische Lehren und Riten als Abgrenzungsmerkmale

3.1. Zu sunnitisch-islamischen Werten, Normen und Ritualen

> "Der Islam ist die Religion der bedingungslosen Hingabe an Gott, der vorbehaltlosen Unterwerfung unter seinen Willen. Alles im Leben des Menschen wird durch diese Hingabe erfasst: der Bereich des persönlichen Lebens, das Familienleben, die zwischenmenschlichen Beziehungen, das Denken und das Handeln." (Khoury 1978: 200)

Der im Islam allmächtige Gott (Allah) duldet keine Partner neben sich, hat selber keine Nachkommen, ist der Schöpfer aller Dinge und Wesen. Er richtet am jüngsten Tag die Menschen, wobei den Gläubigen im Jenseits das Paradies winkt und den Ungläubigen Höllenfeuer droht. "Die Zweiteilung der Masse im Islam ist eine unbedingte, sie besteht zwischen dem Haufen der Gläubigen und jenen der Ungläubigen." (Canetti 1993: 157) Dies hat auch Implikationen für das Diesseits: Der Islam als Werte- und Normensystem bedingt somit die Entstehung einer Kerngesellschaft und Randgruppen, wobei letztere nicht vorgegeben sind, sondern erst durch die Nichteinhaltung der aufgestellten religiösen Richtlinien entstehen. Das sunnitisch-islamische Werte- und Normensystem ist die Scharia. Diese Pflichtenlehre und religiöses Recht umfaßt die kultischen Pflichten (Gebete, Fasten, Almosen, Pilgerfahrt), ethische Normen wie auch Rechtsgrundsätze für alle Lebensbereiche wie z.B. Ehe, Erbschaft, Vermögen, Wirtschaft und Sicherheit der Muslimgemeinde. Die Scharia beruht auf dem Koran und der Sunna, der Gesamtheit der überlieferten Verhaltensweisen, Ansprüche und Entscheidungen des Propheten Mohammed, die als Handlungsrichtschnur für alle Lebensbereiche der Moslems gelten[36]. Dies zeigt auch die Wechselwirkung von Religion und Politik auf:

> "Im Gegensatz zur christlichen Kirche, die außerhalb des Staates entstanden und erst sekundär hineingewachsen ist, wobei die Eigenständigkeit jeder einzelnen der beiden Institutionen nie aus dem Bewußtsein verschwand, hat der Islam um den religiösen Kern einen Staat aufgebaut, der im Prinzip mit der religiösen Gemeinde und ihren Institutionen identisch ist. Einen [laizistischen; BG] Dualismus von Staat und Kirche gibt es im Islam nicht." (Busse 1996: 25)

Die normative Theorie und Praxis der sunnitischen Muslime beruht auf Fünf Säulen[37], nämlich auf der Anerkennung der Wahrheit der Lehre und der Beachtung der religiösen Pflichten: Ge-

---

[36] Der *Consensus universalis*, der Analogieschluß der Gelehrten, die persönliche Vernunft und die praktische Angemessenheit bestimmter Normen und Werte für die zeitgenössische Gesellschaft, in der man lebt, werden (bei der hanefitischen Rechtsschule der Sunniten) als weitere handlungsleitende Kriterien herangezogen (vgl. Radtke 1996: 64).

[37] Diese sollen (Dursun 1995: 15ff.; 1996: 77ff.) schon bei den Glaubensvorstellungen der Sabäer enthalten sein.

bet, Almosen, Fasten, Wallfahrt nach Mekka. Diese Grundpfeiler können als Bezugs- und Diskriminierungsmerkmale zur Konstruktion der Kerngesellschaft und der normabweichenden Randgruppen benutzt werden.

3.1.1. Zum Bekenntnisritual

Die Grundvoraussetzung der Angehörigkeit zum (sunnitischen) Islam ist zunächst das auszusprechende Bekenntnis: "Es gibt keinen Gott außer Gott (Allah), und Mohammed ist sein Prophet." Der richtige Glaube wird näher bestimmt als der bekräftigte Glaube an Gott, seine Engel, seine Abgesandten, seine geoffenbarten Bücher, den Jüngsten Tag und das Schicksal[38] (vgl. Glasenapp 1996: 390). Muslime bekräftigen stets die Zugehörigkeit zur Gemeinschaft durch diese Bezeugung, während bekennende Anders- oder Ungläubige ihn ergänzen oder ablehnen und somit ihre Nichtdazugehörigkeit zur Sprache bringen.

3.1.2. Über die Almosengabe als Opferritual

Das Interesse an dem Erhalt der islamischen Gemeinschaft förderte das normative Gebot zur genau geregelten Zahlung der Armensteuer zur finanziellen Unterstützung der Gemeinde (vgl. Antes 1994: 37). Die Steuererträge sind hauptsächlich für Arme und Bedürftige (vgl. Schimmel 1990: 33) zu vergeben und wurden früher durch Beamte eingezogen. Das von Muslimen ausgeführte Abgeben von Almosen kann auch als Opferritual aufgefaßt werden, bei dem die Loyalität zu den herrschenden islamischen Werten und Normen bzw. zur Muslimgemeinde über das bloße äußere (Lippen-) Bekenntnis hinaus stärker durch die Bereitschaft der Aufgabe des persönlichen Eigentums zum Wohle der Gemeinschaft bewiesen wird.

---

[38] Es wird im sunnitischen Islam ein Dualismus von Fatalismus und individueller Handlungsfreiheit schon betont: Es wird zwar Gott allein absolute und autonome Täterschaft zugesprochen, so daß alles andere von ihm abhängig ist und seinem Willen unterworfen ist. Gott gilt als Urheber ethisch gebotenen und abweichenden Handelns (vgl. Glasenapp 1996: 390). Aber der menschliche Akteur wird aufgefordert, das von Gott Gebotene zu tun und das von ihm Verbotene zu unterlassen. "Ethisches Handeln hat aber nur dann Sinn, wenn der Mensch auch die Fähigkeit hat, so zu handeln. Nur dann ist er für seine Taten verantwortlich und kann in Gericht dafür Lohn und Strafe erwarten." (Antes 1994: 46) Deshalb gibt Gott nach dieser Glaubensauffassung einerseits dem Akteur die Kraft, irgendeine 'gute' oder 'böse' Handlung auszuführen und trägt insofern zum Gelingen dieser Verhaltensweise bei. Andererseits liegt die Verantwortung für diese Handlung einzig und allein beim Akteur, der die Handlung nach seinem subjektiv gemeinten Sinn beabsichtigt und sich dadurch das, was er mit Gottes Hilfe ausführen konnte, 'aneignet'. Damit bleibt Gott der eigentliche Urheber, wobei der menschliche Akteur die Verantwortung durch 'Aneignung' übernimmt (vgl. Antes 1994: 46f.).

3.1.3. Über das Pflichtgebet

Alle erwachsenen Muslime sind nach dem sunnitischen Werte- und Normensystem, der Scharia, zur Teilnahme und vorschriftsmäßigen Vollzug des Gebets verpflichtet.[39] Dieser Ritus wird auf den Mythos der nächtlichen Himmelfahrt Mohammeds mit dem "Flugtier" Burak zurückgeführt. In dieser Nacht soll Gott das Pflichtgebet allen Muslimen verordnet haben (vgl. al-Buhari 1991: 94ff.) Das auch kollektiv zu verrichtende Ritualgebet ist für seine Teilnehmer in seinen Einzelheiten einheitlich festgelegt[40]. Es wird fünfmal am Tag gebetet. Die jeweiligen fest vorgeschriebenen Gebetszeiten verteilen sich von der Morgendämmerung, über Mittag, Nachmittag, nach Sonnenuntergang und Einbruch über Nacht (vgl. Schimmel 1990: 36). Es wird zur jeweiligen Gebetszeit von der Minarette der Moschee gerufen; der Gebetsruf tönt in langgedehnten Kadenzen und besteht u.a. aus dem Glaubensbekenntnis. Teilnehmende Muslime müssen sich daraufhin zu dem für das Gebet bestimmten Ort, zur Moschee begeben, zu der sie alle "von einer Stimme hoch oben gerufen werden" (Canetti 1993: 156). Nach dem Verklingen des Rufs nimmt jeder Gläubige an der zeremoniellen Waschung an dem dazu bestimmten Ort teil. Die Teilnahme an dem vorangehenden Reinigungsritual soll m.E. symbolisch den Einfluß der unreinen Außenwelt von der Glaubensgemeinschaft fernhalten und stärkt die Außengrenze der Muslimgemeinde: "Die Einzelheiten der Waschung, im Laufe der Zeit genau festgelegt, werden von Aufziehen des Wassers durch die Nase bis hin zur Fingerhaltung beim Reinigen der Ohren genau beachtet, jede der Bewegungen wird von bestimmten Gebeten begleitet." (Schimmel 1990: 37) Die Teilnehmer müssen eine rituell erlaubte Kleidung ohne kultische Verunreinigung und ohne sinnliche Reizwirkung tragen (vgl. Khoury 1978: 212). Das eigentliche von allen Teilnehmern gleichzeitig und einheitlich zu vollziehende Gebetsritual beginnt zunächst mit dem formalen Beschluß bzw. mit der Absicht, das Reihengebet verrichten zu wollen.

> Dabei besteht eine "*rak'ah* ... aus dem Aufrechtstehen und Aussprechen des *Allahu akbar* ... der *Fatiha*, der Beugung des Oberkörpers, Wiederaufrichtung, Niederwerfung [gegen die einzig vorgeschriebene Richtung Mekka; BG], Hocken, nochmalige Niederwerfung zum Abschluß des Gebets, das aus einer bestimmten Anzahl von *rak'ah* ... besteht, [dann; BG] wird in hockender Stel-

[39] Das ausdrückliche Gemeinschaftsgebet mit Predigt findet einmal in der Woche freitag mittags, in der Moschee statt (vgl. Khoury 1978: 273).

[40] Nach dem 'Montageplan'-Konzept besteht das Ritualgebet u.a. aus den im Detail für alle Teilnehmer vorgeschriebenen *Bewegungen* während des vorangehenden Reinigungsritus und des danach stattfindenden eigentlichen Gebets aus einem Wechsel von Stehen, Beugung, Niederwerfen gegen Mekka; aus der *Sprache* bzw. aus den je nach Ablauf der zeremoniellen Waschung und des Gebets auszusprechenden Koranzitaten; aus dem *Klang*, der durch den Gebetsruf erzeugt wird, und aus dem *Material*, dem für das zu verrichtende Gebet kultisch angemessenen und reinen Ort sowie aus der kultisch geeigneten ('züchtigen') Bekleidung.

> lung das Glaubensbekenntnis, der Segen über die Propheten und für die Gläubigen sowie die Absicht zur Beendigung des Gebets gesprochen." (Schimmel 1990: 36-37)

Das von allen Teilnehmern in seinen einzelnen Handlungsabläufen gleichzeitig, wiederholt und einheitlich ausgeführte und kollektiv inszenierte Beten erzeugt durch das bei der ">Selbstcharismatisierung< der Gemeinschaft" (Soeffner 1992a: 116) entstehende Gruppenerlebnis kollektive Identität: "Die Menschen kommen in solchen ... Schaustellungen zu ihrem Glauben, während sie ihn darstellen." (Geertz 1991: 145) Die Gegenwart der Teilnehmer beim obligatorischen Ritualgebet zeigt auch das abweichende Verhalten der Abwesenden an.

3.1.4. Zur Wallfahrt nach Mekka

Jeder Muslim muß laut sunnitisch-islamischer Werte und Normen einmal nach Mekka pilgern, sofern dies seine Gesundheit und finanziellen Mitteln erlauben (vgl. Antes 1994: 53). Die rituelle Wallfahrt ist sowohl zeitlich als auch in seinem Ablauf regelgebunden und findet im letzten islamischen Monat statt. Alle Pilger ohne Unterscheidung von Alter und Geschlecht, ethnischer oder sozialer Herkunft legen dabei ein Pilgergewand an (vgl. Schimmel 1990: 35), was vermutlich die innere Verschiedenheit der Teilnehmer abschwächt. Die Wallfahrt selber umfaßt mehrere Rituale (vgl. Schimmel 1990: 35):

- Da ist zum Beispiel das Enthaltsamkeitsritual, wonach bis zum zehnten Tag des Pilgermonats jedem Teilnehmer Kampf, Geschlechtsverkehr, Haarschneiden etc. verboten ist. Dies führt m.E. zu einer Zäsur ihrer bisherigen Lebensführung, hebt damit die außeralltägliche Besonderheit der Wallfahrt hervor und verstärkt die Außengrenzen der Gemeinschaft der teilnehmenden Moslems durch die Verringerung äußerer Einflüsse durch Askese und Reinheitsgebote.
- Es gibt darüber hinaus noch ein Opferritual, bei dem jeder Teilnehmer ein Tier auf seine Kosten schlachtet, um die Loyalität zur Gemeinschaft zu beweisen.
- Der gemeinsame Gottesdienst bei der Kaaba ist das rituelle Pflichtgebet: "Zweifellos trägt das Zusammensein von Muslimen aus aller Herren Länder in Mekka, der gemeinsame Gottesdienst am Zentralheiligtum, viel dazu bei, das Gemeinschaftsgefühl zu stärken" (Schimmel 1990: 35), da gerade die ansonsten außerhalb der Religion als Diskriminierungsmerkmale benutzten sichtbaren rassischen und ethnischen Unterschiede durch die Zugehörigkeit zum supranationalen Islam abgeschwächt werden. Die Vielfalt der Teilnehmer wird durch die Einheit in dem Glauben an den einen Gott und durch die Teilnahme

an den Ritualen abgemildert: "Nicht die Blutsbande, also Sippen- und Stammeszugehörigkeiten, zählen, sondern, die gemeinsame Religion wird zum gemeinschaftsstiftenden Faktor" (Antes 1994: 29). Dabei werden dann anstelle der ethnisch-rassischen zwangsläufig dafür religiös-konfessionelle Unterschiede als Diskriminierungsmerkmale zur Unterscheidung zwischen Innen und Außen herangezogen[41].

3.1.5. Ritual der Enthaltsamkeit: Fasten im Ramadan

Das Fasten im Monat Ramadan ist allen erwachsenen und gesunden Moslems im sunnitischen Islam vorgeschrieben: Es "darf von Morgengrauen, wenn man einen schwarzen von einem weißen Faden unterscheiden kann, bis zum Sonnenuntergang nichts gegessen, getrunken, geraucht, kein Wohlgeruch genossen, kein Geschlechtsverkehr gepflegt werden. Die Absicht, das Fasten zu halten, muß jeden Morgen vor Sonnenaufgang neu formuliert werden." (Schimmel 1990: 34). Davor wird eine letzte Mahlzeit verzehrt. Das Fasten findet periodisch im islamischen Mondmonat Ramadan statt und dauert 30 Tage. Damit ist auch ein Ritual der Erinnerung an bestimmte Ereignisse und Zeiten verbunden: "it was in this month ... that the Koran was sent down as guidance for the people." (Connerton 1989: 48) Muslime gedenken an diesen Mythos und konstruieren sich selbst als Moslems. Die Zeit der Erinnerung ist an die von allen am Ritual teilnehmenden Moslems gleichzeitig einzuhaltende Enthaltsamkeit gekoppelt, die auch kollektive Identität stiftet, "weil sie sich einig wissen mit vielen anderen, die man täglich sieht, mit denen man sozusagen 'zusammen' fastet" (Antes 1994: 42). Dabei wird die interne Heterogenität der Teilnehmer minimiert: "Ob arm oder reich, ob Edelmann oder Bettelmann, im Ramadan müssen sie alle auf jede Nahrungsaufnahme verzichten." (Antes 1994: 39) Das abweichende Verhalten, das Essen am Tage, ist dann nicht gegeben, sondern entsteht durch die Nichteinhaltung des eingeführten Verbots: Wer ausschert, demonstriert unislamisches Verhalten.

> Ein Moslem dazu: "Diese Menschen zeigen durch ihr Benehmen, daß sie sich nicht im geringsten um die Weisungen Gottes kümmern ... sie beweisen ... auch, daß sie keine aufrichtigen, zuverlässigen Mitglieder der Muslim-Gesellschaft sind oder vielmehr, daß sie eigentlich gar nicht dazu gehören. Es liegt auf der Hand, daß man von solchen Heuchlern nur das Schlechteste erwarten kann." (Antes 1994: 39)

---

[41] Es sei darüber hinaus erwähnt, daß im sunnitischen Islam eine geschlechtsspezifische Diskriminierung zu Ungunsten der Frauen besteht, die sie u.a. in den Bereichen der Ehe, Scheidung, Vergewaltigung, Ehebruch, in der Politik, Kleidung (Schleiergebot) und in der Öffentlichkeit benachteiligt (vgl. Bas 1992: 126ff.).

Weitere Enthaltsamkeitsrituale sind die Einhaltung des Alkohol- und Schweinefleischverbots (vgl. Glasenapp 1996: 399).

Es soll nun auch versucht werden, skizzenhaft alevitische Werte und Normen darzustellen. Dies ist für einen außenstehenden Autor sehr schwierig zu bewerkstelligen:

- Das Alevitentum verfügt über keine systematisierte und schriftlich niederlegte Theologie (vgl. Ocak 2000: 211), sondern ist ein mündlich tradierter Synkretismus[42].
- Die von den Safaviden *Scheich* Safi Ad Din und Schah Ismail verfaßten und auf den sechsten Imam Cafer zurückgeführten Glaubensbücher und Katechismen (*Buyruk*), die Ausführungen über Werte, Normen, Riten sowie Erzählungen über den Islam beinhalten (vgl. Franz 2000: 16), befinden sich im Besitz der *Dede*. Diese haben das alleinige Besitz- und Interpretationsmonopol darauf und halten sie geheim[43]. Die *Dede* geben die niedergeschriebenen Informationen jungen Aleviten bei Initiationsriten bei ihrem Eintritt in die Gemeinde mündlich weiter, so daß diese bis dahin keine Kenntnisse über ihren eigenen Glauben haben (vgl. Otter-Beaujean 1997: 216, 224; Kehl-Bodrogi 1996: 54). Die mündlich überlieferte Tradition hat möglicherweise inhaltliche Veränderungen durch die *Dede* nach sich gezogen (vgl. Otter-Beaujean 1997: 223-224)[44].
- Es gibt ein alevitisches Schweigegebot (als Ritual der Enthaltsamkeit zur Reduktion der Einflüsse der Außenwelt auf die Gemeinde) über die Preisgabe alevitischer Werte, Normen und Riten an Außenstehende (vgl. Bozkurt 1993: 125).
- Es existieren viele Publikationen über das Alevitentum als Selbst- und Fremddarstellung, jedoch widersprechen sich viele selbst in ihren Inhalt, was auch von tagespolitischen und ideologischen Interessenserwägungen abhängt (vgl. Engin 1996; Vorhoff 1999).

> "However, the more books are published the more confusion increases ... [The; BG] books are generally based on second-hand information and strongly reflect ideological and political orientations. Thus the authors make a selective use of Alevi beliefs and rituals: they stress elements which underline their position and neglect others. Some emphasize the Islamic features while others bring the mystical elements to the fore. While the majority of the authors declare Alevism as part of Islam, some define it as a religion in its own right. Again others divest Alevism of its religious dimension, defining it as a social movement, humanism or even atheism. Authors affected by Turkish or Kurdish nationalism interpret Alevism as being based on Shamanism or on Zoroastrianism. Thus

[42] Das hat sich mittlerweile auch geändert, indem Vereine ihren Mitgliedern Lehrinhalte systematisch und auch schriftlich sowie vereinheitlicht weitergeben. Mit der Einführung des Islamunterrichts an deutschen Schulen können künftig alevitische Werte und Normen auch im Unterricht systematisch weitergegeben werden.

[43] Mittlerweile wird diese Aussage auch insofern eingeschränkt, daß einige Buyruk veröffentlicht wurden und Lehrinhalte durch alevitische Vereine und künftig auch im deutschen Islamunterricht weitergegeben werden.

[44] Es sind bisher zwei Buyrukversionen veröffentlicht worden, die aber keine wissenschaftlichen Editionen darstellen (vgl. Otter-Beaujean 1997: 217-218).

> scripturalization has not yet resulted in fixed and unified doctrines." (Kehl-Bodrogi o.J.: 3)

Aussagen, berichtete Erlebnisse und Verhaltensweisen alevitischer Bekannter des Verfassers dieser Arbeit widersprechen einigen in den Büchern von Soziologen und anderen Akademikern vorgelegten "Fakten", die hier für diese Arbeit benutzt werden. Hier stellt sich die Frage, wer überzeugt werden soll: Aleviten oder Betreiber einer 'Soziologie des Alevitentums' (Bal 1997b; Bal 2000)?[45]

Nichtsdestotrotz soll eine ausschnitthafte Darstellung zentraler Lehren, Werten und Normen erfolgen.

3.2. Zu alevitischen Werten, Normen und Ritualen

Zentral ist die Auffassung einer Inkarnation Gottes (Allah) in Ali (vgl. Bal 1997a: 78f.), verbunden mit trinitarischen Gedanken (Allah-Mohammed-Ali).

3.2.1. Einige Übereinstimmungen mit den Schiiten

Das Alevitentum hat mit dem (Zwölfer-) Schiitentum noch gemeinsam, daß Ali und dessen Nachkommen als der einzig rechtmäßige geistige und politische Führer (*Imam*) der Muslimgemeinde betrachtet, daß Angehörige der Familie des Propheten und Alis (*Ehl-i Beyt*) verehrt und deren Gegner verdammt werden, daß im Trauermonat Muharrem zehn-zwölf Tage lang gefastet und der zwölfte, in seiner Kindheit in Verborgenheit entrückte Imam als messianisch-endzeitlicher Herrscher gesehen wird. Er wird eines Tages zurückkehren und die Erlösung bringen (vgl. Bal 1997c: 82f.; Figlali 2000: 106f.)[46].

3.2.2. Die Lehre von den Vier Pforten

Die vom Bektaschi-Orden übernommene Lehre von den Vier Pforten steht auch im Vordergrund des alevitischen Islam, wobei jedes Tor in zehn Instanzen unterteilt ist. Diese muß jeder Alevit nach Eintritt in seine Gemeinde in seinem Leben mit der Hilfe seines persönlichen religiösen Erziehers durchschreiten, um sein Ziel, Gott, näher zu kommen und dabei zu einem

---

[45] Dennoch werden die von den in den Büchern aufgezeigten "Fakten" abweichenden Schilderungen meines Bekanntenkreises in den Fußnoten erwähnt.

[46] In der (Zwölfer-) Schia gibt es im Gegensatz zum Alevitentum kein Mystizismus und keine Trinitätsvorstellung Gottes. Schiiten heben die Scharia, die schiitische Ehe auf Zeit und die Fünf Säulen des Islam hervor, was von den Aleviten abgelehnt wird. Im Alevitentum werden die rituellen Zusammenkünfte nicht in der Moschee, was bei Schiiten der Fall ist, abgehalten, sondern im Cem-Haus. Frauen haben im Alevitentum im Gegensatz zur Schia eine emanzipiertere Stellung (vgl. Figlali 2000: 106f.; Bal 1997c: 85).

reifen Mitglied der Gemeinde bzw. zum 'perfekten Menschen' zu werden (vgl. Bozkurt 1993: 92; Gülcicek 1994: 91f.). Viele dieser alevitischen Werte und Normen zielen auf Erhalt und Reproduktion der Gemeinde ab und regeln vordringlich das Zusammenleben ihrer Mitglieder (vgl. Väth 1993: 215).Diese normativen Pforten sind:

1. Tor der Scharia (*Seriat Kapisi*)

Zur ersten Pforte gehören vor allem Glauben, Erwerb von religiösen Kenntnissen, Beten, Distanz von unrechtmäßig erworbenen Gütern, Nützlichkeit gegenüber der Familie, Unterlassen von Zuführung von Schäden an die Umwelt, Befolgung Mohammeds Regeln, Mitgefühl gegenüber anderen, Beachtung von Sauberkeit in Essen und Bekleidung vgl. Gülcicek 1994: 92; Birge 1937: 101). Aleviten gehen davon aus, daß sie diesen Pfad schon vor Jahrhunderten durchschritten haben und ihn deshalb als überwunden betrachten (vgl. Bozkurt 1993: 92).

2. Tor der Gemeinschaft (*Tarikat Kapisi*)

Die Übertragung von Vertrauen und Entscheidungsmacht an den geistlichen Erzieher, die Beachtung von Hygienevorschriften, Hilfsmaßnahmen für andere, das Hoffen auf Gott und damit Aufrechterhaltung der subjektiven Erfolgsgewißheit (vgl. Gülcicek 1994: 93), die Beachtung des Schweigegebots zur Verhinderung der Offenbarung der Geheimnisse der Lehre und Riten gegenüber Außenstehenden zur Verringerung deren Einflußmöglichkeiten der Außenwelt auf die Gemeinde gehören hauptsächlich zu dieser Pforte. Die Beherrschung der Hand, Zunge und der Lende (vgl. Bozkurt 1993: 93) soll die Verbreitung von Gewalt als legitimes Konfliktlösungsmittel, Promiskuität und Diebstahl als rechtmäßige Methode zur Ressourcenbeschaffung auf individueller (Mikro-) Ebene verhindern, um auf der kollektiven (Makro-) Ebene der Gemeinde suboptimale Ergebnisse wegen Transaggregation von abweichenden Handlungen einzelner Aleviten abzuwenden. Die Untersagung der Preisgabe von Informationen über die Gemeinde soll vermutlich den Einfluß der (hauptsächlich sunnitischen) Außenwelt auf die Gemeinde gering halten. Das Schweigeritual dient m.E. zur Grenzkonstruktion zwischen 'uns', den Aleviten, und den 'anderen', den Sunniten.

3. Tor der Erkenntnis (*Marifet Kapisi*)

Es zählen dazu Werte und Normen wie zum Beispiel Selbstkontrolle, Anstand, Unterlassung von Selbstsucht, Erwerb von Wissen, Ehrenhaftigkeit, Toleranz gegenüber anderen und das

Verbot der Rache (zur Verhinderung der Verbreitung von Kettenreaktionen auf der Gemeindeebene durch wechselseitige Vergeltungsaktionen wegen den von individuellen den Akteuren vorgenommenen und sich gegenseitig intensivierenden *Tit-for-Tat*-Strategien).

4. Tor der Wahrheit (*Hakikat Kapisi*)

Dazu gehören unter anderem die Liebe zur Gottes Schöpfung, die Betrachtung aller Menschen als 'Gleiche' und das "Gott in sich, sich in Gott betrachten" (Gülcicek 1994: 94).

> "A mystic teacher of Islam ... explained to me the meanings of these four terms by taking the idea of 'sugar' as an example. One can go to the dictionary to find out what sugar is and how it is used. That is the *seriat* Gateway to knowledge. One feels the inadequacy of that when one is introduced directly to the practical seeing and handling of sugar. That represents *tarikat* Gateway to knowledge. To actually taste sugar and have it enter into oneself is to go one step deeper into an appreciation of its nature, and that is what is meant by *marifet*. If one could go still further and become one with sugar so that he could say, 'I am sugar,' that and that alone would be to know what sugar is, and that is what is involved in the *hakikat* Gateway." (Birge 1937: 102)

3.2.3. Zur Botschaft der Liebe zu Gott, zur Natur und zu den Menschen

Die Botschaft der Liebe ist im Vordergrund, der zufolge der Gottesglaube in der Liebe zum Mitmenschen ihren Ausdruck findet (vgl. Aydemir/Sener 2000: 21)[47]:

> "Im Alevitentum gibt es keine Gottesfurcht. An Gott wird nicht wegen seinem potentiellen Unheil geglaubt. Es gibt die Liebe zu Gott. Es gibt keine Furcht vor der Religion ... vor der Hölle. Es liegt alles am Menschen ... Im Alevitentum gibt es eine Gott vermenschlichende und Menschen vergötternde Gottesliebe ... Im Alevitentum folgt der Mensch göttlichen Regeln nicht aus Furcht vor, sondern aus Liebe zu Gott." (Aydemir/Sener 2000: 22) [48]

[47] Aydemir/Seners Monographie ist für die religiöse Unterweisung alevitischer Kinder in der Bundesrepublik verfaßt worden. Sie wird sowohl vom türkischen Amt für religiöse Angelegenheiten als auch von einigen alevitischen *Dede* sowie von Verbänden kritisiert. Sie versuche beispielsweise durch Frageformulierungen bei Aufgabenstellungen implizit das Alevitentum als eine vom Islam unterschiedliche Religion darzustellen: "bitte vergleichen Sie die jüdische Religion, Christentum, den Islam und das Alevitentum miteinander." (2000: 13) Die Darstellung alevitischer Tierliebe sei durch die Schilderung einer Entschuldigung eines bei der Cem-Zusammenkunft der Tierquälerei angeklagten Mannes bei einem Hund übertrieben (2000: 25). Die Beschreibung des Gebetes von sich vor einem Bild Alis niederknieenden Aleviten (2000: 14) ist neben der angeblichen Sakralisierung der türkischen Langhalslaute Saz durch den Barden (2000: 63) und die wertende Schilderung eines islamischen Opferrituals aus der Sicht einer Dreizehnjährigen als brutales Abschlachten (2000: 51) Ursache von Kritik seitens einiger alevitischer *Dede*, Vereine und des (sunnitisch-dominierten) türkischen Amtes für religiöse Angelegenheiten (vgl. Hürriyet-Europaausgabe 14.2.2001, S. 15).

[48] Allerdings versäumen Aydemir/Sener hierbei zu erwähnen, daß abweichendes Verhalten im Alevitentum mit zeitweiligem oder ewigem Ausschluß von der Teilhabe an sozialer Interaktion durch die Alevitengemeinde negativ sanktioniert wird. Diese soziale Isolation kann bei Fehlen von Alternativen und religiös bedrohlicher Außenwelt das (soziale) 'Sterben vor dem Tod' des Abweichlers bedeuten und müßte dessen Handlungen In Richtung Regelkonformität steuern.

Der Glauben an die Manifestation des Göttlichen im Menschen und der Natur führt zur folgenden Erkenntnis:

> "Der beste Gottesdienst besteht darin, die Natur und ihre Gesetze zu erkennen, gegenüber den Menschen Liebe zu üben und die Natur wie alle ihre Wesen zu hegen und zu pflegen. Im Menschen wird Gottes Wesen abgespiegelt, der Mensch ist ... ein kleines Universum wie umgekehrt das Universum ein Mensch im Kleinen ist." (Lerch 1999: 145).

Gewässer, Gebirge, Wälder, Himmel und Erde werden bei den Aleviten verehrt, was bei den vorislamischen Turkmenenstämmen Zentralasiens auch der Fall gewesen ist (vgl. Bozkurt 1993: 133ff.). Im Alevitentum ist Gott nicht der Urheber vom Bösen (vgl. Aydemir/Sener 2000: 22), wobei im sunnitischen Islam Gott einziger Urheber von allem Guten und Bösen ist. Der menschliche Faktor wird dabei betont, wenn Gottes alleinige und absolute Täterschaft über alles Gute und Schlechte abgesprochen wird. Allerdings wird der Glaube an das Paradies und die Hölle, der menschliches Verhalten beeinflussen soll im Alevitentum im Gegensatz zum orthodoxen Islam heruntergespielt: "Im Alevitentum gibt es keine Furcht vor Gott, es gibt auch keine Bange, um ins Paradies zu kommen ... Die Liebe zum Menschen ist fundamental. Wir suchen Gott weder im Himmel noch im Boden [d.h. in der Erde; BG] Für uns ist er im Menschen." (Kilic 1998: 8)

Es gibt auch Riten im Alevitentum: The Alevites "have their own religious ceremonies (cem), officiated by 'holy men' (dede) belonging to a hereditary priestly caste at which religious poems (nefes) in Turkish are sung and (in some communities at least) men and women carry out ritual dances (semah)." (van Bruinessen o.J.: 2)

3.2.4. Über das Cem-Ritual (*Ayin-i Cem*)

Die rituellen Zusammenkünfte finden in Cem-Häusern statt, die explizite Regeln des Ablaufs und Rollenverteilungen für ihre Teilnehmer und neben der Gottesdienstfunktion auch noch Schlichtungs- und Gerichtsaufgaben zur sozialen Kontrolle der Gemeindemitglieder zur Aufrechterhaltung der Ordnung von alevitischen Werten und Normen zwecks Sicherung des Überlebens der Gemeinde in der feindlichen Außenwelt besitzen. Darauf wird weiter unten eingegangen[49]. Über die "Selbstverständlichkeit von Routinen und Traditionen läßt sich Ge-

[49] Laut dem 'Montageplan'-Konzept besteht die Cem-Zusammenkunft u.a. aus den detailliert für die Teilnehmer vorgeschriebenen *Bewegungen* während des Gottesdienstes wie das sich-von-Angesicht-zu-Angesicht-Sitzen, Beugen, sich Niederwerfen, dem Semah-Tanz; aus der *Sprache* bzw. aus den je nach Ablauf der Cem-Zeremonien auszusprechenden Buyruk-Zitaten, Gebeten, religiösen Songs (nefes); aus dem durch den Saz

meinschaftlichkeit nur so lange sichern, wie Fremde und Außenseiter selten auftauchen und keine provozierenden Fragen stellen. Vor den herausfordernden Blicken und Fragen der Fremden muß die Feier der Tradition entweder geschützt oder massiv verteidigt werden." (Giesen 1999b: 45) Fremde (Sunniten) sind vom Cem-Ritual ausgeschlossen[50]. Es sind darüber hinaus wegen ihres Verstoßes gegenüber alevitischen Werten und Normen von der Gemeinde Ausgestoßene (*düskün*), Personen ohne Wahlbruder[51], arbeits- und familienlose Ledige von der Teilnahme am Cem-Ritual ausgeschlossen. Das schafft den Anreiz, sich gruppenkonform zu verhalten, Arbeit zu suchen, Familie zu gründen, sich seinem Erzieher unterzuordnen, um in der Gemeinde sozial überleben zu können. Dies trägt zur finanziellen Stärkung und zur sich auf Familien stützenden Stabilität bzw. zur Sicherung der Reproduktion der Gemeinde bei (vgl. Bal 1997a: 84; Gülcicek 1994: 84). Die Gegenwart der Teilnehmer zeigt auch das abweichende Verhalten derer, die nicht teilnehmen. Die Ausgeschlossenen fallen m.E. gerade durch ihre Abwesenheit auf und dienen als Abschreckungs- und Negativbeispiel (zur negativen Selbstdefinition der Gemeinde).

Dieses Ritual ist sehr exklusiv, und "diese soziale Exklusivität benötigt einen speziell reservierten Raum, der abgeschlossen ist von den Augen und Ohren der Ausgeschlossenen Anderen" (Giesen 1999b: 85): Eine Cem-Zusammenkunft findet meistens jährlich in den Wintermonaten im Cem-Haus (*cemevi*) statt, bei der alle Familienmitglieder (Männer, Frauen, Kinder) gleichberechtigt teilnehmen. Die rituelle Zusammenkunft ist in seinem Ablauf im Detail festgelegt:

a) Die 12 Funktionen

"Der Dede und die 12 Dienstpflichtigen betreten als erstes den Versammlungssaal ... Danach folgen die Gemeinschaftsmitglieder und nehmen mit dem Mahl (Pastete, Gebäck, Opfermahl Lokma) an der Versammlung teil. Sie sitzen im Cem in einer Kreisform, Gesicht zu Gesicht und nicht jemanden den Rücken zukehrend, weil das Gesicht des anderen als Gottes Gesicht

---

erzeugten *Klang;* aus dem für die Zusammenkunft benötigten *Material* wie Opfermahl, Versammlungssaal, Getränke etc..

[50] Meine alevitischen Bekannten und Vereinsangehörige des Radolfzeller Alevitenvereins widersprechen dieser Aussage und meinen, daß die Cem-Zeremonie für alle offen sei. Dies hat laut Kehl-Bodrogi mit der gegenwärtig stattfindenden Transformation des Alevitentums zu tun, was sich vermutlich auch auf die Diaspora in der Bundesrepublik auswirkt: Alevites "are now open to the public, not only because an exclusion of non-Alevis would be politically unwise, but given the anonymity of urban life, it could not be controlled anyway. Also, secrecy would contradict the new self-image of the Alevis, which represents a universally valid and modern form of faith." (Kehl-Bodrogi o.J.: 3)

gesehen wird." (Gülcicek 1994: 85) Die Gebetsrichtung ist somit nicht Mekka wie bei Sunniten: "Meine Kaaba ist der Mensch." Die Gegenwart und Sichtbarkeit der Teilnehmer am Gottesdienst beseitigt vermutlich Verlegenheiten und erlaubt direkte Kommunikation, die gegenseitig affektive Bindungen verstärken, den Eindruck von Außergewöhnlichkeit vermitteln und damit kollektive Identität schaffen.

Es werden vom *Dede* mit der Zustimmung der Gemeinde 12 Dienstpflichtige für den ordnungsgemäßen Ablauf gewählt. Nach je einem mythischen festgelegten Formelgebet (Rosenruf, *Gülbenk*), der als Erlaubnissignal für ein Funktionär ist, erfolgt die Erledigung der aktuellen Dienstleistung. In jedem Teil der Zusammenkunft spielt der *Barde* Saz und singt dazu mythische Lieder, die jeweils die Tätigkeiten der Funktionäre beinhalten (vgl. Gülcicek 1994: 89). Mit der Erledigung dieser zwölf Aufgaben steht und fällt das ganze Unternehmen. Diese zwölf Funktionäre werden nun aufgezählt (vgl. Bozkurt 1993: 171f.; Bal 1997a: 86f.):

1. Der *Dede* leitet die Zeremonie und die Gemeinde. Ihm obliegt die Rechtsprechung.
2. *Wegweiser, Erzieher*: Er ist der Lehrer alevitischer Aspiranten, die in die Gemeinde aufgenommen werden.
3. *Wächter*: Dieser kümmert sich um die Aufrechterhaltung der Ordnung und der Abfolge während der Zusammenkunft (*'Monitoring'*) und sanktioniert abweichendes Verhalten (*'Sanctioning'*).
4. Der *Beleuchter* ist für die Helligkeit während der Zusammenkunft zuständig.
5. Für Gesang und Musik mit dem Saz sorgt der *Barde*, der je nach Ablauf der Zeremonie ein entsprechendes Lied singt und spielt bzw. Gedichte aufsagt[52].
6. Der *Feger* ist für die Sauberkeit des Versammlungssaals verantwortlich und sagt die mythische trinitarische Formel "Oh Gott, Oh Mohammed, Oh Ali".
7. Die Servierung der Ritualgetränke nach einer bestimmten Reihenfolge erfolgt durch den *Mundschenk*.
8. Die Verhinderung des Eintritts von unerwünschten Personen (-gruppen) erfolgt durch den *Türsteher*.
9. Der *Koch* ist für die ordnungsgemäße Schlachtung und das Servieren des beim Opferritual geschlachteten Tieres verantwortlich.
10. Die regelgerechte Entsorgung der Überreste des Opfertieres und der Speisen erfolgt durch den *Gräber*.
11. Die Beziehung zwischen Cem und der Gemeinde wird vom *Verkünder* hergestellt, der der Gemeinde die Befehle des *Dede* ausrichtet und sie über die Veranstaltungszeiten der künftigen Zusammenkunft rechtzeitig unterrichtet. Er ist gleichzeitig auch Informant des *Dede* und hat somit auch *Monitoring*-Funktionen zur sozialen Kontrolle der Gemeinschaftsmitglieder zwischen den Treffen.

---

[51] Es wird darauf weiter unten eingegangen.

[52] Da der Barde für den Cem unentbehrlich ist, wird die Sazkultur (Gesang, Beherrschen des Instrumentes, Beschäftigung mit Lyrik) bei Aleviten sehr gepflegt. Weil Saz und Gesang laut Bozkurt für den sunnitischen Islam als Sünde gegolten haben sollen, sei bis in die 50er Jahre die türkische Sazmusik und Gedichtskultur ausschließlich von Aleviten gepflegt worden (1993: 116). Wenn das Spielen der türkische Langhalslaute Saz als etwas ausschließlich für das Alevitentum ureigenes stereotypes Verhalten dargestellt und sozial als typisches Selbst- und Fremdbild wahrgenommen wird, kann das Sazspielen eine Inszenierung der Gruppe als Alevitengemeinde bedeuten: Sie spielen Saz, singen alevitische Lieder und bekräftigen ihr Alevitischsein. Dies dient der sozialen Konstruktion von stereotypen Selbst- und Fremdbildern: "Sunniten singen nicht, sondern sie 'rezitieren' ... den Koran. Der Muezzin 'singt' den Gebetsruf nicht vom Minarett, sondern er 'ruft' die Gläubigen zum Gebet." (Reinhard 2001: 201). Saz und alevitische Lyrik wurden auch für den Protest gegen sunnitische Diskriminierung benutzt (vgl. Inalcik 1973: 196; Bozkurt 1993: 65; Reinhard 2001: 202f.). Die religiöse Musik und der Gesang thematisieren neben der Lehre die erlebte Diskriminierung, konstruieren die Aleviten als eine durch die Geschichte hindurch verfolgte Gruppe, tradieren jeweils die stereotypen Selbst- und Fremdbilden von 'uns' und den 'anderen' und prägen so das kollektive Gedächtnis der Aleviten (vgl. Engin 1999a: 568).

12. *Selman*: Er ist für das Reinigungsritual vor und während der zeremoniellen Speisung des geschlachteten Opfertieres verantwortlich.

Die reibungslose Erledigung aller 12 Aufgaben ist für das Gelingen des Cem wichtig. Die funktionale Arbeitsteilung der Funktionäre stärkt vermutlich deren wechselseitige Abhängigkeit und damit auch Solidarität untereinander und trägt zur Bildung ihrer kollektiven Identität bei (vgl. Bal 1997a: 87).

b) Lichtzeremonie

Der Beleuchter entzündet 12 (symbolisch für die 12 Imame) oder 40 (symbolisch für die 40 Heiligen) Kerzen, die als Metapher den Menschen Erleuchtung bringen sollen. Diese Tätigkeiten werden durch ausgesprochene mythische Gebetsformeln begleitet. Nach einem *Gülbenk* des *Dede* spielt der *Barde* Saz und singt dazu Lieder. Damit ist dieser Teil beendet und die rituelle Befragung bzw. die zeremonielle Gerichtssitzung kann begingen (vgl. Gülcicek 1994: 90).

c) Ritual der Befragung und das Volkstribunal

Dieser Teil des Cem wird der Schlichtung von Problemen und richterlichen Entscheidungen zur Aufrechterhaltung herrschender Gemeindewerte und -normen gewidmet. Der *Dede* fragt zu Beginn, ob jemand eine Schuld auf sich geladen bzw. sich abweichend verhalten hat, ob Unstimmigkeiten zwischen zwei oder mehreren Parteien bestehen oder ob ein teilnehmendes Gemeinschaftsmitglied eine Beschwerde über das Verhalten eines anderen hat. Dabei haben alle Zeugenaussage- und Anklagerecht (vgl. Gülcicek 1994: 91; Bozkurt 1993: 187f.; Bal 1997a: 97). Es wird vom *Dede* Streit geschlichtet und die sich gegenüber den herrschenden alevitischen Werten und Normen abweichend verhaltenden Gemeinschaftsmitglieder nach Schwere ihres Vergehens zeitweilig oder für immer von der Gemeinde sozial isoliert (vgl. Bal 1997a: 83). Den Gemeindemitgliedern ist es untersagt, gegenüber dem Geächteten wirtschaftliche oder/und soziale Beziehungen einzugehen. Der Abweichler wird des Raumes verwiesen und vom Cem-Wächter nach außen geführt (vgl. Yildirim 2001a: 49). Dabei rufen die verbleibenden Teilnehmer dem Ausgestoßenen gleichzeitig u.a. diesen standardisierten Satz hinterher: "Der Yezid sei verflucht." (Yildirim 2001a: 49)[53] Der Ausgestoßene dient m.E. dabei sowohl

[53] 'Yezid', der den omayyadischen Gegner des Prophetenenkels Hüseyin symbolisiert, ist ein alevitisches Schimpfwort für Sunniten.

als Abschreckungs- als auch als Negativbeispiel und damit zur Binnenintegration der Gemeinschaft. Der Abtrünnige bzw. Ausgestoßene (*düskün*) ist nicht vorgegeben, sondern wird, wie zum Beispiel soziale Randgruppen, erst durch die Nichteinhaltung der aufgestellten alevitischen Werte und Normen konstituiert. Diese Einrichtung ist gerade bei der sozialen Randgruppe der Aleviten von großer Bedeutung, denn "Subgruppen müssen, um der Mehrheit widerstehen zu können, eine starke Hierarchie aufbauen und ein wirksames Normensystem entfalten. Die Aleviten ... haben diesen Sonderweg als Alternative zum System der Majorität gewählt." (Bal 1997a: 97)[54] Personen werden von der Gemeinschaft ausgeschlossen, wenn sie im Koran verbotene Menschen heiraten, wenn sie von ihrem bei ihrem Initiationsritual versprochenen Treuegelöbnis[55] abfallen, wenn sie lügen, stehlen, morden, Ehebruch begehen, ihre Aufsichtspflicht über ihre rituellen Wahlbruder[56] unterlassen, ihm absichtlich Schaden zufügen, Geheimnisse der Gemeinde der Außenwelt (Nichtaleviten, Sunniten) preisgeben, Informationen über sich selbst gegenüber ihrem persönlichen Gemeindeerzieher bzw. –wegweiser vorenthalten, von diesem oder vom Wahlbruder untersagte Verhaltensweisen an den Tag legen, ihre Ehebruch begehenden Gattinnen oder Männer nicht bestrafen (vgl. Bal 1997a: 98; Yildirim 2001a: 41ff.). Damit unterliegen individuelle alevitische Akteure umfassender sozialer Kontrolle, die durch Sippenhaft verstärkt wird[57]. Dies hat im Laufe der Jahrhunderte die Chance für die Entstehung eines spezifisch-typischen alevitischen Habitus beigetragen, was durch die jahrhundertelange Isolation der Gemeinde von der sunnitischen Außenwelt erleichtert worden ist. Die Sanktionshärte wird bei Gerichtszusammenkünften während der Gemeinde vom *Dede* und von der Gemeinde (als vermutlicher Korrekturfaktor) festgelegt. Das Abstoßen des Abtrünnigen kann auch als Reinigungsritual betrachtet werden, um die Reinheit der Gemeinde vor schädigenden Verhalten fernzuhalten. Neben dem zeitweiligen oder ewigen Ausschluß aus der Gemeinde, was bei fehlenden Alternativen das soziale 'Sterben vor dem Tod' bedeuten kann,

---

[54] Bals Sichtweise kann Funktionalismus vorgeworfen werden, weil sie das Zustandekommen des Phänomens durch *Ex-post*-Zuschreibung eines Beitrages für Problemlösungen zu erklären sucht, ohne auf den Entstehungsprozeß selber einzugehen. Es wird im Nachhinein erklärt, warum etwas da ist, aber nicht, wie es entstanden ist. Inwieweit die *Dede*-Elite der Aleviten die Institution der *düskünlük* auch für eigene Interessen eingesetzt hat, bedarf weiterer Forschung, da diese Einrichtung der Herrschaft der *Dede* über ihre Gemeinden nutzbar gemacht werden kann. Allerdings können die sich gegenüber Gemeindewerte und –normen abweichend verhaltende *Dede* auch durch ein Tribunal abgeurteilt werden. Dabei wird das Strafmaß durch deren herausragende Stellung vervielfacht und sie für immer von der Gemeinde ausgeschlossen (vgl. Yildirim 2001a: 40).

[55] Darauf wird weiter unten eingegangen.

[56] Es wird weiter unten darauf Bezug genommen.

[57] Die Großmutter einer alevitischen Freundin wurde zeitweilig von der Teilhabe am Cem ausgeschlossen, weil ihr die Cem-Sitzung boykotierender und in Deutschland lebender Sohn eine Sunnitin geheiratet und damit das alevitische Endogamiegebot zur Aufrechterhaltung der Gemeinde mißachtet hatte.

gibt es laut Bal Stockschläge und Schlachtungen von Opfertieren als weitere Bestrafungsmöglichkeiten (vgl. Bal 1997a: 98f.)[58]. Während die von allen als legitim anerkannte Schlichtung Konsens in der Gemeinde stiftet, leistet das Abstoßen eines Gemeindemitglieds einen Beitrag zur Wiederherstellung der Gemeinschaftsordnung. Nach der Schlichtung wird vom *Dede* ein *Gülbenk* gesprochen und vom Barden Lieder gesungen, um das Gericht zu beenden. Der *Dede* als Richter und Streitschlichtungsorgan dient zum einem zur wirksamen Durchsetzung alevitischer Werte und Normen durch soziale Kontrolle zur Erhaltung der sich in der Minderheit oder in bedrohlicher Umgebung befindenden Gemeinde und zur Herstellung koordinierter und standardisierter Verhaltensmuster der Gemeinde (vgl. Bal 1997a: 83f.). Es werden während der Tagung des Tribunals für alle teilnehmenden Gemeindemitglieder Informationen über vergangene und gegenwärtige Handlungen aller bereitgestellt, damit diese sich bei ihrer sozialen und wirtschaftlichen Interaktion miteinander daran orientieren können, und daß sie davon ausgehen können, daß sie selbst sozialer Kontrolle und Gemeindeüberwachung unterliegen. Dies stärkt m.E. wechselseitige Erwartungsgewißheit, 'Rechts'- und Verhaltenssicherheit der Mitglieder bei ihren Austausch- und Interaktionsbeziehungen innerhalb der Gemeinschaft[59]. Das *Dede*-Gerichts- und Streitschlichtungssystem beseitigt damit die Vielfalt möglicher (auch abweichender) Handlungsoptionen von Mitgliedern und reduziert damit Komplexität bzw. Ungewißheit. Es wird ein durch die Aufstellung eines mit Sanktionen durchgesetzten quasirechtlichen Rahmens und durch Informationen koordiniertes, einheitlich-standardisiertes Verhalten der Aleviten hergestellt, das zur Aufrechterhaltung der Gemeinde beiträgt[60].

d) Initiationsritual

Gebürtige Aleviten, die in die Gemeinde eintreten möchten, müssen bestimmte Bedingungen erfüllen: Sie kommen nicht umhin, ein rituelles Gelöbnis zur Treue gegenüber den alevitischen

---

[58] Yildirim (2001: 41) bringt einige jahrzehntealte Beispiele von Hinrichtungen von Personen, die ihre Treueschwur gebrochen haben sollen. Dabei soll z.B. eine gefesselte Frau in einen Bach gestoßenen worden sein.

[59] Laut Yildirim werden zumindest heutzutage auch Verstöße gegenüber Nichtaleviten geahndet. Dabei wird das Strafmaß bei nichtalevitischen Opfern vervielfacht, da sich diese als Außenstehende beim Tribunal nicht Anklage erheben können (2001: 40). Allerdings gibt es zumindest ein Beispiel von Freispruch bei Diebstahl, bei denen die Opfer Sunniten waren (vgl. Yildirim 2001a: 44).

[60] Dies senkt vermutlich Transaktionskosten (vgl. Williamson 1985), erleichtert Marktaustauschbeziehungen innerhalb der Gemeinde und stärkt diese dadurch nach außen. Das sind jene Kosten, die bei Ablauf eines Austausches (Treffen, Verhandlungen, Einigung, Überwachung, Sanktionierung, Durchsetzung und Nachver-

Werten und Normen abzulegen und Entscheidungsmacht über ihr eigenes Verhalten ihrem Erzieher zu delegieren. Der Aspirant ist dazu gehalten, die alevitischen Werte und Normen kennenzulernen, 'seine Hand, Zunge und Lende zu beherrschen', die Vier Torwege zu durchschreiten (vgl. Bozkurt 1993: 185f.). Nach Tradition werden erst durch den Eintritt ihm die geheimen Werte, Normen und Riten der Gemeinschaft geoffenbart. Zwar ist die Initiation freiwillig, da aber sie die Bedingung für den Zugang zum Cem als Instanz für Streitschlichtung, Informationsbereitstellung und Gerichtsbarkeit ist, steigt der Anreiz mitzumachen[61].

e) Die rituelle Beschließung der Wahlbruderschaft (*müsahiplik*)

Müsahiplik ist eine rituell geschlossene Wahlbruderschaft zwischen zwei Männern, die durch die soziale Umgebung sanktioniert und dadurch gefestigt wird (vgl. Bal 1997a: 94f.; Bozkurt 1993: 174ff.):

> "two young men choose each other as *musahip* before marriage. After a trial period, the relationship becomes ritually sanctioned by the *dede* ... in a particular ceremony, generally called *musahip (es) tutma töreni* (literally 'feast for taking a *musahip* or a partner') ... the *musahip* should become two halves of a whole. They are obliged to lifelong mutual solidarity including far-reaching moral and economic support. They have to take care of each other's family as if it were their own. A man not has to share all that he possesses with his ritual brother, but is responsible for his moral and social integrity as well ... While cousin marriages are widely practised, there exists a widely recognized rule of marriage prohibition between the children, and even the children's children, of *musahip* partners." (Kehl-Bodrogi 1997b: 123)

Die Heirat und Verwandtschaft zwischen diesen Solidaritätsfamilien ist verboten, so daß dadurch und wegen der Familiengründungs- und Wahlbruderschaftspflicht das soziale Netzwerk und die soziale Kontrolle mehr Personen als Verwandte und angeheiratete Familien umfaßt. Das verstärkt das soziale Geflecht und die Solidarität "in a segmentary community, in the midst of a hostile environment." (Kehl-Bodrogi 1997b: 123)[62]

---

handlung der Abmachung) zwischen zwei Parteien entstehen. Es kann kritisiert werden, daß westliche Modelle ohne Reflexionen und rechtfertigende Kriterien auf dieses orientalische Beispiel angewandt werden.

[61] Heutzutage werden diese Werte und Normen auch schriftlich in Kursen von Alevitenvereinen in der Türkei oder auch in Westeuropa den vereinangehörigen Unterrichtsbesuchern vermittelt. Wenn alevitischer Unterricht im Rahmen der religiösen Unterweisung an deutschen Schulen eingeführt wird, werden entsprechende Werte und Normen allen Schulbesuchern von den Lehrern vermittelt. Somit werden die *Dede* zum Teil entlastet.

[62] Es wird zu den Ursachen der im Zitat erwähnten feindlichen Umgebung im kommenden Kapitel über das Osmanische Reich eingegangen. Bozkurt führt die Wahlbruderschaft auf die wechselseitige Hilfe unter den Schamanen bei den vorislamischen Turkmenenstämmen Zentralasiens zurück (vgl. Bozkurt 1993: 91), wohingegen Bal sie von den Solidaritätszünften und Hilfsmaßnahmen religiöser in Anatolien eingewanderten turkmenischstämmigen, islamisch-mystischen Gotteskrieger (*Gaziyan-i Rum*) und aus einem *Buyruk*-Mythos über die Bruderschaft zwischen Mohammed und Ali ableitet (Vgl. Bal 1997a: 95).

Wenn ein Wahlbruder aufgrund abweichenden Verhaltens von der Gemeinschaft bestraft wird wird, zieht das die gleichen negativen Sanktionen für dessen Gattin und für die Familie des Wahlbruders nach sich (vgl. Gülcicek 1994: 96). Damit haben diese drei Personen auch einen Anreiz für die Kontrolle des normkonformen Verhaltens[63]. Die Einweihungsfeier der Solidaritätsgemeinschaft ist in ihrem Ablauf festgeschrieben: Zuerst wird vom *Barden* ein mystisches Lied (*nefes*) mit Sazbegleitung gesungen. Dann spricht der *Dede* ein Gebetsruf zur Einheit und Eintracht, bevor die zwei *Müsahip*-Paare befragt werden, ob sie sich verbrüdern lassen. Nach ihrem Einverständnis und dem aller einzelnen Gemeindemitglieder[64] wird die Solidargemeinschaft vom *Dede* bestätigt. Die Zeremonie findet nach den unten zu erläuternden Ritualtänzen (*semah*) und Hymnen mit Weinausschank, der Verteilung des Speisemahls eines dafür beim Opferritual geschlachteten Tieres und Beglückwünschungen ihr Ende (vgl. Gülcicek 1994: 97).

f) Gottesdienstlicher Teil der Cem-Zusammenkunft

In diesem Teil des Cem-Rituals werden zunächst mystische Lieder vom *Barden* mit Sazbegleitung gesungen, Gott gerufen und heilige Personen geehrt (vgl. Gülcicek 1994: 97)[65]. Dabei sitzen sich alle Teilnehmer auf ihren Knien gegenüber. Auf Zeichen des *Dede* beugen alle gleichzeitig ihren Oberkörper in Richtung des Gegenübers, während der *Dede* ein Gebet ausspricht. Alle Gemeindemitglieder rufen während des *Dede*-Gebetes gleichzeitig "Allah, Allah" (vgl. Aydemir/Sener 2000: 34). Dieser Vorgang wird wiederholt. Zum Schluß wird vom *Dede* ein Rosenruf (*Gülbenk*) gesprochen. Das zeigt das Ende des rituellen gottesdienstlichen Teils des Cem an. Dadurch daß alle Teilnehmer sich gegenüber sitzen, werden vermutlich direkte Kommunikation und gegenseitig affektive Bindungen und damit die Stiftung von kollektiver Identität erleichtert. Die von ihnen allen gleichzeitig und einheitlich vollzogenen norma-

---

[63] Das Olsonsche Problem der Kollektivgüter (Olson 1965), wonach zu häufiges individuell-egoistisches bzw. abweichendes Verhalten aufgrund fehlender *Monitoring*- und *Sanctioning*möglichkeiten in Großgruppen (hier: Gemeinde) für diese Gemeinschaft wegen der Verbreitung schädigenden Verhaltensweisen zu kollektiv-suboptimalen Ergebnissen führt, wird im Alevitentum durch selektive Anreize (hier: soziale Ächtung durch die Gemeinschaft bei Vergehen) und durch die Bildung von Kleingruppen (hier: *Müsahip*-Familien) zur besseren Überwachung (bzw. Bestrafung) von potentiellen Abweichlern gelöst.

[64] Die gleichberechtigte Entscheidungsmacht aller Mitglieder stärkt vermutlich die wechselseitige Abhängigkeit und kollektive Identität der Gemeinschaft.

[65] Dieser Ritus wird aus einem alevitischen Mythos abgeleitet, wonach Mohammed auf dem Rückweg von seiner nächtlichen Himmelfahrt auf eine Cem-Versammlung der 40 Heiligen (mit Ali) gestoßen sein soll: "Als Mohammed in dieser Versammlung gefragt habe, wer sie seien, sollen sie geantwortet haben: 'Wir sind die Vierzig. Einer für Vierzig, vierzig für einen.'" (Gülcicek 1994: 97)

tiven Bewegungen und ausgesprochenen standardisierten Gebetsformeln müßten m.E. das Gruppengefühl und das Gemeinschaftsbewußtsein der Aleviten rituell verstärken[66].

g) *Semah*-Tänze

Nach der Vollendung des Gottesdienstes werden Ritualtänze in Begleitung von Saz und mystischen Songs von Frauen und Männern von Paaren in Form eines Kreises mit immer schneller werdenden Schritten bis zum Erreichen eines Trancezustands ausgeführt (vgl. Aydemir/Sener 2000: 43; Gülcicek 1994: 99). Dabei hat jede ausgeführte Bewegung eine bestimmte Bedeutung. Zum Beispiel zeigt am Anfang einer Semah-Drehung der rechte Arm auf den Himmel, wohingegen der linke sich zunächst auf der Höhe der Brust befindet. Im weiteren Verlauf wird dieser Arm in Richtung Erde ausgestreckt, so daß diese Haltung das Nehmen von Allah und das Geben an das Volk symbolisiert (vgl. Erseven 2001: 75).

h) Andacht als Ritual der Erinnerung an Kerbela

Aleviten vergegenwärtigen in diesem Abschnitt des Rituals das Massaker in Kerbela (Trauma-Mythos) in der Vergangenheit, bei dem der Prophetenenkel und Sohn Alis Hüseyin zum Opfer fiel, und bekräftigen darauf zurückführend ihre alevitische Identität (vgl. Gülcicek 1994: 99) "aus dem Motiv religiöser Ausgrenzung, materieller Unterlegenheit und politischer Schwäche" (Vorhoff 2000: 73). Denn es werden Parallelen zwischen diesen Ereignissen und aktueller Ungleichbehandlung gezogen.

i) Mahlverteilung

Zum Abschluß der Zeremonie wird das eigens dafür geschlachtete Opfertier an die teilnehmenden Mitglieder von dem dazu vorgesehenen Dienstpflichtigen verteilt. Die Gegenwart der Teilnehmer zeigt auch das abweichende Verhalten von den Nichtanwesenden an, die durch ihre Abwesenheit auffallen und als Negativbeispiel dienen: Personen ohne Wahlbruder, Ausgestoßene und Nichtaleviten dürfen an der Speisung nicht teilnehmen, da sonst dem Geber Unheil drohe (vgl. Bozkurt 1993: 130). Die Vergabe von Nahrungsmitteln erfolgt sowohl durch zugeschriebene als auch durch erworbene Eigenschaften: nur gebürtige Aleviten, die sich auch nichts haben zu Schulden kommen lassen, können das Fleisch essen. Der Dienstpflichtige

[66] Es gibt wenige empirische Berichte in der Literatur über das Gruppenerlebnis der Gemeinde. Eine alevitische Freundin berichtete jedoch vom kollektiven Weinen, was Ausdruck eines solchen Erlebnisses sein kann.

fragt nach der Speisung mit der traditionellen Formel, ob jeder einzelner Teilnehmer mit seinem Anteil glücklich sei, und geht damit auch auf individuelle Bedürfnisse jenseits des Gleichheitsgrundsatzes ein: "Im Cem kam Gottesgabe/ In der Hand habe ich keine Waage/ Seid ihr mit eurem Anteil zufrieden?" (Gülcicek 1994: 100)

j) Schlußteil des Cem

Mit der vom *Dede* ausgesprochenen festen mystischen *Gülbenk*-Gebetsformel wird dann die Cem-Zusammenkunft beendet.

3.2.5. Skizze zum Ritual der Enthaltsamkeit: Fasten im Muharrem

Aleviten fasten die ersten zehn bis zwölf Tage des islamischen Monats Muharrem. "An den Fastentagen wird weder gelacht noch Unterhaltung genossen, es wird getrauert. Es wird so wenig wie möglich Wasser getrunken ... Es wird versucht, nur mit saftigen Speisen auszukommen. Der Blick in den Spiegel wird gemieden. In einigen Gegenden rasieren sich Männer nicht. Frauen tragen Trauerkleidung." (Bozkurt 1993: 156) Das Fasten beeinflußt die bisher alltägliche Lebensführung und hebt dadurch die außeralltägliche Besonderheit der Lage hervor und verstärkt durch Askesegebote die Außengrenze der trauernden Gemeinschaft zur Welt der Nichtdazugehörigen, deren Leben wie üblich weitergeht. Sie fasten zusammen und stellen sich selbst dabei als Angehörige der Gemeinde dar. Mit dem Fasten ist auch ein Ritual der Erinnerung an ein bestimmtes Ereignis zur bestimmten Zeit verbunden: Am zehnten Tag im Mondmonat Muharrem wurde Hüseyin, Alis Sohn, vom *Kalifen* Yezid in der Wüste in Kerbela getötet. Die kollektive Erinnerung ist zeitlich an die periodisch wiederkehrenden Gedenktage gebunden, an denen das Enthaltsamkeitsritual vollzogen wird, bei dem alle Aleviten gemeinsam gleichzeitig fasten. Am letzten Tag wird *Asure*, eine suppenartige Süßspeise, aus mindestens zwölf Zutaten gekocht und an alle verteilt (vgl. Gülcicek 1994: 83).

3.2.6. Weitere Rituale der Enthaltsamkeit

a) Schweigeritual

Aleviten dürfen Außenstehenden keine Informationen über ihre religiöse Zeremonien preisgeben[67]. Die durch das Schweigeritual erzeugte Informationsasymmetrie schafft eine Grenze zwischen alevitischer Innen- und sunnitischer Außenwelt, deren Angehörige eben keine von

---

[67] Diese Regel scheint mit der Öffnung des Alevitentums wohl nicht mehr zu gelten (vgl. Kehl-Bodrogi .o.J.).

den Dazugehörigen kollektiv geteilte spezifische Ehre der Zugehörigkeit der Wissens- und Geheimnisgemeinschaft besitzen. Die Preisgabe von Informationen bzw. die Nichtteilnahme am Schweigeritual wird als Sünde betrachtet und mit dem Ausschluß aus der Gemeinde sanktioniert (vgl. Bal 1997a: 98)[68].

b) Hasenfleischverbot

Aleviten dürfen (im Gegensatz zu Sunniten) kein Hasenfleisch essen, da Hasen als 'unheilvolle Tiere' (Bozkurt 1993: 151) gelten. Durch das Eßtabu soll die Gemeindereinheit vor dem Einfluß der Außenwelt bewahrt werden.

Nach der Darstellung der verschiedenen Werten, Normen und Riten des sunnitischen Islam und des Alevitentums werden die Fünf Säulen des Islam als Diskriminierungsmerkmale zwischen Aleviten und Sunniten dargestellt[69].

3.3. Zu den Fünf Grundpfeilern des Islam als Diskriminierungsmerkmal zwischen Sunniten und Aleviten

3.3.1. Zum Bekenntnisritual als Diskriminierungsmerkmal

Zwar bekräftigen Aleviten rituell ihre Zugehörigkeit zum Islam durch den Spruch, daß sie bezeugen, daß es keine andere Gottheit außer Allah gebe, und daß Mohammed sein Prophet sei. Im Gegensatz zu Sunniten ergänzen sie allerdings dieses Gelöbnis mit dem Zusatz "Ali ist Stellvertreter Gottes" (Bozkurt 1993: 153): '*Aliyyul veliyullah.*' Aleviten bestätigen damit ihre Abweichung vom sunnitischen Werte- und Normensystem.

3.3.2. Über die Almosengabe als Opferritual und Abgrenzungsmerkmal

Es gibt keine Almosensteuer bei den Aleviten, so daß sie sich am orthodox-islamischen Opferritual nicht beteiligen und auf diese Weise ihre Abgrenzung von den Sunniten verdeutlichen. Aber im Gegensatz zu Sunniten sammeln die *Dede* alevitische Spenden als heterodoxes Opferritual und geben sie direkt an Bedürftige weiter (vgl. Ministerium für Arbeit, Gesundheit und

---

[68] Während Bozkurt die Ursache des Schweigegebots bei den religiösen Praktiken vorislamischer Turkstämme Zentralasiens ausmacht (vgl. Bozkurt 1993: 125), führt Kehl-Bodrogi diese Geheimhaltung auf den osmanisch induzierten Außendruck während der Verfolgung und Vernichtung der Aleviten im Osmanischen Reich zurück (vgl. Kehl-Bodrogi 1997a: XII). Daraufwird im kommenden Kapitel eingegangen.

[69] Natürlich können stattdessen alevitische Werte und Normen bzw. Maßstäbe als Kriterien zur Abgrenzung und Diskriminierungsmerkmale benutzt werden, aber das Thema sind türkische Aleviten als Randgruppe, die wegen ihrer Abweichung von sunnitischen Standards diskriminiert werden.

Soziales des Landes Nordrhein-Westfalen 1997: 43). Die rituelle Wahlbruderschaft ist als ausschließlich alevitisches Benefiznetzwerk im Gegensatz zur Almosengabe verbreitet (vgl. Bozkurt 1993: 157).

3.3.3. Ausschnitthaftes zum Pflichtgebet als Kriterium zur Abgrenzung

Aleviten nehmen im Gegensatz zu Sunniten weder an der zeremoniellen Waschung noch an dem für Muslime obligatorischen Pflichtgebet teil (vgl. Bozkurt 1993: 153f.) und fallen in der Moschee durch ihre Abwesenheit als Abweichler zum sunnitischen Werte- und Normensystem auf[70]. Die rituellen Zusammenkünfte der Aleviten finden eher im Gegensatz zu den der Sunniten in den Cem-Häusern statt, zu denen nur Aleviten Zugang haben. Dabei wird nicht in Richtung Mekka gebetet, sondern die Betenden sitzen sich gegenüber und grenzen sich somit von der Orthodoxie ab, während Sunniten (nach Monographien) wegen der für Aleviten abweichenden Herkunft nicht ins Cem-Haus gelassen werden[71]. Die ausschließliche Gegenwart alevitischer Cem-Teilnehmer zeigt damit die vom Alevitentum abweichende Herkunft sunnitischer Abwesender an, deren Konfession bloß als Sammlung äußerer Riten begriffen wird:

> Eine Alevitin dazu: "die Sunniten gehen in die Moschee und beten. Die einzige Voraussetzung, dies zu tun, ist, daß sie sich vorher gewaschen haben. Ob sie jemanden vielleicht gekränkt, ja gar ermordet haben, gestohlen oder geflucht haben, danach fragt niemand. Wir sind anders. Bei uns kannst du nur an den religiösen Versammlungen teilnehmen, wenn alle in der Gemeinschaft bezeugen, daß du ohne Sünde bist. Wir treten vor Gott mit reinem Herzen, sie mit gewaschenen Füßen." (Kehl-Bodrogi 1992: 31)[72]

3.3.4. Zum Diskriminierungsmerkmal Wallfahrt nach Mekka

Da Aleviten eher an den spirituellen Sinn anstelle der extern vollzogenen Rituale glauben (vgl. van Bruinessen o.J.: 2), wird die für sunnitische Moslems obligatorische Pilgerfahrt abgelehnt und die intrasubjektive Suche nach seinem Selbst angestrebt (vgl. Ministerium für Arbeit, Ge-

---

[70] Bei einem Diskurs zwischen Sunniten und Aleviten, bei dem ich Zeuge war, wurde letzteren der Muslimstatus von sunnitischer Seite aberkannt: "Ihr geht ja nicht beten. Deshalb seid ihr keine Moslems!" Es gibt im meinen Bekanntenkreis sehr wohl bekennende Aleviten, die in die Moschee beten gehen. Ein alevitischer Bekannter ist aktives Vereinsmitglied der Konstanzer Muslimgemeinde und bekennender Alevite. Der Vater einer alevitischen Freundin nimmt auch als bekennender Alevite am für alle Muslime obligatorischen Freitagsgebet teil. Nach ihrer erzählten Vorstellungswelt gibt es zwischen Moscheebesuchen und Alevitentum keine religiösen Widersprüche. Dieser Widerspruch zwischen dem Inhalt der für diese Arbeit benutzten schriftlichen Quellen und der 'empirischen Realität' läßt sich vermutlich darauf zurückführen, daß diese Personen einer anderen alevitischen Strömung angehören oder selber zum Teil sunnitisiert worden sind.

[71] Mittlerweile hat sich auch dies durch die Öffnung des Alevitentums geändert, weil in der Anonymität der Großstädte niemand die wahre Herkunft der Besucher feststellen kann, und weil es vermutlich auch politisch unklug wäre (vgl. Kehl-Bodrogi o.J.: 3).

sundheit und Soziales des Landes Nordrhein-Westfalen 1997: 47). Dadurch demonstrieren sie ihre Nichtzugehörigkeit zum sunnitischen Islam. Aleviten pilgern stattdessen nach Kerbela. Sie gedenken dabei des ermordeten Prophetenenkels Hüseyin (vgl. Bozkurt 1993: 158)[73].

3.3.5. Zum Ritual der Enthaltsamkeit: Fasten im Ramadan als Abgrenzungsmerkmal

Aleviten nehmen am für sunnitisch-orthodoxe Moslems pflichtgemäßen Fasten im Ramadan nicht teil (vgl. Bozkurt 1993: 156). Sie drücken gerade durch ihre beabsichtige Unterlassung der Enthaltsamkeit ihre Abgrenzung vom Sunnitentum und durch ihr Fasten im Muharrem ihre Mitgliedschaft in der alevitischen Gemeinschaft aus. Im Gegensatz zu den islamischen Orthodoxen, die eben nicht Teil der Erinnerungs- und Trauergemeinschaft der Aleviten sind, fasten sie mindestens zehn Tage lang im Gedenken an den gewaltsamen Tod des Prophetensohns Hüseyin im Muharrem. Sie essen und trinken wenig und schaffen durch ihre Erinnerung an die Vergangenheit ihr Gemeinschaftsbewußtsein in der Gegenwart, wobei Sunniten im Ramadan fasten, sich an den Beginn der koranischen Verkündung erinnern und ihre Identität als Muslime bekräftigen.

Diese Fünf Säulen des Islam wurden und werden (neben weiteren) als Bezugskriterium zur sozialen Konstruktion zwischen 'uns', der Kerngesellschaft der sunnitischen Moslems, und den 'anderen', den alevitischen 'Ketzern' herangezogen, was seit dem Osmanischen Reich bei der Verrandung der Aleviten eine nicht unwesentliche Rolle gespielt hat.

3.4. Zusammenfassung

Der Koran und die Überlieferung von Taten, Aussprüchen und Entscheidungen Mohammeds zählen zu den Hauptquellen der muslimischen Glaubens- und Gesetzeslehre. Der durch religiöse Gerichte sanktionierte Islam fordert den Glauben an den einzigen allmächtigen Gott Allah, an die Sendung Mohammeds als dessen Propheten, an die Prädestination, an die Vergeltung guter und schlechter Taten im Jenseits und an den Jüngsten Tag. Zu den Grundpflichten des Islam zählen neben den auch juristisch sanktionierten zwischenmenschlichen Geboten und Verboten das Bekenntnis, Pflichtgebet, Fasten, Wallfahrt nach Mekka, die Almosensteuer, das Verbot von Schweinefleisch und Alkohol.

---

[72] Man kann sich des Eindrucks nicht erwehren, daß es sich nach den stereotypen Selbst- und Fremdbildern zumindest dieser Alevitin bei den Aleviten um die besseren Moslems handeln muß.

[73] Die Klöster der alevitischen Heiligen Haci Bektas Veli und Abdal Musa entwickeln sich während der jährlich dazu stattfindenden Festivals zwischen dem 16. und 18.August bzw. zwischen dem 3. und 5. Juni

Der Inhalt alevitischer Lehren ordnet auch primär das Zusammenleben der Mitglieder der Gemeinde und hat den Schutz der Gemeinschaft zum Ziel. Im Vordergrund steht die Inkarnation des in Trinität wahrgenommenen Gottes in Ali und das pantheistische Element des Glaubens an die Manifestation des Göttlichen im Menschen und in der Natur. Davon wird eine Gottes- und Menschenliebe abgeleitet. Die Lehre von den Vier Toren, die ein Alevit mit Hilfe eines geistlichen Führers durchschreiten muß, um ein vollwertiges Mitglied der Glaubensgemeinschaft zu werden, Gott und die Stufe des 'perfekten und reifen Menschen' zu erreichen, ist auch zentral im Glauben verankert. Zur Durchsetzung dieser Lehren entstand ein eigenes Gerichtswesen, was neben dem Gottesdienst einen wesentlicher Bestandteil der kultischen Cem-Zusammenkünfte darstellt. Dabei werden Verfehlungen je nach Ausmaß ihrer Schwere zeitweilig oder für immer mit dem Ausschluß aus der Gemeinde geahndet.

Es ist notwendig, einige vom sunnitischen Islam abweichende Grundsätze des Alevitentums in dieser Arbeit nochmals zusammenzufassen, da sie auch als Referenzkriterien bzw. als Diskriminierungsmerkmale bei ihrer sozialen Konstruktion als soziale Randgruppe benutzt werden. Das Alevitentum läßt sich sowohl positiv bestimmen und als auch negativ vom Sunnitentum abgrenzen (positive und negative Bestimmung). Die Drohung mit göttlichen Sanktionen zur Abschreckung und Verhinderung von Devianz scheinen im Alevitentum im Gegensatz zum sunnitischen Islam eine geringere Rolle zu spielen. Es gibt bei den Aleviten eine Abweichung zu den Fünf Säulen des Islam, die sie von den Sunniten unterscheiden: im Gegensatz zu den Orthodoxen fasten die Aleviten nicht im Ramadan, sondern im Monat Muharrem zehn oder zwölf Tage lang in Andacht an den gewaltsamen Tod des Prophetenenkels Hüseyin. Bei den Aleviten gibt es im Gegensatz zu den Sunniten keine Almosensteuer, sondern die heiligen Erbpriester und Leiter der Gemeinde (*Dede*), die ihre Genealogie bis hin zur Familie des Propheten Mohammed zurückführen müssen und denen sozial auch Heilskräfte zugeschrieben werden, verteilen diese Spenden direkt an Bedürftige. Es gibt darüber hinaus die rituelle Wahlbruderschaft als soziales Hilfsnetzwerk. Es wird bei Aleviten die sunnitische Pilgerfahrt nach Mekka abgelehnt und eher die intrapersonale Suche nach seinem Selbst angestrebt oder an einer Wallfahrt nach Kerbela teilgenommen. Die rituellen Zusammenkünfte finden im Gegensatz zu Sunniten nicht in Moscheen, sondern in alevitischen Cem-Häusern statt. Beim alevitischen Gottesdienst wird im Gegensatz zu den Sunniten nicht in Richtung Mekka gebetet,

---

heutzutage immer mehr zu Pilgerstätten und Orten der Erinnerung (Hacibektas, Tekke) (vgl. Gülcicek 1994. 83).

sondern die Betenden sitzen sich gegenüber. Frauen haben im Gegensatz zum orthodoxen Islam im Alevitentum sowohl im Ritus als auch in der alltäglichen Lebensführung eine emanzipierte Position: Sie nehmen z.B. gemeinsam mit Männern an religiösen Zusammenkünften teil, und es gibt kein Schleiergebot. Die Aleviten lehnen im Gegensatz zum Sunnitentum die Scharia, das islamische Recht, ab. Diese reglementiert alle Lebensbereiche. Die Grundsätze des Alevitentums werden bei Cem-Zusammenkünften Aleviten, die ein bestimmtes Alter erreichen, bei Initiationsriten durch den *Dede* mündlich offenbart, oder sie werden ihnen in Alevitenvereinen abgehaltenen Kursen vermittelt.

4. Zur Lage der Aleviten im Osmanischen Reich (1299-1922)

Vor allem nach der Eroberung Mesopotamiens und nach dem Sieg über die byzantinischen Truppen bei Malazgirt durch die Seldschuken (26.8.1071) drangen islamisch-heterodoxe[74] turkmenische Nomadenvölker aus Zentralasien in Anatolien ein, wo dann auch z.B. das Sultanat der Rum-Seldschuken in Konya entstand. In dessen Auflösungsprozeß gründete Osman Gazi (Osman Bey) das sich im 14. und 15. Jahrhundert rasch über den Balkan, Konstantinnopel (ab 1453: Istanbul), später auch Nordafrika und Kaukasus ausbreitende Osmanische Reich.

Die Aleviten als soziale Randgruppe und Sunniten als Angehörige der Kerngesellschaft der Osmanen gingen nach der Etablierung eines sunnitischen Werte- und Normensystems als 'Reichsideologie' aus diesen Stämmen mit diffuser islamisch-mystischer Volksreligion hervor. Es soll nun versucht werden, einige wichtige Ursachen und Folgen dieses Phänomens zu erläutern.

[74] Wie schon erwähnt, brachten diese Stämme eine faktisch unorthodoxe Form des sunnitischen Islams nach Anatolien mit (vgl. Ocak 1997: 196). Die herrschende Elite bekannte sich zwar zum sunnitischen Islam, wenn auch nur in ihrer mystischer Variante (vgl. Akyol 1999: 26).

4.1. Über die Ursachen und Wirkungen der Verrandung der protoalevitischen Turkmenenstämme

4.1.1.Zu den Ursachen der Verrandung der islamisch-heterodoxen Turkmenen

a) Übergang zur feudalen Produktionsweise und erzwungene Seßhaftigkeit der Turkmenenstämme

Der Großteil der osmanischen Bevölkerung war nicht seßhaft. Die Herrschaft wurde durch Beutezüge der aus reitenden Horden bestehenden islamisch-mystischen Glaubenskrieger der turkmenischen Nomadenstämme aufrechterhalten. Das dazugehörende bisher herrschende Werte- und Normensystem des erst Ende des 13. Jahrhunderts in Anatolien gegründeten und territorial noch kleinen osmanischen Fürstentums war die Ideologie des nomadisch-islamisch-heterodoxen Glaubenskämpfertums der reitenden Turkmenenhorden (*gazilik*) zur Legitimierung des Ressourcenzugangs mittels Kriegsbeutezüge gegen Nichtmuslime. Diese Beutezüge dienten der Finanzierung und Aufrechterhaltung des staatlichen Herrschaftsgefüges (vgl. Aydin 2000: 51ff.). Das nomadische Glaubenskämpfertum hatte im osmanischen Fürstentum Vorrang vor Handel, Landwirtschaft und Handwerk (vgl. Aydin 2000: 57). Die Aufrechterhaltung und Finanzierung der Herrschaft des immer mehr expandierenden und dadurch Kosten verursachenden Fürstentums konnte allmählich kaum durch die Ausweitung der Kriegsbeutezüge gewährleistet werden. Das für die Elite nur kurzfristig Nutzen bringende praktizierte Gazitum reichte dafür nicht mehr aus. Es herrschte ein Bedarf an regelmäßiger und permanenter Finanzressourcenbeschaffung zur Aufrechterhaltung der Herrschaft. Statt kurzfristig nützlichen Kriegsraubzügen konnten seßhafte, den Boden bearbeitende und ihren Herren Abgaben verrichtende Bauern (Agrargesellschaft) die Herrschaft der Führungsriege stabilisieren. Es wurde auch eine neue Finanzierungsweise zur Beseitigung der Wirtschaftsfremdheit der osmanischen Herrschaft gebraucht, die Plünderungen und Raubschätze in den Hintergrund rückte und die beherrschte Bevölkerung auf den eroberten oder noch zu erobernden Territorien zu regelmäßigen und fortlaufenden Steuerabgaben sowie anderen zu erbringenden Leistungen zwingen sollte. Die weiter unten zu erläuternde sunnitisch-islamische Eroberungsideologie (*fetihcilik*) als das neu eingeführte Werte- und Normensystem, legitimierte diese, die Wirtschaftsfremdheit beseitigende neue Finanzierungs- und Produktionsweise (vgl. Bulut 1995: 20). Der eigentlich schon bei den Seldschuken begonne Prozeß des Übergangs von der Nomaden- zur feudalen Agrargesellschaft (vgl. Perincek 1991: 59ff.) wurde mit den Eroberungen weiterer anderer

Fürstentümer und Gebiete in Anatolien und in Südosteuropa vorangetrieben. Die osmanische Elite, die selber die Produktion eigener Güter nicht gewährleisten konnte, finanzierte sich somit durch den Zugriff auf bäuerliche Steuerabgaben, durch den Zugang zu den bereits von anderen geschaffenen Ressourcen. Der gesamte zu bebauende und nach sunnitisch-islamischem Recht als öffentliches Gut angesehene Boden war deshalb faktisch Eigentum des herrschenden osmanischen Fürsten bzw. Sultans (vgl. Perincek 1991: 71; Öz 1992: 25). Diese war schon unter der Herrschaft von Fürst Osman Gazi durch (Besitz-) Aufteilung des Bodens unter seinen nahen Verwandten und Angehörigen der turkmenischen fürstlichen Regierungs- und Militärelite (Verwaltungsstab) entstanden (vgl. Perincek 1991: 65). Auf diesem Boden sollten seßhaft gewordene oder noch werdende Bauern arbeiten und Abgaben an ihre dem Verwaltungsstab angehörenden Herren liefern. Denn die Bauern auf dem Lande, die für ihre Herren arbeiten mußten, hatten als Beherrschte künftig die Funktion als ökonomische Ressourcenlieferanten zur finanziellen Stabilisierung der Herrschaft der osmanischen Führungsriege. Dieses *Timar*-System, wonach die noch einzuführende Agrarproduktion funktional unter Bauern, türkische Kavallerie bzw. Militärelite (*sipahi*) und dem Serail aufgeteilt wurde (vgl. Güvenc 1995: 95), benötigte notwendigerweise Landwirte.

Aber es konnte von turkmenischen (Halb-) Nomadenstämmen, die einen großen Anteil an der Bevölkerung darstellten, keine regelmäßigen Steuerabgaben zur Finanzierung der Herrschaft bezogen werden (vgl. Güvenc 1995: 95), da diese eben nicht seßhaft waren und deshalb keinen Boden bebauen und Abgaben an ihre Herren entrichten konnten. Dieser Umstand stellte aber für die Elite wegen den notwendigen Ressourcen ein Problem dar. Die Lösung war die Herbeiführung der Seßhaftigkeit der Nomaden mit Gewalt (vgl. Perincek 1991: 67):

> "Die herrschenden Klassen [, d.h. Eliten; BG] erklären gegen die [bisher vorherrschende; BG] alte Kultur, Tradition und Lebensweise den Krieg, die mit der neuen Struktur ihres von ihnen neu aufgebauten Staates und Systems nicht vereinbar ist. Das war beim Aufbau des osmanischen Staates ... auch so." (Perincek 1991: 75).

Das zum Reich expandierende osmanische Fürstentum "wollte die Nomaden seßhaft machen ... Die Nomaden aber wollten ihre bisherige Lebensweise ... und Traditionen beibehalten." (Perincek 1991: 67) Die daraus resultierende gewaltsam erzwungene Seßhaftigkeit führte zum Dualismus zwischen osmanischer Zentralmacht und den protoalevitischen turkmenischen Nomadenstämmen, die vorwiegend islamisch-heterodox waren.

b) Sozialökonomische Faktoren bzw. ökonomische Verrandung der turkmenischen Bauern und Nomaden

Die im osmanischen Reich existierende feudale Produktionsweise begünstigte eine Ungleichheit zwischen Herrschern und Beherrschten (vgl. Kitsikis 1996: 88ff.).

Die herrschende Elite bestand aus dem Serail (Sultan und Hof), der Regierung und Sekretären (Politische und administrative Elite: Reichsregierungsrat und dem Reichsschatzamt mit Wesiren und Großwesir), dem Militär (Janitscharen, bezahltes Heer, *sipahi*) und der islamischen Geistlichkeit (*ülema*).

Die Beherrschten (*reaya*) setzten sich aus folgenden Gruppen zusammen (vgl. Öz 1992: 28ff.): Stadtbewohner (Händler, Handwerker), Landbewohner (Bauern), Nomaden. Die Finanzierung und Verstetigung der Herrschaft wurde durch das *Timar*-System gewährleistet: Grundlage des (erst Ende des 19. Jahrhunderts abgeschafften) Systems war die Vergabe an Pfründen an die turkmenische Kavallerie (*sipahi*) durch den Sultan, dem der Boden nach sunnitisch-islamischen und Gewohnheitsrecht gehörte (vgl. Inalcik 1973: 111ff.; Aydin 2000: 210; Majoros/Rill 180ff.).

> "Die Sipahi ist in gewisser Hinsicht eine landesweit verbreitete Armee ... die überall im Reich existiert. In Friedenszeiten stellt sie eine Kraft dar, die in den Provinzen die Macht der Zentrale wachhält. Sie übernimmt ... die Aufgabe der Zentrale, in der Region Steuern einzutreiben. Die Soldaten sind verpflichtet, die ihnen vom Sultan gegen Erfüllung bestimmte Aufgaben für die Gemeinschaft verliehenen Ländereien, deren Eigentümer sie nicht sind, zu bestellen und zu versteuern ... Je nach Größe der ihnen ... überlassenen Ländereien übertrugen sie einerseits den von den Bauern auf den Feldern erwirtschafteten 'Mehrertrag' der Zentrale. Andererseits rüsteten sie auf Befehl des Sultans Soldaten aus." (Bozdemir 1988: 54)

Der Boden gehörte dem Sultan und wurde unter den Angehörigen der politischen, militärischen und geistlichen Elite als Besitz oder Pfründen verteilt (vgl. Perincek 1991: 71; Öz 1992: 25): "Wir können deshalb von dem Eigentumsmonopol einer Minderheit im Osmanischen Reich sprechen." (Öz 1992: 25)

Die Bauern gehörten als *reaya* nicht zu den Privilegierten, denn sie hatten weder Recht auf Eigentum noch auf Freizügigkeit: "The sipahi whose reaya fled lost his income, and for this reason the law forbade reaya to leave their settlements and go elsewhere." (Inalcik 1973: 111). Die Bauern waren arbeitspflichtig und mußten bei Bedarf des Sultans bzw. ihres Herren in den Krieg ziehen (vgl. Öz 1992: 31f.; Perincek 1991: 71). Die verrandeten ländlichen Bauern dienten somit als wirtschaftliche und militärische Ressourcen zur Stabilisierung der Herrschaft ihres Sultans und Herren in den Städten. Diese sozialen Unterschiede bzw. Gegensätze zwischen Elite und Beherrschten fielen somit mit den Gegensätzen zwischen Stadt und Land zusammen: "Anatolien ist für den Osmanischen Staat [mit Istanbul als Zentrale; BG] ein Gebiet zur Ausbeutung." (Yetkin 1974: 195; zitiert von Öz 1992: 29) Die von Bauern, aber auch von Nomaden als ökonomische Ressourcenlieferanten (Funktion) abverlangten und nach sunnitisch-islamischen und Gewohnheitsrecht legalisierten Steuerabgaben bedingten einen sozialökonomischen Dualismus zwischen osmanischer Elite im städtischen Zentrum und den verrandeten Bauern und Nomaden auf dem Land, die mehrheitlich einer protoalevitischen Volksreligion angehörten. Dieser regionale und sozialökonomische Gegensatz zwischen Führungsriege und Beherrschten wurde durch Inflation, Seuchen und Hungersnöte verschärft (vgl. Öz 1992: 40ff.; Aydin 2000: 160).

c) Ethnopolitische Deprivilegierung der Turkmenen

Der turkmenisch dominierte Osmanenstaat wurde mit den neuerworbenen Gebieten zu einem Vielvölkerstaat. Auch die Rekrutierung der Elite mußte der neuen Bevölkerungsstruktur Rechnung tragen, um die verschiedenen Gruppen ins Herrschaftssystem integrieren zu können. Die anfangs ausschließlich aus Turkmenen bestehende politisch-administrative, militärische und geistliche Führungsriege der Osmanen wurde deswegen durch die neue, seit dem Ende des 14. Jahrhunderts stattfindende Rekrutierungspolitik, immer mehr von einer "Greco-Slawo-Türkischen" (Öz 1992: 51) Schicht ersetzt. Denn nun bekamen die aus einer "Knabenlese" hervorgehenden Christenkinder aus dem Balkan (vgl. Papouilia 1963: 42) nach einer entspre-chenden islamischen Sozialisation Zugang zur Elite (vgl. Bozdemir 1988: 59). Die Turkmenenfürsten wurden somit ethnisch deprivilegiert, bevor sie sich zu einem mit dem Sultan rivalisierenden Machtfaktor entwickeln konnten. Damit die turkmenische Kavallerie machtpolitisch nicht zu gefährlich für den Serail werden konnte, wurde eine ausschließlich von Sklaven rekrutierte und nur vom Sultan abhängige Armee aufgebaut, die aus Janitscharen bestand. Auch die turkmenischen *sipahi* wurden zugunsten dieser islamisierten Rekruten aus Südosteuropa deprivilegiert. Der auch aus anderen machtpolitischen Gründen seit Murat I. (1360-1389) stattfindende Aufbau des aus der Knabenlese von Christenkindern hervorgehenden stehenden Heeres der Janitscharen (*yeniceriler*) führte indirekt auch zur ethnischen Benachteiligung der turkmenischen Elite (vgl. Akyol 1999: 32). Die Janitscharen rekrutierten sich aus den männlichen Kindern der unter der osmanischen Herrschaft stehenden christlichen Balkanvölker (vgl.

Schweizer 1979; Papouilia 1963). Sie wurden vom Bektaschi-Orden islamisiert, aus sämtlichen Produktionszwängen, Familienbindungen und anderen Loyalitäten losgelöst, mußten (zunächst) Junggesellen bleiben und waren dadurch nur dem Sultan ergeben (vgl. Bozdemir 1988: 56; Perincek 1991: 76; Kitsikis 1996: 85; Papouilia 1963). Sie hatten nach einer entsprechenden Ausbildung auch Zugang zum Militär, Politik und Verwaltung sowie zur Geistlichkeit und damit zur Elite: allein unter den Großwesiren nahm die Anzahl islamisierter Serben, Kroaten, Albaner und Griechen im Gegensatz zu den immer mehr unterrepräsentierten Turkmenen zu (vgl. Öz 1992: 64). Turkmenische Fürsten wurden schon seit Murat I. in ihren Ländereien und Pfründen enteignet bzw. politisch-ökonomisch verrandet (vgl. Öz 1992: 67) und dienten somit zur Stabilisierung der Herrschaft der Osmanendynastie[75]. Diese Enteignung wurde zugunsten der Rekruten während der Herrschaft Sultan Mehmet II. (1444-1446; 1451-1481) weiter vorangetrieben. Die Ausschaltung und der Statusverlust der Turkmenenfürsten als Machtfaktor begünstigte einen Gegensatz zwischen islamisch-heterodoxer turkmenischer Bevölkerung und der orthodoxen und multiethnischen Elite des Osmanischen Reiches (vgl. Bozkurt 1993: 33). Die durch die Arroganz der vordringlich aus balkanstämmigen bestehenden Verwaltungsangehörigen gegenüber der turkmenisch-anatolischen Landbevölkerung, die schlechte Behandlung und Erniedrigung der islamisch-heterodoxen Glaubensvorstellungen dieses Bevölkerungsteils durch diese Bürokraten (vgl. Ocak 2000: 229), verstärkten die Entfremdung der anatolischen Turkmenenstämme gegenüber dem Osmanischen Reich.

d) Religiöse Diskriminierung der Heterodoxen durch die Einführung des sunnitisch-islamischen Werte- und Normensystems

Auch wenn im Seldschukenreich und im kleinen osmanischen Fürstentum das Sunnitentum formal Staatsreligion war, gehörten die Führung und Mehrheit der Bevölkerung in der Alltagspraxis einer islamisch-heterodoxen Glaubensrichtung an (vgl. Aydin 2000: 62; Akpinar 2000: 236). Sie gehörten eher einer mystischen Variante der islamischen Religion mit 'heidnischen' Elementen an, die sie oder ihre Vorfahren aus Mittelasien mitgebracht hatten. Nun wurde das orthodoxe Sunnitentum auch faktisch eingeführt.

[75] Viele turkmenische Fürsten hatten sich als Reaktion auf ihre Deprivilegierung und Abkehr von der osmanischen Kerngesellschaft bei der Schlacht von Ankara (1402) auf die Seite des Mongolenherrschers Timur Lenk gestellt und sich gegen den Osmanensultan Bayezit I. (1389-1402) entschieden (vgl. Öz 1992: 66).

Es gibt verschiedene Ursachen für die Einführung des sunnitischen Werte- und Normensystems, die zwangsläufig die protoalevitische Volksreligion der Turkmenen als deviant etikettierte und Anlaß für ihre Verfolgung gab.

■ Institutionalisierung

Mit dem Einsetzen des Prozesses der Feudalisierung und Urbanisierung und mit dem Übergang von der Nomadenbevölkerung zur Agrargesellschaft sowie mit der Vergrößerung des osmanischen Fürstentums zum Reich entstand Bedarf an einem Werte- und Normensystem zur umfassenden Regelung der Verwaltungs- und Rechtsstruktur sowie der Herrschaftsordnung. Dieser Bedarf konnte durch das sunnitisch-islamische Werte- und Normensystem befriedigt werden. Die schon unter Osman I. entstandenen Fragen bezüglich Eigentum, Markt- und Steuerordnung ließen ein Interesse der Elite an einem rechtlichen Rahmen entstehen, um Chaos und Unordnung zu vermeiden (vgl. Akyol 1999: 31-32)[76]. Die osmanische Sunnitisierung liegt hauptsächlich in der Staatsinstitutionalisierung. Da die auch Bestandteil des Glaubens der osmanischen Gründer gewesene islamische Heterodoxie nicht für die Regelung, Stabilisierung und Verankerung des Staates zu gebrauchen und die sunnitische Konfession von einer staatliche Tradition geprägt worden war, hat das die ideologische Präferenz der Herrscher zugunsten der Orthodoxie beeinflußt (vgl. Aydin 2000: 157). Die Verankerung der Staatsinstitution konnte durch die Hervorhebung des sunnitischen Rechtsislams bzw. der systematisierten, vereinheitlichten und formalisierten Scharia zum herrschenden Werte- und Normensystem herbeigeführt werden. Die Folge war zwangsläufig die Herabsetzung der für die Staatsverwaltung eher ungeeigneten islamischen Heterodoxie und deren Anhänger zu den 'vom wahren Islam' abweichenden Nichtdazugehörigen[77].

■ Feudalisierung

Die anfangs im Osmanenreich herrschende *Gazi*-Staatsideologie hatte ihren Ursprung nicht im sunnitisch-islamischen Recht (vgl. Akyol 1999: 29) und legitimierte Kriegsbeutezüge gegen

---

[76] Die Einführung dieses Werte- und Normensystems wird *ex post* durch seinen Beitrag zur Problemlösung erklärt.

[77] Die später eingesetzte Institutionalisierung des Safavidenstaates hat neben der parallel stattfindenden Parsifizierung zur Verfolgung, später auch zur teilweisen Vernichtung alevitisch-turkmenischer Nomadenstämme in Persien geführt (vgl. Akyol 1999: 53,105; Franz 2000: 18). Dies stützt die Vermutung, daß nicht unbedingt der Glaube an sich, sondern sein Beitrag zur Staatsinstitutionalisierung und Sicherung der Herrschaft eine Rolle für seine Förderung und die seiner Anhänger spielen. Sonst wären ja die Glaubensbrüder der Safaviden nicht im Iran verfolgt wurden.

Nichtmuslime als rechtmäßiges Mittel zur Finanzierung und Aufrechterhaltung des osmanischen Herrschaftsgefüges (vgl. Aydin 2000: 51ff.): "Das [heterodoxe; BG] Gazitum verkörperte den [ideologischen; BG] Vorwand für Angriffe und die darauffolgenden Plünderungen." (Aydin 2000: 52) Die Gazitum-Ideologie unterscheidet sich von der sie ablösenden und vom sunnitischen Werte- und Normensystem abgeleiteten *Cihad*-Norm dadurch, daß sie nur auf die Legitimation von Plünderungen beschränkt bleibt, während das Gebot des Heiligen Krieges darüber hinaus auch noch zusätzlich die Islamisierung der 'Ungläubigen' verlangt:

> Der *Cihad* ist ein "Religionskrieg gegen andere Glaubensvorstellungen. Wenn Sie z.B. jemanden [, d.h. einen Ungläubigen; BG] attackieren, greifen Sie zuerst im Namen der Religion und Allahs an ... [dann; BG] laden Sie ihn zur Konversion zur [islamischen; BG] Religion ein. Wenn er einverstanden ist, dürfen Sie sein Eigentum nicht anrühren; wenn er sich weigert, hängt Ihre künftige Strategie von der Situation des Angegriffenen ab. Wenn er ein Christ oder Jude ist [und sich als Nichtmuslim der Herrschaft der Muslime; BG] fügt, dürfen Sie sich nur mit der von ihm zu zahlenden Kopfsteuer begnügen, wenn er sich weigert, enteignen ... und töten Sie ihn. Falls er kein Angehöriger einer monotheistischen Religion ist, wird er entweder zum Islam übertreten oder sterben müssen. Sein Eigentum gehört aber auf jeden Fall Ihnen." (Aydin 2000: 56).

Da das sunnitische Gebot des Heiligen Krieges gegenüber dem nicht auf die Scharia basierenden Gazitum kurzfristig nur wenige Ressourcen einbracht hatte, wurde zunächst *gazilik* als geltendes Werte- und Normensystems von den Osmanen vorgezogen (vgl. Aydin 2000: 56). Aber mit dem oben erläuterten Übergang zur Feudalisierung und Vergrößerung des Nomadenfürstentums zum Großreich änderte sich die Lage. Die *Gazi*-Ideologie wurde durch *fetihcilik* abgelöst. Die neu eingeführte feudale Produktionsweise zum kontinuierlich-stetigen Zugang zu Mitteln zur Beseitigung der Wirtschaftsfremdheit des osmanischen Herrschaftssystems mußte durch eine neue Herrschaftsideologie legitimiert werden. Die dazu benutzte sunnitisch-islamische Eroberungsideologie (*fetihcilik*) war das Werte- und Normensystem, das die Plünderungen und Raubschätze des Gazitums in den Hintergrund rückte und die beherrschte Bevölkerung auf den eroberten oder noch zu erobernden Territorien zu langfristigen, regelmäßigen und fortlaufenden Steuerabgaben sowie anderen zu erbringenden Leistungen bringen sollte (vgl. Bulut 1995: 20).

■ Herrschaftsstabilisierende Rolle religiöser Werte, Normen und Deutungsmuster

Die osmanische Gesellschaft war nicht säkular. Der Islam kontrolliert, wie erwähnt, das Denken und das Handeln der Menschen (vgl. Khoury 1978: 2000): "Die Religion der Scharia glaubt nicht an die Heiligkeit der menschlichen Existenz des Menschen und betrachtet das Individuum als ein Wesen mit den Eigenschaften eines unfreien und nur Gottes und Mohammeds Befehlen zu gehorchenden Untertanen." (Arsel 1997: 340). Dieses Gottes- und Menschenbild prägt m.E. auch die Wahrnehmungs-, Deutungs- und Verhaltensweisen frommer orthodoxer Muslime. Denn die bedingungslose Hingabe an Gott in der religiösen Lehre beeinflußt auch die Verhaltensethik bzw. Lebensführung und Handlungsorientierung der Gläubigen. Und wer dabei die Deutungsautorität und Definitionsmacht in einer religiösen Gesellschaft mit herrschenden islamischen Werten und Normen über die Botschaft Allahs innehat, kann somit Weltwahrnehmungsweise, Deutungs- und Verhaltensmuster der beherrschten gläubigen Untertanen auch in seinem Herrschaftsinteresse steuern und je nach Erfordernis ihm nützende Handlungen als islamkonform und schädigende Verhaltensweisen als deviant-unislamisch etikettieren, um dadurch herrschaftsstabilisierende Verhaltensweisen zu fördern und –gefährdende Handlungen zu verbieten. Die islamische Religion stellte den institutionellen Bezugsrahmen für die Weltwahrnehmungsweise, Deutungs- und damit Verhaltensmuster dar, in dem die muslimischen Akteure hineingeboren und –sozialisiert wurden und deshalb die soziale Umgebung nach ihrer subjektiven Deutung ihrer Situation als objektiv vorgegebene Selbstverständlichkeit betrachteten. Ihr Bezugsrahmen zur Einschätzung der Umgebung konnte durch die Verheiligung und Verketzerung von Verhaltensweisen und von Kollektiven durch definitionmächtige osmanischen Eliten entsprechend manipuliert werden. Die von den osmanischen Geistlichen erstellten religiösen Rechtsgutachten hatten (auch) genau die Aufgabe, elitenkonforme Verhaltensmuster als islamisch-geboten zu deklarieren und zu fördern und Handlungen gegen den Sultan, Produktionsweise, das Reich bzw. dem herrschenden *Status quo* in den Augen der Bevölkerung zu verketzern und damit zu unterbinden.

Ein weiterer Grund für die Einführung des Sunnitentums ist die Identifikation der Beherrschten mit dem propagierten sunnitischen Staatsvolk. Neben den weiter unten erläuterten Normen zur Loyalität gegenüber der Herrschaft kann die Ergebenheit der Beherrschten durch deren subjektive Identifikation mit dem von der Elite propagierten sozialen Kollektiv erfolgen. Dabei fühlen und erleben sie sich als Mitglieder einer gedachten Eigengruppe. Die Stiftung von Kollektivbewußtsein geschieht, wie schon erwähnt, durch die Hervorhebung von Bezugsmerkmalen, die die Identifikation der individuellen Akteure mit der vorgestellten Eigengruppe nach ihrer Weltwahrnehmungsweise bewirken sollen. Das Sunnitentum mit den obligatorischen Fünf Pfeilern des Islam als Abgrenzungsmerkmale zur positiven und negativen Selbstdefinition der Gruppe der orthodoxen Muslime eignete sich m.E. zur Konstruktion der osmanischen

Kerngesellschaft. Das Glaubensbekenntnis, daß es außer Allah keinen Gott gibt, und daß Mohammed sein Prophet ist, das täglich fünfmal, möglichst in einer Moschee zu verrichtende Pflichtgebet, das Fasten im Ramadan oder aber auch andere Gebote und Pflichten außerhalb der Fünf Säulen wie z.B. die Teilnahme an der zeremoniellen Waschung vor dem Pflichtgebet, Wein- und Schweinefleischverbote können als Diskriminierungsmerkmale zur Konstruktion der Grenze zwischen Muslimen und Ungläubigen herangezogen werden. Wenn man diese Kriterien einhält, ist man Muslim, und wenn nicht, dann nicht. Da aber kollektive Identität einer sozialen Gruppe nicht nur auf Grenzen zwischen innen und außen, sondern auch auf der Überwindung innerer Vielfalt ihrer Angehörigen beruht, können diese repetitiven, normativen, standardisiert und gleichzeitig ausgeführten Rituale des Gebets (Freitagsgebet), des Bekenntnisses, der Enthaltsamkeit (Fasten, Schweinefleisch, Alkohol) und der Reinigung (Waschung) die Zugehörigkeit zur islamischen Gemeinschaft durch das dadurch entstehende Gruppenerlebnis bewirken. Muslime fasten und beten zusammen bzw. wissen sich einig mit denen, die sie nicht sehen können, die aber (nach ihrer subjektiven Vorstellung) gleichzeitig mit ihnen am Ritual des Fastens und Betens teilnehmen. Die Teilnahme an Ritualen kann aber auch als Diskriminierungsmerkmal zur positiven und negativen Selbstdefinition der Gemeinschaft herangezogen werden. Die Gegenwart der Teilnehmer an Ritualen zeigt das abweichende Verhalten der Nichtdazugehörigen an, die nicht vorschriftsmäßig mit allen anderen 'richtigen Muslimen' fasten oder beten, die gerade durch die Nichteinhaltung der Pflichten das von den Moslems abgewertete Unislamische aufzeigen und so die muslimische Gemeinde in ihrer Identität bestätigen: Wenn man sich eben nicht wie ein Ungläubiger verhält, ist man ein Muslim.

Darüber hinaus gibt es Loyalitätsnormen, die eine herrschaftsstabilisierende Wirkung in einer religiösen Gesellschaft haben: "O ihr, die ihr glaubt, gehorchet Allah und gehorchet dem Gesandten und denen, die Befehl unter euch haben." (Der Koran 1994 Sure 4, Vers 59: 99) Die Meinungen islamischer Rechtsgelehrter über islamische Werte und Normen über die Herrschaft können folgende Zitate wiedergeben (vgl. Aydin 2000:375)[78]:

(1) "Wer das Verhalten des Sultans nicht gut findet, soll es mit Geduld ertragen."

(2) "Eine ... brutale Regierung ist besser als der Herrschaftsentzug."

(3) "Beugt euch vor euren Vorgesetzen. Das sich Verbeugen ist gleichzusetzen mit dem sich Beugen vor Gott."

---

[78] Inwieweit diese Meinungen der Gelehrten in der Bevölkerung anzutreffen waren, wird von Aydin leider nicht erwähnt.

(4) "Wer Gottes Sultan verrät, der verrät [auch; BG] Gott."

Der Gehorsam gegenüber dem Herrscher ist damit religiöse Pflicht. Da die Herrschaft einer Anarchie bzw. einem Chaos vorzuziehen ist, muß Gehorsam geleistet werden, auch wenn der Herrscher ungerecht ist (vgl. Akyol 1999: 144; Arsel 1997: 42).

4.1.2. Das sunnitische Werte- und Normensystem im Osmanischen Reich

a) Das Rechtssystem des Osmanischen Reiches

Im Osmanischen Reich wurde der traditionell durch Vererbung zum Herrschen bestimmten Person gehorcht, "deren Befehle legitim sind auf zweierlei Art: [-; BG] ... teilweise kraft eindeutig den Inhalt der Anordnungen bestimmenden Tradition und in deren geglaubten Sinn und Ausmaß, welches durch Uebersteigerung [sic!] der traditionalen Grenzen zu erschüttern für die eigene traditionale Stellung des Herren gefährlich werden könnte, [-; BG] ... teilweise kraft der freien Willkür des Herren, welcher die Tradition den Spielraum zuweist." (Weber 1980: 130)

Im Osmanischen Reich gab es ein formales Nebeneinander zwischen dem sunnitisch-islamischen (Scharia) und dem 'weltlichen' Gewohnheitsrecht: Es gab zunächst eine feste religiöse Ordnung, der sich formaljuristisch-theoretisch jeder, auch der Sultan, zu unterwerfen hatte. Rechtsangelegenheiten, die von der Scharia nicht im Detail geregelt werden konnten, wurden durch die von dem Sultan erlassene Dekrete mit Gesetzwirkung erledigt, die allerdings formal mit dem sunnitischen Recht im Einklang stehen und dadurch religiös legitimiert werden mußten. Dies wurde durch die von den islamischen Rechtsgelehrten (*ülema*) erstellten religiösen Rechtsgutachten (*fetva*) nachgewiesen, die allerdings nur formaljuristisch-theoretisch als Kontrollinstanz fungierten (vgl. Inalcik 1973: 70ff.; Bulut 1995: 22f.; Matuz 1985: 85; Shaw 1971: 97). Es gab praktisch ein Primat des Gewohnheitsrechts bzw. der Politik gegenüber der Scharia bzw. der Religion. Zwar waren die vom Padischah kooptierten Geistlichen für die Erstellung der Fatwa zur Legitimation der von ihm gewillkürten Erlasse verantwortlich und damit islamjuristische Vetomächte. Jedoch waren sie *de facto* von ihm abhängig (vgl. Kitsikis 1996: 92; Bulut 1995: 22; Aydin 2000: 383)[79]. Für die Geistlichen waren die vom Sultan erlassenen Dekrete "schariakonform und –gültig, wenn sie dem Allgemeinwohl

[79] Eral bringt ein Beispiel einer durch Bestechung erstellten antialevitischen Fatwa (1995: 40). Akpinar geht davon aus, daß viele dieser Fatwa nicht schariakonform waren (2000: 241f.).

[im Sinne des Interesses des Sultans, BG] dienen" (Aydin 2000: 379) würden. Denn "im Osmanischen Reich steht alles im Dienste des Staates, auch die Religion." (Ocak 1998: 73) Während der politisch-staatliche Bereich durch das Gewohnheitsrecht abgedeckt wurde, unterstanden die ideologischen und gesellschaftlichen Bereiche (Strafrecht, soziale Beziehungen, Arbeitsrecht, Bildung) der Scharia (vgl. Bulut 1995: 23). Staatliche Instanzen sozialer und rechtlicher Kontrolle zur wirksamen Durchsetzung sunnitischer Werte und Normen sanktionierten die Einhaltung dieser und die Teilnahme der moslemischen Untertanen an Riten zur zeremoniellen Konstruktion der sunnitischen Kerngesellschaft: "Das gesamte Leben der Individuen, bis ins Detail, haben die Schariagebote geregelt; deshalb zählte auch zu den Hauptaufgaben des Staates die kontrollierende Ermittlung, ob Individuen am Pflichtgebet teilgenommen, ob sie im Monat Ramadan gefastet, ob Frauen Schleier getragen hatten oder nicht, und welche Dichte der Stoff des Tschadors hatte." (Arsel 1997: 45)

Dieses Rechtssystem regelte die Angelegenheiten der muslimischen Untertanen und lieferte die Prinzipien des öffentlichen Rechts für das Reich. "Im Osmanischen Reich haben die Sultane die Religion benutzt, um sich zu legitimieren. Um ihre Position zu stärken, haben sie einerseits die Gesellschaft sunnitisiert, andererseits eine Schicht der Geistlichen für Gerichte, Fatwa, Ausbildung erschaffen." (Aydin 2000: 381) Diese islamischen Rechtsgelehrten waren im Bildungswesen, in der Exekutive und im Justizwesen vertreten. Sie, die Bestandteil der osmanischen Elite waren, rekrutierten sich aus Absolventen religiöser Lehranstalten und islamischer Schulen. Es zählten zu den *ülema*: *müderris* (Lehrer dieser Anstalten), Imame (Vorbeter, Moscheepersonal), *müftü* als Berater für Rechtsfragen und Aussteller von Fatwa (vgl. Kitsikis 1996: 91f.), die Kadi, (Staats-) Anwälte, Richter, Notare und Funktionäre, die die Aufgaben von Landräten und Bürgermeistern wahrnahmen (vgl. Öz 1992: 62). "The ulema had the dual role of interpreters and executors of Islamic law, the müftis performing the first of these duties and the kadis the second. They were responsible for the application of the seriat in the state." (Inalcik 1973: 171). Aus der Mitte der *müftü* wurde der Geistliche Oberhaupt aller *ülema*, der Scheichülislam, primär vom Sultan ernannt (vgl. Aydin 2000: 383).

> "Faktoren wie die Tatsachen, daß die Kadi nicht dem Scheichülislam, sondern der politischen Autorität unterstanden, daß der Scheichülislam [zunächst; BG] nicht Mitglied des Reichsregierungsrats war, daß bei der Ernennung des Scheichülislams der Sultan maßgeblich war und der Großwesir eine Rolle spielte, hatten die Funktion, die Geistlichen in ihrer Macht im Osmanischen Reich einzuschränken. Die religiöse Einrichtung hatte ... die Funktion der religiösen Legitimation der Erlasse des Sultans." (Aydin 2000: 383)

Damit der sunnitische Islam, seine Bezugsmerkmale und obligatorischen Rituale wirksam durchgesetzt und ihnen soziale Geltung verschafft werden konnten, waren entsprechende religiöse Sozialisations- (Lehranstalten, Schulen), Medieninstanzen (Moscheen) und die Einrichtung des obengenannten Rechtssystems zur Sanktionierung von abweichenden und konformen Verhaltensweisen notwendig. Es entstanden in den Städten religiöse Lehranstalten (*medrese*) als Sozialisationsinstanzen, um Schülern sunnitische Werte und Normen beizubringen und ihre Bezugsrahmen, Wahrnehmungsweisen und Deutungsmuster entsprechend zu prägen. Der schon im Seldschukenreich durch den Wesir Ebu Ali Hasan Nizamül-Mülk angeregte Aufbau des *Medrese*-Netzwerks in Bagdad, Isfahan, Basra, Nisanur, Merv etc. wurde auch von den Osmanen vorangetrieben. Die erste osmanische Lehranstalt wurde schon unter Osman I. in 1330 in Iznik eröffnet (vgl. Akpinar 2000: 240f.). Neben der einzig gültigen einheitlichen Koraninterpretation wurden in dieser arabischsprachigen osmanisch-sunnitischen Lehranstalt Fächer wie z.B. Sprachwissenschaft, islamische Rechtswissenschaft und –lehre, Rhetorik, Rechtsimplementation, normative Verhaltensweisen des Propheten Mohammed und die alltägliche Umsetzung seiner Richtlinien für die Schüler als künftige *ülema* und damit Elite angeboten (Inalcik 1973: 165f.; Bozkurt 1993: 32)[80].

Diese sunnitischen Sozialisationsinstanzen in den Reichsstädten prägten Weltwahrnehmungsweisen, Deutungs- und Verhaltensmuster der Schulbesucher, wobei gleichzeitig alle anderen Werte- und Normen, Glaubenssysteme zwangsläufig als abweichendes Verhalten eingestuft und abgewertet wurden (vgl. Akpinar 2000: 241). Die Hervorhebung, Tradierung bzw. Institutionalisierung der vom Sunnitentum abgeleiteten Bezugsmerkmale in diesen religiösen Schulen zur Rekrutierung der künftigen religiös-juristischen, politischen und administrativen Elite und Moscheepersonals zur seelischen Betreuung bzw. Ausrichtung muslimischer Untertanen nach den Willen des herrschendes Sultans hatte die Marginalisierung islamisch-heterodoxer Vorstellungen zur Folge: "Die medrese ... verankerten das Sunnitentum in den Köpfen von jungen Menschen, dadurch daß sie andere Glaubensrichtungen als wertlos und ungültig ... darstellten. Diese als selbstverständlich angenommene Ausbildung führte schließlich dazu, daß sich ein Graben zwischen Sunniten und Nichtsunniten auftat und zusehends vergrößerte." (Akpinar 2000: 241). Die Moscheen, die von den Absolventen dieser Lehranstalten betreut wurden, waren neben dem Ort für das rituelle Pflichtgebet und für die dadurch erfolgreiche Verankerung der zeremoniell gestifteten muslimischen Kollektividentität auch Medi-

[80] Später kamen Kurse wie Mathematik, Philosophie und Literaturwissenschaft hinzu (vgl. Bozkurt 1993: 32).

eninstanzen zur Verbreitung von Wissensbeständen, in denen gebotenes, 'islamisches' und verbotenes, 'unislamisches' Verhalten gegenüber den Moslems gepredigt wurde. Weil die im Dienste des Sultans stehenden Imame legitime Deutungsautoritäten der Religion waren, konnten sie durch die Definition von islamisch-legitimen Handlungen Wahrnehmungs-, Deutungs- und schließlich Verhaltensmuster der sunnitischen Moscheebesucher beeinflussen: "Da die Lehranstalten die Bildungseinrichtungen waren, in dem alle in den Moscheen tätigen Geistlichen erzogen worden, wurden Tausende Geistliche, die sie besucht hatten, zu den aktivsten Kräften bei den antialevitischen Propagandamaßnahmen." (Akpinar 2000: 241)

b) Das Millet-System

Das Osmanische Reich besaß eine vom sunnitischen Werte- und Normensystem abgeleitete Minderheitenordnung, die keine ethnischen, dafür aber religiöse Minoritäten kannte und deren Definition und Behandlung explizit festlegte. Den Angehörigen der offiziell vom Islam anerkannten Buchreligionen (*Ehl-i Kitap*), also z.B. Juden und Christen, wurde Glaubensfreiheit rechtlich garantiert. Sie zahlten zwar als Schutzbefohlene Kopf- und Sondersteuer (Ressourcenabgabe zur Finanzierung der osmanischen Herrschaft), waren aber dafür von militärischen Pflichten entbunden. Das Verhältnis dieser anerkannten Religionsgemeinschaften zum Reich wurde durch dieses Millet-System institutionalisiert. Jede anerkannte religiöse Gemeinde bekam einen Führer, der als Vermittler zwischen seiner Religionsgemeinschaft und dem Reich fungierte (vgl. Hottinger 1993: 89f.): Jede "religiöse Gruppe durfte sich als weitgehend selbstbezogene und autonome Gemeinschaft, genannt millet, mit eigenen Gesetzen und mit einer eigenen Verwaltungsstruktur unter ihren jeweiligen religiösen Oberhaupt organisieren." (Shaw 1971: 91)[81].

Aber die protoalevitischen Anhänger der islamischen Heterodoxie wurden als *millet* nicht anerkannt und wurden von diesem System ausgeschlossen, da sie aus sunnitischer Sicht nicht zu den 'Schriftbesitzern' gehörten. Deren Teilnahme an schiitischen Fasten- und Trauerritualen im Monat Muharrem und die Nevruzfeierlichkeiten zu Ehren des Geburtstags von Ali waren schon bereits unter Mehmet II. als abweichendes Verhalten verboten wurden (vgl. Metin 1998: 345).

[81] Aber das bedeutete wegen des Primats des sunnitischen Werte- und Normensystems nicht die Gleichheit der koexistierenden verschiedenen Gemeinschaften (vgl. Aydin 2000:381), so daß die christlichen Untertanen im Verhältnis zu den Muslimen zumindest formal benachteiligt wurden.

c) Soziale Vorurteile gegenüber Aleviten nach der Einführung und Durchführung des Sunnitentums

Die durch das Reich in den Städten als Sozialisationsinstanzen eingeführten *medrese* und die zur Definition von gebotenen-sunnitischen und verbotenen-ketzerischen Verhaltensweisen erstellten religiösen Expertisen zur Verbreitung orthodoxer Werte und Normen und zur Erhöhung der Teilnehmerrate der Gruppenbewußtsein stiftenden Riten bzw. Fünf Pfeiler des Islam (Pflichtgebet, Fasten etc.) haben vermutlich den Bezugsrahmen, anerzogene Weltwahrnehmungsweise, Deutungs- und damit Verhaltensmuster von Angehörigen der sunnitischen Kerngesellschaft geprägt. Es entstand eine sunnitische Eigenidentität mit der Tendenz, die Eigenschaften der Eigengruppe gegenüber den der Aleviten höher zu bewerten, denen mit Vorurteilen begegnet wurde: Es wurden Aleviten inzestuöse Promiskuitätsbeziehungen im Rahmen sexueller Orgien während ihres Cem-Rituals unterstellt. Da solle es zum sogenannten "Kerzenausblasen" gekommen sein (vgl. Akpinar 246f.), wonach Aleviten während des Cem die Lichter ausschalten würden, um in der Dunkelheit mit verschiedenen Partnern sexuell verkehren zu können[82]. Ein sunnitischer Untertan, der eine Bittschrift an den Padischah Yavuz Sultan Selim richtet, soll die Vorurteile gegen die Aleviten veranschaulichen[83]:

(1)"Es ist die Zeit gekommen, in der große Teile der Bevölkerung der Rum-Heimat (Anatolien) Ungläubige geworden sind." (Akpinar 2000: 248)

(2)"Oh ... Islam, diese ... ['Rotköpfe'; BG] reden ständig über den Schah, warum sprechen die Frommen nicht von Allah und greifen sie nicht an?" (Akpinar 2000: 248)

(3)"Oh ... Sultan Selim, die Initiative des Islam liegt bei Euch, diese Ungläubigen gilt es stets zu töten." (Akpinar 2000: 247)

Die durch die osmanischen Instanzen zur Sozialisation, Verbreitung und zur sozialen bzw. rechtlichen Kontrolle durchgeführte Sunnitisierung der zunächst mehrheitlichen islamisch-heterodoxen Gesellschaft konstruierte eine vom orthodoxen Werte- und Normensystem abweichende soziale Randgruppe: die Ketzer. Das ganze führte zum Dualismus zwischen der sunnitischen, städtischen, osmanischen Zentralmacht und den vorwiegend heterodoxen, protoalevitischen (Halb-) Nomadenstämmen der Turkmenen auf dem Lande, wo die die Unter-

---

[82] Einige nichttürkische Akademiker haben diese Vorurteile vermutlich aus gutem Glauben auch übernommen. Es ist bei Werner bei der Beschreibung der Cem-Zusammenkunft von einem kultischen Tanz der Frauen und Mädchen die Rede, "nach dem sich der Dede ... mit einer Auserwählten vereinigte, was deutlich auf Fruchtbarkeitskulte hinweist." (Werner 1971: 71)

[83] Gewiß ist die Bittschrift eines einzigen Sunniten nicht repräsentativ für die Meinung aller sunnitischen Untertanen.

tanen beeinflussende Penetration durch das Reich wegen des Mangels an ausreichender institutioneller Infrastruktur (Moschee, *medrese*) nicht ganz gewährleistet war.

4.1.3. Zur Abkehr von der Kerngesellschaft als reaktive Verhaltensweise der protoalevitischen Turkmenen: Annäherung an Persien, Alevitisierung und Aufstände

Die sozialökonomischen, regionalen, quasiethnisch-politischen, administrativen Cleavages zwischen der sunnitisch-osmanischen Zentralmacht der herrschenden kosmopolitischen Feudaleliten in den Städten und den aus (halb-)nomadischen und bäuerlichen *reaya* bestehenden Turkmenenstämmen auf dem Lande mit ihrer diffusen Volksreligion fielen zusammen bzw. überschnitten sich, und zwar so, daß die Bevorzugten in allen Bereichen privilegiert und die Benachteiligten in allen Bereichen verrandet waren. Dieser Umstand gab Anlaß für die Abkehr der letzteren von der Kerngesellschaft als Reaktion auf wirtschaftliche, politische, quasiethnische und religiöse Deprivilegierung sowie Diskriminierung durch das Reich.

Viele islamisch-heterodoxe Turkmenen wandten sich Anfang des 16. Jahrhunderts wegen ihrer Verrandungslage Schah Ismail zu, dem turkmenischstämmigen König Persiens aus der Dynastie der Safaviden (vgl. Ocak 2000: 224; Aydin 2000: 156). Dies war ihre "aus Begeisterung oder Not und Hoffnung geborene gläubige, ganz persönliche Hingabe" (Weber 1980: 140) Die soziale, religiöse, regionale, politische, ökonomische Veränderung der turkmenischen Nomadenstämme intensivierte deren seit dem *Babailer*-Aufstand im Seldschukenreich bestehenden Glauben an einen religiösen und charismatischen Erlöser. Der Schah hatte zuvor seine Dynastie im Iran mit Hilfe von quasischiitischen Kriegern seines Ordens gegründet und rivalisierte seitdem mit dem Osmanenreich um Einflußzonen in Westanatolien und auf dem Balkan: "When the Safavid dynasty replaced the Akkoyunlus in Iran, its founder Shah Ismail, intensified his propaganda with his own Turkish religious poems and by sending his disciples and propagandists among these warlike Turcomans in Rumelia and Anatolia, thus conquering the Ottoman Empire from within." (Inalcik 1973: 195) Die osmanisch-safavidische Grenze verlief damals durch die ostmittelanatolische Stadt Sivas, d.h. Ostanatolien gehörte (auch mit seinem zum Teil kurdischstämmigen sunnitischen Bevölkerung) dem turkmenischdominierten, schiitischen Safavidenreich (vgl. Sener 1995: 84; Akyol 1999: 71).

Osmanisch- bzw. anatolischstämmige Turkmenen, die nach Persien emigriert waren, hatten darin ihren Platz in der Gesellschaft gefunden: Sie bekleideten nach der Reichsgründung nach der Eroberung von Täbris (Nordiran/Südaserbaidschan) hohe Ämter, was die *Push-und-Pull-*

Faktoren für die Migration der verbliebenen Anatolier weg vom Osmanischen hin zum turkmenischen Perserreich beeinflußte (vgl. Bozkurt 1993: 48)[84]. Schah Ismail versuchte, die bestehenden Gegensätze zwischen dem Osmanischen Reich und den islamisch-heterodoxen Turkmenen, die Sehnsucht dieser nach einem endzeitlichen Erlöser für seine Interessen nutzbar zu machen und die (Halb-) Nomadenstämme als Alliierte zu gewinnen (vgl. 1993: 213): "The Safavid combination of state and mystical religion had immense appeal to many of the sultan's Turkish subjects, whose personal religious beliefs were often very close to those of the Safavids." (McCartthy 1998: 82-83) Schah Ismail hatte Erfolg dabei, sich ihnen als den von ihnen 'Erwarteten Erlöser' (*'Beklenen Mehdi'*), als Reinkarnation Alis und Allahs, darzustellen (vgl. Akyol 1999: 63ff.). Darüber hinaus hatte der Safavidenstaat weitere Gründe, um die Turkmenen Anatoliens an sich zu binden: "Während die Osmanen die von der Bevölkerung nicht verstandene Mischsprache Osmanisch sprachen und von einer Bürokratie mit ehemaligen Christen aus dem Balkan regiert wurden, sprachen die Safaviden türkisch und hielten an ihren turkmenischen Bräuchen fest." (Aydin 2000: 162) Das intensive Werben für schiitisch-islamische Ideen und um das politisch-religiösen Bewußtsein der Turkmenen Anatoliens führte zum Einzug schiitischer Elemente wie der Ali- und Zwölfimamekult und die Trauer um Kerbela in die bisher islamisch-heterodoxe Volksreligion der Turkmenen (vgl. Väth 1993: 213; Yaman o.J. : 5). Esoterisch-schiitische Katechismen (*Buyruk*) wurden unter größter Geheimhaltung über Verbindungsmänner als Missionierungsschreiben nach Anatolien zu den politischen und religiösen Clanchefs der turkmenischen (Halb-) Nomadenstämme gebracht (vgl. Otter-Beaujean 1997: 220). Diese wurden durch Bescheinigungen des Schah zu Nachfahren Alis und der 12 Imame proklamiert. Sie erwarben als *Dede* die religiöse und erbcharismatische Legitimation gegenüber ihren Clanmitgliedern und wurden Untertanen des Safavidenkönigs (vgl. Ocak 2000: 226). Und über die *Dede* hatte Ismail die religiöse Kontrolle über die heterodoxen Turkmenenstämme, wohingegen der osmanische Sultan über die *ülema* die orthodoxen Muslime religiös beherrschte:

[84] Nach der Schiitisierung Persiens nach der Zerschlagung der Akkoyunlu ging es den dortigen Sunniten nicht mehr so gut wie früher. Denn nach der Etablierung eines zunächst esoterisch-schiitischen Werte- und Normensystems galten die Sunniten im Iran durch die Nichteinhaltung des neu etablierten religiösen Standards als religiöse Abweichler: Sie wurden dämonisiert und diskriminiert, verfolgt und vernichtet (vgl. Akyol 1999: 37f.). Beispielsweise sollen 40.000 bis 50.000 sunnitische Turkmenen von dem Stamm der Akkoyunlu, weitere 20.000 Menschen bei den Kämpfen um Täbris, aber auch nach ihrer Einnahme hauptsächlich sunnitische Frauen, Kinder und Geistliche wegen ihrer Konfessionszugehörigkeit umgebracht worden sein. Die später eingesetzte verstärkte Institutionalisierung der im Gegensatz zum Alevismus orthodoxeren Schia im Safaviden-

> "Le *dedelik* est, dans son état actuel, une institution que Sah Ismail-i Hatayi a créée pour organiser le kizilbachisme dans une hiérarchie tribale. Il a utilisé pour cela, le statut socioreligieux des *baba* ou *dede* turcomans étant à la fois des chefs religieux et des chefs des tribus. Il les a placés chacun à la tête d'une communauté kizilbache. Mais il a fait une autre chose que les *baba* et les *dede* turcomans n'avaient pas fait avant le XVIe siècle: Il les a proclamés *seyyid* en leur donnant un document dit *siyadetname* qui les rattachait à la familie prophétique, c'est-à-dire, à la famille d'Ali." (Ocak 1997: 201-202)[85]

Viele osmanisch-alevitische Anhänger Schah Ismails hatten begonnen, die zylindrische, zwölfeckige rote Kopfbedeckung als emblematisches Ausdrucksmittel zu benutzen, um Mitgliedschaft in der Gruppe der 'Rotköpfe' und Abgrenzung von den sunnitischen Osmanen für die interpretierenden Außenstehenden zu veranschaulichen. Dabei wurden gruppenkonforme Einstellungen, Verhaltensweisen und Kleidung zu einer 'signifikanten Inszenierung' zusammengestellt. Dadurch fanden nun schiitische Elemente Einzug in die turkmenische Heterodoxie. Die alevitische "Ära ohne Ali" (Ocak 1996: 208) wurde somit beendet[86].

Aleviten zahlten über die erwähnten Verbindungsmänner Steuern an Persien (vgl. Otter-Beaujean 1997: 123). Als weiteres Beispiel für die Abkehr von den Osmanen läßt sich ihre Emigration in das Safavidenreich in Erwartung besserer Lebensbedingungen nennen, "was zu einer wirtschaftlichen und militärischen Schwächung des Reiches führte." (Otter-Beaujean 1997: 216)[87]

Der offene Widerstand bzw. die Rebellion der Aleviten in Form der (prosafavidischen) Aufstände am Anfang des 16. Jahrhunderts, die teilweise von Schah Ismail mit unterstützt wurden (vgl. Akyol 1999: 67f.; Akpinar 2000: 248f.; Aydin 2000: 163ff.; Bozkurt 1993: 53ff.; Öz 1992; Sohrweide 1965), ist ein weiteres Beispiel. Auch wenn die meisten Aufstände nicht direkt von den Safaviden organisiert waren, kann laut Ocak angenommen werden, daß die Teilnehmer große Sympathie für Schah Ismail gehegt haben (vgl. Ocak 2000: 228). Diese Aufstände hatten zwar primär wirtschaftlich-soziale und politische und damit vordringlich nicht religiöse Gründe, weil bei den alevitisch dominierten Erhebungen auch zum kleinen Teil sunnitische Landbewohner teilgenommen hatten (vgl. Ocak 2000: 228). Jedoch kann die Rolle der Religion nicht vernachlässigt werden. Denn die Tatsache, daß wenige Sunniten bei den Auf-

---

reich hat aber auch später neben der parallel ablaufenden Parsifizierung der Bürokratie zur Verrandung und Verfolgung der turkmenischen Aleviten geführt (vgl. Akyol 1999: 53,105).

[85] Erst ab diesem Zeitpunkt kann man vom Alevitentum und Aleviten sprechen.

[86] Während die 12 Ecken die 12 Imame symbolisieren, steht die rote Farbe für die Solidarität zu Ali und zur Familie des Propheten (vgl. Sener 1995: 81).

[87] Aber die demographische Verringerung potentieller Oppositioneller durch deren 'freiwillige' Emigration müßte m.E. die Herrschaft der Osmanen stabilisiert haben.

ständen beteiligt waren, kann vermutlich darauf zurückgeführt werden, daß sie sich innerlich oder äußerlich an den herrschaftsstabilisierenden sunnitischen Normen und Deutungsmustern orientiert und Aufstände als 'unislamisch' betrachtet haben. Das war bei den religiös abweichenden Aleviten nicht der Fall, die ja ihren Clanchefs bzw. *Dede* unterstanden. Das herrschende sunnitische Werte- und Normensystem diente zur Statusbestätigung und Selbstbildoptimierung sunnitischer Untertanen und hielt sie von der Rebellion ab:

> "Die Unterdrückung und Rückständigkeit ... war gerade so gegeben wie in der sunnitischen Nachbardörfern. Aber die sunnitischen Muslime besaßen ... das Privileg, daß ihr Glaube zugleich Herrschaftsideologie war. Selbst der ärmste Bauer konnte sich immer damit trösten, daß auch der Sultan seines Glaubens war, während die alewitischen Bauern sich nie mit dem Sultanat zu identifizieren vermochten." (Werle, Kreile 1987: 36).

4.1.4. Wechselspiel zwischen den Aufständen und der osmanischen Repression

a) Aufstände und Reaktion des Reiches in der Ära Bayezit II (1481-1512)

Nach der Gründung des Safavidenreiches und der für die Osmanendynastie herrschaftsgefährdenden Popularität Schah Ismails unter den osmanischen Aleviten wurden 1502 letztere im Gesicht entsprechend gebrandmarkt und damit optisch als nichtdazugehörige Abweichler stigmatisiert (vgl. Bozkurt 1993: 48). Teile der alevitischen Bevölkerung wurden auch räumlich marginalisiert: zur Senkung der Herrschafts- und Bedrohungsschwelle zur Verstetigung der Sicherheit und der herrschenden Ordnung wurden Aleviten nach Morea auf dem nordwestlichen Peleponnes (vgl. Franz 2000: 18; Bozkurt 1993: 48), Bulgarien und Albanien (vgl. Öz 1992: 122) deportiert. Trotzdem kam es im Jahre 1511 zu einem nach seinem Führer genannten und von Aleviten dominierten *Sahkulu*-Aufstand ('Knecht/Untertan des Schah'). Die bei der Erhebung teilnehmenden 20.000 Männer, Frauen und Kinder gefährdeten ernsthaft die herrschende Ordnung, da sie sich an die Macht putschen wollten: "Der Staat und das Sultanat sind unser." (Öz 1992: 167) Dörfer, die sich den Rebellen nicht anschlossen, wurden geplündert, angezündet und verwüstet: "Nichts war vor ihrer Zerstörungswut sicher. Moscheen ... gingen in Flammen auf, Korane und fromme Bücher wurden von den Hufen der Pferde und Kamele zertrampelt." (Werner/Markov 1979: 86; vgl. Öz 1992: 170) Nach der nur knappen militärischen Niederschlagung des *Sahkulu*-Aufstandes wurde ein Teil der alevitischen Population zur Wiederherstellung der herrschenden Ordnung umgesiedelt, während 15.000 Rebellen samt Frau und Kind nach Persien flohen (vgl. Öz 1992: 172)[88].

b) Über die Verrandung der 'Rotköpfe' unter Selim I. (1512-1520)

Während des zwar ebenfalls bedrohlichen, aber auch erfolglosen, diesmal von Persien direkt unterstützten *Nur-Halife*-Aufstandes in 1512 (vgl. Bozkurt 1993: 53ff.; Ocak 2000: 22f.; Öz 1992: 173ff.) in Yozgat, Tokat, Corum, Amasya usw. putschte sich der Statthalter Trabzons, Sehzade ('Prinz') Yavuz Selim auf den Thron seines aus seiner Sicht zu gemäßigten Vaters Bayezit II., um die Ostgrenzen des Reiches und seine Herrschaft zu sichern (vgl. Aydin 2000: 171; Coskun 1995: 84-85).

Nach Selims subjektiver Deutung der Lage war die Situation des Reiches und seine angestrebte Herrschaft gefährdet:

- Sehzade ('Prinz') Murat war genau wie die Statthalter von Amasya und Karaman, Sehzade Ahmet und Sehinsah, zum Alevitentum konvertiert und hatte sich militärisch auf die Seite der Rebellen gestellt (vgl. Bozkurt 1993: 54, Öz 1992: 124), was die Siegesgewißheit der Alevitenbewegung erhöhte. Außerdem hatte der "Schah ... Murad bei sich aufgenommen; in Täbris saß also ein Thronrivale." (Schweizer 1979: 144)
- Das damals an Persien grenzende osmanische Westanatolien konnte beim Erfolg der Aufstände an das Safavidenreich angeschlossen werden (vgl. Akyol 1999: 71ff.).
- Die durch die iranische Bedrohung entstehende Gefahr eines gleichzeitigen Bürger- und Zweifrontenkrieges könnte seine Pläne über die Eroberung Europas, Ägyptens und Zentralasiens, über den Zugang zu den regionalen Märkten und über den Erhalt des Kalifats durchkreuzen. Deshalb mußte zur Vermeidung dieser Gefahr das alevitische und safavidische Bedrohungspotential gesenkt werden (vgl. Sener 1995: 86; Öz 1992: 123f., Kantemir 1991: 191; Majoros/Rill 1999: 212; Aydin 2000: 171; Coskun 1995: 84f.).

Die ihren Ursprung primär in den wirtschaftlichen, politischen und gesellschaftlichen Bereichen habenden Aufstände, bei denen das Alevitentum als revolutionäre Ideologie benutzt worden ist, und bei denen auch (wenn auch wenige) Sunniten, Juden und Christen beteiligt gewesen sind (vgl. Ocak 2000: 227f.; Bozarslan 2000: 26), mußten künftig vermieden werden. Anstatt die Ursachen der Rebellion zu beseitigen, wurden jedoch nur die Symptome bekämpft: Potentielle

[88] Da der Schah aus strategischen Gründen mit dem Aufstand nicht in Verbindung gebracht werden wollte, ließ er die Führer der Fluchtkarawane hinrichten, um Probleme mit den Osmanen zu vermeiden (Öz 1992: 172ff.)

Rebellen mußten vor künftigen Erhebungen abgeschreckt und ihrer demographischen sowie ideologischen Grundlage beraubt werden. Da das Sunnitentum die Herrschaftsideologie war, konnten Aufständische nur als Ketzer, Häretiker und Gottlose stigmatisiert, verfolgt und vernichtet werden. Weil die Erhebungen auch religiöse Motive hatten, die meisten Teilnehmer und alle Führer Nichtsunniten waren, ja sogar als Anhänger eines häretischen Irrwegs betrachtet wurden und ihren Glauben als Revolutionsideologie instrumentalisierten, wollte vermutlich die osmanische Hervorhebung des konfessionellen Moments der Aufstände die Vorgehensweise gegen die Rebellen islamisch legitimieren und potentielle Sunniten vor der Beteiligung an solchen Rebellionen fernhalten: Nicht wenige Herrschaftsideologien werden "von den Ideologen jedes Regimes auf einer sogenannten wissenschaftlichen Grundlage aufgebaut. Die osmanische Regierung hat dann auch ihre Ideologie ... auf der Grundlage des beim Volke unumstritten legitimen Korans mit der Hilfe der religiösen Rechtsgelehrten aufgebaut." (Eral 1995: 21)

Die politische Entscheidung des Sultans über Verfolgung und Vernichtung der Aleviten mußte, um durchgesetzt zu werden, auch religiös durch eine Fatwa gerechtfertigt werden. Deshalb wurde folgendes religiöse Rechtsgutachten durch den vom Reich kooptierten Geistlichen Mufti Nureddin Hamza Saru Görez erstellt:

> "Oh, Muslime, Ihr sollt wissen, daß die Gemeinschaft der ... Rotköpfe die Scharia unseres Propheten, seine Sunna, den Islam, die Religionslehre, den das Gute und Wahre verkündenden Koran mißachtet. Sie haben die vom erhabenen Gott verbotenen Sünden als erlaubt betrachtet. Sie haben den heiligen Koran und andere heilige Schriften beschimpft und verbrannt. Sie haben sogar ihren ... Führer an Gottes Stelle gesetzt und sich vor ihm niedergebeugt. Sie haben ... Ebubekir und ... Ömer kritisiert und deren Kalifat nicht akzeptiert. Sie haben die Frau des Propheten, unsere Mutter, Ayse verleumdet und kritisiert. Sie haben in Erwägung gezogen, die Scharia unseres Propheten und den Islam abzuschaffen ... Aus diesen Gründen haben wir kraft der von der Herrschaft der Scharia und von unseren Büchern entstehenden Befugnisse eine Fatwa erstellt, daß diese Gemeinschaft eine Gemeinschaft von Ungläubigen und Gottlosen ist. Diejenigen, die denen mit Sympathie begegnen, deren Unglauben akzeptieren oder denen helfen, sind auch Ungläubige und Gottlose. Es ist die Pflicht aller Muslime, diese Gemeinschaft zu zerschlagen. Der künftige Ort der dabei sterbenden muslimischen Märtyrer ist das Paradies. Die Gestorbenen der Ungläubigen werden zur Bedeutungslosigkeit, in die Hölle versinken. Die Lage dieser Gemeinschaft ist noch schlimmer als die der [jüdischen und christlichen; BG] Ungläubigen. Die von den Angehörigen dieser Gemeinschaft geschlachteten, ... erjagten Tiere sind für den Genuß verboten. Ihre Heirat untereinander oder mit Angehörigen anderer Gemeinschaften sind ungültig. Sie haben kein Erbrecht. Nur der Sultan des Islam hat das Recht dazu, wenn die Gemeinschaft eigene Städte hat, alle Bewohner dieser Stadt zu töten und sich dabei ihr Besitz, Erbe und ihre Kinder anzueignen. Jedoch muß dieses Eigentum auch von den Gotteskriegern des Islam aufgeteilt werden ... Sie müssen alle getötet werden. Sogar in dieser Stadt (Istanbul) müssen alle getötet werden, von denen man es weiß, daß sie zu ihnen gehören oder mit ihnen zusammenarbeiten. Diese Gemeinschaft ist sowohl ungläubig und gottlos als auch Vollbringer böser Taten. Aus

> diesen zwei Gründen ist deren Tötung notwendigerweise geboten. Diejenigen, die der Religion helfen, werden von Allah unterstützt. Allah straft diejenigen, die den Muslimen Schaden zufügen." (Aydin 2000: 165-166; Akpinar 2000: 242-243; Eral 1995: 41-42; Özkirimli 1993: 170-171)

Es wurde eine Liste von allen registrierten Aleviten angefertigt (vgl. Birge 1937: 66) und 40.000 Menschen laut offiziellen osmanischen Angaben getötet (vgl. Bozkurt 1993: 59, Akpinar 2000: 243). Die Aleviten dienten durch ihre Verfolgung, Enteignung, Verketzerung und graduelle Vernichtung als Ressourcenlieferer für das Reich und als Abschreckungs- sowie Negativbeispiele für potentielle Oppositionelle und Angehörige der sunnitischen Kerngesellschaft. Die Verfolgung und Vernichtung hatten die Funktion, die Sicherheit der Ostgrenzen, des Reiches und der Herrschaft der Osmanen zu gewährleisten.

Nachdem die Aleviten als Bündnispartner Persiens im Rahmen einer grenzüberschreitenden konfessionellen Allianz durch Selim I. zum Teil neutralisiert worden waren, konnte ein Feldzug gegen den Iran erfolgreich durchgeführt werden, ohne diesseits der osmanischen Frontgrenze von 'Rotköpfen' angegriffen zu werden. Vor der Schlacht in Caldiran gegen die Safaviden ließ Yavuz Sultan Selim vom Geistlichen Ibn Kemal weitere Schriften und Fatwa ausstellen, wonach der Krieg gegen Schah Ismail und dessen Truppen ein Heiliger Krieg (*cihad*), die Tötung der Schiiten und Aleviten und die Aneignung deren Besitzes islamisch gesehen erlaubt sei: "Ihr Land gehört zum dar al-Harb [[89] ;BG] ... Das gegen sie gerichtete Vorgehen ist gleich dem gegenüber einem, der vom Glauben abgefallen ist." (Akpinar 2000: 242)[90]

Nachdem Teile der oppositionellen Binnenbevölkerung vernichtet waren, kam es im Jahre 1514 in Caldiran zur Schlacht zwischen dem sowohl griechisch-slawisch-türkischen als auch sunnitischen Osmanischen und dem turkmenisch-schiitisch-alevitischen Safavidenreich. Sie endete wegen organisatorischen und technischen Rückständen mit der Niederlage des letzteren (vgl. Akyol 1999: 75ff.)[91]. Die Ausweitung des Osmanischen Reiches auf Ostanatolien und die Konsolidierung der südostanatolischen Reichsgrenzen waren die Folge (Bozkurt 1993: 61; Öz

---

[89] Die Welt wird in das "Gebiet des Islam" (*dar al-Islam*) und in das "Kriegsgebiet" (*dar al-Harb*) aufgeteilt, wonach im letzteren der Einsatz von Gewalt legitim ist, um diesen Bereich in das "Gebiet des Islam" zu überführen.

[90] Das politisch motivierte und religiös legitimierte Massaker an den Aleviten war laut Akpinar nicht scharia- bzw. islamgerecht (2000: 243).

[91] Die mit Kanonen ausgerüstete v.a. aus regulären Janitscharen und Sipahis bestehenden osmanischen Truppen konnten sich gegen die leicht bewaffneten irregulären turkmenischen Stammeskrieger durchsetzen (vgl. Akyol 1999: 75ff.).

1992: 126, 141; Sener 1995: 160ff.)[92]. Ein weiteres Resultat war die Tötung der alevitischen Bevölkerung in Kemah, Erzincan und Bayburt: "Es entstanden Minarette aus Köpfen der Rotschöpfe." (Öz 1992: 127)

Viele bedrohte Aleviten schlossen sich dem Bektaschi-Orden an, um vor Verfolgung und Vernichtung sicher zu sein (vgl. Otter-Beaujean 1997: 223, Fußnote 23). Dabei kam es zu weiteren wechselseitigen Beeinflussungen dieser sich ähnelnden Glaubenswelten (vgl. Franz 2000: 18). Trotz der Massaker brach die Serie der Aufstände zur Herrschaftszeit von Selim I. nicht ab: Die *Scheich-Celal-*, *Kalender-Celebi-* und *Baba-Zünnun-*Aufstände folgten (vgl. Aydin 2000: 167; Öz 1992: 175ff.).

Nach der Eroberung Ägyptens wurde Selim I. *Kalif* (vgl. Inalcik 1973: 34). Das verstärkte die Sunnitisierung des Reiches und die ideologische Verankerung der Verrandung der Aleviten.

c) Zur Unterdrückung der Aleviten unter Süleyman I. (1520-1566)

Trotz blutiger Niederschlagung alevitischer Aufstände und der Hinrichtung aller gefaßten Teilnehmer[93] riß die Serie der Erhebungen nicht ab. Um die Sicherheit des Reiches und der Herrschaft zu gewährleisten, wurden ethnokonfessionelle Attribute verstärkt zu Diskriminierungsmerkmalen hervorgehoben, um die Grenze zwischen Kerngesellschaft und Rebellen zu sichern:

- Cepni-Turkmenen, die vorwiegend alevitischer Herkunft waren, wurden nicht mehr in den Militärdienst genommen oder aus der Kavallerie entlassen (vgl. Öz 1992: 127). Deren ethnokonfessionell bedingte Deprivilegierung ist ein Beweis für die Ressourcenallokation

---

[92] Die im Persisch-Ostanatolien verrandeten sunnitisch-kurdischen Untertanen des Schah schlossen sich im Vorfeld der Schlacht in Caldiran im Rahmen einer grenzüberschreitenden konfessionellen Allianz und gegen Gewährung von Reichtümern und Teilautonomie den Osmanen an (vgl. Öz 1992: 126). Kurdisch-sunnitische Talfürsten bekamen in ihrem Herrschaftsbereich das Eigentum an Grund und Boden. Das *Timar*-System wurde nicht auf Ostanatolien ausgeweitet (vgl. Sener 1995: 161). Dadurch wurden die im Safavidenreich konfessionell verrandeten sunnitischen Kurden bei den Osmanen Teil der Kerngesellschaft, während die im Osmanenreich verrandeten Aleviten in turkmenisch-dominierten Persien zur Kerngesellschaft gehörten. Dies stützt m.E. die These des Primats des Glaubens vor der Blutsabstammung als Diskriminierungsmerkmal. Es gab "während der osmanischen Geschichte keine gesellschaftliche und politische kurdische Bewegung, die sich gegen die Ordnung richtete ... Die [vorwiegend sunnitischen; BG] Kurden hatten mit der osmanischen Regierung einen ständigen Frieden. Darüber hinaus nahmen sie bei den Niederschlagungsaktionen der Regierungstruppen gegen Aufständische teil ... Die [sunnitischen; BG] Kurden sind Gegner der [alevitischen; BG] Turkmenen" (Öz 1992: 142) gewesen. Fürstliche Versuche der Machtstrebens und osmanische Zentralisierungsmaßnahmen im neunzehnten Jahrhundert, um "Ordnung in die ausschließlich von Stammeshäuptlingen geprägten Verwaltungsstrukturen [zu; BG] bringen" (Feigl 1995: 112), führten zum Dualismus zwischen dem Reich und den lokalen kurdischen Feudaleliten

[93] Beispielsweise wurden alle Teilnehmer des *Kalender-Celebi*-Aufstandes hingerichtet (vgl. Metin 1998: 346-348).

durch zugeschriebene Merkmale: nicht die individuelle Leistung einzelner Soldaten, sondern deren kollektive Herkunft wurde mit der Loyalität in Verbindung gebracht [94].

- Um die Gefahr der alevitischen Binnenaufstände während der osmanisch-europäischen und osmanisch-persischen Kriege zu reduzieren, wurde seit 1537 neben der Verketzerung der Aleviten die weitere Sunnitisierung des Reiches und der Bevölkerung weiter vorangetrieben: "During each clash with Iran the strict measures taken against heretics resulted in a rising tide of fanaticism against all innovations ... all governors in the empire received a command that anyone doubted the words of the Prophet should be deemed an unbeliever and executed. " (Inalcik 1973: 182)[95]:

Diejenigen, die den religiös-sunnitischen Pflichten (Gebet, Fasten im Ramadan, Alkoholverbot) nicht nachkamen, wurden künftig schwer bestraft. Das nichtsunnitische Verhalten von Muslimen wurde durch die Einführung dieser sanktionierten Gebote und Verbote nun als Devianz betrachtet. Der Bau von Moscheen in den moslemischen Dörfern und die obligatorische Teilnahme am Freitagsgebet wurde eingeführt (vgl. Inalcik 1973: 182; Aydin 2000: 393). Die soziale Kontrolle wurde durch die Gegenwart der Betenden erleichtert, da die abweichenden gerade durch ihre Abwesenheit auffielen. Es wurden Gast- und Vergnügungsstätten geschlossen, um Gelegenheiten zum Alkoholgenuß gar nicht erst entstehen zu lassen. Philosophie, Mathematik, Religionswissenschaft und andere Fächer wurden aus dem Unterricht der *medrese* genommen, weil sie dem Islam schaden würden. Abweichende *ülema* sollten durch religiöse Rechtsgutachten hingerichtet werden. Buchdruck zur Vermeidung der Verbreitung antiislamischer Schriften wurde verboten (vgl. Aydin 2000: 394).

Das abweichende Verhalten von islamischen Untertanen war nicht vorgegeben, sondern wurde gerade durch die Ausstellung einer Fatwa von *Scheichülislam* Ebussuud Efendi mit sofortiger Rechtswirkung geschaffen.

Moslems, die

- nicht an die Authentizität des sunnitischen Ramadan-Mythos glauben und nicht am rituellen Fasten teilnehmen (*),

---

[94] Die Chance, daß ein alevitischer Turkmene dem osmanischen System kritisch-distanziert gegenüberstand, ist wegen deren kollektiver Verfolgung als hoch einzustufen, so daß ein von den Osmanen angenommener Loyalitätsverlust der Cepni durchaus berechtigt sein kann.

[95] Der Geistliche Molla Kabiz wurde wegen der Beleidigung Mohammeds angeklagt, da er Jesus im Vergleich zu diesem überhöht hatte. Nachdem er vor Gericht wegen überzeugender religiöser Argumente vom Kadi freigesprochen wurde, wurde er auf Erlaß des Sultans zum zweiten Mal angeklagt und durch eine Fatwa wegen der Beleidigung des Propheten hingerichtet (vgl. Metin 1998: 153f.; Inalcik 1973: 182).

- Lieder von Yunus Emre singen (*),
- der Wissenschaft einen höheren Stellenwert als der Religion beimessen,
- nicht an die Prophetenschaft Mohammeds glauben bzw. am islamischen Bekenntnisritual nicht teilnehmen,
- davon ausgehen, auch ohne den Propheten den Weg zu Gott zu finden (*),
- keine Furcht vor Gott haben (*),
- nicht an den Jüngsten Tag glauben (*),
- nicht am rituellen Pflichtgebet teilnehmen (*),
- Wein trinken und Nichttrinker beschimpfen (*),
- die Religion beleidigen,
- die Allah und Mohammed beleidigen,
- sich gegenseitig bei ihren Grußritualen mit Gott anreden (*),
- als Aleviten die Hinrichtung des Alevitenführers Oglan *Scheich* kritisieren (*),

gelten als Ungläubige und Ketzer und müssen deshalb getötet werden (vgl. Metin 1998: 201ff.). Die mit einem Stern (*) gekennzeichneten Beispiele abweichenden Verhaltens zielten vor allem auf Aleviten ab.

Da diese nach ihrer Lehre und Riten

- am sunnitischen Pflichtgebet und Fasten nicht teilnehmen,
- während der Cem-Zusammenkunft Yunus Emres Lieder singen,
- die Suche nach Allah als die innere Suche nach einem Selbst begreifen,
- Gott nicht mit Furcht, sondern mit Liebe begegnen,
- sich beim Grüßen als Symbol der Vergötterung des Menschen mit Gott anreden,
- Wein als Getränk bei ihren Cem-Versammlungen benutzen,

wurden sie nun nach dem herrschenden sunnitischen Werte- und Normensystem als Ungläubige etikettiert und weiterer religiös legitimierter Vernichtung ausgesetzt. Aleviten können dadurch als Negativbeispiel für die Bestimmung der Kerngesellschaft der Sunniten hergehalten haben. Dadurch, daß Sunniten nun veranschaulicht werden konnte, wer eben nicht zur Eigengruppe gehörte, konnte die sunnitische Kerngesellschaft sich selbst negativ definieren: Sunnitisch ist, was nicht alevitisch ist. Die Herrschaft der Osmanen sollte auch durch die Abnahme der alevitischen Bevölkerung als Unruhefaktor stabilisiert werden. Verfolgte Aleviten fungierten m.E. auch als Abschreckungsbeispiel, um unerkannte 'Rotköpfe' zur Konversion zu bewegen und Sunniten vor Opposition gegenüber der Scharia fernzuhalten, diese zur Teilnahme am eine kollektive Identität stiftenden rituellen Gebet und Fasten zu bringen. Durch die Teilnahme an diesen Riten, bei denen sie gemeinsam gleiche normative Bewegungen vollführten und sich mit denen einig wußten, die mit ihnen 'gemeinsam' im Ramadan fasteten, konnte ein Wir-Bewußtsein der Sunniten zeremoniell gestiftet werden.

Es wurden auch von *Scheichülislam* Ebussuud Efendi einige direkt antialevitische Fatwa in Form eines Lehrdialogs mit einem starken Gesprächsablauf im Frage-Antwort-Schema erstellt:

> "Frage: Einige Abkömmlinge ... Hüseyins ... beziehen sich auf das Gebet und sagen dabei: 'Wir sind nicht an die Regeln gebunden, wir werden im Jenseits nicht zur Verantwortung ... gezogen ...'
> Antwort: Wenn sie diesen Glauben beibehalten und nicht den Weg des Islams ... beschreiten, gilt ihre Ketzerei als bestätigt, deshalb müssen sie getötet werden ...
> Frage: Ist es religiös erlaubt, Angehörige der Gemeinschaft der Rotköpfe massenweise zu töten? Sind diejenigen, die sie beim Töten verletzt werden, Gazi und diejenigen die beim Töten fallen, Märtyrer?
> Antwort: Natürlich ist die massenweise Tötung der Rotköpfe nach unserer Religion erlaubt. Das ist der größte, heiligste Krieg ... Das Sterben bei dieser Tätigkeit ist das heiligste des Märtyrertums.
> Frage: Ist die Tötung der Rotköpfe deshalb geboten, weil sie dem Sultan des Islam ... feindlich gesonnen sind, oder gibt es noch weitere Gründe? ...
> Antwort: Sie sind sowohl Oppositionelle des Sultans als auch Gottlose ...
> Frage: Es wird behauptet, daß die Rotköpfe Schiiten sind. Sie sagen: 'Es gibt keinen Gott außer Allah.' Was ist der Grund für die harte Haltung ihnen gegenüber? ...
> Antwort: Sie sind keine Schiiten ... Sie haben von jeder [Glaubensrichtung; BG] ein schlimmes Element entnommen und diesem die nach ihren Wünschen geschaffenen ... Perversionen ... hinzugefügt und eine Konfession ... der Perversion und der Gottlosigkeit geschaffen. Dies verschlechtert ... ihre schlimme Lage. Wir kommen durch Betrachtung ihrer Straftaten nach den heiligen Regeln der Religion (der Scharia) zu folgendem Urteil: Diese Grausamen mißachten den heiligen Koran, die heilige Scharia, den Islam und verbrennen die von ihnen beschimpften religiösen Bücher ... und verneigen sich vor ihrem Führer, diesen gottlosen perversen Verräter. Darüber hinaus betrachten sie alles Verbotene als erlaubt. Hinzu kommt, daß sie Ungläubige sind, weil sie Ebubekir und Ömer verfluchen ... Deshalb ist es notwendig, alle Rotköpfe, ohne Unterschied auf Alter mit ihren Städten und Werken zu vernichten. Diejenigen, die an deren Gottlosigkeit Zweifel hegen, werden selbst zu Ungläubigen." (Eral 1995: 26-35)

Die Dämonisierung aller Aleviten als Ketzer, Ungläubige, Perverse und Oppositionelle legitimiert ihre religiöse Tötung. Neben der Hervorhebung der vom Sunnitentum bzw. von den Fünf Säulen des Islam abweichenden alevitischen Merkmale zu Diskriminierungskriterien zur ihrer Massentötung werden auch Sunniten selektive Anreize zur Ermordung der 'Rotköpfe' angeboten: Es wird an ihre Pflicht als Muslim appelliert, ihnen das Märtyrertum bzw. das Paradies zugesichert, aber auch möglichen Skeptikern unter ihnen die Verketzerung und damit die Todesstrafe angedroht, um antialevitische bzw. herrschaftsstabilisierende Handlungen zu fördern und proalevitische bzw. herrschaftsgefährdende Verhaltensweisen zu unterlassen. Es wurden Spione ausgeschickt, um auch weitere Aleviten ausfindig zu machen, die registriert, in dem Strom Kizilirmak geworfen oder auch lebendig verbrannt wurden (vgl. Öz 1992: 129).

Die Repressionen und die Erfolglosigkeit der Aufstände senkten neben dem neu eingeführten Steuerpachtsystem zur Beseitigung der Finanzkrise[96] die Erfolgsgewißheit gezielter Aufstände[97]. Sie gaben Anlaß zur Entstehung des anatolischen Banditentums (*Celali*-Aufstände[98]) als reaktive Verhaltensweise der Verrandeten. Somit hörten die gezielt gegen das Reich gerichteten Alevitenaufstände auf.

d) Über die Unterdrückung unter: Selim II., Murat III., Ahmet I., Murat IV.

Die Verfolgung der Aleviten setzte sich mit unverminderter Härte fort: Auf Befehl des Regierungsrats wurde beispielsweise der Statthalter von Amasya dazu angehalten, vor Gericht freigesprochene alevitische Führer insgeheim umzubringen. Dies läßt die Vermutung zu, daß die auch geheime Verfolgung der alevitischen Elite die Verminderung der alevitischen Gefahr für das Reich und für die Herrschaft angestrebt und nicht nur Abschreckungsfunktionen gehabt hat. 1567 wurden Aleviten wegen dem Versäumen der Teilnahmepflicht am rituellen Gebet, wegen der Beleidigung von Sunniten und wegen Mißachtung der *Kalifen* Ömer und Osman strafrechtlich verfolgt. Dies verschaffte den Anreiz für Untertanen, am Reihengebet doch teilzunehmen. Aleviten wurden aber auch wegen der Teilnahme an verbotenen spezifisch-alevitischen Cem-Ritualen, wegen *Saz*-Spielens, wegen Reden über den Erwarteten Erlöser (*Mehdi*), wegen dem bei den Cem-Ritualen angeblich stattfindenden "Kerzenausblasen", d.h. wegen (inzestuöser) Promiskuität bei ausschweifenden Sex-Orgien, wegen der Beleidigung Mohammeds und wegen der Anführung der Alevitengemeinde zum Teil mit dem Tod bestraft. Das Verbot der Cem-Zusammenkünfte sollte vermutlich die rituelle Konstruktion einer alevitischen Kollektividentität durch die Teilnahme am Volkstribunal, rituellen *Semah*-Tanz, Erinnerungsritual für den in Kerbela getöteten Prophetenenkel und durch das *Saz*-Spielen vermei-

[96] Gründe dafür waren die zurückgegangenen Reichseinnahmen aus Plünderungen, Zugängen zu Handelswegen, Kriegsausbeuten, Absinken der landwirtschaftlichen Produktion wegen den ständigen Aufständen und die gestiegenen Kriegs- und Bürokratieaufwendungen (vgl. Aydin 2000: 184ff.).

[97] Denn die eingeführte Steuerpachtung, bei der die vergebenen *Timar* gegen (Miet-) Zahlungen an andere weitervergeben wurden, führte wegen Ernteeinbußen durch intensive Bodennutzung auch zu Hungersnöten und zur Verarmung der Bauern und der enteigneten bisherigen *Timar*-Herren. Die Verarmung war Ursache von Hoffnungslosigkeit und Mangel an Interesse an den herrschenden Zuständen. Es standen für politisch motivierte Aufstände keine Ressourcen zur Verfügung.

den und die Aleviten weiter zur Assimilation drängen. Die Richter mußten auf Erlaß des Sultans, alle am Cem teilnehmenden, Sunniten als 'Yezid' beleidigenden und die Vorschriften der Scharia mißachtenden Aleviten registrieren und bestrafen.

Der kroatischstämmige Anhänger des sunnitischen Nakschibendi-Ordens[99], Großwesir Kuyucu ('Gräber') Murat Pascha (vgl. Öz 1992: 72), ließ bei der Niederschlagung des *Kalenderoglu*-Aufstandes Zehntausende Aleviten töten (vgl. Metin 1998: 349; Aydin 245): Es wurden 30.000 Köpfe nach Istanbul geschickt, während eine gleiche Anzahl von Köpfen in den Unruheprovinzen zu Schädelpyramiden angehäuft und deren Körper in Massengräbern verschacht wurden (vgl. Metin 1998: 349). Sultan Murat IV. ließ während seiner Iranfeldzüge in Anatolien, Erivan, Bagdad und in Persien massenweise Aleviten und Schiiten töten, 1000 am Arax-Fluß zeltende Nomadenfamilien u.a. nach Erzincan und Tercan zwangsumsiedeln (räumliche Marginalisierung) und 40 alevitische Dörfer, deren Bewohner bei einem Alevitenaufstand beteiligt gewesen sein sollen, dem Erdboden gleichmachen (vgl. Öz 1992: 139f.).

Aleviten wurden durch die Verfolgung und partielle Vernichtung zur demographischen Minderheit, was der Herrschaft der Osmanendynastie stabilisieren half (vgl. Aydin 2000: 67). Wie haben die Aleviten auf ihre Verrandung reagiert?

4.1.5. Über die Reaktion der Aleviten auf die Verrandung, Verfolgung und Vernichtung

Nach dem Wechselspiel zwischen Aufständen und massiver staatlicher Verfolgung kam es zu weiteren verschiedenen Formen der Abkehr der Aleviten von der Kerngesellschaft.

Die durch radikale Vertreter der Sunniten erlittene Herabsetzung prägte ihre kollektive Wahrnehmungsweise und Deutungsmuster, so daß sie künftig allen Sunniten mit Skepsis, Mißtrauen und Antipathie begegneten (vgl. Akpinar 2000: 248). Sie hatten begonnen, einen geographischen und sozialen Sicherheitsabstand vor Sunniten im Rahmen eines Rituals der Enthaltsamkeit zu halten, um den Einfluß der feindlichen Außenwelt auf ihre Gemeinschaft zu vermindern. Dieses Enthaltsamkeitsritual trug zur Bekräftigung der Grenze zwischen Sunniten und Aleviten bei. Die durch die Verfolgung und Vernichtung in den Wahrnehmungs- und

---

[98] Das Aufkommen lokaler Autoritäten, Warlords und die Entstehung einer neuen Feudalelite wurden dadurch begünstigt (vgl. Aydin 2000: 188ff.; Cem 1986: 192ff.).

[99] Dies ist ein von Baha ad-Din Naqushband (gestorben in 1389), einem angeblichen Nachfahren des Kalifen Ebubekir, in Zentralasien gegründeter Orden: "Die Abstammung von Abu Bakr, verbunden mit der Tatsache, daß sich der Orden zu einer Zeit angespannter sunnitisch-schiitischer Rivalität in der islamischen Welt verbre-

Deutungsmustern der Aleviten bedeutsam gewordenen Diskriminierungsmerkmale wurden nun von den Aleviten zur Herstellung von Eigenidentität und Abgrenzung von den Sunniten benutzt. Das heißt, die zu den 'anderen' gehörenden Sunniten wurden als Verkörperung einer Kategorie wahrgenommen und behandelt, die deren individuelle Charakterzüge überlagerte und nun entscheidend bei deren Ausschluß von der Teilhabe an der Interaktion mit Aleviten war. Die Folge der sozialen und räumlichen Selbstverrandung (vgl. Kehl-Bodrogi 1997a: XI) war die Abnahme der Kontakte zwischen den Angehörigen der verschiedenen Konfessionen im Gegensatz zu den Beziehungen der Angehörigen untereinander. Da die Aleviten sich geographisch in unzugängliche Gebiete zurückzogen (vgl. Otter-Beaujean 1997: 216) und den Kontakt mit Sunniten vermieden, wurde ihre defizitäre Lage verstetigt. Denn alevitische Ortschaften waren voneinander nun zerstreut (vgl. Väth 1993: 214). Aleviten besaßen damit kein geschlossenes Siedlungsgebiet, in der sie als Majorität ihre Identität entfalten und ausleben konnten. Doch "während es Gegenden gibt, die nur sunnitisch sind, gibt es keine große Region, die nur alewitisch wäre. Kurz gesagt, es gibt immer sunnitische Nachbarn, wodurch das Gefühl der Alewiten, eine Minderheit zu sein, verstärkt wird." (Werle/Kreile 1987: 36)

Dies schaffte nun Anreize bei jenen, die noch unentdeckt waren und noch mit Sunniten interagierten, ihre sie stigmatisierende konfessionelle Herkunft als ein Schweigeritual zu verbergen, um nicht diskreditiert zu werden, was als eine weitere Verhaltensweise der Randgruppe betrachtet werden kann. "The Alevis opposed this stigmatization in the outside world with the help of *taquiyya*, the concealment of one's own religious and social identity." (Kehl-Bodrogi 1997a: XII)

Die rituellen Cem-Zusammenkünfte fanden darüber hinaus fortan aus Sicherheitsgründen geheim und zur nächtlichen Stunde statt (vgl. Ministerium für Arbeit, Gesundheit und Soziales des Landes Nordrhein- Westfalen 1997: 42)[100].

Die repressiven Maßnahmen schufen ein Bedarf der Gemeinschaft an der Bewältigung der äußeren Sachzwänge mit dem Ziel, ihr Überleben zu sichern. Dies schlug sich bei Cem-Zusammenkünften auf sozial sanktionierte spezifische alevitische Werte und Normen und damit

---

itete, gab ihr einen Zug von unterschwelliger Feindseligkeit gegenüber dem schiitischen Islam." (Algar 1984: 168)

[100] Dies verstärkte wiederum bei Sunniten Vorurteile, Aleviten könnten sexuell "ausschweifend, unmoralisch und häretisch ... sein" (Ministerium für Arbeit, Gesundheit und Soziales des Landes Nordrhein-Westfalen 1997: 42) und würden Cem-Häuser als Stätten für Promiskuität und inzestiöse Beziehungen benutzen.

Verhaltensweisen nieder[101]. Dazu zählen das konfessionelle Endogamiegebot bzw. der Verbot der Heirat mit Nichtaleviten, Scheidungsverbote und das Eingehen der rituellen Wahlbruderschaft von alevitischen Männern (*müsahiplik*) m.E. zur wechselseitigen sozialen Kontrolle, Solidarität und Hilfsleistungen zur Reproduktion der Gemeinde (vgl. Väth 1993: 214, Fußnote 7; Bal 1997a: 44f.; Bozkurt 1993: 174ff.; Kehl-Bodrogi 1997b: 123; Gülcicek 1994: 96)[102].

Die von alevitischen Normen abweichenden individuellen alevitischen Akteure wurden auf Cem-Zusammenkünften, die als Gerichtsinstanzen zur sozialen Kontrolle fungierten, von der Teilhabe an der sozialen intrakonfessionellen Interaktion für eine gewisse Zeit oder für immer ausgeschlossen (vgl. Väth 1993:214, Fußnote 7; Türkdogan 1995: 273,275; Bal 1997a: 87; Yildirim 2001a: 41f.; Gülcicek 1994: 91; Bozkurt 1993: 187f.). Laut Akpinar sind diese Volkstribunale ein Beweis des Vertrauensentzugs der Aleviten gegenüber dem osmanischen Schlichtungs- und Gerichtssystem (vgl. Akpinar 2000: 248).

Das zunächst offen missionierende Alevitentum wandelte sich in eine Geheimlehre, deren Inhalte nur von den *Dede* den Mitgliedern der Gemeinde bei Initiationsriten offenbart wurden (vgl. Otter-Beaujean 1997: 216)[103].

> "Only those born into the community had access to the secret doctrine. The religious and social authority within this community was held by members of these Holy Lineages which formed a kind of hereditary 'priest caste'. The esoteric doctrine was orally handed down within these lineages and passed on to the 'laity' in special initiation rites. In tradition the Holy Men (*dede, pir*) functioned as mediators, and judges and held the monopoly on possession and interpretation of the *Buyruk*- scripts, a sort of encoded catechisms ... Esotericism, endogamy and the contraction *musahiplik* ... contributed to the formation of a distinctive ethnic identity" (Kehl-Bodrogi 1997a: XII)

Es wurden auch eigene geheime sprachliche Codes zur Verständigung der Aleviten während ihres Aufenthaltes innerhalb der sunnitischen Außenwelt entwickelt. Namen wie Ebubekir, Osman, Ömer wurden alevitischen Kindern als emblematische Ausdrucksform religiöser elterlicher Bekenntnisse durch ihre Eltern nicht mehr gegeben (vgl. Akpinar 2000: 248).

---

[101] Es kann m.E. dem Autor dieser Arbeit vorgeworfen werden, daß der Bedarf an spezifischen Werten und Normen allein das Zustandekommen eben dieser Werte und Normen erklärt (Funktionalismus). Es ist zumindest genauso bedeutsam, *wie* dieser Bedarf befriedigt worden ist: Wie genau sind diese Werte und Normen entstanden?

[102] Andere Autoren führen die Entstehung der Wahlbruderschaft auf Praktiken vorislamischer Turkmenenstämme (vgl. Bozkurt 1993: 93) oder auf bereits vorhandene Solidaritätszünfte und wechselseitige Hilfsmaßnahmen der Gazi-Gotteskrieger zurück (vgl. Bal 1997a: 95).

[103] Das Schweigegebot für religiöse Riten führt Bozkurt auf vorislamische urtürkische Nomadennormen zurück (1993: 125).

Der Protest gegen sunnitische Diskriminierung schlug sich in den mit dem Saz gespielten Songs mit religiöser Lyrik nieder, in denen neben den eigenen Glaubensinhalten, auch die stets durch Sunniten erlittene Opfererfahrung, die Sehnsucht nach einem Erlöser, die Flucht zum Schah und die Kritik an Yezid thematisiert werden (vgl. Bozkurt 1993: 65; Inalcik 1973: 196; Reinhard 2001: 202f.). Es wird aber kaum auf die später gewesene Verfolgung und Vernichtung der Aleviten durch das schiitische Persien (vgl. Akyol 1999: 53,105) eingegangen[104]: Yezid ist auch ein singularisierte Plural, damit "ist nicht speziell der Kalif Yezid gemeint. Yezid ist bei den Alewiten häufig ein für einen Sunniten verwendetes Schimpfwort." (Reinhard 2001: 207) Die religiöse Musik und der Gesang, tradieren jeweils die stereotypen Selbst- und Fremdbilder von 'uns' und den 'anderen', prägen so den kollektiven Erinnerungsbestand der Aleviten und konstruieren sie als eine durch die Geschichte hindurch von Sunniten verfolgte Gruppe mit progressiver Widerstandstradition (vgl. Engin 1999a: 568). Die gezielte Hervorhebung der durch die Geschichte hindurch erlebten Opfererfahrungen seit Kerbela als traumatisches Gründungsmythos über die Massaker von Caldiran, Corum, Maras, Sivas und Gazi hinweg bis heute, zwischen denen Parallelen gezogen wurden, prägt ihren kollektiven Erinnerungsbestand und wird nicht nur intergenerativ weitergegeben, sondern auch durch den Einzug in die Mythenwelt für die jeweils kommende Generation konserviert. Darauf wird später eingegangen.

Die zumindest graduelle Abnahme der die osmanische Herrschaft gefährdenden alevitischen Aufstände hatte eine gewisse repressive Duldung durch das Reich (vgl. Kehl-Bodrogi 1997a: XII) zur Folge. Die Tatsache, daß osmanische Quellen ab Ende des 16. und Anfang des 17. Jahrhunderts keine Aufstände mehr erwähnen (vgl. Bozarslan 2000: 26), kann zum einen bedeuten, daß diese tatsächlich abgenommen haben, weil Friedhofsruhe herrschte. Eine zweite Erklärungsmöglichkeit ist, daß die eventuell wirklich stattgehabten Erhebungen nicht mehr dokumentiert wurden. Dafür spricht auch der Umstand, daß die über die bisher erwähnten historischen Ereignisse zum Teil eher beiläufig in den Aufzeichnungen des Schatzamtes (vgl. Akpinar 2000: 244) berichtet wurden, da solchen Phänomenen kaum Aufmerksamkeit gewidmet worden ist.

Aleviten und das Reich standen sich nicht immer gegenüber. Es gab auch Formen kooperativen Verhaltens zwischen der sunnitischen Führungsriege und den Anhängern der Hetero-

---

[104] Nachdem das Schiitentum in Persien offizielle Staatsideologie wurde, wandelte es sich auch zu einem konservativen, formalen orthodoxen Glaubenssystem, in das die Aleviten nicht mehr hinein passten.

doxie, die bei den Erinnerungsritualen und Opferdiskursen der Aleviten nicht selten ausgeblendet werden, weil es nicht in das oben geschilderte Geschichtsbild paßt. Die Rede ist vom kooptierten Bektaschi-Orden, der für die geistige Betreuung der Janitscharen verantwortlich war und hier als Beispiel für (zumindest zeitweilige) osmanische und alevitische Kooperation herangezogen wird.

4.2. Exkurs über den Bektaschi-Orden

Das in Anatolien und Rumelien aufgespannte Netzwerk des im 14. Jahrhundert gegründeten Ordens zur religiösen Unterweisung und Fürsorge der aus der Rekrutierung der Söhne von christlichen Balkanvölkern hervorgegangenen Janitscharen und Bürokraten mittels islamischer Mystik (vgl. Dierl 1985: 43; Akyol 1999: 24ff.) nahm verfolgte Aleviten auf (vgl. Otter-Beaujean 1997: 223, Fußnote 23), 'zähmte' sie und leistete dadurch einen Beitrag zu deren Integration in das 'System' und zur Sicherung osmanischer Herrschaft. Die Benutzung des Ordens bzw. des Klosters als Sozialisationsinstanz löste die Rekruten von ihren ursprünglichen sozialen, religiösen und regionalen Bindungen heraus und neutralisierte alle alternative Loyalitäten, die dem Gehorsam der Janitscharen gegenüber dem osmanischen Sultan gefährlich werden konnten. Diese als Kooperation mit dem Reich zu wertende Verhaltensweise des Ordens führte zu dessen partieller Privilegierung durch osmanische Ressourcenzuweisungen und weiteren Zuwendungen im Sinne der Berechtigung zur freien Tätigkeit in den Städten, wohingegen andere oppositionelle alevitisch-turkmenische (Halb-)Nomadenstämme verketzert, verfolgt und vernichtet wurden (vgl. Aydin 2000: 342ff.). Der (wenn auch halbherzige) Einsatz der Janitscharen bei der Niederschlagung von alevitischen Aufständen und beim Feldzug gegen das turkmenische Safavidenreich (vgl. Akyol 1999: 89f.) ist ein Beispiel für das konforme Verhalten von bevorzugten sozialen Gruppen in Abhängigkeit von ihrer Nähe zum Machtzentrum und Kerngesellschaft: Die in ihrer Lehre und ihrem Ritus dem Alevitentum sehr ähnelnden Bektaschiten (vgl. Birge 1937: 16) waren wegen ihrer graduellen Privilegierung als Macht- und Ordnungsfaktor herrschaftskonform, wohingegen verrandete Aleviten emigrieren oder als innovative Funktion rebellieren und dabei *Alevilik* auch als Widerstandsideologie benutzen mußten.

Aber die Janitscharen waren als militärische Teilelite und Machtfaktor "der Kontrolle der Sultane entglitten; sie wurden ein Staat im Staate, und sie bestimmten, wer Sultan wurde und wie lange er Sultan blieb." (Dierl 1985: 49) Da 1826 die Janitscharen und die sie betreuenden

Bektaschiten allmählich zur Vetomacht gegen den Padischah Mahmut II. gegen dessen innovative Erlasse wurden (vgl. Bozkurt 1993: 69f.), kam es zur gewaltsamen Schließung der Janitscharenkasernen[105]. Der Anlaß war ihr Widerstand gegen die Einführung einer ihre Bedeutsamkeit vermindernden und damit die Position Mahmut II. stabilisierenden Ersatzarmee. Ihre Kasernen wurden unter Kanonenbeschuß genommen und sie zusammen mit all ihren Angehörigen hingerichtet (vgl. Dierl 1985: 48)[106]. Auch die sie betreuenden Bektaschiten wurden nicht verschont. Diese politische Entscheidung zur Deprivilegierung, Verfolgung und Vernichtung der Janitscharen und der Mitglieder des Bektaschi-Ordens mußte auch religiös legitimiert werden. Dies geschah wiederum durch die erstellten religiösen Rechtsgutachten des inzwischen durch den sunnitischen Nakschibendi-Orden geprägten *Scheichülislams*: "... da sie die Regeln des Islam mißachten, sich am Gebet und am Fasten nicht beteiligen ... Ebubekir ... Ömer und Osman beleidigen, ist ihre Tötung geboten." (Sener 1995: 140) Viele bektaschitische Ordensführer wurden daraufhin hingerichtet oder verbannt und durch Nakschibendi-Angehörige ersetzt, deren mit ihnen rivalisierender Orden einen entscheidenden Machtzuwachs bekommen hatte. Viele bektaschitische Klöster wurden zerstört (vgl. Öz 1992: 134f.; Sener 1993: 139f.; Bozkurt 1993: 69f.).

Ohne auf die zeitweise Gegnerschaft der vom Bektaschi-Orden betreuten Janitscharen zu den turkmenischen Aleviten und auf die Kooperation der Bektaschiten mit dem Osmanischen Reich einzugehen, wird nur die machtpolitisch bedingte und religiös legitimierte Verfolgung und Vernichtung der Janitscharen und Bektaschitenführer im alevitischen Opferdiskurs als das "letzte große Massaker [der Osmanen; BG] an den Aleviten-Bektaschiten" (Eral 1995: 46) erwähnt, um vermutlich das alevitische Geschichtsbild in ihrem kollektiven Gedächtnis als eine seit den Ereignissen von Kerbela jahrhundertelang von sunnitischen Herrschern ausschließlich verfolgte und ihnen immer Widerstand leistende progressive Minderheit nicht zu zerstören (vgl. Sökefeld/Schwalgram 2000: 24; Vorhoff 2000: 66).

---

[105] Europäische Ratgeber nützen die Informationsdefizite des Sultans aus und setzten sich aus politischem Eigeninteresse ihrer Herkunftsländer sehr für die Beseitigung der Janitscharen ein (vgl. Öz 1992: 130f.). Die Neutralisierung der Janitscharen führte schließlich zur Senkung der Binnen- und Außenmacht des Osmanischen Reiches gegenüber den sich erhebenden griechisch-separatistischen Gruppen und ihren europäischen Schutzmächten (vgl. Bozkurt 1993: 69f.): "An den Grenzen marschierten russische Truppen auf, vor der Küste kreuzten englische und französische Schlachtschiffe ... Der nächste Krieg stand bevor, zum ersten Mal ohne Janitscharen." (Schweizer 1979: 282)

[106] Die Janitscharen hatten sich 1680 das Recht erkämpft, heiraten zu dürfen (vgl. Dierl 1985: 48)

4.3. Zusammenfassung

Es wurde zur dauerhaften Regelung der osmanischen Verwaltungs- und Rechtsstruktur, zur Handhabe der Deutungs- und Verhaltensmuster der muslimischen Untertanen, zur Gewährleistung deren Identifikation mit der islamischen Kerngesellschaft, zur religiösen Rechtfertigung der Herrschaft des Sultans und der aktuellen Produktionsweise die sunnitische Scharia neben dem osmanischen Gewohnheitsrecht als Werte- und Normensystem eingeführt. Das bis dahin zum multiethnischen und -religiösen Reich wachsende osmanische Fürstentum der Turkmenen mußte zur dauerhaften Stabilisierung von Staat und Gesellschaft sowohl die Wirtschaftsfremdheit der bisherigen "Produktionsweise" (Kriegsbeutezüge) als auch das herrschende Werte und Normensystem verändern. Die bis dahin herrschende Ideologie des nomadischen volksislamischen Glaubenskämpfertums (*gazilik*), die zur Legitimierung kurzfristiger Kriegsbeutezüge gedient hatte, war mit dem Übergang von der turkmenischen Nomaden- zur feudalistischen Agrargesellschaft mit der langfristigen Finanzierung der osmanischen Herrschaft aus bäuerlichen Steuerabgaben obsolet geworden. Die propagierten sunnitischen Weltwahrnehmungsweisen, Deutungs- und gebotene Verhaltensmuster wurden in den damaligen Sozialisationsinstanzen, den religiösen Lehranstalten (*medrese*), den islamischen Geistlichen (*ülema*), der künftigen politischen, juristischen und administrativen Elite des Reiches, vermittelt und anerzogen. Mit den im Reich aufgespannten Netzwerken der religiösen Lehranstalten wurde im Gegensatz zu den Dörfern vor allem in den Städten die sunnitische Islamisierung der muslimisch-heterodoxen Bevölkerung vorangetrieben und rechtlich durch die Anwendung der Scharia sanktioniert. Mit der Islamisierung wurden den Fünf Grundpfeilern (Fasten, Beten etc.) und anderen sunnitischen Geboten und Verboten (Geschlechtertrennung, Alkoholverbot, Schleierzwang) soziale und juristische Geltung verschafft. Es wurde für die zu beherrschende und zu sunnitisierende islamische Bevölkerung auch die Pflicht eingeführt, Moscheen zu besuchen. Gleichzeitig wurde in den von dem definitionsmächtigen Scheichülislam ausgegebenen und in den Moscheen gehaltenen Musterpredigten herrschaftskonformes Beherrschtenverhalten religiös zu beeinflussen versucht. Die Moscheen dienten als Orte der Verkündung der Freitagspredigten vor dem obligatorischen Reihengebet nicht nur als Medieninstanzen zur Information und zur Prägung des Bezugsrahmens der zu beherrschenden muslimischen Bevölkerung. Die Moscheen wurden auch als Kultorte der nun kollektiv zu verrichtenden Gebetsriten zur Erschaffung der sunnitischen Kollektividentität gebraucht.

Die feudalistische Erzwingung der Seßhaftigkeit der noch nomadischen Turkmenenstämme und die soziale Ungleichheit zwischen den städtischen Herrschern (Serail, *sipahi/yeniceriler*, Islamische Gelehrte) und den Beherrschten auf dem Lande (Bauern, Nomaden) sowie die ethnische Statusbedrohung der Turkmenen waren Ursache des Dualismus zwischen turkmenischen Beherrschten auf dem Lande und den städtischen multiethnischen Herrschern. Das im Reich für Muslime eingeführte sunnitische Werte- und Normensystem führte dann schließlich zur Entfremdung zwischen der kosmopolitischen sunnitisch-osmanischen, zentralistischen Führungsriege in den Städten und den verrandeten islamischen-heterodoxen turkmenischen Bauern und Nomaden auf dem Lande. Die durch die Einnahme unterer Positionen in den ökonomischen, regionalen, politischen, religiösen und sozialen Bereichen entstandene multiple Verrandung der heterodoxen turkmenischen Bevölkerung auf dem Lande führten zur deren Abkehr von dem Osmanenreich.

Die heterodoxen Turkmenen wandten sich Anfang des 16. Jahrhunderts wegen ihrer Benachteiligung Turkmenisch-Persien zu und wurden dadurch vom Schiitentum in Lehre und Ritus maßgeblich beeinflußt. Den Clanchefs wurde von dem als Ali verehrten und als Mahdi betrachteten Safavidenkönig Schah Ismail ihre Zugehörigkeit zur Familie des Propheten bescheinigt, wodurch sie nun zu den heiligen Erbpriestern, den *Dede*, geworden waren. Sie wanderten nach Persien ab oder inszenierten nun als 'Aleviten' zahlreiche prosafavidische, blutig niedergeschlagene Aufstände. Diese kann man als reaktive Verhaltensweise auf Ungleichbehandlung im Osmanenreich werten.

Zur Gewährleistung der inneren und äußeren Sicherheit und zur Verstetigung der Herrschaft der Osmanendynastie, zur Abschreckung anderer oppositioneller Bewegungen und vermutlich auch zur Binnenintegration der muslimischen Kerngesellschaft der sunnitischen Beherrschten waren Aleviten als Unruhefaktor massiver Verfolgung, Deportation, Enteignung und schließlich Vernichtung (mit Zehntausenden Toten) seitens des Reiches ausgesetzt. Die aus politischen Gründen erfolgte Unterdrückung wurde hauptsächlich sunnitisch-religiös wegen der alevitischen Abweichung zu den orthodoxen Grundpfeilern und ihren heidnisch anmutenden Riten legitimiert: Die Unruhestifter starben nun als 'Ketzer', da sie die sunnitischen Gebote und Verbote (Fünf Säulen, Alkoholverbot) ignorierten, an den verbotenen Cem-Ritualen mit angeblichen inzestuösen Orgien ('Kerzenausblasen') teilnahmen. Überhaupt wurde die islamisch-orthodoxe Religion durch die Osmanen als Legitimations- und Integrationsideologie verstärkt eingesetzt, um die Herrschaft der Dynastie und der Sicherheit des Reiches zu gewährleisten.

Aleviten wurden als eine vom orthodoxen Islam nicht als 'rechtmäßig' anerkannte Glaubensgemeinschaft, als Ketzer und Ungläubige intensiver Repression ausgesetzt. Resultat waren weitere allerdings allmählich an Anzahl abnehmende Aufstände, resignative soziale und räumliche Automarginalisierung sowie die Beeinflussung ihrer Glaubenslehre durch Schaffung eigener, wiederum religiös legitimierter separat-konfessioneller, sozial sanktionierter Gemeindestrukturen mit Solidaritätsnetzwerken und Instanzen sozialer Kontrolle (Cem-Riten als Tribunale). Darüber hinaus wurde ihr kollektives Gedächtnis wegen der Unterdrückung und den Aufständen geprägt und ihr in den mystischen Songs thematisiertes Geschichtsbild von einer seit Kerbela jahrhundertelang von sunnitischen Despoten unterdrückte, progressive Gemeinschaft mit Widerstandstradition in ihren kollektiven Erinnerungsbestand gespeichert.

Die These des Primats des Politischen und die Vermutung, daß die islamische Religion, auch in ihrer mystischen Variante, eher für politische Zwecke der Osmanen instrumentalisiert wurde, kann auch durch den Orden der Bektaschiten gestützt werden. Nur solange der Orden der Herrschaft des Sultans gedient hat bzw. zur Rekrutierung von herrschaftskonformen Janitscharen und zur Integration sowie Zähmung von Oppositionellen eingesetzt wurde, konnte er Begünstigungen durch das Reich im Gegensatz zu widerspenstigen und deshalb religiös verfolgten Aleviten erfahren. Erst mit der politischen Bedrohung des Sultans Mahmut II. 1826 durch die vom Orden betreuten Janitscharen wurden auch die Führer der Bektaschiten als Ketzer gebrandmarkt, deprivilegiert, verbannt oder gar hingerichtet.

Nun soll auf die Situation der Aleviten und Bektaschiten in der kemalistischen Republik Türkei mit Berücksichtigung der noch osmanischen Jungtürkenzeit und des Türkischen Unabhängigkeitskrieges eingegangen werden.[107]

---

[107] Eine Schwierigkeit war, daß der Kemalismus als ein in sich geschlossenes Werte- und Normensystem vor der Republik und sogar vor 1931 nicht existiert hat, sondern sich nach und nach mit den jeweiligen Reformen Atatürks herausbildete und erst später in das Parteiprogramm der alleinregierenden Republikanischen Volkspartei (*Cumhuriyet Halk Partisi, CHP*) aufgenommen wurde (vgl. Macfie 1994: 151; Zürcher 1993: 189; Kongar 1998: 105;), um dann relativ spät als eine Ideologie propagiert zu werden. Für die chronologisch-kausale Ableitung der Situation einer Randgruppe von einem Werte- und Normensystem ist m.E. die vorherige Existenz eines schon Werte- und Normensystems notwendig. Dieses Problem wird aus analytischen Gründen vernachlässigt. Ein weiteres Problem waren wieder die benutzten alevitischen Quellen, deren Postulate über die kemalistische Einparteienzeit von einigen Autoren als von tagespolitischen Zweckerwägungen abhängige Mythen betrachtet werden (vgl. Vorhoff 2000; Bozarslan 2000).

5. Zur Situation türkischer Aleviten in der kemalistischen Republik (1923-1946)

5.1. Ausschnitthaftes zur alevitische Lage von der Spätphase des Reiches bis zum Ende des Türkischen Unabhängigkeitskriegs (1922)

5.1.1. Vorgeschichte zum Niedergang der Osmanischen Herrschaft

Das Osmanische Reich lag im Sterben (vgl. dazu ausführlich Berkes 1964). Denn die bisherige islamisch-osmanische Ordnung war nicht zukunftsfähig, da sie die Reproduktion eines international wettbewerbsfähigen Herrschaftssystems samt Gesellschaft der beherrschten Untertanen und ihrer Elite im Wettbewerb mit anderen westlichen Nationen und deren Herrschern nicht mehr gewährleisten konnte. Die Entdeckung der Neuen Welt, das damit verbundene Absinken der Bedeutsamkeit bisheriger auch zum Teil von den Osmanen kontrollierte Handelswege und die Entstehung eines westlich dominierten kapitalistischen Weltsystems durch die großen Entdeckungen, durch Entstehung von bürgerlichen Bewegungen und durch ökonomische Ausdehnungen als externe Ursachen führten zum Statusverlust des Osmanenreiches "vom bedeutenden Imperium zum Objekt europäischer Großmachtinteressen" (Stromeier 1984: 29; vgl. Kongar 1986: 19f.; Kongar 1998: 70ff.).

Die osmanische Binnenstruktur und das herrschende islamisch-orthodoxe Werte- und Normensystem waren unfähig, sich an die sich verändernde internationale Umwelt anzupassen, um sachgerecht und zweckdienlich mit Bedrohungen und Problemen für das Herrschafts-system umzugehen. Der Konservatismus der als Herrschaftsordnung benutzten islamischen Religion kann vermutlich somit zwar nicht als Alleinursache, aber als ein Hauptgrund für die fehlende Umstrukturierung gelten: Der realexistierende osmanische Islamismus war das für alle Lebensbereiche gültige Werte-, Normen- und Sinnsystem. Das auf die Bewahrung des *Status quo* in einer sich verändernden Umwelt ausgerichtete sunnitisch-islamische Werte – und Normensystem "war technik- und wissenschaftsfeindlich, verschärfte den religiösen Aberglauben und den Fatalismus unter den Massen. Es kam kein geistiger Fortschritt ... kein denkerischer Freiraum für die Intelligenz" (Dierl 1985: 53) mehr im Osmanischen Reich im Gegensatz zum Westen zustande, die das Potential zur Handhabe der sich verändernden Umwelt bilden konnte. "The ulema and medrese circles came to take a firm stand against novelties both in the practical and in the rational sciences. For example ... the seyhülislam issued a fetva forbidding books from the collection on philosophy, astronomy or history, to be bequeathed to libraries ." (Inalcik 1973: 180) Anstelle selber im Produktionsprozeß tätig zu sein, wurde im Osmanischen Reich wegen der faktischen interkommunalen Arbeitsteilung des Millet-Systems der Handel und die Wirtschaft den in diesen Bereichen überrepräsentierten christlichen Untertanen überlassen, deren Kapitalbildung und Nationalbewegungen laut Kongar im Gegensatz zu den der muslimischen Osmanen begünstigt wurden (vgl. Kongar 1998: 70). Diese Faktoren interagierten und verstärkten die strategische Rückständigkeit des Reiches im Gegensatz zu den europäischen Mächten[108]. Die wirtschaftliche und politische Penetration des Reiches durch europäische Mächte wurde aufgrund der den christlichen Untertanen, ausländischen Kaufleuten und Händlern gewährten Privilegien und Kapitulationen verstärkt. Diese Vorzüge begünstigten die Entstehung eines Bürgertums unter den jeweiligen christlichen Untertanen, wobei gleichzeitig die Kapitalbildung der wegen den christlichen Privilegien benachteiligten Moslems verhindert wurde. Die wirtschaftliche und politische Schwäche des Reiches gab Anlaß für weitere Auslandsanleihen[109]. Diese Umstände verstärkten auch den Einzug westlich-nationalistischer Ideen in den zusammenbrechenden osmanischen Vielvölkerstaat: Galt die Religion noch eine für alle Lebensbereiche gültige sinnstiftende Ordnung, wurde sie im 19. Jahrhundert allmählich vom Nationalismus abgelöst: "Araber, Armenier [, Serben, Bulgaren,; BG], Griechen und Kurden rezipierten die neue die neue Ideologie des Nationalismus, und die jeweilige Religion verlor als Gruppenidentität stiftender Faktor an Bedeutung" (Dreßler 1999: 33), während sich die türkisch-sunnitischen Moslems nach wie vor über den Islam definierten[110]:

[108] The Ottomans "failed to understand modern economic problems, remaining bound by the traditional formulae of the near-eastern state. Against the mercantilist economics of the contemporary European powers, Ottoman statesman clung to the policy of the free markets, their main concern being to provide the home market with an abundance of necessary commodities. Unable to formulate a comprehensive economic policy for the Ottoman Empire, they saw no danger in extending the capitulations so that from the second half of the sixteenth century Europeans began to control even the carrying trade between the empire's Mediterranean ports. Ottoman governments bound by traditional concepts, encouraged the import of goods into the empire but discouraged exports ... While a rapidly developing and humanistic Europe was riding itself of all forms of medievalism, the Ottoman Empire clung ever more zealously to the traditional forms of near-eastern civilization, becoming by the time of Süleyman I ... self-satisfied, inward-looking and closed to outside influences ... They never broke away from the values ... sanctioned by the seriat, and never wished to understand the mentality that had created European implements and methods." (Inalcik 1973: 51-52)

[109] Diese Kredite führten dann 1875 auch zum Staatsbankrott (vgl. Kongar 1998: 70f.; Kongar 1986: 30f.).

[110] Der nationale Eigenheiten abschwächende, sunnitische Islam, der die Muslimgemeinde der *umma* (*ümmet*, türk.) hervorhebt, der multiethnische Charakter des osmanischen Elite und Bevölkerung, das negative Sozialprestige turkmenischer (Halb-) Nomaden haben die Nationwerdung der Türken laut Akcam verhindert (1994: 37ff.).

> "Among the different peoples who embraced Islam none went farther in sinking their separate identity in the Islamic community than the [Sunni; BG] Turks [who; BG] ... raised no racial barrier between Turk and non-Turk. The traditional Ottoman Turk conception of the state in which they lived can clearly be seen, on two different levels, in their historiography and in their customs tariffs. Until the early nineteenth century the Ottoman Turk regarded the society in which he lived as the culmination of two lines of development ... The first of these began with the mission of Muhammad, the rise of Islam and the establishment of the Caliphate; the second with the rise of the House of Osman and the Ottoman Empire. The link between the two was provided by the invasions of the Seljuk Turks and the creation of the Seljuk Sultanates, first in Persia and then in Anatolia." (Lewis 1965: 323)[111]

Auch im ideologischen Bereich hatten somit die türkischen Muslime keinen strategischen Vorsprung gegenüber den Nationalbewegungen anderer Untertanen vorzuweisen.

Um der externen und internen Bedrohung (europäische Kolonialisierung und ethnische Separatismen) erfolgreich begegnen zu können, war für die osmanische Elite eine Binnenstrukturreform notwendig. Es gab zwei Möglichkeiten: stärkeres Beharren und Rückgang auf die Fundamente der eigenen islamisch-sunnitischen Kultur oder die Verwestlichung durch Anpassung an die nordamerikanische und europäische Zivilisation, um den Westen einzuholen und zu überleben (vgl. Lewis 1965: 70ff.). Es wurden zwischen 1839-1876 während der *Tanzimat*-Periode (Reformen) westlich induzierte Reformen von der osmanischen Elite unter Mahmut II. durchgeführt, nachdem das Janitscharenkorps 1826 als potentieller Vetomachtfaktor ausgeschaltet worden waren. Unter Abdülmecit I (1839-1861) wurde 1839 das auf der Scharia basierende religiöse Recht partiell durch weltliche Gesetze ersetzt und bürgerliche Grundrechte formuliert. 1836 wurden die als *millet* anerkannten Juden und Christen (sunnitischen) Moslems nahezu gleichgestellt. Abdülhamit II. proklamierte 1876 eine neue Verfassung und erklärte das Reich zur konstitutionellen Monarchie mit einem Parlament, was ein Jahr später wieder rückgängig gemacht wurde (vgl. McCarthy 1997: 295-315). Diese auch durch westlichen Außendruck von oben durchgeführten Reformen waren Ausdruck der Außen- und Binnenmachtschwäche des Reiches, senkten die Sanktionswahrscheinlichkeit und Schwellen für innovative Revolutionen von immer noch unzufriedenen christlichen Untertanen und konnten somit die Strukturprobleme des osmanischen Reiches nicht lösen.

---

[111] Diese Ereignisse wurden auch in der osmanischen Geschichtsschreibung aufgegriffen, wohingegen die präislamische Vergangenheit der Turkvölker und präosmanische Geschichte der christlichen Untertanen vernachlässigt worden ist (vgl. Lewis 1965: 323f.) und somit das kollektive Gedächtnis osmanischer Türken und deren Identität geprägt hat.

5.1.2. Vorgeschichte über die Herrschaft der Jungtürken

Die von Abdülhamit II. geöffneten Schulen brachten als neue Sozialisationsinstanzen westeuropäische Ideen auch osmanischen Studierenden muslimischer Herkunft nahe, die später als Lehrer, Militärs und Bürokraten die Bewegung der Jungtürken (*Jöntürkler*) gründeten (vgl. McCarthy 1998: 315ff.; Ahmad 1969; Ahmad 1996; Arai 1994). Im Gegensatz zu ihren Vorgängern vom Intellektuellenzirkel der Jungen Osmanen (*Genc Osmanlilar*) waren sie nicht mehr davon überzeugt, daß ein supranationaler Osmanismus als ein alternatives Werte- und Normensystem mit rechtlicher Gleichstellung aller (auch nichtmuslimischer) *millet* den drohenden Kollaps des Reiches aufhalten würde. Vielmehr mußte ein westlich-türkischer Nationalismus als neues Werte- und Normensystem zur Umwandlung der multireligiös-multiethnischen osmanischen Konkursmasse in einen großtürkischen Nationalstaat zur Gewährleistung der ethnischen Sicherheit und zur Verhinderung der Statusbedrohung der Türken als neue Kerngesellschaft angestrebt werden. Die Nationalbewegung als innovative Funktion junger, in westlichen Schulen bzw. Sozialisationsinstanzen ausgebildeter osmanischen Offiziere und Bürokraten (oft balkanischer Herkunft) sollte den Erfolg der durch die europäischen Großmächte unterstützten Separatismusbewegungen vor allem christlicher Völker auf dem Balkan, in Anatolien und im Kaukasus verhindern.

Nach dem Erfolg der serbischen, bulgarischen und griechischen Nationalbewegungen war die Umwandlung des Reiches vom sunnitisch-islamischen, absolutistischen Imperium in eine multiethnisch-multireligiöse konstitutionelle Monarchie durch vollendete Tatsachen obsolet geworden (vgl. McCarthy 1998: 315f.). Nach Ansicht der Jungtürken waren die multiethnischen und –religiösen Osmanen im Gegensatz zu den ethnoreligiös homogeneren Türken als Kerngesellschaft ungeeignet. Letztere galt es auch noch vor ethnischen Säuberungen während und nach dem Erfolg der Abspaltungsbewegungen der christlichen Untertanen auf dem Balkan, in Anatolien und im Kaukasus zu schützen. Damit das künftige türkische Herrschaftsgefüge und die –ordnung langfristig Bestand haben konnte, mußte nach Einschätzung der Jungtürken die dazugehörige Kerngesellschaft, auf deren Loyalität das Werte- und Normensystem fußt, geändert werden[112].

[112] Die offizielle Abschaffung des Osmanismus als Werte- und Normensystem erfolgte relativ spät im Ersten Weltkrieg, als es schon zum Krieg mit den autonomistischen Ethnien gekommen war: "Die 'Kooperation' der Armenier mit den Russen und der Araber mit England ... wurde als Bankrotterklärung des Osmanismus angenommen." (Yegen 1999: 89). Der multiethnische Osmanismus wurde auf einem Kongreß der Unionisten vom schon längst faktisch vorhandenem nationalistischen Werte- und Normensystem ersetzt (vgl. Karpat 1966: 252f.).

> The Young Turks "resented European interference with the Empire and looked to even faster reform of the Ottoman system and economy. They were convinced that the Turks had been neglected in favor of the Christian minorities and Western powers ... Unlike the Young Ottomans, the Young Turks advocated differing degrees of *Turkish* nationalism. The Young Ottomans had intended to create an *Ottoman* nationality that encompassed many ethnic groups." (Mc Carthy 1998: 316)

Die wegen ethnische Säuberungen durch serbische, griechische, bulgarische Nationalisten erlittenen Opfererfahrungen und Erlebnisse des Statusverlusts vom Staatsvolk zur ethnischen Minderheit der osmanischen Muslime (vgl. Akcam 1994: 76f.; McCarthy 1995) hatten den sich v.a. aus Militär- und Verwaltungsangehörigen zusammensetzenden Jungtürken Anlaß zur Sorge um die Zukunft des Reiches und die Sicherheit der Türken gegeben (vgl. Akcam 1994: 56; Bora 1995: 136) und veranlaßten diese, die Privilegierung christlicher Untertanen aufzuheben (vgl. Parla 1993: 26)[113]. Die bei der *Counter-Insurgency-Warfare* gegen bulgarische und griechische Guerillaorganisationen in Mazedonien eingesetzten jungtürkischen Militärs gründeten das zunächst in geheimen Zellen organisierte politische Komitee für Einheit und Fortschritt (*Ittihat ve Terakki Cemiyeti; ITC*), das durch einen Staatsstreich an die Macht kam und damit ein neuer Konkurrent der bisherigen osmanischen Elite (Hof, *ülema*) wurde: Der von den "jungen Militärs geführten Gruppe ... gelang es 1908 den Rücktritt der [absolutistischen; BG] Regierung des Sultans und die Wiedereinsetzung der Verfassung von 1876 zu erzwingen ('Jungtürkische Revolution'). Eine 1909 von Abdülhamit II. initiierte [und von sunnitischen Islamisten unterstützte; BG] Gegenrevolution scheiterte, worauf die 'Jungtürken' Sultan Abdülhamit II. absetzten und Mehmet V. Resat (1909-1918) zum Sultan ernennen ließen. Die Reformen wurden wieder aufgenommen. Vor allem das Militär-, Verwaltungs- und das Schulsystem wurden [graduell; BG] nach europäischen Vorbildern umgestaltet." (Dreßler 1998: 316f.; vgl. Karpat 1966: 13ff.) Auch wenn Mehmet V. formal die Spitze der Elite des Reiches bildete, war die eigentliche Macht in der Regierung des Komitees für Union und Fortschritt enthalten, deren Kern das Triumvirat um Verteidigungsminister Enver Pascha, Flotten- und Polizeiminister Cemal Pascha und Innenminister Talat Pascha bildeten (vgl. McCarthy 1998: 322). Sie ersetzten den bisherigen sunnitischen *Scheichülislam* durch einen Bektaschiten

---

[113] Diese auch mit ausländischer Unterstützung durch Übergriffe von erstarkten separatistischen Gruppen erlittenen Opfererfahrungen prägten entsprechend auch das kollektive Gedächtnis der muslimischen Türken und deren Furcht vor Emanzipations-, Separatismus- und Autonomiebewegungen von weiteren Kollektiven in der Republik Türkei (vgl. Akcam 1994: 56; Bora 1995: 136). Das prägte auch die Rezeption alevitischer und kurdisch-mikronationalistischer Bewegungen im türkisch-nationalreligiösen Diskurs, bei dem diese auch zur Remobilisierung von rechten Deutungsmustern beigetragen haben.

(vgl. Sener 1994: 30). Unter der Herrschaft der Unionisten wurden eine Vielzahl (sunnitisch-) islamisch-religiöser Parteien, Vereine und Organisationen verboten (vgl. Karpat 1966: 17), neue mit den Schariatribunalen koexistierende weltliche Gerichtshöfe geöffnet, Vermögen islamischer Stiftungen staatlich kontrolliert und damit die sunnitisch-islamische Religion zugunsten von Staat und Gesellschaft graduell eingeschränkt (vgl. McCarthy 1998: 324), nicht nur um die religiöse Machtelite zu bekämpften, sondern auch die Kerngesellschaft zu verändern.

5.1.3. Zur Beziehung zwischen Bektaschiten und Unionisten

Innerhalb der Führungskader und Gefolgschaft des Komitees für Einheit und Fortschritt waren die sich in ihren Lehren und Riten dem Alevitentum weitgehend ähnelnden (vgl. Birge 1937: 16) und 1826 nach der Beseitigung der Janitscharen verrandeten Bektaschiten überrepräsentiert (vgl. Öz 1997: 35) oder zumindest häufig anzutreffen (vgl. Sener 1994: 34). Ein Grund dafür kann eine zufällige Übereinstimmung von deren oft balkanischer Herkunft mit dem in Südosteuropa aufgrund vieler entsprechender Orden und Kloster vertretenem Bektaschitentum sein. Dabei sind viele Balkanstämmige unter ihnen sowohl wegen den Besuch in westlichen Schulen oder wegen den von ihnen an Ort und Stelle gut beobachtbaren für das Reich gefährlichen Aktivitäten serbischer, bulgarischer und griechischer National- und Guerillabewegungen zu den Jungtürken gegangen. Doch es gibt auch eine weitere (alternative) Erklärungsmöglichkeit: Die Bektaschiten haben die gemäßigt-säkularistische und innovative Jungtürkenbewegung gerade zur Beendigung ihrer jahrzehntelangen, sunnitisch-islamisch legitimierten Verrandung unterstützt (vgl. Öz 1997: 13ff.). Das jungtürkische Verbot religiös-sunnitischer Parteien und Verbände, die Ersetzung des sunnitischen *Scheichülislams* durch einen Bektaschiten, die Einführung der den sunnitisch-islamischen Lehranstalten, Gesetzen und Gerichten gleichgestellten weltlichen Rechtsnormen und Instanzen und die Propagierung eines türkischen Nationalismus könnten sunnitische Bezugs- und Diskriminierungsmerkmale abgeschwächt und zur graduellen symbolischen Inklusion der (städtischen) Bektaschiten (aber auch ländlicher Aleviten) geführt haben. Diese Vermutung kann sich durch den Besuch des Bektaschiten- und Alevitenführers *Celebi* Cemalettin Efendi bei dem von den Jungtürken eingesetzten Sultankalifen Mehmet V. und durch die Partizipation vieler Bektaschiten in staatlichen Gremien gestützt werden: Innenminister Talat Pascha, *Scheichülislam* Musa Kazim Efendi, der Präsident des Nationalen Geheimdienstes *Teskilat-i Mahsusa* Oberst Hüsamettin (Ertürk) waren Bektaschiten. Der Besuch von Talat und Enver Pascha beim *Celebi* in Hacibektas kann die

Aufwertungshypothese des Bektaschitentums zur Zeit der Jungtürken unterstützen (vgl. Sener 1994: 149).

5.1.4. Über den Beitrag von Aleviten und Bektaschiten im Ersten Weltkrieg

Im Ersten Weltkrieg bzw. im internationalen Krieg der Eliten verschiedener Staaten um Ressourcen wurde an der osmanischen Ostfront ein freiwilliges aus Aleviten und Bektaschiten bestehendes "Bektaschitisches Mudschaheddin-Regiment" (*Bektasi Müchahidin Alayi*) unter dem *Celebi* Cemalettin Efendi gegründet (vgl. Sener 1994: 57f.; Sener 1995: 149). Aleviten und Bektaschiten kämpften auf Seiten des unionistisch geführten Osmanischen Reiches gegen die von den Alliierten unterstützten armenischen Milizen. Dafür gab es zwei Gründe: Erstens, die reaktive Verhaltensweise auf ihre graduelle Entdiskriminierung und auf ihre Regierungsbeteiligung bei der Jungtürkenherrschaft und zweitens, die für alle osmanischen (sunnitischen und alevitischen) Muslime bestehende gemeinsame äußere russische und armenische Bedrohung. Nach dem Vorbild des "Mudschaheddin-Regiments" wurden 1916 in Ostanatolien, v.a. in Erzincan, Tercan, Varto, Hinis, Dersim (Tunceli) von alevitischen Kurden- und Zazastämmen proosmanische Clanmilizen zur Verteidigung des Gebiets und der gesamtmuslimischen Bevölkerung gegen Russen und Armenier[114] gegründet (vgl. Öz 1997: 39; Sener 1994: 58f.; Balaban 2001[115]).

---

[114] Es können zu den konfliktreichen muslimisch-armenischen Beziehungen von 1914 bis 1921 zwischen Ostanatolien und Südkaukasus (Armenien, Aserbaidschan), deren genauere Erläuterung aus sowohl themenspezifischen als auch darstellungsökonomischen Gründen den Rahmen dieser Arbeit sprengen würde, beispielsweise folgende Quellen angegeben werden (vgl. McCarthy 1995: 179-253; McCarthy 1998: 363-366, 379-381; Feigl 1995: 171-180; Shaw/Shaw 1977: 314-317; Faroqhi 2000: 98-101; Öke 2000; vgl. zum armenischen Standpunkt Akcam 1994; Hovannissian 1969; Matuz 1985: 264-265; Macfie 1998: 131-135): Während beispielsweise Hovannissian und Akcam einen systematisch angelegten, wohl beabsichtigten, einseitigen türkischen Völkermord an den Armeniern in 1915 ausmachen wollen, betont McCarthy, der deren These entschieden widerspricht, vielmehr die Existenz eines seit dem Beginn des Ersten Weltkriegs bis 1921 stattfindenden, bis zu den Dimensionen des *wechselseitigen Abschlachtens* reichenden interethnischen Bürgerkriegs ["intercommunal war between Armenians and Muslims" (McCarthy 1995: 179)] zwischen Muslimen (Kurden, Türken, Aseris) und Armeniern in Ostanatolien, Armenien und Aserbaidschan. Angriffe osmanisch-armenischer, prorussischer Milizen und Verbände auf überwiegend von Muslimen bewohnte Dörfer und Städte sowie auf osmanische Sicherheitskräfte auf der osmanischen Seite der russisch-türkischen Ostfront im Ersten Weltkrieg führten zum Bürgerkrieg in der Osttürkei: "The events in Van were typical of the beginning of civil war in the east. In the beginning of the revolt Armenian bands attacked Muslim villages, most of them ethnically Kurdish, and slaughtered the inhabitants. After the Armenians seized Van, few Muslims were left alive in the city or surrounding villages. Those who could not escape were killed. Kurdish tribesmen responded by killing any Armenians who fell into their hands. The Armenian rebellion quickly became a war of extermination. If you were caught by the other side, you were killed. Neither side spared women or children. In such a war everyone was forced to take sides; the alternative would have been to die without the chance to defend yourself." (McCarthy 1998: 364-365) Die Ketten von gegenseitigen Racheattacken und Vertreibungen zwischen Moslems und Armeniern weiteten sich mit kurzen Unterbrechungen von der Osttürkei bis in den zeitweise jeweils von Muslimen, Russen/Armeniern kontrollierten Südkaukasus aus und endeten 1920/1921 im

5.1.5. Skizzenhafte einführende Vorgeschichte über den Türkischen Unabhängigkeitskrieg

Mit der Niederlage im Ersten Weltkrieg endete auch faktisch die souveräne Herrschaft des Osmanischen Reiches. Die Unionisten hatten sich selbst aufgelöst, und Angehörige des Triumvirates waren ins Ausland geflohen (vgl. Sener 1995: 47; Öz 1997: 35). Zwischen 1918-1922 waren 12 mit ihnen kooperierende osmanische Regierungen von der Partei für Freiheit und Solidarität (*Hürriyet ve Ihtilaf Firkasi*) unter der Führung von Damat Ferit Pascha in unter alliierter Besatzung stehenden Istanbul gestellt wurden (vgl. Sarihan 2000: 23). Diese Partei wurde von einem großen Teil der sunnitischen Moslems und Angehörigen des sunnitischen Nakschibendi-Ordens unterstützt (vgl. Öz 1997: 79).

Nicht nur alle nicht türkischsprachigen Gebiete wurden bei dem von den Alliierten bestimmten Waffenstillstandsabkommen von Mundros (1918) abgetreten, sondern die Existenz des türkischdominierten Restgebiets in Anatolien und Ostthrakien wurde auch in Frage gestellt: "Gleichzeitig wurde der Rumpfstaat durch Separatismusbewegungen ... (Armenier, Griechen, Kurden) geschwächt." (Dreßler 1999: 29)

Die alliierte Besatzung und territoriale Zerstückelung des Reiches nach dem Kriege mit der gleichzeitigen Kooperation des Sultans bzw. *Kalifen* mit dem Westen bei gleichbleibender Aufrechterhaltung dessen Herrschaft und seines sunnitisch- islamischen Werte- und Normensystems im verbliebenen mittelanatolischen Rumpfstaat führte zum von Mustafa Kemal (später Atatürk) geführten Türkischen Unabhängigkeitskrieg. Mustafa Kemal organisierte ab 1919 als Reaktion auf die Gefahr durch den kurdischen Separatismus und auf die neugegründeten Staaten Armenien in Ostanatolien und Griechisch-Pontos in den Gebieten um Trabzon, auf die alliierte Besatzung von Istanbul, der Gebiete von Antalya und Konya durch Italien, des

Türkischen Unabhängigkeitskrieg (vgl. McCarthy 1998: 365-366; 379-381; McCarthy 1995: 179-230). Im Rahmen des Ersten Welt- und für Osmanen gleichzeitig (z.B. an den Dardanellen) stattfindenden Fünffronten- sowie Bürgerkrieges reagierte die Osmanische Regierung laut McCarthy und Feigl 1915 auf die russische Besetzung von Van nach dem armenischen Angriff mit der sofortigen, überstürzt durchgeführten und schlecht organisierten Umsiedlung von Armeniern von der Ostfront nach Mesopotamien und Syrien. Diese Konvois *konnten* oder *sollten nicht ausreichend* vor Überfällen, (Rache-) Angriffen, Seuchen und Hungersnöten geschützt werden (vgl. McCarthy 1995: 193-196; Feigl 1995: 172-174; Akcam 1994: 111; Macfie 1998: 132). But "Muslims, both Turks and Kurds, were also forcibly exiled by Armenians." (McCarthy 1998: 365). Während armenophile Autoren von über 500.000 bis zu 2.500.000 (vgl. Macfie 1998: 132; Matuz 1985: 265, Fußnote 4; Feigl 1995: 172) und protürkische Quellen von 200.000 bis 300.000 toten Armeniern ausgehen (vgl. Matuz 1985: 265, Fußnote 4), sind laut McCarthy bei den gesamten armenisch-muslimischen Auseinandersetzungen zwischen 1914-1921 1.6 Millionen Muslime (1995: 229-230) und 600.000 Armenier umgekommen (vgl. Interview mit McCarthy in Hürriyet-Europaausgabe 24.03.2001, S. 11).

westanatolischen Gebiets um Izmir durch Griechenland und Kilikiens durch Frankreich die erfolgreich verlaufene bewaffnete Türkische Nationalbewegung (vgl. Gronau 1994: 153ff.; von Kral 1937: 5f.; Lewis 1965: 237ff.; McCarthy 1998: 376f.; Rill 1987: 48ff.; Kongar 1986: 25f.; Atatürk 1991: 35ff.). Dazu wurde die Vereinigung zur Verteidigung der Rechte von Anatolien und Rumelien (*Anadolu ve Rumeli Müdafaa-i Hukuk Cemiyeti; ARMHC*) gegründet, die sich u.a. neben Bauern auch von ehemaligen hohen Offizieren und Soldaten der osmanischen Armee rekrutierte.

> Es wurden bei den von ihnen organisierten Kongressen von Erzurum und Sivas "die programmatischen Grundsätze der nationalen Widerstandsbewegung formuliert, wobei die Bekämpfung des Separatismus und die Forderung nach politischer und militärischer Souveränität für Anatolien und Ostthrakien an oberster Stelle standen. Diese existenziellen Ziele bildeten die gemeinsame Grundlage für die ansonsten heterogene, unterschiedliche Interessen vertretene Allianz der Widerstandsbewegung." (Dreßler 199: 30; vgl. Karpat 1966: 39f.; Gronau 1994: 163f.).

Die Träger der Nationalbewegung waren allerdings sehr verschieden:

> "Mustafa Kemal landed at the Black Sea port of Samsun on May 19, 1919. His job was at first more political than military. Local officials and military units had to be convinced first, that successful resistance was possible, that they should cooperate and accept a central authority. The latter was more difficult. Generals and officials, who were used to command, naturally each saw themselves as the proper commanders of the movement. Muslim religious leaders opposed the Greeks and Armenians, but also disliked 'Europeanized', secular, reforming politicians and military officers. Local leaders feared any centralized control. Ottoman governors were torn between duty to the sultan and to their people. Kemal met with all of them, travelled to their cities, camps, and strongholds, and somehow convinced them to unite on a common goal." (McCarthy 1998: 377)

Der gemeinsame Nenner, worauf sie sich auf den Kongressen einigten, war die Grundsatzerklärung des Nationalpaktes (*Misak-i Milli*), der als Gründungslegende der später kemalistisch definierten Kerngesellschaft der "westlich-zivilisierten Nation der Türken" dienen sollte: "Das Vaterland ist ein untrennbares Ganzes innerhalb der Grenzen des Nationalpaktes. Ein Mandat oder Protektorat wird niemals akzeptiert werden. Entweder Unabhängigkeit oder Tod." (Dreßler 1999: 55; vgl. Karpat 1969: 34f.)[116].

---

[115] Dies wird von Kazim Balaban, dem Vorsitzenden des Wiener Alevitenvereins und Nachfahren des damaligen Führers des Balabanstammes bestätigt (vgl. Balaban 2001).

[116] Der Aspekt der unteilbaren Einheit der Grundsatzerklärung und der Krieg gegen die Alliierten und Separatisten prägte auch das historische Bewußtsein und den nationalen Bezugsrahmen, Wahrnehmungs-, Deutungs-, Beurteilungs- und Verhaltensmuster der Türken dahingehend, daß alle separatistischen Bewegungen (z.B. PKK) mit kompromißloser Haltung begegnet werden (vgl. Dreßler 1999: 54). Ein weiterer Grund für anti-

Dieser Krieg war auch ein Bürgerkrieg zwischen den beiden türkischen Regierungen in Ankara und Istanbul (vgl. zu den Details Sarihan 2000). Die türkische Doppelregierung bestand zum einen aus der osmanischen Regierung des mit den Alliierten kooperierenden Sultankalifen mit Sitz im besetzten Istanbul und zum anderen von der zunächst international nicht anerkannten, von Parlamentspräsident Gazi Mustafa Kemal Pascha geführten Regierung der Großen Nationalversammlung der Türkei mit Sitz in Ankara. Der Kampf der letzteren richtete sich somit auch gegen sultans- bzw. kalifatstreue osmanische Truppen, die nun mit der internationalen Gemeinschaft der Alliierten zusammenarbeiteten.

Zuvor waren Mustafa Kemal Pascha und weitere führende Angehörige der Nationalbewegung von der mit den Alliierten kooperierenden und von Damat Ferit Pascha und vom neuen Sultan Mehmet VI. Vahdettin (1918-1922) repräsentierten osmanischen Regierung mittels eines vom *Scheichülislam* Dürrizade Abdullah erstellen und sich an alle (sunnitischen) Muslime richtenden Fatwa zum Töten freigegeben worden (vgl. Gronau 1994: 171; Karpat 1966: 35): Deren "Tötung, und wenn es nötig ist, massenhafte Ermordung ... ist rechtmäßig und geboten." (Sarihan 2000: 22). Darüber hinaus wurde vom Osmanenreich und den Alliierten eine gegen die Widerstandsbewegung gerichtete Kalifatsarmee (*Hilafet Ordusu*) aufgebaut (vgl. Karpat 1966: 36). Aber "unter diesen Umständen konnte sich das sunnitisch-islamische Volk sich auf keinen Fall gegen seinen Sultan, seine Religion, gegen seinen *Kalifen* erheben. Das war eine Sünde. Dies war [nach ihrer Sicht; BG] das größte Verbrechen, das sie je begehen konnten." (Sener 1995: 147) Um dennoch die Wahrnehmungsweise, Deutungs- und Verhaltensweise der (sunnitischen) Muslime für die Résistance und gegen die erlassene proosmanische Fatwa auszubalancieren, wurde auch von der Nationalbewegung der sunnitische Islam als herrschender Bezugsrahmen instrumentalisiert und vom Mufti von Ankara und 152 weiteren *ülema* eine wirkungsvolle Konter-Fatwa zu ihren Gunsten erstellt (vgl. Karpat 1966: 36).

Dieser 'Krieg' um das Bewußtsein der sunnitischen Muslime mittels Fatwas ist ein weiterer Beleg für die Instrumentalisierung der herrschenden religiösen Deutungsmuster zur Kontrolle der Handlungen der Beherrschten im Interesse der definitionsmächtigen Eliten. Sowohl die osmanische als auch türkisch-nationale Eliten haben die Religion als institutionellen Bezugsrahmen für ihre Interessen nutzbar gemacht.

---

separatistische Haltungen der Türken sind die bereits erwähnten Opfererfahrungen muslimischer Türken nach geglückten Separatismusbewegungen (vgl. Akcam 1994: 56; Bora 1995: 136).

Die Kalifatsarmee hatte in den von der Widerstandsbewegung kontrollierten Gebieten in Yozgat, Zile und Yildizeli erfolglose sunnitisch-muslimische, religiös motivierte proosmanische Aufstände provoziert, wobei Aleviten auch mit Autonomieversprechungen kooptiert werden sollten (vgl. Öz 1997: 64-65).

5.1.6. Zum alevitischen und bektaschitischen Beitrag im Türkischen Unabhängigkeitskrieg

Am Anfang der Widerstandsbewegung warb Gazi Mustafa Kemal Pascha bereits nicht nur um südostanatolische Clans, sondern auch ausdrücklich um die Unterstützung der Aleviten und Bektaschiten zur Verbreitung der Basis zur einer *Winning Coalition*. Er wandte sich auf dem Weg zum Kongreß in Sivas persönlich an ihre religiösen Oberhäupter *Celebi* Cemalettin Efendi und *Dedebaba* Salih Niyazi, um sie und ihre Untertanen für die von ihm geführte Bewegung zu gewinnen. Atatürk nahm laut Öz bei einer Cem-Zeremonie der Bektaschiten teil und soll bei einem Initiationsritual in die Gemeinde aufgenommen worden sein (vgl. Öz 1997: 60)[117]. Nach einer geheimen Unterredung zwischen Mustafa Kemal und den beiden Würdeträgern sollen diese die Unterstützung ihrer Gemeinden Atatürk zugesichert haben (vgl. Sener 1994: 49f.; Öz 1997: 54ff.; Dreßler 1994: 94f.; Sener 1995: 149f.; Ulusoy 1989[118]: 99f.). Atatürk soll ihnen dabei seine Vorstellung von der Volkssouveränität der Türkischen Nation, die ihre Führer wählt, von der Gleichberechtigung von Mann und Frau, von der Abschaffung des Sultankalifats und der diskriminierenden Unterscheidung nach Religions-, Sekten-, Konfessions- und ethnischer Zugehörigkeit erläutert haben (vgl. vgl. Öz 1997: 61)[119]. Die Zusammenarbeit zwischen dem Gazi und den Aleviten-Bektaschiten kann demnach als eine "symbiotische Beziehung" (Dreßler 1999: 90) aufgefaßt werden, wonach Atatürk sie für das Gelingen des Befreiungskrieges und die Einrichtung der säkularen Türkei gebraucht hat, die im Gegenzug dazu ihrer religiösen Isolation entkommen konnten.

Vor allem Aleviten unterstützten die Widerstandsbewegung Atatürks als innovative Funktion für die Veränderung des bestehenden *Status quo* der Herrschaft des (nicht mehr jungtürkischen, wieder 'alten') Osmanischen Reiches, wobei einige Teile der sunnitischen Bevölkerung zu den osmanischen Kalifatsarmee und ihrem Sultankalifen hielten (vgl. Öz 1997: 34). Sieht

---

[117] Die Bektaschiten sind im Gegensatz zu den Aleviten eine Beitrittsgemeinschaft.

[118] Ulusoy war Nachfahre des *Celebi* von Hacibektas.

[119] Dies ist nicht ganz unumstritten. Einige Autoren gehen von einem Geschichtsmythos aus, wonach Aleviten als Atatürks Vertraute der ersten Stunde an gelten (vgl. Dreßler 1999: 95; Kehl-Bodrogi 1992: 4f.).

man von der Jungtürkenära und von der religiösen Unterweisung der Janitscharen durch den Bektaschi-Orden ab, waren die Aleviten (und nach 1826 auch Bektaschiten) im Osmanischen Reich über Jahrhunderte hinweg Verfolgung und Vernichtung ausgesetzt. Aber im Herrschaftsbereich der von Atatürk geführten Regierung der Großen Nationalversammlung der Türkei (*Türkiye Büyük Millet Meclisi, TBMM*) waren sie dagegen an der politischen und administrativen Elite beteiligt: Das religiöse Oberhaupt der Bektaschiten und Aleviten, *Celebi* Cemalettin Efendi und später dessen Sohn Veliyettin *Celebi* (Ulusoy), waren jeweils Vize-Präsident des türkischen Parlaments und damit Atatürks Stellvertreter. Zum ersten Mal waren auch ranghohe Alevitenführer in einer türkischen Nationalversammlung vertreten (vgl. Sener 1994: 71f.). Diese Partizipation der Elite der konfessionellen Minderheit der Aleviten kann die These ihrer graduellen Emanzipation innerhalb der Nationalbewegung stützen.

Die Widerstandsbewegung griff bei ihrer Organisierung auch auf bisher bestehende Netzwerkstrukturen der auch von (oft Balkanstämmigen und) Aleviten-Bektaschiten unterstützten Unionisten zurück: Die in Istanbul im Untergrund arbeitende, nachrichtendienstliche Tätigkeiten für die Widerstandsbewegung leistende, zu ihr nach Anatolien Humanressourcen und Waffen schmuggelnde *'Mim-Mim-Gruppe'*[120] bestand größtenteils aus Aleviten und Bektaschiten (vgl. Sener 1994: 47; Öz 1997: 35). Das Amt des Präsidiums des Atatürk treuen türkischen Geheimdienstes wurde von einem Bektaschiten besetzt (vgl. Sener 1994: 74).

Darüber hinaus wurden die 14 geheimen und von den Osmanen zuvor geschlossenen Bektaschitenkonvente in Istanbul auch zur Beschaffung von finanziellen und Humanressourcen sowie Waffen für die Nationalbewegung benutzt. Führende Persönlichkeiten des Unabhängigkeitskrieges und der Republik wurden so nach Ankara geschleust, wozu der spätere zweite Präsident Ismet Inönü und der Oberkommandierende der Streitkräfte Marschall Fevzi Cakmak zählen (vgl. Öz 1997: 36f.; Sener 1994: 48).

Im Ostanatolien wurden neben sunnitischen auch wieder alevitische Kurden- und Zaza-Clanmilizen gegen armenische Verbände eingesetzt (vgl. Sener 1994: 58).

Nach dem Erfolg des Türkischen Unabhängigkeitskrieges und dem Sieg über die Alliierten (1922) rief 1923 *Celebi* Veliyettin als religiöse Autorität über das alevitische-bektaschitische Gewissen bei den zweiten Wahlen seine Gemeinde dazu auf, ihre Stimme Gazi Mustafa Kemal Pascha zu geben:

---

[120] Vergleiche zur 'Mim-Mim-' bzw. 'M-M-Gruppe' (*Milli Mücadele Grubu*, Gruppe für den Nationalen Kampf) die Ausführungen von Salisik 1999.

> "Es ist unsere religiöse Pflicht, jeden Wunsch ... Gazi Paschas in bezug auf Fortschritt und Aufschwung der Heimat zu verwirklichen ... [Er ist es, der; BG] unser Volk retten und unser Glück sichern wird. Diejenigen, die das leugnen, haben mit uns auf keinen Fall zu tun. Allen Angehörigen unseres ... Weges kann ich mit äußerstem Nachdruck raten, keine Kandidaten außer derjenigen, die von ... Seiner Heiligkeit empfohlen wurden, zu wählen, und die Rettung unseres Vaterlandes wird auf diese Weise möglich sein. Diejenigen, die sich nicht daran halten, gehören nicht zu uns ... ich möchte zum wiederholten Male erklären, daß der einzige, der dieses Volk retten wird, Gazi Mustafa Kemal Pascha ist." (Sener 1995: 150; Sapolyo 1964: 284-285).

Dies ist ein weiteres Beispiel dafür, daß eine religiöse Autorität einer Glaubensgemeinschaft Definitionsmacht über die Botschaft Gottes besitzt, die Wahrnehmungs- Deutungs- und damit auch Verhaltensweise ihrer Angehörigen kontrollieren und je nach Interesse sozial wirksam als konform oder deviant etikettieren kann. Das abweichende Verhalten der Angehörigen ist somit nicht gegeben, sondern entsteht durch die Untreue gegenüber Atatürk. Das Verhalten, nicht für Atatürk zu sein, wird als unalevitisch-unbektaschitisches Verhalten definiert und negativ beurteilt[121].

5.2. Zur Lage der Aleviten in der kemalistischen Republik (1923-1946)

Nach der Niederlage der Griechen und der Räumung Anatoliens und Ostthrakiens durch die Westmächte erreichte die inzwischen alleinregierende Regierung der Großen Nationalversammlung der Türkei unter dem Vorsitz Gazi Mustafa Kemal Paschas in Lausanne die Revision des Vertrags von Sevrès, in dem der Türkei die völlige Souveränität zugesichert wurde (vgl. Kayra 1998). Das Sultanat (als Staatsform der rivalisierenden osmanischen Elite) wurde 1922 abgeschafft und 1923 die Republik mit Mustafa Kemal als Präsident ausgerufen. Die von Atatürk durchgeführten Maßnahmen zur umfassenden Modernisierung von Staat und Gesellschaft (vgl. Kongar 1998: 75ff.; Kayra 1998) und zur Durchsetzung des kemalistischen Werte- und Normensystems haben durch Ersetzung der Fünf Säulen des Islam durch die "Sechs Pfeile" Atatürks zur zumindest graduellen Emanzipation der Aleviten und Bektaschiten in der Türkei geführt.

[121] Die Frage ist nicht, ob es wirklich unalevitisch gewesen wäre, nicht Gazi Mustafa Kemals zu unterstützen. Das ist nicht das Thema. Es sollte nur auf die Benutzung der Religion an sich Normen für politische Zwecke in einer Gesellschaft mit herrschenden religiösen Werten und Bezug genommen werden.

5.2.1. Zu den kemalistischen "Sechs Pfeilen" als Werte- und Normensystem

Bevor auf das kemalistische Werte- und Normensystem eingegangen werden soll, wird zunächst auf die Trägerschichten der kemalistischen Herrschaft und die Entstehungsgründe des Kemalismus Bezug genommen.

a) Die Trägerschichten des Kemalismus

Nach der Gründung der Republik wurde die bisherige Elite, die politische osmanische Führungsriege der Dynastie und die wirtschaftliche Führung des osmanisch-christlichen Bürgertums, durch die republikanische Machtelite ersetzt. Diese errichtete eine Einparteienherrschaft mit der dazugehörigen Staatsideologie zur Verwestlichung und Säkularisierung der Gesellschaft der Türkei. Die neue Machtelite setzte sich selber aus verschiedenen koalierenden Fraktionen mit zum Teil eigenen Interessen zusammen: Teile der Geistlichkeit[122], Kaufleute (aus Großstädten), feudale Landlords (vor allem aus Ostanatolien)[123], die neue Bildungselite (Journalisten[124], Rechtsanwälte[125], Bürokraten und hohe Offiziere[126]) zählten dazu (vgl. Cem 1986: 299ff.; Kongar 1998: 122f.; Lewis 1965: 456).

In der Herrschaftszeit des Kemalismus kam es Kopplung der politischen mit der sozioökonomischen Elite. Es kam zur Entstehung einer "glücklichen Minderheit der Republik" (Cem 1986: 289), die sich mit der politischen Elite mehr oder minder deckte. Dies läßt den Verdacht

---

[122] Diese religiösen Autoritäten der islamischen Glaubensgemeinschaften, die die Hoheit über das Gewissen der Gläubigen besaßen und deshalb zur Mobilisierung der Massen für den Unabhängigkeitskrieg eingesetzt wurden, hatten eher an einer religiösen Ausrichtung der Türkei Interesse, um auch ihre Macht bewahren zu können. Sie wurden aber durch die Säkularisierung ersetzt.

[123] Teile der Honoratioren, Notabeln, Kaufleute und (feudale und südostanatolische) Landlords: Das waren Personenkreise, die die Kemalisten in ihren Reformen so lange unterstützten, so lange auch im Gegenzug dazu ihre Interessen an Kapital und Boden nicht verletzt wurden.

[124] Seit dem Beginn der Alphabetisierung in der *Tanzimat*-Zeit war auch eine kleine Schicht von professionellen Journalisten entstanden.

[125] Die gegen Ende des Reiches durch die Jungtürken durchgeführte Etablierung von weltlichen Gerichten, die die Schariatribunale ergänzten, hatte einen Bedarf an weltlichen Rechtsanwälten entstehen lassen, deren Relevanz in einem säkularen Staat höher als in einem islamischen Gottesstaat war (vgl. Lewis 1965: 455). Sie hatten somit Interesse eher an einer weltlichen Ausrichtung der Gesellschaft.

[126] Im Gegensatz zu den *ülema* hatten sich die Bürokraten und Offiziere nach einem Transformationsprozeß verändert, was ihre Sozialisation und Ziele anbelangt. Jahrzehnte vor dem Kemalismus hatte das Osmanische Reich eine Strukturreform der Armee und der Verwaltung in Angriff genommen, um der europäischen Bedrohung wirksam begegnen zu können. Militärrekruten und Verwaltungsstudierende besuchten nun nicht mehr die islamischen Lehranstalten (*medrese*), sondern wissenschaftliche Schulen nach westlichen Vorbild (Sozialisationsinstanzen), wo sie auch entsprechende Wissensbestände, Wahrnehmungsweise und Deutungsmuster erworben hatten. Aus dieser Gruppe gingen die Träger der Jungtürken und Kemalisten hervor: "new schools and curricula ... had produced a new kind of officer and official – open to Western influences and ideas, aware of the diminished status of their country, and adding to their ancient loyalty a new, radical patriotism inspired

aufkommen, daß bei den *Decision-Making-* und Implementationsprozessen über die Ressourcenvergabe die neue Elite ihren Machtvorsprung zu ihren eigenen Gunsten ausgenutzt hat. Laut Cem kam es zu einer Pyramide der sozialen Ungleichheit (1986: 289) mit folgenden Gruppen als Elite: Istanbuler Kaufleute, Honoratioren und feudale Landlords Anatoliens, Offiziere aus der Zeit des Widerstandes, die sich mit dem 'Aufbau der Heimat' beschäftigten, Parlamentarier und hohe Bürokraten.

Aber es gab in der Türkei kaum eine marktwirtschaftliche Produktionsweise, weder ein türkisches Großbürgertum noch eine nennenswerte Arbeiterschicht sowie kein Nationalbewußtsein (vgl. Güvenc 1995: 229). Da es eben keine große kapitalistische Schicht gab, waren die Kemalisten zur Aufrechterhaltung ihrer Herrschaft und zur Durchsetzung der Strukturreformen unfreiwillig auch auf die (südostanatolischen und feudalen) Landlords (und gleichzeitige Clanchefs), anderer Honoratioren und Notabeln angewiesen (vgl. Kongar 1986: 43f.). Deren Interessen mußten sie bei Fragen über die Landreform auch berücksichtigen. Denn gerade sie waren es auch, die während des Unabhängigkeitskrieges finanzielle Mittel und ihre Einflußmöglichkeiten auf das von ihnen abhängige bäuerliche Volk zur Rekrutierung und Disziplinierung von Soldaten zur Verfügung gestellt hatten (vgl. Cem 1986: 299ff.). Sie waren als Macht- und Ordnungsfaktor auch für den Gehorsam 'ihrer' Bevölkerung gegenüber dem Staat verantwortlich. Als potentielle Rivalen der anderen Elitefraktionen und Vetomächte gegen die Defeudalisierung blockierten sie Land- und Bodenreformen zur Bauernbefreiung[127].

b) Entstehungsgründe für die für die kemalistischen Werte- und Normen der 'Sechs Pfeile'

Es wird zunächst davon ausgegangen, daß die Geschichte die Geschichte von 'Klassenkämpfen' zwischen Eliten und Beherrschten, zwischen Eliten innerhalb eines Staates und zwischen zwischenstaatlichen Eliten um knappe Ressourcen ist.

---

by European example." (Lewis 1965: 456) Sie waren eher für die Verwestlichung, d.h. Säkularisierung und Nationalisierung der Gesellschaft der Türkei.

[127] 1934 wurde ein entsprechendes Gesetzesentwurf zurückgewiesen, es wurde trotz Atatürks Eröffnungsrede vorm Parlament 1936 kein weiterer Entwurf vorgelegt. Die Bestimmung der Aufhebung aller Stammesprivilegien und zur Auflösung der Clans, zur Bodenreform durch Enteignung der (zum Teil außerparlamentarischen,) ostanatolischen feudalen Clanelite war eines der Hauptgründe für den Dersim-Aufstand (vgl. Davaz 1937). Die Regierung unter Premier Celal Bayar hatte zwar eine Bodenreform ins Programm aufgenommen. Aber ein Entwurf wurde erst 1945 in der Nationalversammlung besprochen, von Vertretern der Landlords heftig kritisiert, die dann aus der Staatspartei ausgetreten waren und die Demokratische Partei unter der Führung desselben Celal Bayar auch zur Verteidigung der Interessen der Großgrundbesitzer gegründet hatten (vgl. Mumcu 1994: 89; Kongar 1998: 145f.; Güvenc 1995: 233f.).

Die Türkei war wegen der fehlenden Binnenstrukturreform im Gegensatz zum Westen rückständig (Toprak 1981: 38), so daß sie sich gegen Einflüsse europäischer Eliten kaum behaupten konnte. "Es gibt zwei hervorstehende Muster, nach denen muslimische Staaten Modernisierung betreiben – *gegen* die Religion und *mit* ihr." (Gellner 1993: 137) Die Kemalisten sahen die "Hauptschuld aller bisherigen Niederlagen im Islam als einer hoffnungslos rückständigen Religion" (Spuler-Stegemann 1996: 234) und wählten den ersten Weg. Damit wollten sie "das gesamte Volk aus dem osmanischen Mittelalter in die europäische Modernität ... führen." (Steinbach 2000: 46) Sie sahen in der umfassenden Verwestlichung von Staat und Gesellschaft die notwendige Gegenmaßnahme zur religiös bedingten Rückständigkeit, um gleichberechtigt an der 'zeitgenössischen Zivilisation' teilzuhaben, d.h. Europa und die USA einzuholen, um nicht auf dem Status einer Halbkolonie zu bleiben (vgl. Kongar 1998: 123). Um aber an der 'zeitgenössischen Zivilisation' teilhaben zu können, mußte die Türkei eine Industrienation sein und folglich ein Bürgertum aufweisen, aber es gab keine nennenswerte bürgerliche Schicht (vgl. Güvenc 1993: 229). Dieser Umstand wurde vor allem von den dominierenden kemalistischen Bürokraten und Offizieren als ein Entwicklungsdefizit im Wettbewerb der internationalen Eliten und deren Herrschaftssysteme um Ressourcen betrachtet. Damit das Herrschaftssystem auch international zukunfts- und wettbewerbsfähig sein konnte, damit es sich nicht nur nach Innen absichern, sondern sich auch nach Außen gegen fremde Einflüsse behaupten konnte, mußte aus kemalistischer Sicht der "Nationalstaat und Verwestlichung [als Mittel; BG] gegen den Imperialismus" (Kongar 1998: 123) anvisiert werden: "the only means of survival for nations in the international struggle for existence lies in the acceptance of the contemporary Western civilisation." (Atatürk, zitiert von Macfie 1994: 138) Deshalb sollte zu diesem Zwecke die noch dünne Schicht des Bürgertums künstlich vom Staat durch Umwälzungen 'von oben' vergrößert werden: Es wird davon ausgegangen, "daß die kemalistische Revolution sich zum Ziel gesetzt hatte, das Projekt der bourgeoisen Zivilgesellschaft in der Türkei zu verwirklichen." (Perincek 1995a: 19). Diese kemalistischen Prinzipien "waren darauf abgestellt, die Ideologien und Gewohnheiten der vor- und antibürgerlichen Vergangenheit durch ein bürgerliches Werte- und Normensystem zu ersetzen und dessen Verbindlichkeit auch über die tradierten geschlechtsspezifischen Diskriminierungsbarrieren hinweg sicher zu stellen." (Steinhaus 1969: 123) Der Islam sowohl in ihrer dogmatischen Kanonisierung als orthodoxer Rechtsislam als auch als Volksislam in der Verehrung von Heiligen, magisch-mystischen Riten und der persönlichen Abhängigkeit von Sektenangehörigen vom religiösen Führer (*Scheich*,

Dede) mußte aus kemalistischer Sicht zurückgedrängt werden. Auch hier gilt der Satz, daß die neuen herrschenden Eliten der bisherigen alten Kulturen, Lebensweisen und Traditionen den Krieg erklären, die mit dem neuen Herrschaftssystem nicht vereinbar sind (vgl. Perincek 1991: 75).

> "Surviving in the world of modern civilisation depends upon changing ourselves. This is the sole law of any progress in the social, economic and scientific spheres of life in accordance with the times is an absolute necessity. In an age when inventions and wonders of science are bringing change after change in the conditions of life, nations cannot maintain their existence by age-old rotten mentalities and by tradition-worshipping ... Superstitious and nonsense have to be thrown out of our heads." (Atatürk, zitiert von Macfie 1994: 138)

Die herrschende Norm des kemalistischen Säkularismus sollte m.E. zur Deislamisierung der Gesellschaft zur langfristigen Zukunftsfähigkeit der Gesellschaft und des Herrschaftssystems der Türkei führen[128]. Der Säkularismus sollte folgende Funktionen haben: "to help create a modern national state without the bias of religion; to liberate the society from the hold of Islam; and to bring about a new type of a free individual. It was a rationalist, scientific minded, anti-traditionalist, and anti-clericalist secularism." (Karpat 1966: 271)

Der kemalistische Prinzip des Nationalismus als herrschende Norm hatte viele Funktionen zu erfüllen:

- Loyalität durch Herrschaftslegitimation

Der Kemalismus legitimierte die Herrschaft der Kemalisten durch deren Darstellung als Instrumente für die von ihnen dirigierte und gerechtfertigte Mission zur Verwestlichung der Türken. It was an ideology, "that would give political legitimacy to the ... regime and its goals, ... state authority over both individual members of the society and ethnic, religious, or other groupings,... a national identity that would function as an agent of social mobilization." (Toprak 1981: 38)

[128] Wenn man die zum Teil von Atatürk mitverfassten kemalistischen Geschichtsbücher als kemalistische Betrachtungsweise interpretiert, so ist der Islam aus kemalistischer Sicht eine anfänglich den Türken von außen, von Arabern, gewaltsam aufgezwungene und von Mohammed gestiftete arabische Religion (vgl. Perincek 1995b: 49f., 57f.). Demnach sind die Suren des Koran nicht 'vom Himmel herabgestiegen', sondern als Schöpfungen Mohammeds zu bewerten. Dieser hat koranische Verse nach "Bedarf und Notwendigkeiten" (Atatürk 1997: 163) verkündet (vgl. Perincek 1995b: 49f., 77f.; Atatürk 1997: 153ff.). Der von Atatürk persönlich verfaßte Abschnitt in einem Schulbuch über die Entstehung der Ägyptischen Religion als Folge politischer Ursachen läßt zumindest eine fehlende Religiosität vermuten: "Es ist das Resultat der Politik, Unschuldige und ungebildete Menschen hunderte Götter anbeten zu lassen oder diese Gottheiten in bestimmte Gruppen zusammenzufassen und schließlich einen einzigen Gott akzeptieren zu lassen." (Atatürk 1995: 125; Türk Tarihi Tetkik Cemiyeti 1996: 189; Perincek 1995b: 21).

■ Herstellung transethnischer Binnenintegration der Bevölkerung der Türkei

Dadurch sollte die nationale Einheit, Sicherheit des Staates (sowie auch des geltenden Rechts und der Ordnung der Herrschenden) und aber auch die der beherrschten Türken vor den als abweichend bezeichneten separatistischen Bewegungen gewährleistet werden.

■ Beitrag zur Entstehung eines Bürgertums

Der Nationalismus sollte "uniform durchgestaltete Ordnungen durchsetzen" (Soeffner 1997: 344) und loyale und kompetente Mitglieder der kapitalistischen Industriegesellschaft als die damals fortschrittlichste Produktionsweise der Herrschaftssysteme durch eine national einheitliche Erziehung hervorbringen, die bei ihrer Arbeit nicht durch Sonderloyalitäten gegenüber alternativen sozialen Milieus, Lebenswelten, Untergruppen wie Sekten, Orden, Clans oder Ethnien belastet werden sollte (vgl. Gellner 1991: 99). Die Beseitigung von Partikularismen durch eine standardisierte, vereinheitlichte Schriftsprache, Wissensbestand und Wahrnehmungsweise, Deutungs- und Beurteilungsmuster stiften nicht nur Gefühle der Verbundenheit, sondern erleichtern auch durch eine gemeinsame Situationsdefinition und zustandegekommene Kommunikation Marktaustauschbeziehungen[129]. Während es im Feudalismus "lateral voneinander isolierte [lokale; BG] Gemeinschaften landwirtschaftlicher Produzenten" (Gellner 1991: 20) mit unterschiedlichen Sprachen, Dialekten, Traditionen, Kleidung, Werten und Normen gab, deren Zugehörigkeitsgefühl über Religion, Stammeszugehörigkeit, Clan, Ethnie, durch das Dorf und Tal bestimmt wurde, war ein anderer Menschentypus für eine bürgerliche Industriegesellschaft notwendig. Diesen Bedarf an einem neuen Menschentypus konnte der Nationalismus als Bewegung zur Erschaffung der Nation befriedigen.

> Denn mit der anzustrebenden "Industriegesellschaft ist eine Gesellschaft [gemeint; BG], die sich auf eine hochentwickelte Technologie und die Erwartung anhaltenden Wachstums gründet, die sowohl eine mobile Arbeitsteilung als auch eine ständige häufige und präzise Kommunikation zwischen Fremden erfordert; dazu gehört die allgemeine Vorherrschaft expliziter Begriffe, die in einem Standardidiom und, wenn erforderlich, schriftlich übermittelt werden ... Das Niveau der Schriftkunde und technischer Kompetenz – vermittelt in einem standardisierten Medium, einer gemeinsamen begrifflichen Währung, die den Mitgliedern dieser Gesellschaft abverlangt wird ... ist so hoch, daß es von Verwandtschafts- oder lokalen Einheiten *gar nicht vermittelt werden kann.* Diese Vermittlung kann nur ein Gebilde leisten, das einem modernen >>nationalen<< Erziehungssystem entspricht, einer Art Pyramide: An der Basis liegen die

[129] Das senkt Transaktionskosten (vgl. Williamson 1985) durch gesunkene Kommunikations- und Verhandlungskosten vor Abschluß von Verträgen, und durch die Bereitstellung eines rechtlichen Rahmens und staatliche Gewährleistung von Rechtssicherheit werden Kontrollkosten für die Vertragsteilnehmer nach Abschluß der Verträge gesenkt. Die Erleichterung der Marktaustauschbeziehungen kann m.E. zur Entstehung eines Bürgertums beitragen, was von den Kemalisten ja angestrebt worden ist.

> Grundschulen mit Lehrern, die von höheren Schulen ausgebildet wurden; diese sind mit Lehrern besetzt, die an Universitäten ausgebildet wurden, die ihrerseits von den Produkten der Elite-Schulen geführt werden." (Gellner 1991: 57)

Die dafür nötige Infrastruktur kann ein zentralistischer Einheitsstaat zur Verfügung stellen, weil eine jeweils feudale lokal gebundene Kultur oder Stamm dafür nicht mehr ausreicht (vgl. Gellner 1991: 61). Schulen als Erziehungsinstanzen vermitteln dann eine einheitliche nationale standardisierte uniforme Schriftsprache und ein hohes Niveau rechnerischer und technischer Fertigkeiten, allgemeiner Grundausbildung in die Kompetenz der Mitglieder dieser anzustrebenden Gesellschaft zu steigen. Diese müssen fähig sein, mit Fremden mittels geschriebener und kontextfreier Hochsprache zu kommunizieren (vgl. Gellner 1991: 58).

- Gewährleistung der Souveränität in den Internationalen Beziehungen

Das angestrebte nationale Bürgertum sollte allein ohne Einmischung ausländischer Eliten über die Ressourcen in der Türkei frei verfügen können (vgl. Perincek 1999a: 21) und ausländische Führungsriegen durch Bewahrung der Unabhängigkeit ferngehalten und so auch der Fortbestand des türkischen Herrschaftsgefüges im internationalem Wettbewerb gewährleistet werden.

Der Glaube der zu Beherrschenden an die Legitimität kemalistischer Herrschaft wurde nicht nur durch die weiter unten zu behandelnde kemalistische Ideologie der "Sechs Pfeile" gewährleistet. Die kemalistische Herrschaft war wenigstens zu Lebzeiten Atatürks (1881-1938) eine "Mischform zwischen dem Typus der 'legalen' und dem der 'charismatischen' Herrschaft anzusehen." (Dreßler 1999: 37)[130]

---

[130] Atatürk hatte schon bei der erfolgreichen von ihm geführten Verteidigung der Dardanellen 1915 die Basis für sein Charisma gelegt (vgl. Fenske 1991: 826). Der türkische Sieg des von ihm geleiteten Unabhängigkeitskrieges als bestandene weitere Bewährungsprobe für seine 'außeralltäglichen Fähigkeiten' bestätigte ihn als "Sieger des Befreiungskampfes" (Spuler-Stegemann 1996: 234) trotz Aufständen, Gegenputschversuchen, Intrigen etc.

Darüber hinaus galt die Herrschaft der gesatzten Ordnung der Verfassung. Da aber die Verfassung im Sinne der mehrheitlich ihm gegenüber treuen Abgeordneten formal gesatzt worden war, und da diese den Staatspräsidenten (in diesem Falle ihn) mit außerordentlicher Machtfülle ausstattete (vgl. zu den juristischen und politologischen Details Yalcin 1987: 24ff.), war gleichzeitig der Gehorsam gegenüber der Verfassung und dem sich auch dem Grundgesetz fügenden Vorgesetzten gleichzeitig die gebotene Loyalität gegenüber Atatürk und seinen Gesetzen.

In der Einkammer-Nationalversammlung mit einer regierenden Staatspartei (mit der anfänglichen Nichtexistenz der Gewaltenteilung) gab es kaum Schwierigkeiten bei der Entscheidungsfindung und –durchsetzung, wohingegen am Anfang der Herrschaft vor der Zerschlagung der osmanischen Elite bestehende parlamentarische Widerstände auch durch indirekte Androhung von Sanktionen beseitigt werden mußten. Ein Beispiel dafür war die parlamentarische Beratung über die von den Kemalisten beschlossene Abschaffung des Sultanats (und damit der Dynastie als Machtrivalen): "'If those gathered here, the Assembly, and every else could look at

c) Über die "Sechs Pfeile"[131] (*Altiok*) als kemalistische Staatsideologie und Werte- und Normensystem

Die "Sechs Pfeile" haben als ausgefeilte Ideologie vor 1931 noch nicht existiert, sondern haben sich explizit sich nach und nach mit den jeweiligen Reformen Atatürks herausgebildet und fanden erst später dann Einzug in das Parteiprogramm der alleinregierenden Republikanischen Volkspartei (*Cumhuriyet Halk Partisi, CHP*) ein (vgl. Macfie 1994: 151; Zürcher 1993: 189; Kongar 1998: 105). Das heißt, in der frühen Phase der kemalistischen Republik, in der beispielsweise die Existenz der Kurden noch nicht geleugnet wurde oder noch nicht alle säkulare Reformen eingeführt wurden, haben sie nicht als explizit herrschendes Werte- und Normensystem existiert. Zu den Sechs Pfeilen gehören der Etatismus (*Devletcilik*)[132], Revolutionismus (*Inkilapcilik/Devrimcilik*)[133], Republikanismus (*Cumhuriyetcilik*)[134], Populismus (*Halkcilik*)[135], Nationalismus (*Ulusculuk*) und Säkularismus (*Laiklik*).

---

this question in a natural way, I think they would agree. Even if they do not, the truth will still find expression, but some heads may roll in the process.' Having said this, I went on to give a lengthy explanation. Thereupon one of the deputies of Ankara, Hoca Mustafa Efendi, said: 'I beg your pardon, sir, we were looking at the matter from another point of view. We have been enlightened by your explanations.'" (Atatürk, zitiert von Lewis 1965: 253)

[131] Atatürks Prinzipien der Sechs Pfeile gehen auch auf den Einfluß des türkischen Philosophen und von Durkheim beeinflussten Soziologen Ziya Gökalp zurück (vgl. Gökalp 1959, 1968, 1994; Parla 1993; Dreßler 1999: 35; Türkdogan 1999: 78ff.; Kongar 1998: 117f.).

[132] Der zentralistische Einheitsstaat soll in vielen Bereichen, besonders in der Wirtschaft, zum 'Allgemeinwohl' (der Gemeinschaft) eingreifen, wenn private Initiativen nicht ausreichen (vgl. Parla 1995: 36, 44; Perincek 1999a: 45).

[133] Dieses Prinzip steht für das beständige Verfolgen und Verteidigen des angestoßenen Umbruchvorgangs (vgl. Parla 1995: 36, 39, 45f.).

[134] Auf der Grundlage der Volkssouveränität wird nach diesem Prinzip das Sultanat und Sultankalifat abgelehnt und die Republik als Staatsform angestrebt (vgl. Parla 1995: 35, 37, 40). Die Ausschaltung der osmanischen Dynastie als Machtelite wird dadurch legitimiert. Die Entmachtung des sunnitischen-osmanischen Sultankalifen für Aleviten als Symbol jahrhundertelanger Unterdrückung, Verfolgung und Vernichtung wurde bei Angehörigen dieser Glaubensgemeinschaft als Zeichen für die Beendigung der Verrandung wahrgenommen, worauf weiter unten eingegangen wird.

[135] Dieses Prinzip basiert auf der normativen Vorstellung der Volkssouveränität und betrachtet die Bevölkerung "als klassenloses Ganzes, in dem es weder für bestimmte Gruppen noch für Individuen irgendwelche Privilegien gibt." (Dreßler 1999: 59) Die Gesellschaft ist nach dem Prinzip der funktionalen Arbeitsteilung in voneinander abhängige in wechselseitiger Solidarität zueinander stehende berufliche Teilbereiche eingeteilt, deren Interessen vom Staat und von der Einheitspartei in 'solidarischen' Einklang gebracht werden sollen. Staatsbürger und Staat stehen in einem wechselseitigen Verhältnis von Rechten und Pflichten zueinander (vgl. Parla 1995: 38, 46; Perincek 1999a: 39f.; Türkdogan1999: 177f.). Die Bildung eines national orientierten türkischen Bürgertums war aus kemalistischer Perspektive zur Industrialisierung des Landes durch die Reinvestierung des durch Profite von der Ausbeutung von Arbeitnehmen entstandenen Kapitals in die Industrie notwendig. Dieses Prinzip dient damit zur Gewährleistung des sozialen Friedens bei gleichzeitiger Ausbeutung der Arbeiterschicht zum Zwecke der Bildung eines nationalen Bürgertums (vgl. Perincek 1991: 152; Parla 1995: 41f.): "In this task, the whole nation would have to work together." (Lewis 1965: 466)

■ Nationalismus (*Ulusculuk*)

Der kemalistische Nationalismus hat eine internationale und eine nationale Komponente: Er strebt auf internationaler Ebene einen unabhängigen, gleichberechtigten Status der Türkischen Nation neben allen anderen an (vgl. Parla 1995: 35, 37). Auf nationaler Ebene bedeutet das Prinzip die Schaffung und Vereinheitlichung der Bevölkerung der Türkei zur unteilbaren türkischen Nation an. Diese gilt *formal* als eine weder *religiös* (*ümmet*) noch *ethnisch*, sondern staatsrechtlich-*politisch* definierte und von einer Gesetzgebenden Versammlung repräsentierte Zusammenfassung aller Staatsbürger ohne Rücksicht auf Abstammung, Rasse, Religion oder Konfession. Die türkische Nation ist laut Gökalp faktisch "a group composed of men and women who have gone to the same education, who have received the same acquisitions in language, religion, morality, and aesthetics." (Lewis 1965: 317) Die nationale Erziehung soll durch entsprechende Sozialisationsinstanzen unterschiedliche ethnische und sprachliche Gegebenheiten und lokale Dialekte, Sitten und Partikularismen beseitigen. Die vermutlich dadurch geschaffene türkische Nation gilt am Ende des Erziehungsvorgangs nach dem Parteiprogramm der Republikanischen Volkspartei (*Cumhuriyet Halk Partisi; CHP*) als ein "politischer und gesellschaftlicher Zusammenschluß von Staatsbürgern mit gemeinsamer Sprache, Kultur und Idealen." (Perincek 1999a: 31; Parla 1995: 28, 30) Die Zugehörigkeit der blutsethnisch heterogenen und religiös homogeneren Bevölkerung der Türkei zur Staatsnation wurde nicht mehr sunnitisch-islamisch, sondern staatsrechtlich ohne der formalen Unterscheidung von Abstammung, Konfession und Religion definiert. Die Nation der Türken besteht demnach aus keinem naturgegebenen rassenbiologischen Blutband von Artgleichen[136], sondern ist formal eine Staatsbürgernation (*faktisch* mit gemeinsam anerzogener Kultur, Sprache, Idealen der dominierenden türkischen Ethnie etc.. Alle im Land verbliebenen Muslime wurden zu Türken als die dominierende Ethnie umdefiniert): "Glücklich ist, wer sich Türke *nennt*" (Cecen 1998: 125; meine Hervorhebung), nicht 'Glücklich ist, wer ein tatsächlicher Türke *ist*.'

---

[136] Es wurden zwar in kemalistischen Reden und Schulbüchern die rassischen Komponenten auch hervorgehoben, so daß der Verdacht auf Ethnizismus oder gar Rassismus nicht unbegründet erscheint (vgl. Parla 1995: 176-211, 326-327; Dreßler 1999: 39-40). Die Benutzung der ethnischen Komponente zielte zumindest auf der ideologischen Ebene jedoch nicht auf die Ausgrenzung, sondern auf die assimilierende Inklusion nichttürkischer Ethnien durch Anerziehung der geglaubten gemeinsamen Blutsabstammung ab. Atatürks Satz "Die Diyarbekir-, Van-, Erzurum-, Trabzon-, Istanbul-, Thrakien- und Mazedonischstämmigen [in der Türkei; BG] sind Kinder der gleichen Rasse" (Atatürk, zitiert von Parla 1995: 203) stützt die These von der erwünschten Eingemeindung in die Staatsbürgernation durch Herbeireden von ethnischen Gemeinsamkeiten.

■ Säkularismus[137] (*Laiklik*)

Das kemalistische Säkularismusprinzip befürwortet das entschiedene Zurückdrängen des Islam aus Staat *und* Gesellschaft, d.h. aus Politik, Verwaltung, Justiz und Erziehung durch "staatliche Hegemonie über religiöse Institutionen und Bewegungen" (Toprak 1984: 95) Es sollte die islamische, anerzogene Werte, Normen, Weltwahrnehmung, Deutungs- und Verhaltensmuster durch weltliche ersetzen. Perincek gibt als Ziel die Beschränkung der Religion auf das individuelle Gewissen an und geht davon aus, daß diese als eine soziale Institution kaum lebensfähig und damit zum Absterben verurteilt ist: Eine "Religion, die auf das Gewissen des Einzelnen eingeschränkt ist, ist tot. Denn sie wird nicht sanktioniert. Die [islamische; BG] ist keine individuelle, sondern eine soziale Angelegenheit. Sie befindet sich nicht im individuellen Bereich, sondern auf der Ebene der Glaubensgemeinde und des Staates." (Perincek 1995b: 161).

Dieses neue kemalistische Werte- und Normensystem veränderte auch die Definition der Kerngesellschaft der Beherrschten : "Die '5 Säulen' wurden ... durch die '6 Prinzipien' des Kemalismus ersetzt." (Dreßler 1999: 32). Die Sechs Pfeile dienten nun als Bezugspunkte zur Bestimmung der republikanischen Kerngesellschaft der "Nation der zeitgenössisch-westlich-säkular-zivilisierten Türken" im Gegensatz zur vorherigen Kerngesellschaft der orthodoxen Muslime des Osmanischen Reiches. Die Frage, wer noch (oder auch neu) und wer nicht (mehr) dazugehörte, soll näher behandelt werden.

d) Zur Kerngesellschaft von Elite und Beherrschten sowie Randgruppen

Es soll nun kurz auf die ideologisch und tatsächlich geförderten und verrandeten Gruppen auf im Vorgriff eingegangen werden. Die herrschende Elite der kemalistischen Republik bestand aus, wie schon erwähnt, den Trägerschichten der Istanbuler Kaufleute, Honoratioren, feudalen Landlords, ehemaligen hohen Offizieren und Staatsmännern, Bürokraten und Parlamentariern (vgl. Cem 1986: 289). Diejenigen, die nicht mehr zur herrschenden Elite zählen sollten, wurden ideologisch durch die Sechs Pfeile auch festgelegt: die ausländischen Eliten, osmanischen Herrschenden, die Dynastie, die *ülema, Scheichs*, Feudalelite[138] und Clanchefs sollten durch die Volkssouveränität, Verweltlichung der Gesellschaft, nationalistische Durchsetzung des Staats-

[137] Um Verwechslungen zwischen dem Begriff "Laizismus" als Trennung von Staat und Gesellschaft und dem kemalistischen "Laizismus" im Sinne der Verweltlichung zu vermeiden, wird hier der Begriff "Säkularismus" benutzt.

monopols auf Loyalität der Bürger und durch die Abschaffung der Scharia ihren Status verlieren.

Während die alte osmanische Elite deprivilegiert werden sollte, gehörten in dem sozioökonomischen Bereich im Populismus gelobten Industriearbeiter und Bauern tatsächlich zu den wirtschaftlich eher nicht geförderten Gruppen an. Denn der kemalistische Populismus sollte auch durch staatliche Vermittlung den sozialen Frieden sichern und Arbeitgeber- und Arbeitnehmerinteressen ausgleichen. Die Kemalisten strebten aber, wie schon erwähnt, die Vergrößerung des erst ansatzweise vorhandenen Bürgertums durch Industrialisierung und Kapitalbildung aus von Profiten von der Beschäftigung der Arbeitnehmer in Fabriken an. Deshalb wurden Arbeiterbewegungen und das Streikrecht (genau wie das *Lock-out*-Recht der Arbeitgeber) verboten und somit eine wirtschaftliche Verrandung der Arbeitnehmer als Ressourcenlieferer zum Wirtschaftsaufbau gefördert (vgl. Parla 1995: 60-61; Cem 1986: 296).

Da sich die Kemalisten auf die feudalen Landlords stützen mußten, konnten sie die Interessen der 83% der Gesamtbevölkerung zählenden Bauern (vgl. Karpat 1966: 99) tendenziell nicht wahrnehmen. Der staatlich im kemalistischen Populismus propagierte Interessenausgleich durch die Staatspartei konnte nicht erfolgen: "Es ist nicht gleichzeitig möglich, sowohl den Boden der Landlords zu schützen als auch ihn unter den Bauern zu verteilen. Eine Regierung wird entweder die eine oder andere Option wählen. Das auch heute von Wohlgesonnenen verteidigte Konzept des 'neutralen Schiedsrichters' ist nichts anderes als die unbewußte einseitige Parteinahme." (Cem 1985: 299f.) Der Landbesitz in der Türkei war 1945 wie folgt verteilt: 0.01% besaßen pro Person mehr als 500 ha, 0.23% besaßen pro Person 50-500 ha, 99.75% besaßen pro Person weniger als 50 ha Land (vgl. Karpat 1969: 99). Nach einer Untersuchung in 35 Provinzen besaßen 0.25% aller Landeigentümer 14% des gesamten Bodens (vgl. Cem 1986: 298). Auch wenn sie in den Sechs Pfeilen und in der Rhetorik berücksichtigt wurden, gehörten Arbeiter und Bauern zu den materiell verrandeten Gruppen.

Die staatsideologischen Randgruppen waren nicht vorgegeben, sondern entstanden durch die Nichteinhaltung des durch die Sechs Pfeile etablierten republikanisch-säkularistisch-nationalistischen Standards. Diejenigen, die als Randgruppe nicht zur Kerngesellschaft der Nation der 'westlich-säkular-zivilisiert-zeitgenössischen Türken' (*Cagdas Türk Ulusu*) gehören sollten, waren zum einen religiöse Gruppen (zumeist fromme Sunniten) und zum anderen

[138] Dies konnte, wie schon erwähnt, von den Kemalisten nicht durchgesetzt werden, da sie selber ihre Herrschaft auf die Landlords stützten.

nichtturkstämmige Türken mit zumindest autonomistischen Tendenzen. Es wird weiter unten darauf näher eingegangen werden.

Es sollen nun kemalistische Maßnahmen *vor* dem *Scheich-Sait*-Aufstand und *nach* der Konsolidierung der kemalistischen Herrschaft, deren Auswirkungen auf die Aleviten und deren reaktive Verhaltensweise als graduell emanzipierte Gruppe erläutert werden.

5.2.2. Zu den kemalistischen Maßnahmen vor dem *Scheich-Sait*-Aufstand

1922 wurde das osmanische Sultanat abgeschafft und die Dynastie deprivilegiert. Die Ausrufung der Republik erfolgte 1923.

Im Jahre 1924 gab es u.a. vier Gesetze zur Aufhebung des (sunnitischen) Kalifats; zur Abschaffung der Ministerien für die (sunnitische) Scharia und der religiösen Stiftungen (vgl. Erüreten 1999: 40ff.); zur Vereinheitlichung der nationalen Erziehung und zur Abschaffung der Scharia-Gerichte:

Das Kalifat stellte "einen symbolischen Wert für die Muslime der ganzen Welt dar und symbolisierte die Einheit der muslimischen Umma (Gemeinschaft) der Gläubigen." (Toprak 1984: 96) Mit dem Kalifat wurde ein wichtiges Symbol und eine tausendjährige Institution des sunnitischen Islam abgeschafft und eine sich religiös erbcharismatisch legitimierend rekrutierende Machtelite aus dem Hause der Osmanen ausgeschaltet, verbannt, deprivilegiert und enteignet (Herrschafts- und Vermögenssäkularisierung). Ihnen wurde auch die politische Einflußgrundlage und Rückkehroption entzogen (vgl. Ilsever 1997: 39). Großbritannien als dem damaligen außenpolitischen Gegner wurde eine Möglichkeit genommen, über den Kalifen Einfluß auf die Türkei und die islamische Welt zu nehmen (vgl. Ilsever 1997: 37).

Das Amt des *Scheichülislams* wurde zusammen mit der Scharia abgeschafft und das Vermögen Frommer Stiftungen verstaatlicht (Herrschafts- und Vermögenssäkularisation). An die Stelle des *Scheichülislams* kam das dem Ministerpräsidium unterstellte Präsidium für Religiöse Angelegenheiten für die Einstellung und Entlassung der Geistlichen (vgl. Ilsever 1997: 21f.). Das führte zur Entmachtung der sunnitischen *ülema:* "Die meisten Geistlichen ... gingen 1924 in Pension. Die einzige 1924 mit 284 Studierenden gegründete Theologische Fakultät des Landes in Istanbul wurde 1933 beim Stande von nur 20 Studenten in ein Institut für Orientalistik an der Philosophischen Fakultät mit einem einzigen Arabischlektor umgewandelt. ... Der weiteren Ausbildung von Moscheepersonal (Imame, Freitagsprediger) dienten (1932 mangels

Nachfrage wieder aufgelöste) *Imam-Hatip*-Zweige [als Sozialisationsinstanzen; BG] an staatlichen Schulen. " (Spuler-Stegemann 1996: 235)

The third law had "to unify all educational institutions into one single modern system under the Ministry of Education." (Karpat 1966: 44; Erüreten 1999: 43) Es wurde die allgemeine und unentgeltliche Schulpflicht (auch für Frauen) eingeführt. Mit dem nationalen Ausbildungsmonopol besaß der kemalistische Staat auch damit das Monopol auf schulische Sozialisationsinstanzen zur Vermittlung kemalistischer Werte und Normen, von Gemeinsamkeitsbewußtsein, für alle Schüler gemeinsamen Denkweisen, zur allgemein für alle einheitlichen Ausbildung (vgl. Ilsever 1997: 31). "Es war Mustafa Kemals tiefste Überzeugung, daß Europas Überlegenheit auf seiner Wissenschaft beruhe. Bildung und Aufklärung des Volkes waren deshalb Kernpunkte der Mobilisierung und Modernisierung der Türken." (Steinbach 2000: 32) Er sollte deshalb eine "wissenschaftliche, positivistische und vereinheitlichte Erziehungspolitik" (Ilsever 1997: 30) betrieben werden. Die religiösen sunnitischen Lehranstalten (*medrese*) wurden geschlossen. Der Religionsunterricht endete an den Gymnasien in 1924, an den Mittelschulen 1927, an den städtischen Grundschulen 1930 und an den ländlichen Dorfschulen in 1938 (vgl. Spuler-Stegemann 1996: 235; Balkiz 1999: 40). Die sunnitischen Sozialisationsinstanzen wurden damit abgeschafft.

Die Scharia-Gerichte, die nach sunnitisch-islamischen Gesetz Recht sprachen, wurden per Rechtsnorm abgeschafft und das Rechtssystem unter dem Justizministerium vereinheitlicht und nach westlichen Vorbild ausgestaltet (vgl. Erüreten 1999: 61).

Es wurden damit sunnitisch-islamische und osmanische Symbole, Institutionen und Instanzen zur Sozialisation und Rechtsprechung abgeschafft und als abweichend kriminalisiert. Diese bisherige Dynastie des osmanischen Sultankalifen, der als islamischer Rechtsgutachter definitionsmächtige *Scheichülislam* und die bisher im Reich in der Exekutive, Bildung und Legislative vorherrschenden *ülema* wurden beseitigt.

Die Abschaffung sunnitischer Identifikationssymbole und der Herrschaftsideologie deprivilegierte religiöse Sunniten. Diese wurden durch die Abschaffung der sunnitischen Fünf Grundpfeiler des Islam als Herrschaftsideologie, das Verbot des Kalifats und der Scharia deprivilegiert. Viele fromme Sunniten standen dem kemalistischen Werte- und Normen kritisch distanziert gegenüber: "Es waren ... keineswegs nur ökonomische und soziale Privilegien, die gegen den Kemalismus verteidigt wurden, sondern auch eindeutig ideologisch-religiöse, die in der sunnitischen Tradition fortbestehen und unter manchen ihrer Angehörigen den Wunsch erwecken, zum Osmanischen Reich zurückzukehren. Für die Aleviten hingegen ist der Traum von der alten >osmanischen Pracht< eher ein Alptraum." (Werle/Kreile 1987: 36). Da in der Republik die inhaltlich mit sunnitischen Geboten besetzten religiös gebotenen Merkmalsausprägungen der Fünf Säulen des Islam an Relevanz verloren hatten und säkularistische Werte und Normen als Diskriminierungskriterien an Bedeutung gewannen, kam es zur Inklusion der früher im sunnitisch dominierten Osmanischen Reich verketzerten, verfolgten und teilweise vernichteten Aleviten in die Kerngesellschaft der 'westlichen Türken': "Die Minderheitenrolle der Alewiten brachte es mit sich, daß sie jede Schwächung des sunnitischen Islam als Herrschaftsideologie begrüßten, weil das ihr Leben erleichterte." (Werle/Kreile 1987: 36). Die kemalistisch begonnene Säkularisierung bzw. De-Sunnitisierung hatte vermutlich auch eine Signalwirkung für künftige Deislamisierungsmaßnahmen mit dem ideologischen Statusverlust religiöser Angehöriger der sunnitischen Mehrheitskonfession und dem Absinken des konfessionellen Außendrucks auf die Aleviten als Folge. Der auf diese Maßnahmen folgende *Scheich-Sait*-Aufstand als 'innovative' Funktion Deprivilegierter oder der noch zu Deprivilegierenden war eine erste große Belastungsprobe für die kemalistische Herrschaft (vgl. Lewis 1965: 261). Er dient auch als Beispiel für typische reaktive und proaktive Verhaltensweisen graduell deprivilegierter (sunnitische Islamisten, Osmanendynastie, religiöse *Scheichs*) und emanzipierter Gruppen (Aleviten): Während Teile des religiös-sunnitischen kurdischen Kollektivs als Reaktion auf die Säkularisierungsmaßnahmen Aufstand als Symbol für die Abkehr von der kemalistischen Kerngesellschaft machten, haben gerade die durch diese Maßnahmen emanzipierte kurdische und zazastämmige Aleviten als reaktive Verhaltensweise auf Entdiskriminierung für den kemalistischen Staat Partei ergriffen. Deshalb soll auf diese Erhebung eingegangen werden.

Der Herrschaftsentzugsversuch sunnitischer Kurden bildete auch den Vorwand für Vollmachten zur Konsolidierung kemalistischer Herrschaft und zur weiteren erziehungsdiktatorischen Säkularisierungsmaßnahmen. (vgl. Karpat 1966: 48ff.). Dies ist der zweite Grund für das Eingehen auf diesen Aufstand.

5.2.3. Exkurs über den *Scheich-Sait*-Aufstand

Laut Aybars war dies ein "Aufstand, der gegen die Republik und deren Prinzipien gerichtet war ... [Das Ziel war; BG], einerseits die Verteidigung der theokratischen Ordnung zur Beibehaltung feudaler Interessen, zur Wiederherstellung des Kalifats und Sultanats, und andererseits zu der von Großbritannien provozierten und von bestimmten Gruppen getragenen Errichtung eines Staates Kurdistan zur Zerstückelung ... der Türkei." (Aybars 1994: 56)

Teile südostanatolischer Clanchefs und Feudalherrscher waren wegen den neuen Umwälzungen um ihr Eigentum an Grund und Boden besorgt. Nationalistische Angehörige der kurdischen Bildungs- und Stammeseliten, denen kemalistische Zugeständnisse zur Herstellung eines eigenen Herrschaftsgefüges nicht ausreichten, instrumentalisierten mit dem sunnitischen Nakschibendi-Ordensführer *Scheich Sait* religiöse Deutungsmuster zur Mobilisierung der sunnitisch-kurdischen Bevölkerung als Abkehr von der säkularen Kerngesellschaft der Türkei.

a) Ursachen der Erhebung

■ Proaktive Verhaltensweise der *Scheichs* und einiger ostanatolischer Großgrundbesitzer

Seit der Angliederung Südostanatoliens hatten kurdische Feudalherrscher und Stammesführer zunächst eine faktische Teilautonomie über das direkt von ihnen und nicht von osmanischen Statthaltern verwaltete Gebiet, wobei Versuche der lokalen Machtausweitung und osmanische Zentralisierungsmaßnahmen, um "Ordnung in die ausschließlich von Stammeshäuptlingen geprägten Verwaltungsstrukturen [zu; BG] bringen" (Feigl 1995: 112), hatten zum wachsenden Dualismus zwischen der Dynastie in der osmanischen Zentrale und den lokalen Herrschern geführt.

Volksislamische charismatische Derwische und Ordensführer (z.B. *Scheichs*) genossen im Südosten der Türkei "eine große Verehrung des Volkes. Weithin glaubte man, der Verdammnis geweiht zu sein, wenn man sich nicht einen Scheich angeschlossen habe. Von den Scheichs nahm man an, sie besäßen die Macht, ihre treuen Angehörigen mit ins Paradies zu nehmen ... Die Bindung an einen Scheich hieß praktisch, daß man ihn wenigstens ein- oder zweimal im Jahr besuchte, ihm Geschenke brachte und ihn um seine Zustimmung in wichtigen Entscheidungen ersuchte. Im Falle von Krankheit oder Unfruchtbarkeit bat man um den Segen des *Scheichs*; man glaubte, daß vom Scheich beschriebene Amulette von aller Art Gefahr schützten." (van Bruinessen 1984a: 150)

Aber die Einrichtung der Zentralautorität, Aufhebung des Sultankalifats, die Abschaffung der sunnitischen Scharia und die begonnene Säkularisierung und damit die Rationalisierung der Herrschaft lösten bei der lokalen auch religiös legitimierten Führungselite der "Scheichs und ... Großgrundbesitzer, die eine feudale Herrschaft errichtet hatten" (Aybars 1994: 58), Furcht vor ihrer 'Entzauberung' und damit Statusbedrohung aus. Dies war Ursache ihrer Abkehr von der kemalistischen Kerngesellschaft.

■ Kurdischer Nationalismus

Schon gegen Ende des neunzehnten Jahrhunderts hatten sich nationalistische Ideen zur Schaffung eines eigenen ethnischen Staates unter den in Istanbul an der Militärakademie studierenden Angehörigen der kurdischen Feudal-, Bildungs- und Stammeselite verbreitet, die entsprechende Vereine und Organisationen gegründet hatten (vgl. van Bruinessen 1984a: 123ff.). Im Ersten Weltkrieg kam es zunächst zur moslemischen Allianz zwischen den kurdischstämmigen und turkstämmigen Osmanen gegen Armenier und Russen. Nach der Niederlage des Reiches und eines von den Alliierten in Aussicht gestellten unabhängigen Staates "Kurdistan" rivalisierten sowohl die von Gazi Mustafa Kemal Pascha geführte Bewegung als auch Großbritannien um die Loyalität kurdischer Clans: "Letztere wollten den Kampf um die kurdischen Stammesführer mit Versprechungen zur Unabhängigkeit unter britischer Protektion gewinnen" (van Bruinessen 194a: 128), wohingegen die Kemalisten ihnen auf lokale Ebene eingeschränkte Teilautonomie zugestanden hatten (vgl. Perincek 1999b: 284f.; van Bruinessen 1984a: 140f.). Dieser Umstand und die gemeinsame Bedrohung durch den neu gegründeten großarmenischen Staat in Ostanatolien waren im Unabhängigkeitskrieg der Grund des Bündnisses der meisten Kurdenstämme mit den Kemalisten (vgl. Perincek 1999b: 94). Nicht alle kurdischen Akteure paktierten mit den Kemalisten. Während des Türkischen Unabhängigkeitskrieges hatte der auf Seiten der Alliierten stehende von den Angehörigen einiger kurdischer Herrscherfamilien, Militäroffiziere, osmanischer Parlamentarier und Kaufleute gegründete Verein zum Aufschwung Kurdistans (*Kürdistan Teali Cemiyeti*, KTC') neben anderen Organisationen während des türkisch-griechischen Kriegs erfolglose lokale Kurdenaufstände zur Errichtung eines eigenen Staates provoziert (vgl. Perincek 1999b: 94, 101ff.). Teile der KTC haben mit weiteren kurdischen Militäroffizieren, Stammeshäuptlingen und städtischen Notabeln während den Friedensverhandlungen der Türkei mit den Alliierten in Lausanne in Mai 1923 das kurdische Freiheitskomitee (*Kürt Azadi Cemiyeti*)[139] gegründet und einen 1925 zu realisier-

[139] Es geht aus den wiederpublizierten, von Mustafa Kemal in Januar 1923 in Eskisehir öffentlich gehaltenen und später zensierten Reden hervor, daß Kurden "eine Art lokale Autonomie" [(Atatürk) 1993: 104-106] zugestanden werden sollten. Trotzdem wurde ein Paar Monate später das Kurdische Freiheitskomitee gegründet und ein Aufstand für 1925 geplant. Das ganze passierte noch *vor* dem Abschluß der Friedensverhandlungen in Lausanne, *vor* der Ausrufung der Türkischen Republik und vor allem *vor* der Einführung der neuen türkischen Verfassung, die einen stark zentralistischen Einheitsstaat ohne beschränkte kommunale Selbstver-

enden Aufstand ins Auge gefaßt, um ihre Forderung nach einem völlig unabhängigen kurdischen Staat zu realisieren (vgl. Mumcu 1995: 56). Der kurdische Nationalismus war in der kurdischen Bevölkerung im Gegensatz zum Islam kaum verbreitet. Deshalb sollten islamische Werte und Normen als Aufstandsideologie (vgl. Mumcu 1995: 59) und *Scheich* Sait als geistlicher Führer des Nakschibendi-Ordens und Identifikationsfigur die Erhebung mobilisieren (vgl. Mumcu 1995: 59; van Bruinessen 1984a: 110). Einige kurdische Stammesführer, die vermutlich die politische Elite eines kurdischen Staates bilden wollten, benutzten nach dem Beginn der Säkularisierungsmaßnahmen sunnitisch-kurdische, nationalreligiöse Werte und Normen als Aufstandsideologie zur Mobilisierung:

> "Die Nationen des Orients sprengen die Ketten der ... Knechtschaft und eilen auf die Unabhängigkeit zu ... Trotzdem ist die kurdische Nation, die eine 30 Jahrhunderte lange Geschichte hat, unter türkischer ... Knechtschaft ... Oh, Ihr mutigen Söhne Selahattins! Es ist ... die Zeit gekommen ... Mut zu zeigen ... Es wird die Zeit junger Kurden erwartet, um die ruhmreichen Seiten der Geschichte aufzuschlagen, die unter dem Joch und Folter einiger Juden [[140]]liegt, die die Institution des heiligen Kalifats aufgehoben und damit auch die heilige Religion vernichtet haben ... rettet Eure Unabhängigkeit und Freiheit." (Mumcu 1995: 57-59)

■ Abkehr religiöser Sunniten von der kemalistischen Kerngesellschaft

Wie schon erwähnt, hatten religiöse Teile der kurdischen und turkstämmigen Angehörigen der sunnitischen Mehrheitskonfession die Säkularisierungsmaßnahmen als ihre ideelle Deprivilegierung und Verunglimpfung des Islam empfunden: "Die Abschaffung des Kalifats ... erlebten viele [sunnitische; BG] Kurden als Schock. Nachdem jetzt die Reformer die volle Kontrolle über den Staat übernommen hatten, beraubten sie ihn in den Augen vieler Kurden (und Türken) seiner Legitimität. Die Schließung der traditionellen islamischen Schulen (Medresen) trugen zu wachsenden Ressentiments gegen das Regime bei." (van Bruinessen 1984a: 141; vgl. Yegen 1999: 118f.)

Die sunnitisch-kurdische Zivilbevölkerung wurde durch Fatwas vom einflußreichen *Scheich* Sait zum Aufstand motiviert, wobei die wegen ihrer Säkularisierungsmaßnahmen verketzerten Kemalisten als Feinde des Islam dargestellt wurden und der durchzuführende Aufstand eine für Muslime gebotene Verhaltensweise definiert wurde.

---

waltung vorsah (vgl. Mumcu 1995: 56). Im Gegensatz dazu geht der prokurdische Autor Yegen davon aus, daß der *Scheich-Sait*-Aufstand eine Reaktion auf die neue Verfassung gewesen sein soll (vgl. Yegen 1999: 119).

[140] Diese antisemitische Äußerung soll im islamischen Diskurs vermutlich sowohl Mustafa Kemal dämonisieren und spielt damit als auch auf seine Geburtsstadt Saloniki mit einer damals großen jüdischen Gemeinde an.

> Es ist die Pflicht jedes Moslems, "die illegitime Regierung zu stürzen, da Staatschef Mustafa Kemal und seine Freunde ... versuchen, die Säulen des Islam zu beseitigen, gegen den Koran handeln, Gott und den Propheten leugnen und den Kalif des Islam verbannt haben." (Mumcu 1995: 64)

> "Die Medresen sind geschlossen, das Ministerium für die Religion und für Fromme Stiftungen wurde abgeschafft. Die religiösen Lehranstalten sind unter die Kontrolle des Nationalen Erziehungsministeriums gebracht worden. Eine Gruppe von gottlosen Schreibern besitzt den Mut, in den Zeitungen die Religion zu beschimpfen und deren Propheten zu verunglimpfen." (Mumcu 1995: 67-68)

Auch dies ist ein weiteres Beispiel dafür, daß eine religiös-charismatische Autorität einer frommen Bevölkerung, die Definitionsmacht über die Botschaft Gottes besitzt, die Wahrnehmungs-, Deutungs- und damit auch Verhaltensweise ihrer Angehörigen kontrollieren und je nach Interesse sozial wirksam für sich nutzbar machen möchte. Die Säkularisierungsmaßnahmen der Kemalisten werden als ein atheistisches- und antiislamisches, somit für die fromme Gemeinschaft der Muslime als abweichendes Verhalten definiert und eine dagegen als religiös geboten dargestellte gerichtete Erhebung legitimiert.

Darüber hinaus gab es weitere Faktoren, die zu den Ursachen des Aufstands gezählt werden: die Rolle der religiösen Opposition, der exilierten osmanischen Elite und Großbritanniens, die hier nicht im Detail erörtert werden [141].

---

[141] Atatürks royalistische und religiöse und in Sachen Säkularismus liberalere ehemalige Weggefährten, die mit der Abschaffung der Scharia, des Sultanats und des Kalifats sowie mit der Ausrufung der Republik nicht einverstanden waren, hatten sich im Parlament als proislamische und proosmanische Gegenmachtelite zur oppositionellen 'Zweiten Gruppe' geformt und später die Republikanische Fortschrittspartei (*Terakkiperver Cumhuriyet Firkasi, TCF*), die laut Parteiprogramm religiöse Glaubensbekenntnisse, sprich Religiosität tolerieren würde, gegründet (vgl. Karpat 1998: 137f.). Sie opponierten gegen die Säkularisierungsmaßnahmen und sollen die Aufständischen unterstützt haben. Es wurden beim Aufstand "Dokumente [gefunden,; BG] ... die den Schluß erlaubten, daß zwischen den Kurden und der Republikanischen Fortschrittspartei ein konspirativer Zusammenhang bestand." (Rill 1987: 91) Laut Mumcu und van Bruinessen waren aber "die Beweise dafür äußerst schwach." (van Bruinessen 1984a: 153; vgl. Mumcu 1995: 162)

Der durch Entmachtung und Verbannung deprivilegierte Angehörige der osmanischen Dynastie, Ex-Sultan Vahdettin, hatte im Exil eine royalistische Organisation zur Wiedereinführung des Sultankalifats gegründet, die mit den Aufständischen zu diesem Zwecke Kontakt aufgenommen hatte. Nach Gelingen des *Scheich-Sait-*Aufstands wären im Westen der Türkei weitere proosmanische Erhebungen zum Sturz der destabilisierten kemalistischen Regierung erfolgt und das Sultankalifat wieder eingeführt (vgl. Mumcu 1995: 215, Fußnote 194).

Das Vereinte Königreich, das nach dem Sieg der von Gazi Mustafa Kemal Pascha angeführten Widerstandsbewegung über griechische Truppen und dem mit England kooperierenden Sultankalifen einen politischen Verlust zu verzeichnen hatte, stritt während der Friedensverhandlungen in Lausanne mit türkischen Vertretern über das erdölreiche von Kurden und Turkstämmigen bewohnte und von der Türkei beanspruchte, ehemals osmanische Mossulgebiet (Nordirak). Der Streitpunkt wurde ausgeklammert, und der Völkerbund sollte sich damit beschäftigen. Ein Kurdenaufstand hätte das türkische Argument von der türkisch-kurdischen Eintracht geschwächt und hätte britischen Interessen genützt (vgl. Aybars 1994: 56; Mumcu 1995: 31f.). Es wurde deshalb in Ankara davon ausgegangen, "daß England aus dem Irak heraus die Aufständischen mit Waffen und Munition unterstützte." (Rill 1987: 91) Dies ist auch umstritten. Laut Mumcu und van Bruinessen gibt es dafür keine stichhaltigen Beweise (vgl. Mumcu 1995: 213-214, Fußnote 193; van Bruinessen 1984a: 139).

Von der parlamentarischen Opposition, dem exilierten Sultankalifen und der internationalen Dimensionen mal abgesehen, hatte der Aufstand religiöse und nationalistische Züge.

> Der Scheich-Sait-Aufstand "kann eindeutig weder als [nur, BG] religiös noch als [nur; BG] nationalistisch bezeichnet werden. Er vereinte beide Aspekte und darüber hinaus noch weitere, wie etwa den traditionalistischen Widerstand gegen jegliche Eingriffe der Regierung. Die Planer der Rebellion scheinen in erster Linie nationalistisch und möglicherweise auch durch persönliche Ambitionen motiviert gewesen zu sein. Der breiten Bevölkerung bedeutete die Idee einer kurdischen Nation offenbar noch wenig, und die Führer mußten deshalb an religiöse Gefühle appellieren. Die Einwohner der Dörfer waren über die spürbare Bedrohung des Islam ernsthaft beunruhigt, sie schlossen sich aber dem Aufstand hauptsächlich aus Loyalität und Gehorsam gegenüber ihren Stammesführer und Scheichs an." (van Bruinessen 1984a: 162)

Der Aufstand breitete sich zwischen Februar und April 1925 über die südostanatolischen Städte Genc, Dicle, Bingöl, Lice und Elazig aus. Die Zivilbevölkerung leistete dem mit Koran und grünem Banner des Propheten voranschreitenden Aufständischen keinen Widerstand (vgl. Aybars 1994: 58). Der grüne Banner und der Koran signalisieren als 'emblematische Ausdrucksmittel' Zugehörigkeit zur Gemeinschaft der Gläubigen im Islam und Abgrenzung vom gottlosen Kemalismus.

b) Loyalität emanzipierter kurdischer Aleviten gegenüber den kemalistischen Staat

Daß die Konfession als Bezugsmerkmal nicht nur über Diskriminierung, sondern auch über Rebellion und Loyalität gegenüber der Herrschaft entscheidet, kann auch das loyale Verhalten entdiskriminierter Aleviten während des *Scheich-Sait*-Aufstands zeigen. Aleviten wurden jahrhundertelang – sieht man von den Jungtürken und von der Blütezeit des Bektaschi-Ordens bis 1826 ab – verfolgt, vertrieben oder gar vernichtet (vgl. Sener 1995: 151). Der Besuch Atatürks bei den Aleviten, das Bündnis der Aleviten mit der Widerstandsbewegung im Unabhängigkeitskrieg, die Abschaffung des Kalifats, des Reichs und der Scharia oder aber auch die Partizipation von alevitisch-bektaschitischen Vertretern in der Großen Nationalversammlung der Türkei, können m.E. als Indikatoren für eine graduelle Entdiskriminierung der Aleviten zwischen Kemalisten und Aleviten betrachtet werden: Schon das "Ereignis [der Teilnahme in dem Parlament; BG] ist das erste gesellschaftliche Ereignis innerhalb der Geschichte der Aleviten ... Früher suchte der Staat die Aleviten, um sie zu verhören, ... gefangen zu nehmen, verhungern und verdursten zu lassen ... und zu massakrieren. Aber jetzt rief er sie, um sie an dem höchsten Entscheidungsgremium des Staates mitwirken zu lassen. Dies war eine gesellschaftliche Veränderung." (Sener 1995: 72).

Dieser Umstand und die ersten säkularen Reformen haben aus alevitischer Sicht den auf sie lastenden sunnitischen Außendruck gesenkt. Deshalb standen auch kurdisch-alevitische Stämme dem *Scheich-Sait*-Aufstand als eine Bewegung zur Wiederherstellung des Sultankalifats kritisch-distanziert gegenüber. Hinzu kommt, daß das von den Aufständischen favorisierte kurdisch-islamisch-sunnitische Emirat sie vom Bürger der säkularen ihnen Glaubensfreiheit garantierenden türkischen Republik wieder zu einer konfessionellen Randgruppe degradieren würde. Die Tatsache, daß ehemalige Angehörige der von Sultan Abdülhamit II. zur Bekämpfung von Armeniern aufgestellten, ausschließlich aus sunnitisch-kurdischen Clans bestehenden und früher auch Aleviten bekämpfenden Hamidiye-Regimente (*Hamidiye Alaylari*)[142] Trägerschichten des *Scheich-Sait*-Aufstands waren, verschärfte die bedrohliche Lage aus alevitischer Sicht. Die Haltung der Clanchef des alevitischen Hormek-Stammes zum Führer des aufständischen sunnitischen Cibran-Stammes verdeutlicht diese Sichtweise: "Wir sind keine Kurden ... Sie waren bei den Hamidiye-Regimentern, jahrelang haben wir uns bekämpft. Und wenn Sie diesmal ein Sultan werden wollen, werden wir ihnen keine Untertanen sein. Wir wollen kein Fürstentum. Lassen Sie uns doch wie Brüder zusammenleben." (Mumcu 1995: 54)

Aus Loyalität gegenüber den sie emanzipierten Kemalisten oder aber auch aus Furcht vor einer erneuten Statusbedrohung als konfessionelle Minderheit in einem kurdischen Sunniten- und Gottesstaat, meldeten die alevitischen Hormek- und Lolan-Stämme die bevorstehende Erhebung nicht nur Ankara, sondern beteiligten sich auch aktiv an der Niederschlagung des Aufstandes (vgl. Mumcu 1995: 103; Öz 1997: 47; van Bruinessen 1984a: 123). Dies geschah m.E. als reaktive Verhaltensweise auf Emanzipation durch Kemalisten oder auch wegen proaktiver Verhaltensweise auf wieder bevorstehende Diskriminierung durch kurdische Sunniten: During the "Shaikh Sa`id's Kurdish nationalist-cum-Sunni rebellion, [Alevi; BG] tribes, notably the Hormek and Lolan, opposed the Kurds and threw their lot in with the kemalist government ... Both these Alevi tribes and Shaikh Sa`id's supporters were incidentally Zazaspeakers, but this clearly was no sufficient reason for expression of a solidarity." (van Bruinessen 1997: 13).

Während in der Schlacht um Caldiran (1514) zwischen Selims Osmanischen Reich und Schah Ismails Persien sunnitische im Iran verrandete Kurden sich auf die Seiten des sunnitischen Osmanenreiches und in der Türkei diskriminierte osmanische Aleviten auf die Seite des schi-

[142] Laut Mumcu soll Abdülhamit II. mit der Aufstellung der irregulären Truppe aus nur sunnitischen Kurdenstämmen zwei Ziele verfolgt haben: Bekämpfung der Armenier und Teilung der kurdischen Einheit zwischen

itischen Persiens geschlagen hatten, war es während des *Scheich-Sait*-Aufstands tendenziell so, daß nun emanzipierte Aleviten nun auf Seiten der kemalistischen Türkei und deprivilegierte religiös-sunnitische Kurden für den *Scheich* waren. Dies ist ein Beispiel dafür, daß ausreichend entdiskriminierte Gruppen loyal werden und deprivilegierte Kollektive eher zum Widerstand neigen.

Der *Scheich-Sait*-Aufstand wurde auch als ein alevitisches Lied (*nefes*) in dem kollektiven Erinnerungsbestand der Aleviten konserviert, wobei eine Parallele zwischen dem *Kalifen* Yezid, dem Mörder des Prophetenenkels Hüseyin, und *Scheich* Sait gezogen wurde, um einen historisch antialevitischen Kontinuitätsmuster zwischen den beiden Personen aus verschiedenen historischen Kontexten herzustellen. Hierbei sei angemerkt, daß 'Yezid' ein für einen Sunniten benutztes Schimpfwort bei den Aleviten ist: "Dieses Abenteuer ist der Kerbela-Tag ... /Das ist der alte Haß des ungläubigen Yezid/Gott schütze Gazi Kemal." (Öz 1997: 87)

c) Ankaras Entgegnung auf den *Scheich-Sait*-Aufstand

Der Aufstand stellte eine ernsthafte Bedrohung für das Regime dar (vgl. Lewis 1965: 260-261). Da der sunnitische Islam die Revolutionsideologie der nationalreligiösen Aufständischen zur Wiederherstellung alter osmanisch-islamischer Zustände und zur Gründung eines eigenen separaten islamischen Kurdenstaates war, konnten die militärische, juristische und gesellschaftliche Verfolgung der Aufständischen durch ihre Stigmatisierung als Separatisten und Reaktionäre erfolgen. Die sunnitisch-islamistische und kurdisch-nationalistische, von feudalen Clanchefs und religiösen *Scheichs* geleitete Erhebung als deren reaktive Verhaltensweise auf Deprivilegierung wurde im kemalistischen Diskurs als "letzter Widerstand einer rückständigen, reaktionären Bevölkerung gegen die dringend notwendige Modernisierung ... [wahrgenommen; BG] und ihre Unterdrückung ... als Bestandteil der zivilisationsbringenden Mission des Regimes betrachtet." (van Bruinessen 1984a: 110). Wurden im Osmanischen Reich mit dem sunnitischen Islam als Herrschaftsideologie alevitische Aufstände verketzert, so wurde zum Beispiel der sunnitisch-kurdische *Scheich-Sait*-Aufstand (1925) im Diskurs der modernistischen Republik als Konterrevolutionsversuch und als versuchte Fortschrittsbehinderung an der Teilhabe zur 'zeitgenössisch-westlichen Zivilisation' wahrgenommen.

Wurden im Reich Oppositionelle mittels Fatwa verketzert, mußte in dem modernen Staat mit rational-legaler Herrschaft die staatliche Verfolgung Oppositioneller der gesatzten Ordnung

---

Aleviten und Sunniten (vgl. Mumcu 1995: 54).

basieren. Nach der Vorlage des Justizministers Mahmut Esat Bey (Bozkurt) wurde ein Entwurf des Hochverratsgesetzes verabschiedet (*Hiyanet-i Vataniyye Kanunu' nun Tadili Hakkinda Kanun*). Demnach wurden die Aufständischen nach dem Beginn der Erhebung laut Gesetz zu Verrätern definiert. Das politische abweichende Verhalten wurde damit gesetzlich auch zur Devianz deklariert. Die Illegalität in dieser Form war nicht vorgegeben, sondern entstand durch die Nichteinhaltung des ergänzten Gesetzes:

> "§1 Es ist verboten, Vereine zu gründen, um die Religion oder religiös heilige Gegenstände für politische Zwecke einzusetzen. Diejenigen Personen, die solche Vereine gründen oder Mitglieder solcher Vereine sind, gelten als Hochverräter. Diejenigen, die mit der Benutzung der Religion oder religiöser Gegenstände die Ordnung des Staates und der Gesellschaft verändern, und es versuchen, die Ordnung ... durch den Einsatz von Wort, Schrift und Tat zu verändern, vereinzelt oder in Massen durch die Benutzung von Religion und religiöser Gegenstände Schlechtes und Separatismus im Volke zu verbreiten, gelten auch als Landesverräter." (Erüreten 1999: 32)

Nach der Ablösung der als zu weich betrachteten Regierung von Fethi Bey (Okyar) durch Ismet (Inönü) wurden weitere Maßnahmen gegen den kurdisch-islamischen Aufstand zur Aufrechterhaltung der Ordnung beschlossen: Es wurden Unabhängigkeitstribunale (*Istiklal Mahkemeleri*) zur Verurteilung der Rebellen eingeführt (vgl. Mumcu 1995: 86; vgl. zu diesen Schiedsgerichten Aybars 1975), die Mobilmachung angeordnet und ein Gesetz zur Wiederherstellung der Ordnung (*Takrir-i Sükun Kanunu*) gegen die Stimmen der Opposition verabschiedet (vgl. Mumcu 1995: 88f.; Aybars 1994: 60), das der herrschenden Exekutive (mit kemalistischer Regierung und Präsidenten) legal außerordentliche (juristische) Vollmachten zur Kriminalisierung und zum Verbieten der Opposition übertrug[143]:

> "§1. Alle Organisationen, Hetze und Provokationen ... und Medien mit dem Ziele der Reaktion und Widerstands sowie zur Störung der sozialen Ruhe und Ordnung und Sicherheit können von der Regierung direkt mit der Zustimmung des Staatspräsidenten verboten werden." (Mumcu 1995: 88f.; Aybars 1994: 60; Erüreten 1999: 33-34)

Nach Abschluß der Mobilmachung wurde der Aufstand niedergeschlagen (vgl. zu den Details Kaynak Yayinevi 1992a: 113-199), die beteiligten Führer gefaßt, angeklagt und verurteilt, die

[143] Dieses Notstandsgesetz wurde auch zum Verbot sozialistischer Arbeiterbewegungen und linksradikalen Organisationen benutzt, die für sich in Anspruch nahmen, die "Klasseninteressen" der in der kemalistischen Türkei zum Aufbau der nationalen Industrie und des Bürgertums wirtschaftlich auszubeutenden und ausschließlich als Ressourcenlieferer dienenden Industriearbeiter zu verteidigen. Aus der Perspektive der linken Opposition wurde diese gegen die "Reaktion" gerichtete Rechtsnorm nun auch gegen sie zum Zwecke der Aufrechterhaltung der kemalistischen 'Ordnung der Ausbeute des Proletariats' eingesetzt: "Mitte 1925 hatte die Regierung in Ankara ... ihre Positionen so weit ausgebaut und gefestigt, daß die Arbeiter- und Gewerkschaftsbewegung durch Massenverhaftungen zerschlagen wurde." (Hoffmann/Balkan 1985: 37)

oppositionelle Istanbuler Presse und die Republikanische Fortschrittspartei verboten (vgl. Mumcu 1995: 96ff.: 169; Aybars 1994: 62). Diese Erhebung hatte auch weitere Folgen in der kemalistischen Kurdenpolitik, nach dem nun fortan ethnisch-orientiertes Verhalten von Südostanatoliern kurdischer Abstammung zur Gewährleistung der territorialen Integrität und Aufrechterhaltung der Ordnung sowie der nationalen Einheit als abweichendes Verhalten galt. Damit wurden Kurden mit autonomistischen Tendenzen verrandet[144].

Ein weiteres für die Frage der Arbeit wichtiges Ergebnis war die Beseitigung konkurrierender Machteliten und die Stabilisierung kemalistischer Herrschaft:

> "The *Takriri Sükün* Law of 1925 can be considered the beginning of a new phase in the history of the Republic. The government dealt henceforth from a position of strength, having –extended its authority in every part of the country and liquidated organized opposition. Mustafa Kemal's group, composed chiefly of former army personal and civil administrators, usually from the lower middle classes, had gained power; whereas the old Ottoman ruling group, although re-

[144] Zumindest nach Perinceks Andeutung wurde die während des Unabhängigkeitskriegs in Aussicht gestellte Teilautonomie gerade wegen den religiös motivierten Aufständen zurückgenommen, um eine 'reaktionäre' religiöse Vetomacht bzw. Obstruktion gegen die Säkularisierungsmaßnahmen in den einst versprochenen teilautonomen Gemeindeverwaltungen zu verhindern. Mit dem Abtritt des auch von Kurden bewohnten Mossulgebiets (heute: Nordirak) an Britisch-Irak sank, so Perincek, auch der demographische Anteil der Kurden in der Türkei an der Gesamtbevölkerung. Damit sei das ethnische Gleichgewicht so sehr zu Ungunsten der Kurden verschoben worden, daß die Autonomie demographisch nicht mehr legitimiert werden konnte (vgl. Perincek 1999b: 284f.). Es wurde künftig die Existenz einer kurdischen Ethnie geleugnet. Nach Yavuz hätten die Kemalisten gerade durch ihre Assimilationspolitik versucht, künftige kurdische Widerstände für die Modernisierungsreformen zu beseitigen (1999: 24). Diese Thesen rivalisieren mit der Vermutung, daß die Teilautonomieversprechungen nur aus opportunistisch-taktischen und bündnispolitischen Gründen zur Gewinnung der Kurdenstämme im Befreiungskrieg gemacht wurden und nach dem Wegfall der gemeinsamen (armenischen) Bedrohung nach dem Sieg nicht mehr gehalten zu werden brauchten. Die kemalistische Kerngesellschaft bestand aus 'der Nation der westlich-zivilisierten Türken', so daß neben religiösen Muslimen nun auch Kurdischstämmige mit autonomistischen Tendenzen zu den Randgruppen zählten. Das heißt, nicht kurdischstämmige Personen an sich waren verrandet, sondern jene, die nun offen an ihrer eigenen ethnischen Identität beharrten. Auch nach dem prokurdischen Autor Yegen verbarg sich somit keine Logik der Apartheid dahinter: Kurden konnten zwar nicht mehr als "Kurden", dafür aber als "Türken" ins Parlament gewählt werden (vgl. Yegen 1999: 120): "Die Kurden, die gewillt waren, sich den Türken anzugleichen, fanden faktisch sehr wohl im politischen Leben der Türkei ihren Platz; Beschränkungen rückten vom ökonomischen und kulturellen Rückstand ... [ihrer Herkunfts-; BG] Region her." (van Bruinessen 1984a: 161). Das heißt, der Kemalismus erhöhte lediglich die Anreize für das Goffmansche Täuschen bzw. für das Leugnen der eigenen Herkunftsidentität, da die Diskriminierungsschwelle nicht an der Abstammung, sondern am Bekenntnis zum Türkischen ansetzte. Die ideologischen Außenseiter, autonomistische Kurden, wurden m.E. schon als potentielle Mitglieder der durch eine Erziehungsdiktatur zur erschaffenden Kerngesellschaft betrachtet, "die nur wegen kontingenter Hindernisse [, ethnisches Bewußtsein, Unwissenheit, Stammes- und Feudalstrukturen; BG], die es zu überwinden gilt, noch nicht auf dem richtigen Weg zur Erlösung sind. Alle Menschen haben gleichermaßen die Anlage und Möglichkeit, der Gemeinschaft dazuzugehören, alle sind gleichermaßen mit der Bestimmung zur Erlösung ausgestattet, aber sie sind sich dessen noch nicht bewußt oder sind durch die Umstände, unter denen sie leben, verblendet ... Sie gelten vielmehr als Unterlegene und unmündige Wesen, die durch Missionierung, Bekehrung, Aufklärung oder Pädagogik ihre Unmündigkeit überwinden ... können ... Gewalt stellt ... nur ein letztes ... Mittel der Inklusion dar." (Giesen 1999b: 56-57). Wäre der Kemalismus eher nicht universalistisch, wären vermutlich weitere noch später zu erläuternde Maßnahmen zur Turkifizierung und Säkularisierung des Volkes sowie die Aufhebung der Stammesstrukturen nicht erfolgt, sonst wären Sozialisationsinstanzen zur Inklusion in die Gemeinschaft auch nicht im Südosten aufgebaut worden.

> tained in various capacities in the new structure, was left, nevertheless, in the minority. Mustafa Kemal ... had ... succeeded in establishing the supremacy of his own secular modernist group" (Karpat 1966: 49).

Eine weitere für die Themenstellung dieser Arbeit wichtige Folge war die Benutzung dieses Notstandsgesetzes zur weiteren Einführung kemalistischer Reformmaßnahmen zur Säkularisierung der Gesellschaft der Türkei. Es wird versucht werden, darzustellen, daß Ersetzung der sunnitischen Fünf Säulen des Islam durch die Sechs Pfeile als herrschende Staatsideologie bzw. die damit verbundene *Turkifizierung und Säkularisierung* auch der Bevölkerung der *sunnitischen Mehrheitskonfession* durch entsprechende Rechtsnormen, Bezugsmerkmale, Rituale und Sozialisationsinstanzen konfessionelle Diskriminierungsmerkmale abgeschwächt und so den religiösen Außendruck auf Aleviten gesenkt und deren Loyalität zu Atatürk gestärkt hat.

5.2.4. Über die Durchsetzung kemalistischer Maßnahmen nach der Sicherung der kemalistischer Herrschaft durch die Notstandsgesetze

Die kemalistischen Werte und Normen wurden neben Schulen, Medien und dem Militärdienst mit Gesetzen, Sozialisationsinstanzen (Türkenherd, Dorfinstitute, Volkshäuser, Türkische Sprach- und Geschichtsgesellschaften), hervorgehobenen Normen und Bezugsmerkmalen und Ritualen durchgesetzt, um das Kollektivbewußtsein der neuen Kerngesellschaft zu prägen.

a) Gesetze

Das Gesetz zur Wiederherstellung der Ordnung wurde auch zum Verbot jeglicher Opposition und zur Beseitigung rivalisierender Machteliten eingesetzt und erleichterte so die Einführung säkularer Maßnahmen.

1925 wurden wegen dem *Scheich-Sait*-Aufstand und zum Vorbeugen vor künftigen Erhebungen, zur Beseitigung der gesamten rechts- und volksislamischen Machtelite, zur weiteren Durchsäkularisierung der Gesellschaft, und zur Sicherung der Loyalität der Bürger gegenüber dem Staat durch das gleichnamige Gesetz Konvente und Klöster, Mausoleen (*türbe*) der machtvollen Derwischorden als 'Horte der Reaktion' geschlossen, ihre Führer pensioniert oder bei Widerstand verbannt (vgl. Spuler-Stegemann 1996: 235; Toprak 1984: 97; Perincek 1995b: 175; Erüreten 1999: 64; Ilsever 1997: 67). Diese Einrichtungen waren alternative Sozialisationsinstanzen, wonach kemalistisch zu beherrschende *Bürger* bisher religiös anerzogene Weltwahrnehmungsweisen, Deutungs- und Verhaltensmuster, Werte und Normen in diesen Lebenswelten bekommen hatten. Diese waren auch die Grundlage der Herrschaft der volksislamischen Elite von *Celebi*, *Dede*, *Baba* und *Scheichs* über ihre *Jünger*, die von diesen ausgenutzt werden konnten. Die kemalistische Säkularisierung sollte dies beenden und die von den Derwischen beherrschten mystischen Jünger zu den ausschließlich vom Nationalstaat beherrschten 'westlich-zivilisierten türkischen Bürgern' machen. Die Mausoleen mußten geschlossen werden, denn nach kemalistischer Propaganda ist es "für eine zivilisierte Gesellschaft ... eine Schande, von Toten Hilfe zu wünschen." (Atatürk 1997: 92)

In dem von den Motiven der Verwestlichung und Zivilisierung geleiteten kemalistischen Diskurs war die Verweltlichung legitim:

> "Meine Herren! Während das Gesetz über die Wiederherstellung der Ordnung in Kraft war, erfolgte ferner die Schließung der Tekken, der Klöster, der Mausoleen sowie die Aufhebung aller Arten von Titeln wie Scheich, Derwisch, Mürsit, Celebi, Okkultist, Magier, Mausoleumswächter und andere. Man wird ermessen, wie notwendig die Durchführung dieser Maßnahmen war, um zu beweisen, daß unsere Gesellschaft kein primitives, von Vorurteilen und Aberglauben erfülltes Volk war. Konnte man als eine zivilisierte Nation eine Menschenmasse ansehen, die sich ins Schlepptau nehmen ließ von einem Haufen Scheichs, Dede, Seyyit, Celebi, Baba und Emiren; die ihr Schicksal und Leben Astrologen, Zauberern, Loswerfern und Amulettenverkäufern anvertraute?" (Atatürk 1991: 457)

Das Tragen der traditionellen Kopfbedeckung wurde durch Verbot im Hutgesetz zum abweichenden Verhalten, während das Tragen westlicher Hüte geboten war. Die bisherige Kopfbedeckung galt nun als "Zeichen von Ignoranz, Nachlässigkeit, Fanatismus, Haß von Fortschritt und Zivilisation." (Atatürk, zitiert von Rill 1987: 95) Das als 'reaktionär' verurteilte abweichende Verhalten entstand somit durch die künftige Nichteinhaltung des Hutgesetzes. Diese Kopfbedeckung sollte als 'emblematisches Ausdrucksmittel' Zugehörigkeit zur 'westlicher Zivilisation' und Abgrenzung vom 'rückständigen und islamischen Orient' signalisieren: "Dress, and especially headgear, was the visible and outward token by which a Muslim indicated his allegiance to the community of Islam and his rejection of others ... the fez ... had been adopted and accepted by Muslims in Turkey and in many other countries, and had become the last symbol of Muslim identification." (Lewis 1965: 261-262)

Bei Frauen wurde westliche Kleidung im Gegensatz zum sunnitischen Schleier begünstigt (vgl. Toprak 1984: 97).

Der Gregorianische Kalender wurde anstelle der islamischen Mond- und Sommerkalenders eingeführt (vgl. Toprak 1984: 98), ebenso die westliche Uhrzeiteinteilung übernommen (vgl. Perincek 1995b: 175; Erüreten 1999: 75), so daß die allgemeine Lebensführung nun nicht mehr nach islamischer, sondern nach westlicher Zeiteinteilung strukturiert wurde.

Das nach westlichen Vorbild entworfene BGB wurde 1926 anstelle der abgeschafften sunnitischen Scharia eingeführt (vgl. Erüreten 1999: 100), um einen rechtlichen Rahmen auf für die zeitgemäße Regelung von Marktaustauschbeziehungen bereitzustellen. Die standesamtlich vollzogene Zivilehe wurde anstelle des von einem sunnitischen Hodscha vollzogenen Imam-Heiratsrituals eingeführt, die Frau dem Mann formal gleichgestellt. Die Einführung dieser sanktionierten westlichen Rechtsnormen wurde mit dem fortschrittshemmenden Konservativismus der Religionen legitimiert: "Die Hauptursache für gesellschaftliche Rückständigkeit sind Religionen. Die Staaten, die ihre Gesetze den Religionen entlehnen, können kurze Zeit später die Bedürfnisse des Landes und Nation nicht befriedigen. Das Leben geht weiter, die Bedürfnisse ändern sich ständig ... Das Beharren [auf göttliche Werte und Normen; BG] ist religiöse Pflicht ... Die Gesetze, die ihre Grundlage in den Religionen haben ... gehören zu den Hauptursachen ... der Hindernisse am Fortschritt." (Justizminister Mahmut Esat Bozkurt, zitiert nach Ilsever 1997: 51).

Der Verfassungsartikel, wonach der Islam Staatsreligion war, wurde 1928 gestrichen (vgl. Perincek 1995b: 175; Spuler-Stegemann 1996: 236; Erüreten 1999: 88f.).

Neben der Tatsache, daß eine Lateinschrift wegen der Einfachheit die Alphabetisierung (und damit Bildung sowie Fortschritt) der Bevölkerung erleichtern und türkische Laute besser als arabische Zeichen ausdrücken konnte (vgl. Rill 1987: 100f.), löste deren Einführung die "Türkei aus dem islamischen Kulturverbund, weil die Jugend das Traditionsschrifttum nicht mehr zu lesen vermochte. An dessen Stelle trat die moderne, zu einem Großteil von Europa übernommene sowie von der nationalistischen Staatsideologie geprägte Literatur für schriftliche Lebensbereiche." (Spuler-Stegemann 1996: 236).

1932 wurde der Koran zum ersten Mal auf Türkisch vorgelesen.

Das passive Wahlrecht für die Frau gab es schon ab 1934, nachdem bereits das aktive auf kommunaler und nationaler Ebene eingeführt worden war. Es wurden Nachnamen eingeführt, so daß die bisher übliche Art der Zuordnung von Personen nicht mehr über Verweise an Eltern, Kinder oder Orte erfolgte.

Das Tragen jedweder religiöser Kleidung für In- und Ausländer, für alle Religionen wurde 1935 bis auf bestimmte Ausnahmen verboten (vgl. Perincek 1995b: 175). Kleidung konnte nun nicht mehr als 'emblematisches Ausdrucksmittel' zur Signalisierung der Zugehörigkeit zu und zur Abgrenzung von einer religiösen oder konfessionellen Gemeinde eingesetzt werden.

Der kemalistische Säkularismus wurde 1937 in der türkischen Verfassung als das explizit herrschende Werte- und Normensystem verankert (vgl. Spuler-Stegemann 1996: 236). "Die meisten Moscheen wurden im Laufe der Zeit geschlossen und verfielen, soweit man sie nicht – wie 1934 die *Ayasofya* in Istanbul – in Museen umwandelte oder für andere Zwecke nutzte." (Spuler-Stegemann 1996: 235)

Diese zum großen Teil auf das Gesetz zur Wiederherstellung der Ordnung fußenden Maßnahmen dienten zur endgültigen Zerschlagung der alten rechts- und volksislamischen Machtelite aus der osmanischen Zeit, um deren Legitimationsgrundlage zu beseitigen und nicht nur eine dem kemalistischen Staat loyales, sondern auch ein weltlich-aufgeklärtes modernes Staatsvolk zu konstruieren sowie die Zukunftsfähigkeit der Gesellschaft und des Herrschaftssystems der Türkei im internationalen Wettbewerb gegen westliche Eliten zu gewährleisten. So wurde es zumindest im kemalistischen Diskurs gesehen und gerechtfertigt:

> "Durfte man in dem neuen türkischen Staat, in der türkischen Republik diese Elemente und Institutionen aufrechterhalten ... Hätte man damit nicht den größten, nicht wiedergutzumachenden Fehler für die Sache des Fortschritts ... begangen? Wenn wir so die Existenz des Gesetzes über Wiederherstellung der Ordnung ausnutzten, so geschah es, um diesen geschichtlichen Irrtum nicht zu begehen ... Meine Herren! In derselben Zeit wurden die neuen Gesetze ausgearbeitet und erlassen, die auf sozialem und wirtschaftlichem Gebiet und überhaupt für alle Ausdrucksformen menschlicher Tätigkeit fruchtbare Ergebnisse für die Nation versprechen ... das Bürgerliche Gesetzbuch, das die Freiheit der Frau sichert ... Wir benutzten alle Umstände folglich nur einem Gesichtspunkt, der darin besteht: *die Nation auf die Stufe zu heben, die anzustreben sie in der zivilisierten Welt berechtigt ist ...*" (Atatürk 1991: 457-458; meine Hervorhebung).

Das dazu entsprechende säkularistisch-nationalistische Werte- und Normensystem sollte genau wie die dazugehörige Weltwahrnehmungsweise, Deutungs- und Verhaltensmuster in den Sozialisationsinstanzen der definitionsmächtigen kemalistischen Elite allen Schülern und auch Bewohnern der Türkei vermittelt werden, die zu diesem Zwecke ins Leben gerufen wurden.

b) Kemalistische Sozialisationsinstanzen

Die Hauptaufgabe aller staatlicher Lehranstalten und Instanzen zur "*adult education*" war die Prägung der Wahrnehmungs-, Deutungs-, Denk- und damit auch Verhaltensweisen, um das loyale Staatsvolk der 'westlich-zivilisiert-säkularen Türken' aus den verschiedenen Völkern, Konfessionen und Regionen zu erschaffen. Nach dem Parteiprogramm der Republikanischen Volkspartei war die Hauptaufgabe "aller Lehranstalten jeglichen Grades die Erziehung von starken republikanischen, nationalistischen, populistischen, säkularistischen und modernistischen Staatsbürgern. Allen Bürgern soll die Pflicht eingeimpft werden, daß die türkische Nation das Parlament und den türkischen Staat akzeptiert und auch andere zum Anerkennen bringt." (Parla 1995: 74) Hier sollen einige Instanzen neben der Armee und den nur zugelassenen loyalen Massenmedien (Radio, Presse) erläutert werden.

■ Türkenherd (*Türk Ocagi*)

Die Aufgabe der schon seit 1912 von den Jungtürken gegründeten und in der kemalistischen Republik unter der Aufsicht der CHP stehenden Istanbuler und anatolischer Klubs war es, die nationale Identität der westlichen Türken zu entwickeln und dieses Konzept den ländlichen Massen zu vermitteln (vgl. Yegen 1999: 174): "Its aims were 'to advance the national education and raise the scientific, social and economic level of the Turks ... and to strive for the betterment of the Turkish race and language'." (Lewis 1965: 344) Es wurden Kurse, Vorlesungen, Debatten, kulturelle und Theaterveranstaltungen organisiert, Bücher veröffentlicht, Unterrichtsanstalten eröffnet, Landwirtschaft und soziale Hilfsdienste gefördert (vgl. Lewis 1965: 344). Es wurden nicht nur Wissensbestände, Werte und Normen sowie kemalistische Propaganda vermittelt. Dadurch daß Vorlesungen, Seminare und Unterrichtsveranstaltungen auch zeremoniellen und identitätsinszenierenden Charakter mit festgelegten Rollen für alle Teilnehmer hatten, ist vermutlich die kollektive Identität der 'modernen türkischen Nation' rituell gestiftet worden. Insbesondere nach dem *Scheich-Sait*-Aufstand wurde ihre Zahl in den Jahren 1925 bis 1926 von 135 auf 217 (250 in 1930) erhöht. Ein großer Teil dieser Klubs wurde in Südostanatolien eröffnet, um die kurdischstämmigen Bürger an die Kerngesellschaft der 'Nation der westlichen Türken' heranzuführen (vgl. Yegen 1999: 180)[145]. Die dazugehörige Medieninstanz dieser 1931 geschlossenen Klubs war die Zeitschrift *Türk Yurdu* (vgl. Yegen 1999: 180). *Türk Yurdu* (Türkische Heimat) veröffentlichte auch 1926 die Forschungsergebnisse der 1915 durchgeführten Untersuchung über die Aleviten Anatoliens, in der diese Glaubensgemeinschaft gepriesen wurde (vgl. Birdogan 1994).

---

[145] Dies ist eine Parallele zum Osmanischen Reich. Während, wie schon erwähnt, im Reich Sufi-Orden vor allem in den von christlichen Untertanen bewohnten Gebieten eingesetzt wurden, um diese dem Islam näherzubringen, sollten nun Ostanatolier durch diese Instanzen in die zu bildende türkische Nation herangeführt werden.

■ Volkshäuser/-räume (*Halkevleri/ -odalari*)

Die 1932 gegründeten und in den anatolischen Provinzen sowie Dörfern eingesetzten Volkshäuser und –räume ersetzten die zuvor abgeschafften "Türkenherde". Das Ziel war die ideologische Unterweisung und Verbreitung der kemalistischen Identität der 'westlich-zivilisierten Türken' (vgl. Türkdogan 1999: 337). Die Teilnahme an diesen Sozialisationsinstanzen waren zwar freiwillig und für jeden Besucher auch offen. Allerdings mußte der Leiter CHP-Mitglied sein (vgl. Yegen 1999: 186). Damit sollte die partei- und staatsoffizielle Deutungshoheit bewahrt werden, so daß ausschließlich Atatürks Ideen propagiert werden konnten (vgl. Rill 1987: 107):

> "The people's houses had nine branches of activity which sought to cover all the cultural life of society: l) Language and Literacy, 2) Fine Arts, 3)Theatre, 4) Sports, 5) Social Assistance, 6) Public Education, 7) Libraries and Publications, 8) Rural Development ..., 9)History and Museums ... People's houses, and later on, village institutes, become places also wherein the folklore of the local communities were studied and developed by works of art and sociocultural monographs. The cultural and ideological activities of the people's houses and people's rooms (small branches of the people's houses) were under the watchful eye of the Republican People's Party." (Kongar 1986: 40)

Darüber hinaus hatten sie die Volkshäuser die Aufgabe, die offiziellen Feiertagszeremonien für die erinnerungsrituelle Konstruktion von kollektiver Identität zu organisieren (vgl. Yegen 1999: 183), bei dem die anatolischen Dorfbewohner an bestimmte hervorgehobene historische Ereignisse in der Vergangenheit gedachten und sich dadurch in der Gegenwart als Türken konstruierten[146].

Es gab in der Türkei 4.521 Volkshäuser und –räume, die bis zum Jahr 1940 23.750 Konferenzen, 12.350 Theateraufführungen, 9.050 Konzerte, 7.850 Filmvorführungen, 970 Ausstellungen organisiert hatten (vgl. Yegen 1999: 187).

Im Jahre 1951 wurden sie nach der wahlbedingten Regierungsübernahme durch die Demokratische Partei (*Demokratik Parti, DP*) abgeschafft (vgl. Yegen 1999: 187-188).

■ Dorfinstitute (*Köy Enstitütleri*)

Den Dorflehrern wurde u.a. die Aufgabe zuteil, Bildung und Ausbildung in den dörflichen Regionen voranzutreiben sowie die 'nationale Kultur' der Bewohner anzuheben, sie an die aktuellen gesellschaftlichen Gegebenheiten der Gegenwart vorzubereiten, schulische Zeremonien an nationalen Feiertagen und offiziellen Eröffnungen zu organisieren und zu leiten, das Interesse

---

[146] Darauf wird weiter unten eingegangen werden.

der Dorfbevölkerung an Ausstellungen, Messen oder Museen wecken, sie in bezug auf wirtschaftliche Bedürfnisse des Landes umzuschulen bzw. auf die "Integration in die Volkswirtschaft" (Yegen 1999: 201) vorzubereiten.

- Die Türkische Gesellschaft für Geschichte (*Türk Tarih Kurumu; TTK*) und die Türkische Gesellschaft für Sprache (*Türk Dil Kurumu, TDK*)

Ein nationalistisches und säkulares Geschichtsbild zur Vermittlung der neuen kollektiven Identität der Kerngesellschaft der 'westlich-zivilisierten Türkischen Nation' mußte auch offiziell geschaffen werden. Dazu wurde 1931 der Ausschuß für türkische Geschichtsforschung (*Türk Tarihi Tetkik Cemiyeti*, später *TTK*) ins Leben gerufen (vgl. Yegen 1999: 188f.; Copeaux 1998: 38ff.; Türkdogan 1999: 333f.; Stromeier 1984: 102f.; Rill 1987: 104f.). Dem im Westen verbreiteten Türkenbild sollte entgegengetreten, den Türken sollte ein säkulares Bewußtsein eingeflößt werden. Dieser Ausschuß bestand aus CHP-Fraktionsmitgliedern, dem Minister für Erziehung, Museumsdirektoren und den Historikern Afet Inan, Tevfik Biyiklioglu, Yusuf Akcura, Ismail Hakki Uzuncarsili und Muhsin Halit Inanc. Das Gremium mußte die "Grundzüge der Türkischen Geschichte" (*Türk Tarih Anahatlari*) ausarbeiten, worauf dann nach der positiven Beurteilung von Historikern republikanische Geschichtsbücher für die schulischen Sozialisationsinstanzen fußen sollten (vgl. Türk Tarihi Tetkik Cemiyeti 1996). Diese "Grundzüge" wurden geschrieben, um den türkischen Schülern die staats- und parteioffizielle Geschichtsdeutung zur Konstruktion eines säkularen Nationalbewußtseins zu vermitteln und dabei auch noch das westliche Türkenbild und religiös-islamische Thesen über die Entstehung der Erde und der Menschen zu widerlegen (vgl. Türk Tarihi Tetkik Cemiyeti 1996: 25f.). Um die junge kemalistische Republik legitimatorisch vom Osmanenreich zu distingieren, wurde nach der vorgelegten türkischen Geschichtsthese (*Türk Tarih Tezi, TTT*) die Geschichte des Osmanischen Reiches heruntergespielt, die präislamische, vorosmanische Geschichte der Türken hervorgehoben und alte Hochkulturen der Sumerer und Hethiter türkischen Ursprungs erklärt. Die Menschen lernten nicht nur, daß sie alle Türken waren, sondern auch ihre Vorfahren aus Zentralasien stammten (vgl. Türk Tarihi Tetkik Cemiyeti 1996). Die offizielle Türkische Geschichtsthese sollte alle Schüler verschiedener Ethnien zur einer einzigen türkischen Erinnerungsgemeinschaft zusammenbringen, ihr kollektives Gedächtnis prägen und dabei die nationaltürkische Identität mit den von der historischen Vergangenheit über die Gegenwart bis in die Zukunft dauerhaft versehenen Charaktereigenschaften rekonstruieren. Dazu gehört zum

Beispiel die These über die Zivilisiertheit der Türken und deren Tradition der Staatengründung: "Unsere Ahnen, die große Staaten schufen, besaßen auch eine große und umfangreiche Kultur ... Sobald das türkische Kind seine Ahnen kennt, wird es in sich die Kraft verspüren, noch größere Taten zu vollbringen." (Atatürk auf der ersten Tagung der TTK, zitiert von Rill 1987: 104) Diese Aufbruchsstimmung wurde in die Vergangenheit hineinprojiziert und in ein Kontinuitätsmuster eingereiht.

Die Gesellschaft für Türkische Sprache hatte die Funktion, das Türkische von arabischen, persischen, osmanischen Einflüssen zu 'reinigen' (Kongar 1986: 41) und sie mit alttürkischen Worten oder von türkischen Wurzeln abgeleiteten Wortneuschöpfungen zu ersetzen. Die Sprache als Merkmal diente so zur Konstruktion der 'Nation der westlichen Türken' und zur Abgrenzung vom polyglotten Osmanenreich. "Actually, it was an effort to abandon the cosmopolitan language by the Ottomans, which had been spoken and written by a 'palace culture', and to substitute the every day language of the 'people' of the Turkish Republic." (Kongar 1986: 41) Es kam zu der Kampagne: 'Sprich Türkisch, Bürger!' In der entwickelten Sonnensprachtheorie (*Günes Dil Teorisi*) wurde Türkisch zum Ursprung aller Sprachen deklariert (vgl. Türkdogan 1999: 341f.), um das Nationalbewußtsein und die Zivilisiertheit der Türken hervorzuheben.

c) Loyalitätsnormen

Es wurde in den einzig zugelassenen staatlichen Schulen auch Loyalitätsnormen zur Sicherung der kemalistischen Herrschaft vermittelt. Ein Zitat aus einem Schulbuch: "Der Staat bestimmt Rechte und Pflichten von allen; keiner darf außerhalb der ihm zugestandenen Rahmens Ansprüche erheben." (Perincek 1991: 181)

d) Bezugsmerkmale

Die Konstruktion der kemalistischen Kerngesellschaft der 'Nation der westlichen Türken' brauchte darüber hinaus auch zur positiven und negativen Selbst- und Grenzdefinition die von den Sechs Pfeilen abgeleiteten Bezugsmerkmale, die als anerzogene geglaubte Gemeinsamkeiten das Gemeinschaftsgefühl stärken sollten. Die in den für alle einheitlichen Medien- und Sozialisationsinstanzen (Schule, Dorfinstitut, Volkshaus, Militär) vermittelten Referenzkriterien waren der gemeinsame rechtliche Rahmen, die gemeinsame Erziehung durch gemeinsame Sozialisationsinstanzen und nationale Erziehung, anerzogene gemeinsame türkische

Sprache, anerzogene und geglaubte gemeinsame türkische "Rasse", gemeinsame Erinnerung an die geglaubte gemeinsame türkische Geschichte, das angestrebte gemeinsame Ideal und Schicksal vom Einholen der 'zeitgenössischen westlichen Zivilisation', nationalistische und säkularistische Werte, Gesetze und Normen, sowie westliche Lebensweise, Schriftzeichen (Lateinschrift), Kopfbedeckung (Hut!) und Kleidung, Identifikationssymbole (mystifizierter Nationalpakt als Grundsatzerklärung, Nationalflagge, Nationalhymne), Riten[147] und Identifikationsfiguren (Atatürk[148]). Diese Merkmale wurden zur positiven Definition der unteilbaren 'Nation der westlichen Türken' benutzt, die seit Jahrhunderten große historische Errungenschaften geleistet, unter Atatürks Führung sich erfolgreich zum Widerstand gegen innere und äußere Feinde formiert hat, eine Sprache spricht und in einem Alphabet schreibt, westlich gekleidet sowie zivilisiert ist und bald den Westen einholen wird.

Diejenigen, die wegen Mangel oder Widerstand gegen diese neuen Bezugsmerkmale nicht zur Kerngesellschaft gehörten, waren Angehörige der Gruppen aus der Zeit des Ancien Regime. Sie dienten zur negativen Selbstdefinition der neuen Kerngesellschaft. Deprivilegierte, radikalreligiöse Scharia-Anhänger[149] oder die auf den feudalen Clan- und Stammesstrukturen beharrende und Widerstand gegen den neuen *Status quo* des herrschenden Werte- und Normensystems leistende Gruppen wurden als "Reaktionäre" oder Angehörige "primitiver Bergstämme" betrachtet. Sie dienten somit auch Negativbeispiele. Der *Scheich-Sait*-Aufstand galt zum Beispiel als "letzter Widerstand einer rückständigen, reaktionären Bevölkerung gegen die dringend notwendige Modernisierung" (van Bruinessen 1984a: 110) und diente zur negativen Selbstdefinition der Gesellschaft.

---

[147] Darauf wird weiter unten Bezug genommen.

[148] Die Rezeption von Mustafa Kemal Atatürks Leistungen und Errungenschaften machte ihn zur Identifikationsfigur: Es wurden 1926 und 1927 in Konya, Istanbul und Ankara vier Atatürk-Denkmäler aufgestellt (vgl. Gronau 1999: 153f.). In der offiziellen Geschichtsschreibung wurde auf seine führende Rolle in der Widerstandsbewegung, auf den Konferenzen in Sivas und Erzurum, im Parlament und in den Reformen Bezug genommen (vgl. Türk Tarihi Tetkik Cemiyeti 1996: 466-467). In den Zeitungen, Schulbüchern und Gedichten wurde er u.a. mit folgenden Ehrentiteln bezeichnet: "Befreier der Nation", "unser heldenhafter Pascha", "großer Marschall", "Held ohnegleichen", "militärisches Genie", "großer Kommandant", "mutiger Revolutionär", "Erzieher der Nation", "großer Türke", Ein Mensch mit "Weitsicht", "Erhabener Führer", "Heiliger", "Vater" (vgl. Dreßler 1999: 61-75).

[149] Angehörige des verbotenen sunnitischen Nakschibendi-Ordens hatten mehrere Aufstände als reaktive Verhaltensweise gegen Atatürks Staat unternommen. Im Schwarzmeergebiet um Rize kam es zum bewaffneten Aufstand gegen das Hutgesetz. Bei einer anderen Erhebung in Menemen (1930) wurde ein junger Offizier namens Kubilay enthauptet. Weitere Aufstände zwischen 1933-1936 folgten (vgl. Toprak 1987: 225).

e) Rituale

Die zu stiftende kollektive Identität der säkularen Türken beruhte ja nicht nur auf der Grenze zwischen Innen und Außen, sondern auf der Überwindung innerer Heterogenität ihrer Mitglieder. Diese Riten als repetitive, normative, standardisierte und vor allem gleichzeitig auszuführende Handlungen stifteten Emotionalität, Gruppenerlebnisse und damit nationale Identität.

- Bekenntnis- und Opferrituale

Ein von Grundschülern allmorgendlich gemeinschaftlich zu leistender Eid lautet: "Ich bin Türke, aufrichtig und gerecht ... Mein Schwur ist, die Kleinen zu schützen und die Großen zu achten, mein Land mehr zu lieben als mich selbst. Mein Ziel ist es, vorwärts zu schreiten. Mein Dasein sei ein Geschenk an die türkische Nation." (vgl. Dreßler 1999: 51; Koydl 1998: 34)

- Erinnerungsrituale

Dabei schafft der soziale Vorgang der Erinnerung eine Vergangenheit, die auch die Gemeinschaft begründet, in der die Erinnerung stattfindet. Dabei werden besondere Personen, Ereignisse und Orte hervorgehoben. Diese Erinnerungsrituale finden an periodisch wiederkehrenden Zeitpunkten, an den offiziellen Feiertagen mit entsprechenden Märschen, Paraden, Gedichten, Vorlesungen, Seminaren in Sälen, vor Denkmälern, auf öffentlichen Plätzen, auf Straßen und in Stadien statt[150]. Dazu gehören der 'Feiertag der Republik'[151], 'Feiertag der Jugend'[152], "Feiertag der nationalen Souveränität und der Kinder"[153], "Feiertag des Sieges"[154]. Später nach Atatürks Tod kam noch der Gedenktag dazu[155]. Vor dem Hintergrund dieser Rituale steht die Grund-

---

[150] Laut Oppitz' "Montageplan" (1999: 73) besteht der Klang aus Märschen und Hymnen; die Sprache aus Gesang, Gedichten; Bewegungen aus Stillstand, Tanzeinlagen oder Marschieren; Orte aus Stadien, Straßen, Säle, Denkmälern, öffentlichen Plätzen etc..

[151] Dies erinnert an den Jahrestag der Ausrufung der Republik (Zeit: 29.10.1923) im Parlament (Ort) durch die von Atatürk geleiteten Kemalisten (Personen).

[152] An diesem Tag wird an die Ankunft Atatürks (Person) in Samsun (Ort) am 19.05.1919 (Zeit) gedacht, der den symbolischen Beginn der Organisation der nationalen Widerstandsbewegung markiert.

[153] Dies ist ein Feiertag zum Gedenken an die konstituierende Sitzung der Türkischen Nationalversammlung der von Atatürk angeführten Bewegung (Person) am 23.04.1920 (Zeit) in Ankara (Ort).

[154] Dieser Feiertag soll an den Sieg der von Mustafa Kemal geleiteten Truppen (Personen) bei der entscheidenden Schlacht über die griechische Armee bei Dumlupinar (Ort) am 30.08.1922 (Zeit) erinnern. Der Ort wurde auch zur Wallfahrtsstätte. Aus einem Schulbuch aus dem Jahre 1929: "Das ist Dumlupinar ... Jede Hand voller Erde ist getränkt mit dem Blut von Tausenden Soldaten. Du mußt diesen Ort wie die Kaaba betrachten ... In unserem Innern herrscht Ruhe, als ob wir beim Beten wären." (Dreßler 1999: 53)

[155] Dieser Tag erinnert an den Tod des Staatsgründers am 10.11.1938 in Istanbul. In der Sterbeminute findet überall in der ganzen Türkei um 9.05 Uhr auch ein gesetzlich sanktioniertes für alle Bewohner der Türkei geltendes Schweigeritual statt. Es gibt auch ein weiteres fest vorgeschriebenes Ritual: Vorm Atatürk-

satzerklärung des Nationalpakts als Gründungsereignis der türkischen Gemeinschaft (*Misak-i Milli*), "der als Wanderung eines Stammes in das versprochene oder gelobte Land, als Abwehr eines äußeren Feindes, als Held, der die Gemeinschaft einte, oder aber in modern-demokratischen Gesellschaften als Revolution des Volkes gegen seine Unterdrückung vorgestellt werden kann." (Giesen 1999b: 45) In der offiziellen Geschichtsschreibung ist vieles davon vorhanden: die aus Zentralasien stammenden Türken wanderten in die Türkei ein, die äußeren Feinde (Alliierte) wurden abgewehrt, der Volksheld Atatürk einte die Gemeinschaft, das souveräne Volk beseitigte die Dynastie der Osmanen (vgl. Türk Tarihi Tetkik Cemiyeti 1996: 466).

■ Hymnen und Märsche als Gesangsrituale

Bei offiziellen Anlässen wurden Hymnen oder Märsche gesungen, die ein Gruppenerlebnis stifteten. Dazu zählt zum Beispiel der Marsch "Der Morgennebel ist auf die Gipfel der Berge versunken" (vgl. Gronau 1994: 153), "Der Marsch des 10. Jahres" (mit Motiven der Zivilisation) oder die Nationalhymne "Unabhängigkeitsmarsch" (*Istiklal Marsi*), die von allen gleichzeitig in Stillstand als Hervorhebung der Besonderheit gesungen werden soll und in der neben der Nationalflagge nicht selten das Motiv der Opferbereitschaft für 'Nation und Vaterland' auftaucht und somit auch emotionalisierende und identitätsstiftende Wirkung auf die Teilnehmer hat.

5.2.5. Zu den Auswirkungen des kemalistischen Säkularismus auf die Aleviten

Wenn man von dem mit dem Reich bis 1826 kooperierenden Bektaschi-Orden und von der Jungtürkenzeit absieht, waren Aleviten im Osmanischen Reich verrandet, verfolgt und vernichtet worden. Die sunnitischen und alevitischen Dörfer waren getrennt, weil man zum 'Yezid' oder zum 'Ketzer' einen Sicherheitsabstand wahren mußte. Von den *ülema* zu *katl-i vacip* erklärt, zum jemanden, dessen Tötung für Muslime erlaubt und geboten war, konnten sie als räumlich und sozial marginalisierte Menschen kaum am öffentlichen Leben teilhaben: "Für sie bedeutete die Umwandlung des sich religiös legitimierenden Osmanischen Reiches in eine säkulare Republik, in der man sich öffentlich nicht mehr primär über die Religion definierte, das formale Ende jahrhundertelanger Diskriminierung ... Ihre religiös begründete Isolierung war beendet; Atatürk hatte sie durch seine Säkularisierungsmaßnahmen aus ihrer Isolation 'befreit'."

Mausoleum wird davor vom Staatspräsident ein Kranz niedergelegt, nach der Schweigeminute die National-

(Dreßler 1999: 84) Das neue juristisch und sozial wirksame kemalistische Werte- und Normensystem mit dem zumindest formalen und ideologischen Verlust der Konfession als Referenzkriterium zur Definition der Grenzen der Kerngesellschaft im Sinne der Staatsbevölkerung führte zur partiellen Emanzipation und Entdiskriminierung der Aleviten. "Kemalism turned Alevis into legally equal citizens, and its reforms had a radical impact on them as roads were built through their formerly isolated areas, compulsory schooling was introduced, and communications improved, drawing them out of their marginalisation into deeper contact with the outside world and the state centre. The new Turkish Republic fulfilled many Alevi expectations, enabling them to identify with and support its nation-building measures" (Zeidan 1995: 5-6) Sie wurden zwar als konfessionelle Minderheit offiziell nicht anerkannt, aber das "wurde durch die Vorteile, die der Säkularismus für sie brachte, aufgewogen." (Kehl-Bodrogi 5). Die Aufhebung der sunnitisch-islamischen Scharia und die Einführung der Glaubensfreiheit senkte die objektiv vorhandene oder subjektiv empfundene Bedrohung der Aleviten (vgl. Kehl-Bodrogi 1996: 54).

Nicht nur die Veränderung der Staatsideologie, der Staatsform, der herrschenden Elite und der Gesetzeslage, sondern auch die der (sunnitischen) Gesellschaft haben eine entdiskriminierende Wirkung auf Aleviten gehabt. Vermutlich haben diese eine kollektive Identität der 'Nation der westlich-zivilisierten-säkularen Türken' stiftenden Gesetze, Rituale, Bezugsmerkmale und Sozialisationsinstanzen zur Ersetzung der Fünf Säulen des Islam durch die Sechs Pfeile geführt. Der Satz "Die meisten Moscheen wurden im Laufe der Zeit geschlossen und verfielen"(Spuler-Stegemann 1996: 235) stützt zumindest die These der Irrelevanz der sunnitischen Gebetsrituale als eins der Fünf Grundpfeilern des Islam. Die Verweltlichung hat vermutlich auch religiöse und konfessionelle Diskriminierungsmerkmale abgeschwächt und entsprechende Diskriminierungsbarrieren abgebaut, weil die Weltwahrnehmungs-, Denk-, Deutungs- und Beurteilungsweise nicht weniger Angehörigen der sunnitischen Mehrheitskonfession vom säkularen Türkentum geprägt war.

Das senkte m. E. auch den religiösen Außendruck auf Aleviten, so daß die deisla-misierenden Säkularisierungsmaßnahmen einen Beitrag zur alevitisch-sunnitischen Eintracht leisten konnten (vgl. Perincek 1995b: 190).

Die Einführung der allgemeinen Schulpflicht und der Ausbau des Verkehrsnetzwerks bis zu bisher unwegsamen und von Aleviten bewohnten Gegenden brachte diese zu Interaktionen mit

---

hymne gesungen (vgl. Dreßler 1999: 76f.).

der Außenwelt der Sunniten (vgl. Kehl-Bodrogi 1996: 54) "from whom they had remained socially separated for centuries" (van Bruinessen o.J.: 3).

5.2.6. Über die reaktive Verhaltensweise der Aleviten auf Entdiskriminierung

Die deislamisierende Politik der Kemalisten hat größtenteils trotz ihrer offiziellen Nichtanerkennung einen nicht unwesentlichen Beitrag an ihrer Zuwendung und Loyalität zur kemalistischen Kerngesellschaft gehabt.

Die Verweltlichung der Aleviten war auch zum großen Teil vom Kemalismus beeinflußt worden.

a) Loyalität durch graduelle Entdiskriminierung

Die Säkularisierung beeinflußte auch die Verhaltensweisen der zumindest teilweise entdiskriminierten Aleviten. Sie durften nun als Nichtverfolgte am öffentlichen, sozialen und wirtschaftlichen Bereichen der Gesellschaft auch teilnehmen und wurden dadurch partiell in die türkische Gesellschaft integriert. Jedoch wurden tradierte Vorurteile nicht bekämpft, so daß nicht selten das Goffmansche Täuschen praktiziert wurde:

> "They welcomed the Republic, considering the basic principles of laicism and nationalism as the best guarantors for putting an end to their religious discrimination. They were willing to accept the fact that they were still denied official recognition as a religious community, as long as the state generally barred religion from the public sphere and therefore also radically curtailed Sunni religious activities and institutions. The Alevis were given the opportunity to advance on the social, economical and political level on condition that they did not make a public issue of their religious and social identity. The retention of the custom of *taquiyya* under the new circumstances turned out to be a convenient means to participate in the affairs of society in general. The majority of the Alevis identified with Kemalism ... Hence, their traditional hostility towards the state was temporarily replaced by loyalty." (Kehl-Bodrogi 1997a: XII-XIII)

Die graduelle Entdiskriminierung beeinflußte auch die alevitische Atatürk-Rezeption. Gazi Mustafa Kemal Atatürk, der Gründer der säkularen Türkei, "erschien ... als der gottgesandte Erlöser, *mahdi*, der die alte Hoffnung auf die Zerschlagung des verhaßten Osmanischen Reiches einzulösen schien." (Kehl-Bodrogi 1992: 4). Durch die Hervorhebung der alten alevitischen Leidensgeschichte unter den Osmanen unterscheidet sich die alevitische Rezeption von der allgemein kemalistischen dadurch, daß die Hauptgegner des Türkischen Unabhängigkeitskriegs nicht die Alliierten, sondern Angehörige der osmanischen Dynastie sind (vgl. Öz 1997; Sener 1994: 15; Dreßler 1999: 88). Außerdem wird die geheime Unterredung Mustafa Kemal Paschas mit den Aleviten- und Bektaschitenführer während seines Besuches in Hacibektas als

Beleg für einen Bundesschluß zwischen Atatürk und den Angehörigen der alevitischen Glaubensgemeinschaft gesehen und macht sie zu "Vertrauten und Verbündeten von der ersten Stunde an." (Kehl-Bodrogi 1992: 4; vgl. Öz 1997: 55-67; Sener 1994: 55-68; Dreßler 1999: 94-97)

Atatürks Bild findet sich in alevitischen Vereinshäusern, Wohnzimmern und bei alevitischen Veranstaltungen neben den von Ali und Haci Bektas (vgl. Dreßler 1999: 102-103).

In den Schilderungen alevitischer Autoren scheint eine tiefe emotionelle Verbundenheit in Form von Liebesbekundungen zum Ausdruck zu kommen: "Die Liebe zwischen Aleviten-Bektaschiten und Atatürk hat leidenschaftlichen Charakter. Das ist eine Zuneigung, ein Respekt, eine Verbundenheit, die über die Verbundenheit, die einem Staatsmann gegenüber normalerweise entgegengebracht wird, hinausgeht. Zwischen dem Volk und dem Führer findet eine gelebte Identifikation statt." (Öz 1997: 71-72; Dreßler 1999: 91).

Atatürk wird in der alevitischen Rezeption auch als religiöse Heilgestalt wahrgenommen. Er wurde mit Haci Bektas Veli und Ali in ein Kontinuitätsmuster eingereiht, gilt auch als ihre Reinkarnation oder als die des zwölften Imam. Dieser war nach der alevitischen und schiitischen Glaubenswelt in die Verborgenheit entrückt und wird als der ihnen Erlösung bringende *mehdi* zurückkehren (vgl. Öz 1997: 72f.): Atatürk wurde laut Kehl-Bodrogi "ins Pantheon alevitischer Heiliger aufgenommen ... Er gilt als vorläufig letztes Glied in der Reihe göttlicher Reinkarnationen: Als der wiedergeborene Haci Bektas, der selber eine Reinkarnation Alis war ... in dem sich wiederum Gott offenbarte. 'Er ist Ali in einem neuen Gewand', erklärten mir alte Männer und Frauen auf dem Land, während Aleviten der jüngeren Generation ... lieber auf die Seelenverwandtschaft zwischen Ali, Haci Bektas und Atatürk verweisen." (Kehl-Bodrogi 1992: 5).

Der Stellenwert Atatürks wurde über alevitische Gedichte und Songs im kollektiven Gedächtnis der Aleviten konserviert. Asik Veysel, ein berühmter alevitischer Dichter, schrieb: "Wir wollen marschieren in Atatürks Spuren ... und das Ziel erreichen, Bruder" (Dreßler 1999: 92). Ein anderer Dichter:" Der Fisch kann ohne das Wasser, der Mensch ohne seine Heimat nicht auskommen/Mein Herz ist Haci Bektas, meine Hand Atatürk. Mein Wissen ist endlos, mein Weg fehlerlos/Mein Wissen ist Haci Bektas, mein Weg Atatürk." (Noyan 1995: 99) Ein weiterer alevitischer Barde: "Im Garten meiner Heimat, im Rosengarten sah ich KEMAL. Dort gibt es KEMAL. In den Tälern ... Bergen, überall sah ich KEMAL. Dort ist KEMAL." (Noyan 1995: 102)

Atatürk wird auch von einigen Autoren wegen seiner Geburtsstadt Saloniki und seinen Eltern eine bektaschitische Herkunft zugeschrieben sowie ein Zusammenhang zwischen Mustafa Kemals bektaschitischer Ethik und der Ideologie des Kemalismus betont (vgl. Sener 1994: 35 ff; Öz 1997: 88f.). Dies führt m.E. zur wechselseitiger Legitimation Atatürks und seiner Ideen bei den Aleviten.

b) Verweltlichung der Aleviten durch Entdiskriminierung

Der den sunnitischen Außendruck auf die Aleviten senkende Kemalismus hat neben dem Straßenbau und der einsetzenden Landflucht der Aleviten auch ein Prozeß deren Verweltlichung veranlaßt. Mit der zunehmenden Bedeutungslosigkeit der Religion im öffentlichen Leben, der Abnahme interkonfessioneller Gegensätze und Absinken der sunnitischen Außenbedrohung wurde auch ein Vorgang der Säkularisierung der Aleviten in Gang gesetzt. Dabei wurden alevitische Riten, die jahrhundertelang zur Aufrechterhaltung der kollektiven Identität der Aleviten beitrugen, nicht mehr praktiziert. Denn das soziale Leben der Gemeinde fand in der Anonymität der Städte außerhalb der Einflußsphäre der *Dede* und der alevitischen Instanzen zur sozialen Kontrolle statt und die interkonfessionelle Interaktionsrate nahm zu. Dieser Vorgang ging zum Teil mit dem Bedeutungsverlust von alevitischen Werte und Normen wie zum Beispiel die des Endogamiegebots für Aleviten mit einher (vgl. Türkdogan 1995: 309). Durch Zerstreuung der Gemeinde in die Städte konnten damit die Dede ihre traditionellen Aufgaben nicht mehr nachkommen, wozu Rechtssprechung, religiöse Unterweisung, Abhalten der Cem-Rituale und Schließung von Wahlbruderschaften zählen (vgl. Kehl-Bodrogi 1992: 7).Der "Dede verlor [bei den Aleviten; BG] seine Autorität als Lehrer an die staatlichen Schulen, die als Richter an die staatlichen Gerichte" (Väth 1993: 214). Die einst durch Außendruck entstandene Binnenkohäsion der Gruppe zerfiel: "... solidarity ties [among Alevis; BG] loosened ... and the spiritual leadership gradually lost its authority. This change in Alevi internal structures was accelerated by the massive migration into the cities, where Alevis underwent a process of secularisation and modernisation which broke traditional hereditary ties to the religious hierarchy. Religion lost its relevancy and even intermarriage was practised some. A new generation grew up in the 1960s that had not passed through initiation and was not familiar with the Alevi 'Way'." (Zeidan 1995: 6) Dieser Vorgang hatte Ende der 60er Jahre ein Stadium erreicht, daß die rituellen Cem-Zusammenkünfte in den Städten, das Eingehen der Wahlbruderschaft und auch die tradierten Initiations- und Einweisungsriten für die jüngere Alevitengeneration weniger stattfanden, so daß die Verbreitung und Durchsetzung alevitischer Werte und Normen zahlenmäßig abnahm (vgl. Türkdogan 1995: 309; Kehl-Bodrogi 1996: 54). Damit wurden alevitische religiöse Werte und Normen der jüngeren Generation weniger vermittelt, so daß spezifische alevitische Verhaltensweisen abnahmen und vielen Aleviten nur das Wissen blieb, alevitischer Herkunft zu sein.

c) Kritische Stimmen wegen der fehlenden offiziellen Anerkennung der Aleviten als Konfession und wegen der Niederschlagung des Dersim-Aufstands (1937-1938)

Einige kritische Stimmen wurden in den letzten Jahren laut, die sowohl die fehlende Anerkennung der Aleviten als Glaubensgemeinschaft als auch die brutale Niederschlagung des kurdischen Dersim-Aufstands kritisieren, bei dem die zazastämmigen und kurdischen Beteiligten zumeist auch Aleviten waren.

■ Zur fehlenden offiziellen Anerkennung des Alevitentums

In den letzten Jahren mehrten sich auch unter den alevitischen Autoren kemalismuskritische Stimmen, die die Nichtanerkennung ihrer Glaubensgemeinschaft und das Verbot der Konvente und Dede-Einrichtungen durch den Kemalismus bei gleichzeitigen Fortbestehen sunnitischer Moscheen und der Entstehung des sunnitischen Präsidiums für Religiöse Angelegenheiten angriffen (Aydin 1999: 21; Balkiz 1999: 41; Kaleli 1999: 94; Yildirim 1999: 71). Bei Aydin ist sogar vom kemalistischen "Aufbau einer türkischen und sunnitischen Nation" (1999: 16) die Rede.

Dieser Sichtweise kann aber entgegengehalten werden, daß der kemalistische Säkularismus langfristig eine De-Sunnitisierung durch die Aufhebung der Scharia, der Schließung der *Imam-Hatip*-Schulen, der Aufhebung des Religionsunterrichts, der Abschaffung des Kalifats, der Pensionierung der *ülema*, der Betonung des für den Islam fremden Nationalismus als Ziel hatte. Dabei sollten die religiösen Werte und Normen auf das Gewissen des *Individuums* eingeschränkt werden sollte. Aus sunnitischer Sicht kann eine Religion, die nicht *gesetzlich* oder auch *gesellschaftlich-sozial* sanktioniert wird, die keine Trennung von Staat und Religion vorsieht, deren Weltwahrnehmungsweise, Deutungs- und Verhaltensmuster sozial nicht mehr gefördert und sogar vom türkischen Nationalismus überlagert werden, auf Dauer nicht überleben: "Die meisten Moscheen wurden [schon damals; BG] ... geschlossen und verfielen"

(Spuler-Stegemann 1996: 235). Ein mögliches Absterben des orthodoxen Islam bei der Fortsetzung kemalistischer Herrschaft kann vorsichtig vermutet werden.

Es wurden alle volksislamischen (auch sunnitische) Konvente und Kloster zur Beseitigung aller möglichen Machtrivalen und für den zentralistischen Einheits- und Nationalstaat alternativen Milieus und Loyalitäten kriminalisiert.

Die Tatsache, daß nicht alle Institutionen des orthodox-sunnitischen Rechtsislam vollständig aufgehoben wurden, stimmt. Aber wenn man davon ausgehen kann, daß alle kemalistischen Reformen graduell und nicht alle gleichzeitig sowie in Abhängigkeit der machtpolitischen Lage erfolgt sind (vgl. Kongar 1998: 109), und wenn man starke religiös motivierte Widerstandsbewegungen gegen den Kemalismus berücksichtigt (z.B. *Scheich-Sait*-Aufstand), kann gemutmaßt werden, daß vor diesem Hintergrund auch mit diktatorischen Maßnahmen Elemente der Vergangenheit, die in der sunnitischen Mehrheitsgesellschaft noch immer als legitim angesehen wurden, nicht vollständig beseitigt werden können. Deshalb wurden nicht alle Einrichtungen des orthodoxen Rechtsislam im Gegensatz zum alevitischen Volksislam aufgehoben. Das Religionsamt wurde ins Leben gerufen, vermutlich um den sunnitischen Islam handhaben zu können. Ein weiteres Hemmnis ergibt sich auch daher, daß der sunnitische Rechtsislam im Gegensatz zum Alevitentum eine längere und eine institutionell stabilere und sogar auch eine längere Staatstradition aufweist, so daß sie nicht so leicht vollständig wie volksislamische Glaubenswelten abschaffen läßt.

Daß der Aufbau einer türkisch-sunnitischen Religionsnation Ziel der Kemalisten war, ist zweifelhaft. Nach der Sichtung der Literatur war es m.E. eher das Streben der Kemalisten, die 'zeitgenössische Zivilisation' einzuholen. Der Islam aber behinderte ihrer Meinung nach die Zukunftsfähigkeit der Gesellschaft.

Da die Beiträge dieser kritischen Autoren alle gemeinsam im Organ des gleichen alevitischen Pir-Sultan-Abdal-Vereins und erst in jüngerer Zeit (1999) erschienen sind, kann auch vermutet werden, daß sie von der aktuellen tagespolitischen Situation der heute wieder sunnitisch geprägten Türkei beeinflußt sind und aus heutiger Sicht rückblickend Atatürk den Aufbau einer türkisch-sunnitischen Nation zuschreiben. Vermutlich wird das Geschichtsbild vom Gegenwartsbewußtsein bedingt.

Eine weitere Mutmaßung meinerseits ist, daß sich die postkemalistische, einem Reislamisierungsprozeß unterliegende Türkei im legitimatorischen Diskurs auch auf Atatürk als Identifikationsfigur und Integrationssymbol bezogen hat und diese Autoren auch deshalb mit dem Angriff auf dieses Symbol die heutige Lage delegitimieren möchten.

Schließlich soll hier ungeprüft unterstellt werden, daß durch die Eskalation der Kurdenfrage und aus Rücksicht gegenüber alevitischen Kurden türkisch-nationale Symbole wie Atatürk im alevitischen Diskurs dieser Autoren nicht nur nicht mehr vorherrschend sein dürfen, sondern auch noch kritisiert werden sollten. Eine positive Rezeption des Kemalismus oder Atatürks würde die Gemeinde ethnisch spalten. So zum Beispiel wurde die anfänglich angenommene These vom türkischen Ursprung des Alevitentums Anfang der Neunziger wieder fallengelassen: Denn entsprechende "Reaktionen aus den Reihen kurdischer Alewiten ließ deren Protagonisten jedoch bald die Tatsache bewußt werden, daß eine unter ... nationalem Gesichtspunkt geführte Argumentation die Gemeinschaft spalten und die Bewegung politisch schwächen würde." (Kehl-Bodrogi 2000: 146)

■ Kritik an der Niederschlagung des Aufstands in Dersim

Im alevitischen Opferdiskurs wird, vielleicht aus Rücksicht gegenüber den alevitischen Kurden und Zaza, in jüngerer Zeit das Vorgehen türkischer Sicherheitskräfte gegenüber den Zaza-Aufständischen in der Provinz Tunceli (Dersim) in den Jahren 1937/1938 wegen deren Glaubenszugehörigkeit als eine bewußt antialevitische Handlung der Kemalisten dargestellt (vgl. Kehl-Bodrogi 2000: 149; Yildirim 1999: 72; Bozarslan 2000: 31; Kilic 1998: 6). Kehl-Bodrogi vermutet zum Beispiel wegen der Vorgehensweise türkischer Sicherheitskräfte (*Handlung*) einen Zusammenhang mit der den Soldaten zugeschriebenen alevitenfeindlichen Absicht (*Präferenzen*), ohne derartige Intentionen *unabhängig* von der Handlung untersucht zu haben: "Die beispiellose Brutalität der republikanischen Truppen läßt vermuten, daß dabei das Alewitentum der Aufständischen eine Rolle spielte" (Kehl-Bodrogi 2000: 149, Fußnote 20)[156].

Nach der Sichtung der Literatur über damalige Zeitungsberichte, Beratungen im Parlament, Berichte von Inspektoren und Militärs sowie veröffentlichten Archivmaterialien der Militärhistoriker, kann man vorsichtig zumindest vermuten, daß das Alevitentum in den Augen des kemalistischen Staates und der Öffentlichkeit tendenziell eine zu vernachlässigende Rolle bei der Niederschlagung des Aufstands gespielt hat.

Bis zum Anfang des 20.Jahrhunderts hatte die Provinz Dersim einen quasi-unabhängigen Status ohne staatliche Durchdringung. Neben den lokal ansässigen Clans lagen die Gründe auch ungünstige natürliche Bedingungen gegen einen externen Einfluß. Der kemalistisch-zentralistische Einheitsstaat beendete diesen Umstand. Es wurde das Gesetz zur Ansiedlung türkischer Aussiedler aus dem postosmanischen Ausland; zur Umsiedlung einiger lokaler kurdischer oder zazasprachiger Stämme; zur Verbannung und Enteignung südostanatolischer Clanchefs und Landlords; zur gesetzlichen Beseitigung aller Stammesprivilegien; zur Land- und Bodenreform; zur Abgabe des Landbesitzes der Landlords an die bisher von ihnen abhängige Kleinbauern und zum Ausbau staatlicher Infrastruktur (Schulen, Straßen etc.) beschlossen (vgl. Mumcu 1994: 81-102; Bulut 1991: 148-162). Darüber hinaus wurde für die Provinz ein Militärgouverneur mit außerordentlichen Vollmachten eingesetzt (vgl. Mumcu 1994: 127f.; Bulut 1991: 316f.). Die Ziele der Maßnahmen, wogegen der Aufstand erfolgte, waren Defeudalisierung/Detribalisierung[157], Turkifizierung[158] und die Durchsetzung des Gewaltmonopols des modernen zentralistischen Einheitsstaates[159]. Gegen die 'Zivilisierung' wurde in Form von Aufständen bewaffneter Widerstand als reaktive Verhaltensweise geleistet. Diese Aufstände wurden durch erheblichen Gewalteinsatz niedergeschlagen (vgl. Kaynak Yayinevi 1992b)[160]. Es geht aus den Berichten von Inspektoren, aus militärischen Archiven und aus Stellungnahmen von Ministern im Parlament hervor, daß im staatlichen Diskurs und in der öffentlichen Meinung

---

[156] Ein sunnitischer aus Tunceli stammender Kurde erzählte mir, daß auch sein Stamm vor republikanischen Truppen fliehen mußte und später umgesiedelt wurde. Er fügte hinzu, daß nicht nur alevitische, sondern alle Stämme bei der Niederschlagung des Aufstands staatlich verfolgt wurden (Gedächtnisprotokoll vom 2.6.2001).

[157] Die Stammesprivilegien sollten aufgehoben und die Landlords und Clanchefs sollten als Machtelite durch Enteignung, Bann beseitigt und deren Boden an die bisher von ihnen abhängige Kleinbauern gegeben werden. Aus den 'Leibeigenen' sollten loyale Bürger des modernen Nationalstaates werden. Das provozierte den Widerstand der lokalen feudalen Stammesführungsriege (vgl. Davaz 1937).

[158] Der *Scheich-Sait*-Aufstand hatte die Sorgen des kemalistischen Staates vor einem kurdischen Separatismus verstärkt, so daß die Kurden und Zaza in Dersim durch Umsiedlung, Ansiedlung von Türken, Detribalisierung, Beseitigung alternativer Loyalitäten und durch Sozialisation in türkischen Schulen assimiliert werden sollten (vgl. Mumcu 1994: 81ff.).

[159] Die Ausdehnung der Binnensouveränität des Staates auf Dersim sollte das Gewaltmonopol und die Geltung der herrschenden Ordnung des kemalistischen Werte- und Normensystems bzw. die Loyalität der Bewohner ausschließlich gegenüber dem Staat gewährleisten. Bis dahin waren Stammesrivalitäten vorherrschend, wie auch Kehl-Bodrogi bemerkt: "Es ist die Stammeszugehörigkeit, über die der Einzelne seine primäre kollektive Identität definiert und über seine politische Loyalität entscheidet. Stammesfehden, häufig mit der Waffe ausgetragen, waren bis zur 'Befriedung' Dersims Ende der dreißiger Jahre an der Tagesordnung." (2000: 149)

[160] In den Archiven scheint das Vorgehen republikanischer Truppen relativ ausführlich dokumentiert zu sein: "Die Pioniertruppe half bei der Zerstörung vieler Höhlen mit. Und bei den Auseinandersetzungen, die in den Höhlen und in der Umgebung während der durch Kanonenbeschuß und durch Einsatz schwerer Geschütze unterstützten Durchkämmungsaktionen stattfanden, wurden ... hunderte Banditen vernichtet. Und dabei wurde eine gleiche Anzahl von Gruppen von Frauen und Kindern aufgegriffen. Es wurden dabei wieder hunderte Tiere, Waffen und Munition sichergestellt. Die Dörfer, ... Häuser, ... und sogar Äcker und Eichenwälder der Aufständischen wurden in Brand gelegt." (Kaynak Yayinevi 1992b: 301)

der konfessionelle Faktor im Gegensatz zum Widerstand einer 'primitiven und feudalen Stammesgesellschaft gegen die notwendige Modernisierung' eher keine besondere Rolle gespielt hat.

Ein 1926 direkt nach dem *Scheich-Sait*-Aufstand verfaßter Bericht des Inspektors *Hamdi Bey* über die Provinz Dersim kann zunächst als Beispiel dafür herangezogen werden:

> "Das einfache Volk, das aus Unwissenheit, Mittelknappheit ... wegen kurdischer Tendenzen, wegen den durch die Niederschlagung des letzten reaktionären Aufstandes erweckten Rachegelüsten, wegen der schlechten Eindrücke von den Verhaltensweisen der Sicherheitskräfte während der religionsbezogenen und gesellschaftlichen Umwälzungen voreingenommen ist, ist Sklave und Spielball der Clanchefs, Scheichs, Beys und Landlords." (Mumcu 1994: 49-50; Bulut 1991: 126; Kaynak Yayinevi 1992b: 165).

Es gibt zwar einige Hinweise auf eine ambivalente Grundhaltung von einigen Vertretern des kemalistischen Staates bezüglich der alevitischen Glaubenswelt, jedoch scheint der negative Aspekt nicht so schwerwiegend zu sein, um deshalb gegen die Bewohner von Dersim eingestellt zu sein: Der Gouverneur von Erzincan, *Ali Kemali*, wirft zwar in den von Bulut veröffentlichten Auszügen seines 1931 erschienen Buches alevitischen Dede vor, sich aus Glaubensgründen nicht zu waschen und deshalb unangenehme Gerüche zu verbreiten, jedoch wehrt er sich gegen den weitverbreiteten sunnitischen Vorwurf von inzestiösen Ausschweifungen und Orgien an Aleviten: "Ich habe dafür keine Anhaltspunkte feststellen können." (Ali Kemali, zitiert von Bulut 1991: 55)

Gouverneur *Cemal Bey* (*Bardakci*) betrachtete einerseits Teile des Alevitentums persönlich als Aberglaube, andererseits warnte er aber vor Konfessionshaß (Cemal Bey, zitiert von Bulut 1991: 129), indem er beispielsweise die die "ungebildete sunnitische Bevölkerung" (Cemal Bey, zitiert von Bulut 1991: 128) gegen Aleviten aufhetzende Verhaltensweise glaubensfanatischer Hodschas kritisierte. Darüber hinaus ging er auf das Mißtrauen der Bewohner gegenüber dem Zentralstaat und dessen Forderung nach der Entwaffnung der Stämme und aber auf die Konsequenzen jahrhundertelanger fehlender staatlicher Autorität ein: "Die Dersim-Bewohner haben Angst davor, umgesiedelt und umgebracht zu werden ... Seit 400 Jahren hat es in Dersim keine staatliche Autorität [zur Herstellung von Ruhe, Ordnung und Sicherheit; BG] ... gegeben. Jeder Dersim-Bewohner ist gezwungen, sein Leben und Hab und Gut mit der Waffe zu verteidigen." (Cemal Bey, zitiert von Bulut 1991: 128-129)

Halis Pascha, der Anführer der 3. Divison, äußerte sich bei den Beratungen über die staatliche Vorgehensweise in Dersim über die bei den Aleviten loyalitätsstiftende Funktion des

Säkularismus der Kemalisten und der garantierten Glaubensfreiheit. Das staatliche Handeln soll vom Ziel geleitet sein, zum Gehorsam gegenüber Gesetzen, zur Beendigung der Räuberei, zur Senkung des Widerstands der Stämme, zur Loyalität der Bevölkerung gegenüber dem Staat zu führen (vgl. Mumcu 1994: 59; Bulut 1991: 142).

Die Bewohner Dersims wurden auch aus der Sicht der Militärs als eine rückständige, von feudalen Stammesstrukturen geprägte Bevölkerung betrachtet, was aus den Archiven hervorgeht: "Ein Teil der Bevölkerung von Tunceli ist sehr primitiv und arm. Die Einstellung, die durch das Leben in den Bergen entstanden ist, und die Tatsache, daß die staatliche Autorität nicht gewährleistet und die Kultur [d.h. herrschende Werte und Normen; BG] der Regierung an sie nicht nachhaltig vermittelt worden ist, hat bei ihnen den Clan-Geist und die Stammeslebensweise fortbestehen lassen" (Kaynak Yayinevi 1992b: 304). Die Bevölkerung wird als ein von den *Seyyid*, Clanchefs und Landlords abhängiges und ausgenutztes Kollektiv betrachtet. Die Lösung des Problems sei mit der Umsiedlung bzw. räumlichen Marginalisierung der Stammesführer, *Seyyid* und Landlords herbeizuführen (vgl. Kaynak Yayinevi 1992b: 305). Zwar sind die zu marginalisierenden *Seyyid* alevitische geistliche Führer. Dies legt zunächst den Verdacht einer antialevitischen Grundhaltung der Kemalisten nahe. Aber gegen die volksislamischen Führer sollte nicht vorgegangen werden, weil sie Aleviten waren, sondern weil sie ihre eigene religiöse Stellung für persönliche Zwecke oder für das Interesse der Landlords zur Ausbeutung der ihren Befehlen gehorchenden alevitischen Bevölkerung mißbrauchten und auch eine mit dem Staat rivalisierende Machtelite im Kampf um die Loyalität der 'zu zivilisierenden Bevölkerung' waren.

In den militärischen Berichten über Auseinandersetzungen ist auch nicht von Aleviten oder Ketzern die Rede. Es wird auf den bewaffneten Widerstand primitiver und feudaler Bergstämme mit Begriffen wie 'Banditen' (*eskiya, haydut*) oder 'Übeltäter' (*serir*), 'Ungehorsame' (*itaatsizler, asiler*) Bezug genommen (vgl. Kaynak Yayinevi 1992b: 153-305). Hier einige Zitate zum 'Banditentum':

> "Überall kam es zu bewaffneten Auseinandersetzungen mit den Banditen, und Flugzeuge bombardierten Rebellendörfer." (Kaynak Yayinevi 1992b: 200)

> "Trotz der Wachsamkeit der Truppen kam es überall zu Angriffen der Banditen, die immer durch erbittertes Gegenfeuer zurückgedrängt wurden. Dabei zeigten die von der Luftwaffe durchgeführten Bombardierungen und Spähflüge ihre Wirkungen auf die Banditen." (Kaynak Yayinevi 1992b: 196)

> "Das 57. Regiment ... hat zwei Höhlen umzingelt und unter Beschuß genommen. Dabei haben die Banditen erhebliche Verluste erlitten." (Kaynak Yayinevi 1992b: 227)

Auch in der Tageszeitung *Cumhuriyet* wurde der Aufstand in Tunceli (1937) als eine Zivilisationsfrage betrachtet, bei dem sich die Erhebung sowohl gegen die Entmachtung und Enteignung der Clanchefs bzw. Landlords als auch gegen die Detribalisierung und Defeudalisierung gerichtet hat. Das staatliche Vorgehen zur Aufrechterhaltung der Sicherheit wurde als eine zivilisationsbringende Maßnahme wahrgenommen und legitimiert (vgl. Yegen 1999: 139-148)

Diese Quellen stützen die Vermutung, daß bei der Wahrnehmung der Dersim-Bewohner und Aufständischen das konfessionelle Element keine Rolle bei der harten Vorgehensweise gegenüber den Rebellen gespielt hat. Vielmehr wurden sie als ungebildete Mitglieder einer widerspenstigen, sich gegen Modernisierung sperrenden rückständigen und feudalen Stammesgesellschaft wahrgenommen.

Trotz der Niederschlagung des Aufstands haben viele Dersim-Bewohner eine weniger kritische Distanz zum Kemalismus als zu ihren sunnitischen Sprachverwandten gehabt: "As Alevis with a libertarian streak of mind, many educated Dersimis felt closer to the secular kemalist reform from above than to their bigotted Sunni Kurds – in spite of memoirs of 1937-1938." (van Bruinessen 1997: 14).

In den wenigen anderen kemalistischen Veröffentlichungen über die Lehre des Alevitentums werden außerdem Aleviten in den Veröffentlichungen des Wissenschaftlers *Baba Sait* im kemalistischen Organ *Türk Yurdu* als Prototypen des nationalbewußten Türken und ihre Lehre als Wurzel einer von "arabisch-islamischen Einfluß unberührten türkischen 'Urkultur'" (Kehl-Bodrogi 2000: 145) betrachtet (vgl. Birdogan 1994). Die neue Identität der Türken wurde durch die Projektion in die vorosmanische Vergangenheit und Einreihung in ein Kontinuitätsmuster als eine über Jahrzehnte hindurch konsistent zivilisierte Nation gegen das kosmopolitische und sunnitische Osmanenreich dargestellt:

> "Das klarste Bestreben türkisch alevitischer Kreise ist es, die türkische Sprache, Rasse, das Blut zu schützen. Dabei waren sie ... erfolgreich. Die Rotköpfe blieben Türken. [Ein Alevite, BG] hat sogar nichtalevitische Türken nicht geheiratet. Er hat keine zwei Frauen geheiratet. Er hat sich nicht von ihnen scheiden lassen ... Er hat seine Sprache nicht verdorben. Er hat seinen Brauch nicht zerstört. Er hat den heiligen Ocak respektiert. Er hat seinen Saz beibehalten. [Die Alevitin; BG] hat sich nicht verschleiert. Da die Rotkopf-Frau sich nicht verschleiert hat, haben diejenigen, die es nicht verstehen konnten, sie verleumdet ... Die [osmanische Führungsriege; BG] ... bestand aus ... Kroaten, Germanen, Tscherkessen, Georgiern, Albanern usw. Die osmanischen Sultane liebten nicht das Türkentum, sondern den Thron. Die Serails, die die türkische Nation [als

> Staatengründer ursprünglich; BG] aufgebaut hatte, wurden ... zu ihren Gefängnisfestungen. Kuyucu ['Gräber'; BG] Murat Pascha hat in Anatolien eine Million [alevitische; BG] Türken in Gräbern gelegt, ohne darüber nachdenken zu müssen. Denn er war ja kein Türke[[161]; BG]. Der Türke von gestern kennt wie der Türke von heute die Bedeutung der Freiheit ... Ganz Anatolien ist voll von Knochen von den Menschen, die um ihre individuelle und kollektive Freiheit gekämpft haben." (Baba Sait, zitiert von Birdogan 1994: 22-23).

Dies kann auch eine Strategie zur Eingemeindung der Aleviten durch ihre Turkifizierung sein, oder Aleviten wurden für kemalistische Zwecke als die vom multiethnischen osmanischen Reich unterdrückte türkische Bezugsgruppe instrumentalisiert werden.

Laut den Veröffentlichungen *Baba Saits* in *Türk Yurdu* ginge es den Aleviten in der kemalistischen Türkei gut. "Denn die Überlegenheit alevitischer Helden über das Sultanat der Yeziden wurde [in der Republik; BG] bejaht, das Yezidentum aufgehoben und unterdrückt." (Birdogan 1994: 21) Wenn man bedenkt, daß 'Yezid' ein alevitisches Schimpfwort für einen Sunniten ist und die Scharia bzw. das Kalifat als 'Yezidentum' beschimpft wird, kann dieses Zitat zur Unterstützung der These von der positiven Betrachtung der Aleviten zumindest in dem kemalistischen Organ *Türk Yurdu* herangezogen werden.

5.3. Zusammenfassung

Aleviten und Bektaschiten wurden in der spätosmanischen Phase von den nationalistischen, weltlicheren und sich zum großen Teil aus Bektaschiten zusammensetzenden neuen Elite der Jungtürken entdiskriminiert. Diese Emanzipierung schlug sich bei der alevitisch-bektaschitischen Positionierung in Ämtern sowie in Gremien nieder: Innenminister Talat Pascha, der neue Scheichülislam oder der neue Chef des Geheimdienstes waren Bektaschiten. Die Jungtürken waren aus osmanischen Reformbewegungen hervorgegangen, die das Ziel hatten, den drohenden Zerfall des Reiches aufzuhalten. Angehörige der Jungtürkenbewegung, deren Träger Militärs und Bürokraten mit westlicher Ausbildung waren, wollten die Zukunftsfähigkeit der osmanisch-türkischen Gesellschaft durch eine teilweise Verweltlichung und Hervorhebung des türkischen Nationalismus gewährleisten. Der Beginn der graduellen Säkularisierung durch die Einführung von weltlichen gleichberechtigt neben religiösen fortbestehenden Gesetzen und Gerichten ließ die sunnitische Scharia in ihrer Bedeutung weiter relativieren. Die Jungtürken waren von Aleviten-Bektaschiten als einer reformorientierten Gegenelite und als Revisionisten der bisherigen sunnitisch-islamischen Herrschaftsordnung gegen das Alte Regime

[161] Baba Sait spielt auf die kroatische Herkunft Murat Paschas an (vgl. Öz 1992: 72).

unterstützt (innovative Funktion) worden, als die äußere und Binnenmacht des Reiches und der Dynastie schrumpfte und ethnisch-mikronationalistische Separatismen an Intensität gewannen. Diese alevitische und bektaschitische Unterstützung der Jungtürken setzte sich beispielsweise mit dem Einsatz von auch alevitischen Kurden- und Zaza-Clan-Milizen sowie durch die Gründung des Bektaschiten-Mudschaheddin-Regiments gegen bewaffnete Verbände der Russen und Armenier im Ersten Weltkrieg fort.

Nach der Niederlage der Jungtürken im Ersten Weltkrieg und der Wiedereinführung der mit den Alliierten kooperierenden sunnitisch geprägten osmanischen Regierung unterstützten nicht wenige Aleviten und Bektaschiten die sich gegen die Alliierten und die mit ihnen zusammenarbeitenden Osmanen richtende und von Gazi Mustafa Kemal Pascha angeführte Widerstandsbewegung. Diese Bewegung griff auch auf vorherrschende alte Netzwerkstrukturen der Unionisten zurück, in den Bektaschiten dominierten. Atatürk hatte nach seinem Besuch beim geistigen Oberhaupt der Aleviten und Bektaschiten in Hacibektas Unterstützung zugesichert bekommen. In Ostanatolien waren auch alevitische Kurden und Zazas als Milizen gegen armenische Truppen im Einsatz.

Nach der Gründung der Republik durch die kemalistische Elite mit der gleichzeitigen Einführung eines nationalistisch- säkularistischen Werte- und Normensystems zur Konstruktion einer westlich-säkularen türkischen Kerngesellschaft mit der Ersetzung der Fünf Säulen des Islam durch die Sechs Pfeile kam es zur partiellen Emanzipation und zum Zugang der Aleviten zu gesellschaftlichen Ressourcen in politischen, öffentlichen, wirtschaftlichen und sozialen Bereichen. Dies führte erstmalig auch als reaktive Verhaltensweise auf Emanzipation zur Abkehr der Aleviten von der bisherigen traditionellen Opposition gegenüber dem Staate hin zu ihrer auch ethnische Identitäten überlagernden Loyalität: Am prorepublikanischen Verhalten kurdischer oder zazasrachiger Aleviten während des von ihren sunnitisch-islamistischen Sprachverwandten vollzogenen *Scheich-Sait*-Aufstands läßt sich dies beispielhaft aufzeigen. Während Teile religiös-sunnitischer Kurden sich gegen den kemalistischen Staat erhoben, hielten Aleviten zu Ankara und halfen sogar mit, den Aufstand niederzuschlagen. Zu den wichtigsten kemalistischen Reformen zählen die Abschaffung der Scharia, der religiösen Gerichte, Entmachtung der islamischen Elite, Abschaffung religiöser Schulen und des Islamunterrichts, die Loslösung vom islamischen Kulturverbund durch Einführung westlicher Kleidung, Lateinschrift, durch nationalistische Indoktrination in den kemalistischen Sozialisationsinstanzen (Volkshäuser, Dorfinstitute, einheitliche weltliche Schulen), im offiziellen Geschichtsunterricht, durch öffentliche Riten des Bekenntnisses und der Erinnerung. Diese schwächten religiöse Werte, Normen, Wahrnehmungs- und Deutungsmuster so sehr ab, daß konfessionelle Bezugsmerkmale zumindest öffentlich an Bedeutung verloren. Große Teile der Aleviten und Sunniten wurden zu 'zivilisiert-westlich-säkular-türkischen' Bürgern auf dem Weg zur 'zeitgenössischen Zivilisation' umdefiniert, was die Eigenschaften der neuen Kerngesellschaft waren. Aber ein "wichtiger Teil der sunnitischen Bevölkerung setzte diesen Reformen starken Widerstand entgegen, während die Mehrheit der Aleviten sie positiv aufnahm. Nur wäre es grob verfehlt zu behaupten, daß die Aleviten auf seiten der Kemalisten, die Sunniten dagegen auf der Gegenseite gestanden hätten. Die politischen Auseinandersetzungen um die kemalistischen Reformen in den Jahren von 1923 bis 1950 erfolgten innerhalb der 'sunnitischen Mehrheit'." (Laciner 1984: 239) Auf die partielle Entdiskriminierung reagierten Aleviten mehr als nur mit Loyalität: "Alevis saw Ataturk as a mehdi (Messiah), a Saviour, a divine emanation following Ali and Haji Bektash, sent to save them from the Sunni Ottoman yoke, who turned Alevi ideals into state practice, and his portrait is hung up beside Ali's in many Alevi homes." (Zeidan 1995: 5) Aleviten akzeptierten ihre verbesserte Lage mit Beibehaltung des Informationsmanagements über ihre Herkunft, da tradierte private sunnitische Vorurteile geblieben waren. Sie verdeckten nicht selten ihre wahre Identität, um ihre aktuellen oder auch erreichbaren Positionen nicht zu gefährden[162].

[162] Kritiken neueren Datums, daß die fehlende Anerkennung der Aleviten Teil der kemalistischen *Nation-Building* einer sunnitisch-türkischen Religionsnation sei und bei der brutalen Niederschlagung des Dersim-Aufstands die alevitische Herkunft der kurdischen Feudalopposition eine Rolle gespielt habe, sind m.E. eher unberechtigt, da bei der Erhebung aus der Sicht des kemalistischen Staates keine konfessionellen, sondern eher ethnische, gesellschaftliche (Stammesstruktur, Defeudalisierung, Bodenreform) und politische (Ausdehnung des staatlichen Gewaltmonopols, 'Zivilisierung', Beseitigung der Clan- und Feudalelite) Faktoren vordergründig als wichtig erachtet wurden.

6. Zur Lage der Aleviten nach der Einführung des Mehrparteiensystems (1946) bis zum Memorandum der Armee vom 28.2.1997

6.1. Über die Situation nach 1946 bis zu den Beschlüssen des Nationalen Sicherheitsrats (1997)

6.1.1. Aleviten von 1946 bis zum ersten Putsch der Armee am 27.5.1960

a) Vorgeschichte zur Aufhebung des Parteienmonopols wegen der Elitenspaltung

Die kemalistischen Reformen, Werte und Normen waren laut Cem und Tibi zu oberflächlich, um von der religiösen sunnitischen Bevölkerung dauerhaft verinnerlicht zu werden, weil auch die gesellschaftlichen Voraussetzungen dazu gefehlt hatten (vgl. Cem 1986: 294f.; Tibi 1998: 86f.). Atatürk verstarb am 10.11.1938. Ismet Inönü, der "Zweite Mann" (Aydemir 1968), wurde zu dessen Nachfolger gewählt. Er führte Atatürks Politik bei weitreichender innenpolitischer Kontinuität und Beachtung der türkischen Neutralität in den Internationalen Beziehungen bis in die Mitte der 40er Jahre fort.

Nach dem Ende des Zweiten Weltkrieges mit dem Beginn der Konfrontation der UdSSR mit den Vereinigten Staaten hatte die USA Ländern bzw. deren Eliten, die sich in das westliche System einbinden lassen wollten, umfangreiche Kredite und Militärhilfen gegen Erfüllung von Bedingungen versprochen. Die Vereinigten Staaten von Amerika wollten der von der Sowjetunion bedrängten Türkei aber nur gegen Erfüllung politischer und wirtschaftlicher Bedingungen Hilfe leisten: "Die Pläne der USA sahen vor, die Türkei weiterhin im wesentlichen auf der Stufe eines Agrarlandes zu belassen. Deshalb waren Ideen von türkischer Seite, die den Aufbau einer Schwerindustrie vorsahen, in den Vereinigten Staaten nicht willkommen ... Da ... die Türkei dringend Kredite benötigte, beugte sich die türkische Regierung" (Werle/ Kreile 1987: 47) diesen Bedingungen.

Die Industrialisierung und Gewinne aus kriegsbedingten Preiserhöhungen hatten zur weiteren Ausdifferenzierung der sozialökonomischen Elite in der Türkei geführt, so daß sich neben der bestehenden Schicht der feudalen Großgrundbesitzer ein großes Bürgertum herausgebildet hatte (vgl. Perincek 1991: 237f.). Diese wirtschaftliche Elite hatte eine weitere Liberalisierung der Wirtschaft und Einschränkung des kemalistischen Staatsdirigismus sowie eine ökonomische Liason mit ausländischem Kapital gefordert (vgl. Werle/Kreile 1987: 46ff.). Sie "versprach von einer engen Zusammenarbeit mit den kapitalistischen Ländern – vor allem mit den USA – eine ... Kapitalakkumulation, die durch Kapitalimporte ausländischer Kredite, ausländischer Patente und Lizenzen beschleunigt werden sollte." (Hoffmann/Balkan 1985: 56) Die weitere Pluralisierung der Elite führte zu Kämpfen zwischen verschiedenen Fraktionen (vgl. Perincek 1991: 251-252; Hoffmann/Balkan 1985: 56): "Die (zivile und militärische) Bürokratie ... nahm als hauptsächliche Trägerin der kemalistischen [Politik, BG] ... die Position der politischen Oberschicht ein, aus der sie nach 1945 von der unternehmerischen Oberschicht verdrängt wurde." (Weiher 1978: 90) Der sozialökonomischen Vielfalt mußte insofern politisch Rechnung getragen werden, als das kemalistische Einparteienmonopol neben dem wachsenden Druck der westlichen Siegermächte des Zweiten Weltkriegs aufgehoben werden mußte. Die bisher regierende CHP, die wegen der Einführung der Kranken- und Invalidenversicherung und der beabsichtigten Landreform die Situation der wirtschaftlich verrandeten Arbeiter und Landwirte verbessern wollte, sah sich dieser neuen Elitenfraktion diametral gegenüber. Nach einem Streit über den Entwurf zur Bodenreform traten Celal Bayar und Adnan Menderes aus der Partei aus und gründeten die Demokratische Partei (*Demokratik Parti; DP*). Diese vertrat die Interessen der "Großgrundbesitzer sowie der Handels-, Bank- und Industriebourgeoisie" (Hoffmann/Balkan 1985: 56). Mit dem Wechsel der regierenden Elite wurde auch ein Wandel des noch bestehenden Werte- und Normensystems eingeleitet.

b) Gründe für den sunnitischen Revisionsvorgang des bisherigen Werte- und Normensystems

Die Abschaffung des kemalistischen Parteienmonopols 1946 bewies, daß nicht wenige Wahlbürger trotz Reformen sunnitisch-religiös geblieben waren (vgl. Seufert 1997a: 74ff.). Die DP, die den sunnitischen Islam präsentiert hatte (vgl. Gülcicek 1994: 35), gewann die Wahl von 1950 und löste die CHP als politische Regierungselite ab. Der schrittweise Prozess der sunnitischen-islamistischen Revision des bisherigen Werte- und Normensystems wurde durch die neue Regierung in Gang gesetzt. Das hatte einige Gründe:

- Sachzwang der demokratischen Legitimation der politischen Elite und der Herrschaftsordnung

Im Gegensatz zum bisherigen Einparteiensystem müssen bei einem Parteienwettbewerb die Parteien, die die Regierungsgewalt übernehmen wollen, die Wünsche des Elektorats berücksichtigen und wie Unternehmen Politik gegen Stimme wie Ware gegen Geld anbieten. Die künftige politische Elite muß, um die Gunst des Wahlvolkes zu erwerben bzw. mehrheitsfähig zu sein, seine Wünsche antizipieren. Die Gunst des Wahlvolkes bzw. die Loyalität der Beherrschten kann durch deren subjektive Identifikation mit der propagierten Eigengruppe bzw. Kerngesellschaft erfolgen. Da die tief verankerte kollektiv-religiöse Identität der sunnitischen Mehrheitsbevölkerung trotz des Kemalismus gesellschaftlich noch vorherrschte, mußten Parteien, die die Regierungselite bilden wollten, sich künftig nach den ideologischen Wünschen der sunnitischen Mehrheit ausrichten. Die von der DP und ihren Nachfolgern in Aussicht gestellte sunnitische Reislamisierung war ein "einlösbares Wahlversprechen" (Werle/Kreile 1987: 50) The election campaign took also "the form of a crusade for liberation, a march against 'despotism', as the Democrats described it, which was epitomized in their famous poster – a raised hand with the caption *artik yeter*!, it is enough." (Karpat 1966: 161) Die Wahl von 1950 war somit auch ein Referendum, bei dem sich die Unzufriedenheit der religiös-sunnitischen Bevölkerung mit der CHP ausdrückte (vgl. Rinehart 1988: 56).

■ Stärkung der Herrschaftsordnung der kapitalistischen Produktionsweise gegenüber dem Kommunismus durch Kontrolle religiöser Wahrnehmungsweise und Deutungsmuster

Die Einbindung der Türkei bzw. ihrer Elite in das westliche Bündnis gegen die UdSSR und das Interesse der Elite an der Verhinderung eines linksmotivierten Herrschaftsentzugs von Arbeitern und Bauern ließen den sunnitischen Islam als *die* einzig wirkungsvolle Abwehr- und Gegenideologie zum als 'atheistisch' verketzerten Kommunismus erscheinen. Ein Zitat von Ministerpräsident Menderes soll diese Vermutung stützen helfen: "Wenn ich eine Moschee und einen Minarett aufbaue, glaube ich, daß ich gegen den Kommunismus und Moskau eine Festung gebaut habe. Aus diesem Grunde werden wir viele Institute und Moscheen aufbauen." (Menderes, zitiert von Bas 1992: 148)

Die demokratische Legitimation und der Schutz vorm 'Kommunismus und Moskau' führten auch zur von der Regierung gelenkten sunnitischen Islamisierung und damit auch zur Politisierung der Religion sowie zum graduellen Beginn des Wiederkehr der Fünf Säulen des Islam als Diskriminierungsmerkmale in die Öffentlichkeit. Diese waren wiederum die Ursache der künftigen Re-Diskriminierung der Aleviten. Denn die Kerngesellschaft wurde von der "Nation der westlich-zivilisierten Türken" graduell in die türkisch-sunnitische Religionsnation umgewandelt.

c) Sunnitisch-islamische Politik der DP durch neue Gesetze und Sozialisationsinstanzen

Die religionspolitische Haltung der neuen politischen Regierungselite kann auch durch die Worte des DP-Vorsitzenden und Staatspräsidenten der Türkei, Celal Bayar, skizziert werden: "Die Türken sind Muslime, und sie werden Muslime bleiben und als Muslime zu ihrem Gott eingehen." (Bas 1992: 147) Um den antizipierten Wahlverlust zu verhindern, hatte schon die Staatspartei CHP zwischen 1947-1950 vergeblich erste Zugeständnisse an den sunnitischen Islam gemacht und damit seinen Einzug als politischen Faktor Rechnung getragen[163].

Die DP schloß 1951 die als kemalistische Sozialisationsinstanzen benutzten Volkshäuser und Dorfinstitute (vgl. Yegen 1999: 187; Roth/Taylan 1982: 65f.). Der auch für Mädchen obligatorische Unterricht wurde auf dem Lande staatlich nicht mehr kontrolliert, so daß sich die religiös legitimierte Geschlechtertrennung als Norm wieder durchsetzen konnte (vgl. Roth/ Taylan 1982: 66). Es entstanden Moscheebauvereine, die alte Gebäude restaurierten und neue für das Abhalten sunnitischer Gebetsrituale als Orte der Predigt des staatlichen Amtes für Religionsangelegenheiten errichteten (vgl. Spuler-Stegemann 1996: 237). Es wurden zur Regierungszeit der DP zwischen 1950 und 1960 mehr Moscheen als Schulen gebaut (vgl. Werle/Kreile 1987: 50). Der zur Einparteienzeit auf Türkisch erfolgte Gebetsruf des Muezzins ertönte wieder auf Arabisch. Dies brachte der DP den Titel "Retter des Islam" ein (vgl. Bas 1992: 148). Inhalte des Koran und sunnitisch-islamische Sendungen durften über die Medieninstanzen wieder verbreitet werden. Damit war der sunnitische Islam wieder in der Öffentlichkeit als Thema präsent: "Religious books and pamphlets again appeared with certain bookshops ... becoming centers of religious oriented activities." (Shaw/Shaw 1977: 409).

The Democrat Party encouraged "public celebrations of the major [religious; BG] holidays." (Shaw/Shaw 1977: 409) Mit den wieder offiziell gefeierten religiösen Feiertagen bestimmte der sunnitische Islam nun auch die Lebensführung der Bevölkerung. Die Abwesenheit an der Teilhabe am freiwilligen (sunnitischen) Religionsunterricht wurde durch die Einführung der Verpflichtung über die schriftliche Angabe von Gründen für das Fernbleiben erschwert (vgl. Werle/Kreile 1987: 50). Die einseitige Förderung des Sunnitentums war eine relative

[163] Die rituelle sunnitische Wallfahrt nach Mekka als eine der Fünf Säulen des Islam wurde von der CHP nach der Aufhebung der Devisenbeschränkung wieder eingeführt. Es wurde eine erste Theologische Fakultät (als sunnitisch-islamische Sozialisationsinstanz) an der Ankaraner Universität eröffnet, an der sunnitisch-islamische Werte, Normen, Weltwahrnehmungsweise, Deutungs- und Verhaltensweisen vermittelt wurden. Die Aufsicht über die Theologen wurde dem Präsidium für Religionsangelegenheiten übertragen. Der freiwillige ausschließlich sunnitische Religionsunterricht für alle und damit auch alevitische Muslime wurde in den Grundschulen eingeführt. Die ersten *Imam-Hatip*-Kurse (Kurse zunächst zur Schulung sunnitischer Vorbeter und Prediger) wurden eröffnet (vgl. Bas 1992: 147).

Benachteiligung für Aleviten. 1951 wurden die *Imam-Hatip*-Kurse zu *Imam-Hatip*-Schulen, also zu religiösen Sozialisationsinstanzen wie einst die osmanischen *medrese* ausgebaut (vgl. Bas 1992: 148)[164]. Die religiösen Ideen des sunnitisch-kurdischen Gründers des Nurcu-Ordens und ehemaligen Mitglieds des antirepublikanischen, separatistischen Kurdischen Freiheitskomitees (*Kürdistan Teali Cemiyeti, KTC*), Said-i Kürdi (Said-i Nursi), wurden von der DP-Regierung fortan nicht nur geduldet, sondern auch vom Regierungschef Menderes gefördert. Dieser besuchte den Ordensführer und küßte als Ehrerbietung dabei dessen Hand (vgl. Bulut 1995: 70; Kongar 1998: 151). Dies sollte die von Said-i Nursi charismatisch beherrschten Mitglieder dieses offiziell kriminalisierten, aber weit verbreiteten Ordens dazu bewegen, die DP zu wählen und so deren Herrschaft zu sichern. Dies war eine Signalwirkung für die gesenkte Sanktionshärte gegenüber den via Regierung staatlich rehabilitierten und geförderten sunnitischen Islamisten. "Religious leaders began to appear in public and once again preach opposition to Secularism." (Shaw/Shaw 1977: 409)

In den staatlichen Sozialisationsinstanzen, den Schulen, wurde der Islam verstärkt als Fundament der türkischen Religionsnation (propagierte Kerngesellschaft) dargestellt. Aus einem Schulbuch: "Ich bin Türke, meine Religion ... und mein Stamm sind groß. Ich werde niemals erlauben, daß jemand das Buch des Propheten abschafft. Unsere Nation glaubt an Gott." (Dreßler 1999: 42) Die Islamisierung des Begriffes der türkischen Nation bzw. seine Besetzung mit sunnitisch-islamischen Bedeutungsgehalt wertete zwar nationalistische und rassenbiologische Aspekte ab, hob aber im Gegensatz dazu sunnitisch-religiöse Elemente zur Abgrenzung der Kerngesellschaft hervor. Teile des alevitischen Glaubenssystems und Gebetshäuser wurden von der neuen Regierungselite nicht gefördert, was einer relativen Diskriminierung gleichkommt. Die kemalistischen Sechs Pfeile wurden somit teilweise von den Fünf Säulen ersetzt[165].

Gleichzeitig wurde der die Herrschaft der DP gefährdende Kommunismus als nicht nur eine atheistische, sondern auch unmoralische und somit antiislamische Bewegung und Ideologie dämonisiert. Die ländliche Bevölkerung wurde gegen linke Bewegungen mobilisiert: "Der

[164] Diese Schulen entwickelten sich später zur Wählerbasis der von Necmettin Erbakan angeführten sunnitisch-islamistischen Parteien MNP, MSP, RP. Diese mußten deshalb vom Militär 1997 eingeschränkt werden, um dem politischen Islam einzudämmen (vgl. Engin 1998a).

[165] Bis auf den Republikanismus wurde alles zumindest teilweise verändert. Der Säkularismus wurde durch die sunnitische Reislamisierung eingeschränkt. Der Nationalismus durch die partiell religiöse Definition relativiert, die staatliche internationale Unabhängigkeit gegen über der USA aufgehoben. Der Staatsdirigismus wurde von der neuen unternehmerischen Oberschicht zugunsten der Wirtschaftsliberalisierung eingeschränkt. Der Modernismus wurde revidiert. Damit wurden kemalistische Werte und Normen zugunsten des sunnitischen Islams relativiert.

Kommunismus will den Besitz aufteilen. Du bist verheiratet und hast eine Frau, die jetzt dir gehört. Willst du deine Frau mit anderen Männern im Dorf teilen?" (Roth/Taylan 1982: 71)[166] Durch Einführung weiterer Rechtsnormen (Todesstrafe für kommunistische Betätigung) wurde diese Bewegung zum abweichendem Verhalten deklariert und negativ sanktioniert.

Nach der Einführung des Mehrparteiensystems bestand die neue Kerngesellschaft nicht mehr aus der 'Nation der westlichen Türken', sondern nun aus der konservativen sunnitisch-türkischen Religionsnation. Linke, Aleviten und mikronationalistische Kurden, also die 'drei K's': Kizilbas (Rotköpfe), Kommunisten und (separatistische) Kurden galten nun als die neue Randgruppe. Religiöse sunnitische Kurden mit gleichzeitigen ethnischen Bewußtsein wurden durch die sie entdiskriminierende Reislamisierung in die Kerngesellschaft aufgenommen, wohingegen Aleviten als ideologisch deprivilegierte Personengruppe ausgestoßen wurden. Jede Herrschaftsordnung bringt seine eigenen Oppositionellen hervor. Während sie im osmanisch-sunnitischen Diskurs als 'Ketzer' und im modernistischen Kemalismus als 'Reaktionäre' bezeichnet worden, galten sie in der sunnitisch-türkischen, nationalkonservativ bis nationalreligiösen Türkei als 'Kommunisten' oder 'Ungläubige'.

d) Reaktive Verhaltensweise von Teilen der alevitischen Bevölkerung auf die DP

Nicht wenige religiöse Sunniten begrüßten die Politik der DP. "In Ankara a preacher in the Tacüddin mosque gave thanks to God in the Friday prayer for having freed Turkey from the Government of the godless People's Party." (Heper 1985: 123)

Aleviten aber wehrten sich gegen die von der DP begünstigten wachsenden Einflußnahme des sunnitischen Islam und unterstützten als reaktive Verhaltensweise die säkularistische und 'linke' CHP, von der sie die Wahrnehmung ihrer Interessen versprachen (vgl. Sener 1995: 154; Yavuz 2000: 80).

e) Herrschaftskrise der politischen Regierungselite und der Militärputsch vom 27.05.1960

Die von der DP beschleunigte Industrialisierung führte Ende der 50er nach einem Boom zu einer erheblichen Inflation. Die ökonomische Verrandung und Unzufriedenheit der Bevölkerung und deren Proteste gegen die amtierende DP-Regierung waren die Folge. Die DP führte zur Sicherung ihrer Herrschaft einige Maßnahmen durch:

---

[166] Es sollte untersucht werden, ob dieses sexuelle Motiv in einem Zusammenhang mit dem tradierten Vorurteil des 'Kerzenausblasens' steht.

- Die Hochburg der Opposition, der Regierungsbezirk Kirsehir, wurde zwecks Minderung der wahlpolitischen Bedeutung zu einem Distrikt heruntergestuft,
- das Wahlgesetz zur Beschneidung der Rechte oppositioneller Parteien wurde verschärft,
- die Garantien für Beamte wurden zur Abschreckung vorm oppositionellen Verhalten aufgehoben,
- die Autonomie der Universitäten und damit der Wissenschaft wurde aufgehoben und die Hochschulen dem Erziehungsministerium unterstellt,
- regierungskritische Zeitungen (als Medien der Opposition) wurden verboten und Journalisten verhaftet (vgl. Kongar 1998: 153).
- Die Möglichkeit der parlamentarischen Anfrage an die Regierung wurde beschnitten (vgl. Weiher 1978: 116).

> "Im Oktober 1958 kündigte Premier Menderes die Bildung einer 'Vaterländischen Front', einer Parteimiliz der DP, an, die bis 1960 über 143 Heime [als Sozialisationsinstanzen für DP-Anhänger; BG] und mehr als 300.000 Waffen bis hin zu Maschinenpistolen verfügte. Während es im Parlament immer häufiger zu tätlichen Auseinandersetzungen zwischen den Abgeordneten kam, nahm auch außerhalb des Parlaments die Gewalt gegen die Opposition zu; der CHP-Vorsitzende Inönü entging zweimal nur knapp einem Anschlag." (Weiher 1978: 116)

Anfang 1960 spitzte sich die Situation wegen der Vorverlagerung der Wahlen zu. Als die DP die Armee gegen die CHP einsetzen wollte, kam es zum offenen Streit zwischen militärischer und politischer Regierungselite: "Die Truppen, die Inönü auf einer Fahrt nach Zentralanatolien zur Umkehr zwingen sollten, ließen ihn unter militärischer Ehrenbezeugungen passieren." (Weiher 1998: 116-117) Die parlamentarische DP-Mehrheit setzte einen aus 15 DP-Mitgliedern bestehenden, mit Rechten eines Richters und Staatsanwalts ausgestatteten Untersuchungsausschuß gegen die CHP und die oppositionelle Presse ein und verbot alle parteipolitischen Aktivitäten für drei Monate. Der Ausschuß besaß zur Sicherung der Herrschaft der Regierungselite die Vollmachten, ohne Berufungsmöglichkeit Zeitungen zu schließen und zu beschlagnahmen, alle politischen Aktivitäten und Versammlungen zu verbieten, Eigentum zu beschlagnahmen und Personen abzuurteilen (vgl. Kongar 1998: 154; Weiher 1978: 117). Diese Maßnahme war der Anlaß von Massendemonstrationen und der Ausweitung des Kampfes zwischen der neuen politischen DP-Regierungselite und den bisherigen kemalistischen administrativ-militärischen Elitenfraktionen mittelständischer Herkunft: "Das ... Gewicht der klassenspezifischen Interessen der Militärs wird daran deutlich, daß sie durch politische und wirtschaftliche Repressionen und Repressionsversuche gegen die bisher herrschende Schicht (allerdings vergeblich) versuchten, die Verdrängung der alten bürokratischen Mittelschicht aus den dominierenden Macht- und Statuspositionen durch die [von der DP vertretene; BG] neue unternehmerische und freiberufliche Mittel- und Oberschicht rückgängig zu machen." (Weiher 1978: 138) Beim Kampf um die Herrschaft putschte sich schließlich am 27.05.1960 ein aus 38 Offizieren bestehendes 'Komitee der Nationalen Einheit' an die Macht und übernahm die Regierungsgewalt (vgl. Shaw/Shaw 1977: 414). Die DP wurde verboten, führende DP-Mitglieder angeklagt und einige (darunter auch Menderes) zum Tode verurteilt. Der ehemalige Premier Adnan Menderes, Ex-Außenminister Fatin Rüstü Zorlu und Hasan Polatkan (Ex-Finanzminister) wurden im September 1961 erhängt.

6.1.2. Über alevitische Lage zwischen 1960 und dem zweiten Staatsstreich der Armee vom 12.03.1971

a) Vorgeschichte: die Neuordnung der Rahmenbedingungen der Herrschaft der Regierungselite und die Politisierung der Religion durch Menderes Nachfolger Demirel

Das kurzzeitig regierende 'Komitee der Nationalen Einheit' strebte eine möglichst schnelle Übertragung der Macht an zivile Politiker und an die aus demokratischen Wahlen hervorgegangene Parteien nach einer Neuordnung der institutionellen Rahmenbedingungen an.

Um künftig konfligierende Interessen politisch auf parlamentarischer Ebene auszugleichen bzw. diese zu integrieren, um ein freies Spiel politischer Kräfte in einem alternierenden Mehrparteien- und Aushandlungssystem zu erleichtern, um eine parlamentarische Tyrannei der Mehrheit zu verhindern und somit das Herrschaftssystem auch für alle Akteure sozial zu legitimieren, wurde die eigentlich auf Atatürk zugeschnittene und von der DP mißbrauchte bisherige Verfassung neu geregelt. Sie beinhaltete neben freiheitlich-demokratischen Bestimmungen und sozialstaatlichen Reformen auch ein ausgeklügeltes System von *Checks- and Balances* (vgl. Weiher 1978: 133; Kongar 1998: 161; Hirsch 1966):

- Einführung der Gewaltenteilung
- Schaffung einer bipolaren Exekutive mit der Stärkung der Stellung des Ministerpräsidenten
- Einführung eines unabhängigen Verfassungsgerichts
- Verfassungsrechtliche Verankerung der Grundrechte
- Einführung des Verhältniswahlrechts zur Berücksichtigung möglichst vieler Interessen
- Arbeiter wurden u.a. das Recht auf Arbeit, Arbeitsurlaub, Mindestlöhne, Versammlungs- und Koalitionsfreiheit sowie das Streikrecht zugestanden (vgl. Hoffmann/Balkan 1985: 58).

Ein Ziel der Militärs war die Ausbalancierung kurzfristiger Interessen der Wirtschaftselite (vgl. Weiher 1978: 142).

- Das Militär behielt sich das Recht vor, auch auf die Innenpolitik des Landes Einfluß durch eine von ihnen dominierte Instanz zu nehmen. Der bereits bestehende Nationale Sicherheitsrat (*Milli Güvenlik Kurulu, MGK*) wurde eine Verfassungsinstitution (vgl. Hirsch 1966).

Diese Verfassung, die die Niederschrift der Herrschaftsordnung darstellt, begünstigte später auch die Verstärkung der nicht selten von Aleviten getragenen linken Bewegungen (bis 1980), die sich leichter organisieren konnten.

Es kam bei den 1961 stattfindenden Wahlen keine regierungsfähige Mehrheit zustande. Neben Splitterparteien erhielten die sich später nach links öffnende CHP 173 und die von Süleyman Demirel angeführte Nachfolgerin der DP, die Gerechtigkeitspartei (Adalet Partisi, AP), 158 Sitze. Bis 1965 führte die CHP eine instabile Regierungskoalition und wurde von der AP durch ein Mißtrauensvotum gestürzt (vgl. Hoffmann/Balkan 1985: 58).

Die von Demirel angeführte AP kam 1965 an die Macht. Wie die DP vertrat die Gerechtigkeitspartei die sozialökonomischen Interessen des Großbürgertums, wollte sich aber zur Sicherung ihrer Massenbasis und demokratischen Legitimation als Verfechterin des orthodox-sunnitischen Islam darstellen (Ahmad 1977: 380). Religiöse Angehörige des sunnitischen Islam wurden im Gegensatz zum Kemalismus entdiskriminiert, während Linke direkt und indirekt wohl auch Aleviten sowie Säkularisten durch die einseitige Begünstigung der religiösen Orthodoxie benachteiligt wurden: "The RPP's adaptation of the left-of-the-center slogan left it open to the accusation of communism and the jingle 'Ortanin Solu Moskova Yolu' (Left of the centre is the road to Moscow). At the same time the JP [i.e. the Justice Party; BG] adopted 'Ortanin Sagindayiz, Allah'in Yollundayiz' (We are right of the centre and on the path to God)." (Ahmad 1977: 377) Es wurde auch propagiert, daß Demirels Vater die rituell sunnitische Wallfahrt nach Mekka, die zu den Fünf Säulen des Islams gehört, gemacht habe und täglich in seiner Familie der Koran rezitiert werde (vgl. Werle/Kreile 1985: 79). Die öffentlichkeitswirksame, wöchentliche Fahrt Demirels zum Freitagsgebet mit dem Dienstwagen diente zur seiner Inszenierung als Moslem (vgl. Arcayürek 1999: 90). "Jeder muslimische Türke kann voller stolz behaupten, daß er Muslim ist." (Demirel, zitiert von Coskun 1995: 274) Demirel forderte den Bau von weiteren Moscheen und fortan die Benutzung von Lautsprechern für den Gebetsruf des Muezzins (vgl. Shaw/Shaw 1977: 426). Während der auch aus dem islamischen Bekenntnisritual bestehende Gebetsruf bisher akustisch auf das direkte Umfeld der Moschee begrenzt blieb, drang er durch die vergrößerte Reichweite nahezu in alle Lebens- und Wohnbereiche der gesamten Bevölkerung vor und veralltäglichte akustisch die Omnipräsenz und Gegenwart des sunnitischen Islam in der Öffentlichkeit und im Privaten.

b) Wechselspiel zwischen reaktiver Verhaltensweise von Teilen der alevitischen und Vorurteilen der sunnitischen Bevölkerung Anfang der 60er Jahre

Die Verdrängung der die sunnitische Revision einleitenden DP von der Herrschaft und die Verabschiedung der liberaleren Verfassung sowie die Einführung von Grundrechten wurde von Aleviten zur Verbesserung ihrer minoritären Lage begrüßt (vgl. Sener 1995: 154).

Religiöse Sunniten betrachteten den Staatsstreich als ein Statusverlust (vgl. Coskun 1995: 275), da die sie wieder zur Kerngesellschaft hervorhebende DP verboten und Menderes hingerichtet wurden.

Vorurteile den Aleviten gegenüber waren noch vorhanden. Der Vorschlag von Premier Inönü zur Bildung einer Repräsentationsinstanz für alle islamische Konfessionen im Präsidium für Religionsangelegenheiten provozierte den Protest und die heftige Kritik der religiös-sunnitischen Printmedien *Zafer* und *Adalet*: "Durch den Gesetzesentwurf werden Aleviten ihr Ritual des Kerzenauslöschens in die Moscheen bringen." (Sener/Ilknur 1995: 81) Der Präsident des Amtes für Religiöse Angelegenheiten sagte auf einer Pressekonferenz: "Das, was als Alevitentum genannt wird, ist eher eine politische als eine religiöse Sichtweise ... In unserem Verband gibt es niemanden, der das Alevitentum anerkennen möchte." (Sener/Ilknur 1995: 82) Ein Lehrer in einer staatlichen Schule in Ankara: "Die Rotköpfe sind keine Muslime. Sie sind wie Hunde. Sie sind aus Schlamm erschaffen. Unwissende betrachten Rotköpfe als Muslime. Die muslimischen Konfessionen sind das [ausschließlich sunnitische; BG] Hanefiten-, Schafiiten-, Malikiten- und Hanbelitentum. Die nichtmuslimischen Konfessionen sind das Bektaschiten-, Schiiten- und Alevitentum sowie Rotköpfe." (Sener/Ilknur 1995: 83) Diese veröffentlichten Ressentiments führten zu Protesten von Studierenden alevitischer Herkunft bzw. von Angehörigen der alevitischen Bildungselite (vgl. Sener/Ilknur 1995: 83).

Viele Aleviten zogen es bei ungünstigen Situationen, in der sie über wenige Macht verfügten, auch vor, ihre Herkunft zu verbergen (*takiyye*) bzw. Goffmansches Verstellen zu praktizieren:

> "'Ich war zehn Jahre alt, als wir von einem Dorf aus Sivas nach Diyarbakir zogen', berichtet der fünfundvierzigjährige Hüseyin: 'Mein Bruder wohnte seit

> langer Zeit in dieser Stadt, wo vorwiegend schafiitische [also sunnitische; BG] Kurden lebten. Er warnte mich davor, niemanden davon zu erzählen, daß wir Aleviten sind. Damit wir kein Verdacht erweckten, erlaubten sie es unserem Hausvermieter, mich täglich zur Moschee zu bringen. Wir hatten Angst, daß er uns aus der Wohnung hinauswirft, wenn er herausfinden würde, wer wir sind. So habe ich den Islam kennengelernt. In der Zeit habe ich fast vergessen, daß ich Alevit bin. Zuhause redeten wir nicht darüber. Ich glaube, mein Bruder und seine Frau wollten nicht, daß ich mir Sorgen darüber mache.' (Transkript 29.11.1992)" (Kehl-Bodrogi 1996: 54).
>
> "'Ich bin in einem Viertel von Ankara aufgewachsen, wo vorwiegend Sunniten lebten. Meine Eltern haben mir, bis ich 14 wurde, verschwiegen, daß wir Aleviten sind, da sie Angst davor hatten, daß ich uns in der Schule oder bei den Nachbarn unbeabsichtigt verraten würde. Schließlich war ich schockiert, als sie mir die Wahrheit sagten, denn bis zu dem Zeitpunkt hatte ich über Aleviten nur Schlechtes gehört', sagt der 36jährige Cemal. (Transkript 5.2.1993)" (Kehl-Bodrogi 1996: 54-55)

> Neben *Coming Out* ist die Migration eine weiter Folge antialevitischer Verhaltensweisen, wie Kehl-Bodrogi beschreibt: "Murtaza, z.B., ein aus der Nähe Divrigis stammender Geschäftsmann, gab an daß er seine Arbeit als Schneider in der Werkstatt eines Sunniten in Ankara nach dreijähriger Beschäftigung verlor, nachdem er sich als Alevit zu erkennen gegeben hatte. Er ließ sich zur Preisgabe seiner Identität hinreißen, als sein Arbeitgeber in einem Gespräch mit Kunden anzügliche Bemerkungen über die Unmoral der Aleviten machte. Seine fristlose Entlassung war für ihn der unmittelbare Grund, sich als Arbeiter in Deutschland zu bewerben." (Kehl-Bodrogi 1992: 9; kursiv im Original)

Politisierung wegen der kritischen Distanz zum System und Engagement als innovative Funktion zwecks Verbesserung eigener Lage waren weitere Möglichkeiten der reaktiven Verhaltensweise der Aleviten. Während der Zunahme politischer Aktivitäten aller ideologischen Couleurs kam die durchsäkularisierte, städtische und studierende alevitische Bildungselite mit sozialistischen Ideologien in Berührung, "denen sie sich fast ausnahmslos verschrieb. Hielt die ältere Generation weiterhin zu der Republikanischen Volkspartei Atatürks ... engagierte sich die Jugend aktiv in Parteien und Gruppen des linksextremen Spektrums. Sah die Elterngeneration noch im Kemalismus die Chance für die Überwindung ihrer Diskriminierung, so fanden die Jüngeren in der egalitären Ideologie des Kommunismus ihre Heilsbotschaft." (Kehl-Bodrogi 1992: 10). Sie wehrten sich auch damit gegen den wachsenden Einfluß religiöser Kreise und wählten linke Parteien zwecks Schutz ihrer konfessionellen Minderheitenlage.

Die sozialistische Arbeiterpartei der Türkei (*Türkiye Isci Partisi, TIP*) wurde auf dem Lande neben kurdischstämmigen Wählen hauptsächlich von Aleviten unterstützt (vgl. Samim 1987: 156). Alevitischstämmige Sozialisten und linke Künstler begannen, alevitische Geschichte neu zu schreiben und so alevitische Identität neu zu konstruieren. Dabei verknüpften sie ihre eigenen Ordnungsvorstellungen und Forderungen mit der alevitischen 'Volkstradition', daß ein von alevitischen Lehren abgeleitete und von der Vergangenheit bis in die Gegenwart konsistent linke, alevitische Identität konstruiert wurde: Der Zusammenhang zwischen alevitischer Ethik und dem Geist des Sozialismus wurde hervorgehoben. So wurde zum Beispiel die alevitische Redewendung 'Enel Hak' (Ich bin die göttliche Wahrheit/Gott), die die Vermenschlichung Gottes sowie die Vergöttlichung des Menschen ausdrückt, in einem Wortspiel zu 'emek-hak' (Arbeit-Recht) sozialistisch umgeformt und in neuen alevitischen Volksliedern tradiert und massenhaft verbreitet (vgl. Coskun 1995: 274).

Es kann davon ausgegangen werden, daß unter Sozialisten Aleviten und unter Religiösen und Rechten Sunniten überrepräsentiert waren. Aber nicht jeder Alevite war ein Linker und nicht jeder Sunnite Anhänger der rechten Bewegungen. Mit der Politisierung des Islam wurde auch eine Konfessionalisierung der Politik in die Wege geleitet:

> "Der Prozeß der politischen Plazierung qua religiöser Herkunft erwies sich als so bestimmend, daß die türkische Linke ihre Ausdrucks- und Aktionsform in der Kultur der Aleviten wiedergefunden hat. Die Linke hat sich gewissermaßen in alevitischen Vorlagen wiedererkannt, in Vorlagen, wie die von der solidarischen Gemeinschaft *gleicher Menschen (canlar)*, welche von einem einheitlichen Ideal durchdrungen sind, die das Individuelle zugunsten des gemeinsamen Zieles zurückstellen und zwischen denen eine *Brüderlichkeit (kardeslik)* herrscht, welche die Beteiligung der Frauen als *Schwestern (bacilar)* am politischen Kampf ... sichert. Diese Gemeinschaft weiß sich als Ganze mit dem Volke eins und begegnet ihm mit *Achtung (saygi)* und *Liebe (sevgi)*." (Seufert 1997b: 210-211)

Die Politisierung der Religion hatte die Wiederkehr religiöser Unterschiede und Gegensätze (Fünf Säulen, Alkoholverbot; Schleier) in die Öffentlichkeit zur Folge, die in politische *cleavages* umformuliert wurden: "Die Umformung des religiösen Gegensatzes zwischen den Sunniten und den Alewiten in einen politischen führte (für das jeweilige Gegenüber) zur Gleichsetzung des Sunniten mit türkischen Nationalismus, Islamismus und allgemein rechter Orientierung auf der einen Seite und des Alewiten mit Laizismus und allgemein linker, revolutionärer politischer Orientierung auf der anderen." (Seufert 1997a: 75) Dies beeinflußte auch die Wahrnehmungsweise, Deutungsmuster und Vorurteile sowie Verhaltensweisen den Aleviten gegenüber: "So wurde den Vorurteilen den Aleviten gegenüber ein neues hinzugefügt: sie seien alle Kommunisten oder zumindest 'links'." (Väth 1993: 214). Die Zugehörigkeit zu einer Gruppe konnte ein Mitglied zur Außenwelt dadurch anzeigen, daß er gruppenkonforme Handlungen, Einstellungen, Sitten oder Kleidung zu einer Inszenierung zusammenstellte. Dies gilt auch für den Namen. So hat sich zum Beispiel der Vorsitzende der verbotenen Kommunistischen Partei der Türkei (*Türkiye Komünist Partisi, TKP*) Nabi Yagci den gruppenkonformen Namen Haydar Kutlu zugelegt. Nabi ist als 'Botschafter Gottes' ein bei Sunniten geläufiger Name, wohingegen Haydar (Löwe bzw. Ali) bei Aleviten häufiger anzutreffen ist (vgl. Seufert 1997b: 211, Fußnote 458)[167].

Darüber hinaus wurde 1966 eine konfessionell orientierte, allerdings mäßig erfolgreiche Einheitspartei der Türkei (*Türkiye Birlik Partisi, TBP*) mit einem Löwen (als Symbol für Ali) als Parteiflagge (vgl. Yavuz 2000: 80) bzw. emblematisches Ausdrucksmittel zur Signalisierung zur Gemeinschaft der Aleviten und zur Abgrenzung vom sunnitischen Islam gegründet. Ursache war die wahrgenommene Passivität der CHP gegen die wachsende Anzahl von der AP eröffneten Korankursen und *Imam-Hatip*-Schulen. Die TBP brachte nur 8 Mitglieder ins Parlament (vgl. Sener/Ilknur 1995: 78). Es wurden alevitische Vereine wie der Haci-Bektas-Kulturverein (*Haci Bektas Veli Kültür Dernegi*), die Zeitschriften *Cem* und *Ehlibeyt* (als Medieninstanzen) zur alevitischen Ausbalancierung des sich verstärkenden Islamismus gegründet. Die liberale Verfassung von 1961 hatte dabei ihre Bildung erheblich erleichtert (vgl. Sener/Ilknur 1995: 50).

c) Antikommunistische und sunnitisch-islamistische Maßnahmen der AP-Regierung zur Sicherung ihrer Herrschaft

In den sechziger Jahren entstanden mit der weiteren Entwicklung des türkischen Kapitalismus mit ausländischen Kapital auch eine Arbeiterbewegung sowie eine radikale Linke (van Bruinessen 1984b: 37). Der Einzug der sozialistischen TIP mit 15 Parlamentariern in die Nationalversammlung (vgl. Kongar 1998: 166), die teilweise erfolgreiche Verhinderung des Einlaufens der 6. US-Flotte in türkische Häfen, die durch die von den feudalen Landlords verrandeten Kleinbauern durchgeführten Landbesetzungen (vgl. Hoffmann/Balkan 1985: 59) müßten vor dem Hintergrund des Kalten Krieges Indizien für die linke Gefährdung der Herrschaft des Großbürgertums und der Großgrundbesitzer gewesen sein.

Als Reaktion darauf wurde die weitere sunnitische Reislamisierung der Öffentlichkeit und der Politik durch die politische Regierungselite eingeleitet. Es wurden 'Vereine zur Bekämpfung

[167] Ein weiteres Beispiel für den Namen als Plakat für die Gesinnung ist Hüseyin Feyzullah. Er legte sich den Namen Alparslan Türkes zu und wurde später Führer der Nationalistischen Aktionspartei bzw. der Grauen Wölfe wurde. Türkes ist der Name eines türkischen Stammes, während 'Alparslan' der Vorname vieler führender historischer Persönlichkeiten in der türkischen Geschichte ist. So hat der Seldschukenkönig Alparslan die byzantinische Armee in Malazgirt 1071 geschlagen, was den Einzug der Turkstämme nach Anatolien erleichterte.

des Kommunismus' gegründet[168]. Sie intensivierten ihre Handlungen nach der Regierungsübernahme der AP (vgl. Cetinkaya 1996: 11). Zwischen 1963 und 1968 wurde ihre Zahl verfünfzehnfacht (vgl. Kongar 1998: 167). Sie führten auch Überfälle auf Veranstaltungen der TIP in Bursa, Gaziantep, Akhisar, Manisa, Turgutlu und Ödemis durch (vgl. Cetinkaya 1996: 11). Darüber hinaus hielten sie mit der religiösen Zeitung *Bugün* des sunnitischen und der AP nahestehenden Süleymanciordens[169] öffentlich massenhaft wirksame sunnitische Reihengebetsrituale "gegen den atheistischen Kommunismus" ab (vgl. Cetinkaya 1996: 31; Kongar 1998: 167). Das von allen Betenden in seinen Abläufen gleichzeitig, wiederholt, öffentlich und einheitlich ausgeführte "Gebet gegen den Kommunismus" veranschaulichte durch die 'äußere' Zurschaustellung vermutlich die 'inneren' Überzeugungen der islamistischen Demonstranten. Die nichtdazugehörigen anderen, wozu auch Aleviten und Sozialisten durchaus zählten, fielen gerade durch ihre Abwesenheit beim Reihengebet als Außenseiter auf. Diese Riten erzeugten wegen der bereits im Motto stattfindenden Dämonisierung der Linken zeremoniell eine sunnitische, antikommunistische Kollektividentität. Die Remobilisierung sunnitisch-islamischer Riten zur Bekämpfung des Kommunismus trug auch antikemalistische Züge, weil dabei Textpassagen des dezidiert antikemalistischen Nurcu-Führers Said-i Kürdi (Said-i Nursi) öffentlich rezitiert und die kemalistische Zeitung *Cumhuriyet* als prosowjetisch gebrandmarkt wurden (vgl. Cetinkaya 1996: 62):

> "So fiel im Verständnis bestimmter sunnitischer Kreise die Reaktion gegen die kemalistische 'Verwestlichungspolitik' mit der Reaktion gegen den Kommunismus zusammen ... Daß Kemalismus und Kommunismus völlig unterschiedliche politische und soziale Perspektiven verfolgen, daß Kommunismus und Westorientiertheit nicht identisch, daß beide Richtungen in der Türkei durch unterschiedliche Kräfte vertreten sind ... wurde in der Gedankenwelt jener Gruppen in sein Gegenteil verkehrt." (Laciner 1984: 240).

Der sunnitische Islamismus konnte nun aus drei Gründen Aleviten als Feind definieren: Die Aleviten wichen zum einen als häretische Glaubensgemeinschaft, zum anderen als säkularistische Kemalisten oder auch als atheistische Linke von orthodox-sunnitischen Werten und Normen ab. Auf vielen von den sunnitischen Religiösen und Konservativen abgehaltenen Ver-

---

[168] Diese Vereine wurden laut Balli bereits von der CHP aufgrund der Gegenleistung für die von den Vereinigten Staaten erhaltene Wirtschaftshilfe gegründet (vgl. Balli 1999a: 508).

[169] Der Süleymanci-Orden wurde vom ehemaligen Nakschibendiprediger Süleyman Hilmi Tunahan (1887-1959) gegründet und hat die Wiedereinführung der Scharia und des Kalifats zum Ziel. Er hat aktiv die Massenbasis und Wahlkampfhilfe unter seinen Mitgliedern für die AP mobilisiert (Werle/Kreile 1987: 42). Die AP gewährte z.B. für seine Hilfe bei den Wahlen von 1979 12 Abgeordnetensitze für diesen Orden (Werle/Kreile 1987: 94).

sammlungen wurde der nicht selten von Aleviten unterstützte Kemalismus mit dem Kommunismus gleichgesetzt und verteufelt:

> "Die Zahl der Jugend, die sich nach den Geboten unserer Religion ausrichtet, nimmt zusehends an. Die [von den Kemalisten; BG] betrogene Jugend ist wieder erwacht. Die Freunde Scheich Saids werden ihren Kampf fortsetzen. Die Anarchisten [bzw. Kommunisten; BG], die ihre Heimat in Chaos und Unordnung stürzen wollen, werden eine Lektion bekommen." (Cetinkaya 1996: 63)
>
> "Sie [, d.h. die Kemalisten,; BG] betrogen uns und sagten, es sei Mode. Wir verloren unsere Unschuld. Sie haben das Verbotene als erlaubt dargestellt, wir verloren den Islam. Und jetzt ist nur unser Glaube geblieben, paßt auf ..." (Cetinkaya 1996: 63)

Die AP-Regierung ließ den Bau weiterer *Imam-Hatip*-Schulen als religiöse Lehranstalten und alternative Sozialisationsinstanzen für bisherige öffentliche Schulen zur Vermittlung orthodox-sunnitischer Werte, Normen, Weltwahrnehmungs-, Deutungs- und Verhaltensmuster vorantreiben. Präsident Cevdet Sunay bezeichnete säkulare Schulen als Horte der Anarchie und befürwortete die Rekrutierung der künftigen politischen und administrativen Elite der Türkei aus Absolventen der *Imam-Hatip*-Schulen, die eine zeitgenössische Form der *medrese* darstellen: "Die Zukunft des Landes wird der in den Imam-Hatip-Schulen ausgebildeten Kader übergeben." (Tusalp 1999: 28; Erdost 1999: 234; Costuroglu 1977: 21-22) Es wurde zwischen den Jahren 1965/1966 und 1969/1970 die Besucherzahl solcher Schulen verdreifacht (vgl. Samim 1987: 174, Fußnote 20).

Die AP organisierte auch militante Elemente der religiös-sunnitischen Bewegung als Straßenmacht zur Sicherung ihrer Herrschaft vor der (oft von Aleviten gestützten) Linken (vgl. Laciner 1984: 244). Deren Bekämpfung sollte die bisherige Herrschaftsordnung stabilisieren helfen. Das begünstigte auch antialevitische Ausschreitungen: Unstimmigkeiten zwischen Angehörigen des von der Regierung geförderten Nurcu-Ordens und Aleviten in Ortaca über Bodenbesitzverhältnisse eskalierten gewaltsam, als fünf sunnitische Männer eine alevitische Frau vor den Augen ihres Ehemannes vergewaltigten und 500 aus 16 umliegenden Dörfern bewaffnete sunnitische Männer ein von Aleviten besuchtes Kino überfielen (vgl. Engin 1998b: 543, Fußnote 16).

"1967 nahmen aufgehetzte sunnitische Gruppen eine von Aleviten veranstaltete kulturelle Versammlung in Karaman-Maras [sic] zum Anlaß von gewaltsamen Ausschreitungen gegen Aleviten. Die Sunniten wurden aber von jenen, die hinter diesen Gewalttaten standen, weniger mit antialevitischen als mit antikommunistischen Parolen aufgewiegelt." (Laciner 1984: 243)

Aber Aleviten an sich müssen wohl auch als Aggressionsobjekte fungiert haben. Denn dabei wurde die Parteiflagge der alevitischen Einheitspartei zerrissen, und es kam zu pogromartigen Überfällen gegen alevitische Häuser und Einrichtungen (vgl. Cetinkaya 1996: 30).

Ein von linken Gruppen, Verbänden von Studierenden und Gewerkschaften gegen das Einlaufen der 6. US-Flotte organisierter Demonstrationszug namens "Mustafa-Kemal-Marsch-gegen-den-Imperialismus" in Istanbul wurde von aufgehetzten Teilnehmern der öffentlich inszenierten sunnitischen Gegenprotest-Gebets angegriffen. Dabei starben zwei Personen. Die Zeitung des der AP nahestehenden Süleymanci-Ordens *Bugün* hatte zuvor zu kollektiven "Protestgebeten gegen den Kommunismus" aufgerufen und Gewalt als islamisch geboten dargestellt: "Wir leben in einer Zeit, in der ein großer Sturm losbrechen wird, in der der totale Krieg wahrscheinlich geworden ist und in der man sich bewaffnen sollte. Der Heilige Krieg ist in Allahs Weg geboten, und die Waffen werden sprechen." (Cetinkaya 1996: 74-76; vgl. Eral 1995: 65) Das Ereignis ging als "Blutiger Sonntag" in die türkische Geschichte ein.

Darüber hinaus wurden antikommunistische rechtsradikale Todesschwadronen, die der Grauen Wölfen der Nationalistischen Aktionspartei (*Milliyetci Hareket Partisi, MHP*) angehörten[170], in paramilitärischen Ausbildungslagern ausgebildet. Dies geht aus einem Bericht eines Untersuchungsausschusses hervor (vgl. Kaynak Yayinevi 1997a; Weiher 1978: 149-150; Pekmezci/Büyükyildiz 1999: 39). Das alltägliche Leben in den Ausbildungslagern war durch die rituellen sunnitischen Gebets-, Bekenntnis- und Speisevorschriften, sportlichen und militäri-

[170] Der gebürtige Zypern-Türke Alparslan Türkes, der im Westen (USA, Bundesrepublik) ausgebildet wurde und in einigen militärischen Instanzen die Türkei international repräsentierte (vgl. Türkes 1997: 7), nahm zwar am ersten Putsch von 1960 teil. Wegen rechtsradikalem Gedankengut mußte er aber einige Jahre im Ausland verbringen, ehe er wieder in die Türkei zurückkehren konnte. Türkes trat mit seinen engsten Verbündeten in die nationalkonservative Splitterpartei Republikanische Bauern- und Nationspartei (*Cumhuriyetci Köylü Millet Partisi; CKMP*) ein, deren Name und Programm er nach seiner innerparteilichen Machtübernahme nach seinen Ordnungsvorstellungen umformte. Die MHP benutzte künftig die osmanische Reichsflagge als Parteiemblem zur Verdeutlichung ihrer Ideologie. Die Partei vertrat zunächst einen militanten obrigkeitsstaatlichen, antikommunistischen, korporatistischen und großtürkischen Ultranationalismus mit dem Ziel zur Schaffung einer moralisch disziplinierten hierarchischen und unter der Obhut des führungscharismatischen Führers (*Basbug*) stehenden Gesellschaft (vgl. Türkes 1997; Agaogullari 1987: 190ff.). Um ein breiteres Publikum bei Wahlen anzusprechen wurde der gesellschaftlich relativ unbeliebte Nationalismus durch die national-religiöse sunnitisch-türkische Türkisch-Islamische Synthese (vgl. Agaogullari 1987: 197; Werle/Kreile 1987: 91; Arikan 1998: 123). Türkes formulierte dies so: "We are as Turks as the Tengri Mountain [it is in Central Asia ...] and as Muslims as the Hira mountain [which is located in the holy lands for Muslims in Saudi-Arabia]. Both philosophies are our principles." (Türkes, zitiert von Arikan 1998: 123; Agaogullari 1987: 98) Die Türkisch-Islamische Synthese wurde nach dem Militärputsch vom 12.09.1980 zur semioffiziellen Staatsideologie der Türkei hervorgehoben. Die Ideologie der MHP wird durch einen defensiven Reflex von der Existenz eines tatsächlichen oder fiktiven Feindes bestimmt, vor der der türkische Staat und das Volk beschützt werden muß. Während in den 60ern und 70ern der Kommunismus, in den 80er und 90ern die PKK die Feinde waren, wurde schließlich Erbakans Wohlfahrtspartei (*Refah Partisi, RP*) zum innenpolitischen Gegner (vgl. Arikan 1998: 121-122).

schen Trainingsprogramme sowie durch die ideologische Unterweisung vorstrukturiert (vgl. Kaynak Yayinevi 1997a: 20):

03.30:	Wecken und Waschen
...	
03.45:	Eidesbekenntnis
03.50:	Morgengebet
04.15:	Rennen ...
05.30:	Frühstück
06.30:	Ausruhen
07.15:	Judo, Karate, Ringen
08.45:	Marschieren
...	
10.30:	Tagespolitische Diskussionen
11.30:	Mittagsgebet
12.15:	Mittagessen
13.00:	Diskussion über religiöse Themen
13.15:	Gebet
14.15:	Judo, Karate, Ringen
16.00:	Ausruhen
17.00:	Diskussion über religiöse Themen
18.00:	Methodenworkshop zur Auflösung und Organisierung von Demonstrationen
19.00:	Abendgebet und Abendessen
20.00:	Nachtmarsch
21.00:	Nachtgebet
22.00:	... Bettruhe

Die MHP hatte ein weites Netzwerk, bestehend aus zahlreichen Tarn- und Nebenorganisationen und Vereinen, aufgespannt (vgl. Werle/Kreile 1987: 92; Agaogullari 1987: 199-200; Pekmezci/Büyükyildiz 1999: 41,54,81,113). Die "idealistischen Kommandoeinheiten" wurden sowohl gegen militante als auch gegen unbewaffnete Angehörige der Linken eingesetzt. Es starben zwischen 1968 bis zum zweiten Coup d'État vom 12. März 1971 über 60 Personen bei den Auseinandersetzungen. Es "wurden allein von rechtsextremen Kommandos bei über 230 gezielten Einsätzen und von den Sicherheitskräften 23 Studenten, 14 Arbeiter, 8 Bauern, 1 Lehrer und 3 Funktionäre der TIP getötet." (Weiher 1978: 150) Jedoch wurde keine Strafverfolgung gegen die von der herrschenden AP-Regierung gestützten MHP eingeleitet (vgl. Roth/Taylan 1982: 119)[171].

Auch Linksradikale neigten zur Gewalt. Das für sie enttäuschende Wahlergebnis von 1969 und der Sieg der AP durch die auch von ihr durchgeführte Änderung des Wahlrechts (vgl. Kongar 1998: 167-168) waren Teilursache der Erhöhung ihres Frustrationspotentials mit ideologisch legitimierter Gewaltbereitschaft (vgl. Pevsner 1984: 45). Die linksradikale Studentenvereinigung DEV-GENC (Revolutionäre Jugend) spaltete sich von der TIP ab. Es wurden 200-400 Studenten in Lagern militanter palästinensischer Organisationen ausgebildet, die 1969 in die Türkei zurückkamen, um einen bewaffneten Umsturz zur Veränderung des bisherigen Herrschaftssystems herbeizuführen (vgl. Weiher 1978: 148). Aus der DEV-GENC hatten sich die als terroristisch eingestuften Guerilla-Bewegungen "Volksbefreiungsarmee der Türkei" (*Türkiye Halk Kurtulus Ordusu, THKO*) und "Front der Volksbefreiungspartei der Türkei" (*Türkiye Halk Kurtulus Partisi Cephesi, THKPC*) als Organisationen mit innovativen Funktionen zur Veränderung der bisherigen Herrschaftsordnung herausgebildet (vgl. Weiher 1978: 148), die ab Dezember 1970 Banküberfälle, Geiselnahmen gegen Lösegeld, Anschläge gegenüber Polizisten vor dem Istanbuler US-Konsulat durchgeführt hatten (vgl. Cumhuriyet Hafta Nr.21/25.05.2001, S. 15; Samim 1987: 159; Erogul 1987: 136).

Die Gefährdung der Inneren Sicherheit durch die nicht selten von Aleviten unterstützte Linke und der herrschenden Ordnung war Grund für die zweite Intervention der Armee, die diesmal am 12.März 1971 zugunsten der wirtschaftlichen Elite ein Memorandum einreichte.

6.1.3. Zur Situation der Aleviten zwischen dem Putsch vom 12.3.1971 bis zum dritten Coup d'État am 12.9.1980

a) Vorgeschichte: Herstellung der Sicherheit und Aufrechterhaltung der Herrschaftsordnung durch Verhängung des Kriegsrechts, der strafrechtlichen Verfolgung der Opposition und durch Reislamisierung von 'oben'

Das Militär zwang zunächst Demirel zum Rückzug, verlangte in seinem Memorandum vom 12. März 1971 ein hartes Vorgehen in den Auseinandersetzungen und setzte dann deine überparteiliche Regierung ein. Es wurde in einigen Provinzen (darunter Istanbul, Ankara, Izmir) das Kriegsrecht bzw. die Geltung besonderer Werte und Normen mit der Einschränkung der Menschenrechte verhängt, wo allein das Militär für die Sicherheit und Ordnung zuständig war (vgl. Kongar 1998: 174; Rinehart 1988: 65; Weiher 1978: 148ff.; Hofmann/Balkan 1985: 59). Laut Roth und Taylan waren schon im voraus Pläne für die Massenverhaftung ausgearbeitet worden: "In einer einzigen Nacht verhaftete man 4.000 Professoren, Studenten, Lehrer und pensionierte Offiziere. In den folgenden Tagen wurden sie ... gefoltert und schließlich in Mas-

[171] Ein Beispiel für die Unterstützung der MHP durch die AP ist die jahrelange Geheimhaltung eines Berichtes einer Untersuchungskommission über paramilitärische Ausbildungslager der Grauen Wölfe, der erst 1978 veröffentlicht werden konnte (vgl. Kaynak Yayinevi 1997).

senprozessen von Militärgerichten abgeurteilt." (Roth/Taylan 1982: 89) Es wurden besondere Staatssicherheitsgerichte zur strafrechtlichen Verfolgung eingeführt (vgl. Sönmez 1985: 87), in der hauptsächlich linksorientierte Personen angeklagt wurden. Im Frühjahr 1972 gab es 10.000 politische Gefangene, drei Angehörige der *THKO*-Organisation (darunter Deniz Gezmis[172]) wurden als Abschreckungsbeispiele hingerichtet, 24 weitere Organisationsmitglieder linker militanter Vereinigungen starben bei bewaffneten Kämpfen mit Sicherheitskräften[173], linke Organisationen und Parteien wurden verboten, wohingegen gegen die MHP nicht vorgegangen wurde. Linke, unter denen Aleviten vermutlich überrepräsentiert waren, dienten gerade durch ihre Verrandung zur Sicherung der Ordnung. Durch ihre negative Sanktionierung wurden sie vor der politischen und gewaltsamen Veränderung des *Status quo* ferngehalten und waren auch noch ein Abschreckungsbeispiel für andere Oppositionelle.

Die Armeeführung ließ die liberale 1961er Verfassung ändern. Damit wurde der linke 'Mißbrauch' der Grundrechte erschwert, die Verhängung des Ausnahmezustands bzw. die Verfolgung der Opposition rechtlich erleichtert (vgl. Weiher 1978: 166).

Die Trägerschichten des Memorandums waren die türkische mit dem ausländischem Kapital zusammenarbeitende Wirtschaftselite (Großbürgertum und Landlords) und die inzwischen zur industriellen Oberschicht aufgestiegene Armee. Diese hatte durch die Veränderung ihrer ökonomischen Interessenslage nach der Gründung des zum Konzern aufgestiegenen OYAK-Hilfsfonds auch ihre politische Richtung gewechselt. Die türkische Generalität hatte 1961 das Unternehmen "Solidaritätsfond für die Armee" (*Ordu Yardimlasma Kurumu, OYAK*) gegründet, das sich zunächst durch Prozentabzüge der Offiziere finanzierte, um ihnen später Sozialhilfe (Alters- und Invalidenversicherung) zu leisten. Später diente OYAK auch zur Kreditvergabe an Offiziere, beteiligte sich an anderen türkischen und internationalen Unternehmungen in der Autoindustrie, Erdöl-Petrochemie, in der Zement-, Wohnungsbau-, Tourismus-, Kaufhaus- und Versicherungsbranche sowie im Bankenwesen. OYAK entwickelte sich immer mehr zum einen der größten Holdingunternehmen der Türkei. Die neue wirtschaftliche Lage der Streitkräfte veränderte auch den politischen Standort der Armee. Die Mil-

[172] Die THKO wurde von Deniz Gezmis angeführt. Seine Hinrichtung wurde in alevitische Liedern thematisiert und dadurch im kollektiven Erinnerungsbestand der Aleviten als ein vom Staat verfolgtes Kollektiv mit Widerstandstradition konserviert. Es wird später darauf Bezug genommen.

[173] So zum Beispiel wurden einige von ihnen in dem vom alevitischen Sänger Musa Eroglu vorgetragenen Song "Epos von Kerbela" (*Kerbela Destani*) angedeutet, bei dem eine historische Kontinuität der Aleviten als sich eine aus Tradition gegen das Unrecht einsetzende und von den Herrschenden unterdrückte Gruppe seit dem Gründungsmythos Kerbela bis heute postuliert wurde. Darauf wird später eingegangen.

itärs wurden "vom Hüter des Kemalismus zu Hütern der Großindustrie." (Werle/Kreile 1987: 61; vgl. Hoffmann/Balkan 1985: 69f.; Weiher 1978: 147; Bulut 1995: 71; Roth/Taylan 1982: 81f.)

Um den linken Herrschaftsentzug zu verhindern, wurden nicht nur linke Personen, Professoren, Studierende, Verbände, militante Organisationen, Medien und Parteien verfolgt (kurzfristige Repression), sondern die sunnitische Reislamisierung wurde auch durch die Militärs und durch die von ihnen abhängige überparteiliche Regierungskoalition zur langfristigen ideologischen Herrschaftssicherung vorangetrieben:

- Der Bau von Moscheen zum Abhalten sunnitischer Gebetsriten und Vermitteln von antikommunistischen orthodox-islamischen Werten und Normen wurde auch in Kasernen zur entsprechenden Sozialisation der Soldaten beschlossen.
- In Militärschulen sollte der Religionsunterricht auch nicht mehr von Dozenten der als links geltenden ODTÜ-Universität erfolgen.
- Es wurden von einem General Lehrbücher verfaßt, worin der (sunnitische) Islam gepriesen und Atatürk zum gläubigen Muslim umdefiniert wurde (vgl. Bulut 1995: 72-73).
- 1972 wurde eine Gesetzesvorlage eingereicht, die die "Verspottung oder Beleidigung Allahs" unter Gefängnisstrafe stellte. Derjenige, der Menschen vom Beten abhielt oder Propheten kritisierte, konnte fortan auch mit Strafverfolgung rechnen. Antireligiöses bzw. islamkritisches Verhalten wurde dadurch zum abweichenden Verhalten definiert.
- Es wurden alle Religionsdiener des Präsidiums für Religionsangelegenheiten verbeamtet.

b) Die Koalition zwischen der CHP und der MSP (1973-1975)

Bei den ersten freien Wahlen nach dem Coup d'État wurde die Koalition zwischen der sozialdemokratischen CHP von Bülent Ecevit und der neu gegründeten ähnliche Sozialprogramme beinhaltenden sunnitisch-islamistischen Nationalen Heilspartei (*Milli Selamet Partisi; MSP*)[174] des Angehörigen des Nakschibendi-Ordens Necmettin Erbakan gebildet.

---

[174] Die MSP nahm die Interessen der vom städtischen Großbürgertum bedrohten Kleinkaufleute, Handwerker und Kleinunternehmer der sunnitisch-islamisch geprägten Provinzen Anatoliens wahr. Diese hatten sich mit der AP Demirels, die nur das städtische Großbürgertum begünstigte, überworfen, da kleinere Unternehmungen von den von der AP bevorzugten Konzernen aufgelöst und liquidiert worden waren (vgl. Werle/Kreile 1987: 86f.). Der Parteivorsitzende und Mitglied der Nakschibendi-Ordens, Necmettin Erbakan, bis 1968 Vorsitzender der türkischen Industrie- und Handelskammer, hatte Demirel vorgeworfen, nur die Interessen der großstädtischen Oberschicht auf Kosten anatolischer Kleingewerbetreibender zu verteidigen. Die MSP ist damit Vertreterin der anatolischen Klein- und Mittelindustrie im Kampf zwischen sozialökonomischen Gruppen zwischen verschiedenen Regionen der Türkei um knappe Ressourcen (vgl. Hoffmann/Balkan 1985: 60; Saribay

Da sich die politische Regierungselite auch von der MSP zusammensetzte und die Mehrheitsfähigkeit der CHP-geführten Regierung sicherte, wurden ihr einige Zugeständnisse eingeräumt:

- Die MSP wollte den Bierausschank als Bestandteil der sunnitischen Enthaltsamkeitsrituals in Lokalen verbieten.
- Sie wehrte sich hartnäckig gegen die Einführung der Erlaubnis für Zollbeamtinnen und Polizistinnen, Minirock zu tragen.
- Sie setzte den Bau weiterer *Imam-Hatip*-Oberschulen als neue *medrese* zur Vermittlung und Verinnerlichung sunnitisch-islamistischer Werte, Deutungsmuster und Normen durch.
- Es wurde von der MSP versucht, den sunnitischen Religionsunterricht in allen Klassenstufen einzuführen.
- Die Erlaubnis für die sunnitische Pilgerfahrt nach Mekka auch auf dem Landweg (als Bestandteil der Fünf Säulen) wurde künftig erteilt.
- Das faktisch außer Kraft gesetzte Verbot der Bücher mit religiösem Inhalt wurde auch *de jure* aufgehoben.
- Die staatliche Kostenbeteiligung bei den Bau von Korankursen (als Sozialisationsinstanzen zur Vermittlung von orthodox-islamischen werten und Normen) wurde auch eingeführt (vgl. Saribay 1984: 268).

1984: 259; Werle/Kreile 1987: 87). Die Vorgängerin der MSP, die Nationale Ordnungspartei (*Milli Nizam Partisi, MNP*) hatte sich von der AP Ende 1969 abgespalten und wurde vom türkischen Verfassungsgericht wegen Islamismus verboten. Der Ordensführer der Nakschibendi soll persönlich Erbakan die Gründung der MNP und MSP vorgeschlagen haben (vgl. Seufert 1997a: 47). Die Bezeichnung "Selamet" (Heil) impliziert für den potentiellen Wähler die Ausrichtung des Parteiprogramms nach der Scharia. Obwohl das Parteiprogramm wegen der Gesetzeslage vorsichtig formuliert wurde, kann die beabsichtigte Herbeiführung der Scharia herausgelesen werden: In seinem Werk "Milli Görüs" (Nationaler Standpunkt) bezeichnet Erbakan den Säkularismus als "Gewaltherrschaft der Nichtglaubenden über die Glaubenden." (Erbakan 1975: 51; zitiert von Oehring 1984: 150) Feudale Landlords unterstützten im Südosten auch die MSP zur Sicherung ihrer Herrschaft vor linken Parteien oder Bewegungen und bestimmten das Stimmverhalten ihrer 'Untertanen': "Wer nicht MSP wählt, wird vom Aga aus dem Dorf herausgeworfen, verliert Arbeit, Lohn und Brot." (Roth/Taylan 1982: 159) Die Kerngesellschaft aus der Sicht der MSP sollte aus Sunniten ohne Beachtung der Blutsabstammung bestehen, so daß sunnitische Kurden in der supranationalen und –ethnischen Glaubensgemeinschaft der Muslime (*ümmet*) integriert waren. Dafür wurden kurdische und turkstämmige Aleviten von der anvisierten islamischen Kerngesellschaft der MSP ausgeschlossen: "In der Reaktion auf ihre ökonomische Benachteiligung und auf den 'Sittenverfall' des Zentrums trafen sich sunnitische Türken und sunnitische Kurden. Die Abgrenzung gegen die in ihren Augen ungläubigen und kommunistischen Alewiten spielte für die Anhänger der MSP eine wichtige Rolle." (Seufert 1997a: 85) Nach der Schließung der MSP nach dem Putsch von 1980 wurde die Wohlfahrtspartei (*Refah Partisi; RP*) gegründet, die wiederum 1999 wegen Islamismus verboten wurde. Die Tugendpartei (*Fazilet Partisi, FP*), die inzwischen auch als "Hort anti-säkularistischer Aktivitäten" (Neue Zürcher Zeitung Nr.143/23./24.06.2001, S. 1) verboten worden ist, ist die Nachfolgerin der MSP (vgl. zum Verbotsantrag der RP und FP das Plädoyer des Generalstaatsanwalts des Republikanischen Kassationsgerichtshofes, Vural Savas 2000).

- Absolventen der religiösen Prediger- und Vorbeterschulen (*Imam-Hatip*-Schulen), die nicht zur Armee gegangen waren, konnten nun auch Polizisten werden. Dadurch wurden Teile der bewaffneten staatlichen Instanzen der Rechtsdurchsetzung von Islamisten unterwandert (vgl. Tusalp 1999: 37).

Die jeweils durch Zugeständnisse neu veralltäglichte Situation wurde zur Ausgangslage neuer Forderungen der MSP: Künftig sollten Absolventen der Predigerschulen auch Zugang zur Universität bzw. zu weiteren Bildungsressourcen bilden, um Teil der türkischen Bildungs- oder auch sogar der politisch-administrativen Elite zu werden (vgl. Gölbasi 1997: 31-32).

c) Vom Beginn der Bürgerkriegsähnlichen Zustände ab 1975 über die Zeit der Regierungen der Nationalistischen Front bis zum Militärputsch vom 12.September 1980

Diese Jahre können m.E. als Zeitraum des Machtkampfes zwischen den linksorientierten und bürgerlich-nationalkonservativen politischen Eliten betrachtet werden. Dieser Konflikt verlagerte sich auf die Straßen und wies bürgerkriegsähnliche Züge auf. Die linksorientierten Akteure wurden auf parteipolitischer Ebene durch die postkemalistische sozialdemokratische Republikanische Volkspartei (CHP) vertreten, wobei deren Gegner, die Nachfolgerin der Demokratischen Partei (DP), die Gerechtigkeitspartei (AP), war. Letztere koalierte ab 1975 mit der Partei der Nationalistischen Bewegung (MHP) von Ex-Oberst Türkes ('Graue Wölfe') und der sunnitisch-islamistischen Nationalen Heilspartei von Erbakan (vgl. Hoffmann/Balkan 1985: 60f.; Werle/Kreile 1987: 79f.; vgl. Seufert 1997a: 83). Dies führte zur Obstruktion im Parlament und verstärkte die politische Polarisation in der Gesellschaft und Instabilität im Lande. Die Regierungen unter der CHP und der Koalition der 'Nationalistischen Front' (AP+MHP +MSP) lösten sich wechselseitig ab (vgl. Pevsner 1984: 64ff.). Das seit Menderes in der Öffentlichkeit vorhandene sunnitisch–islamisch geprägte konservative Werte- und Normensystem wurde unter den Regierungen der 'Nationalistischen Front' (*Milliyetci Cephe; MC*) als Legitimationsgrundlage und Gegenideologie zur Abwehr linksorientierter Bestrebungen (vgl. Seufert 1997a: 83) weiter verstärkt, was m.E. der Zugehörigkeit zur Konfession als Abgrenzungs- und Diskriminierungsmerkmal zur Definition der Kerngesellschaft weitere Bedeutsamkeit verlieh. Die bürgerkriegsähnlichen Zustände zwischen Links- und Rechtsorientierten waren Folge dieser Polarisierung: "Grob vereinfacht verlief die Konfliktlinie der gewaltsamen Auseinandersetzungen zwischen türkisch-sunnitischen-rechtsextremen (MHP-orientierten) Gruppen auf der einen und kurdisch-alevitisch-linksextremistischen Kräften ... auf der anderen Seite." (Kramer

1981: 45) The leftists "assaulted politicians and public officials, the police, journalists and members of rival groups. United States service personal stationed in Turkey were also targets for attack." (Rinehart 1988: 80)

Die Aleviten identifizierten sich mit der linksorientierten CHP als Garantin des Säkularismus und damit ihrer konfessionellen Minderheitenlage (vgl. Pevsner 1984: 74). Die Unterstützung der Linken durch die Aleviten als Verhaltensweise kann m.E. nicht nur dadurch erklärt werden, daß diese ihre Lage verbessern wollte. Der Autor dieser Arbeit unterstellt ungeprüft, daß sie wegen ihrer Distanz zur Kerngesellschaft als soziale Randgruppen die allgemeinen Dysfunktionen des Herrschaftssystems bzw. der Herrschaftsordnung eher erkennen und innovative Funktionen ausüben konnten. Zur Darstellung und Erschaffung der Aleviten als Linke wurden Geschichte und Traditionen der Aleviten als eine protosozialistische Glaubensgemeinschaft umdefiniert (vgl. Seufert 1997a: 75): "In this ideologically heated period the Alevis' (self-) identification with left-wing revolutionary ideologies led to a politicization of the traditional religious dichotomy in the country. The extreme right-winged Party of the National Movement (MHP) was able to instrumentalize this situation toward the end of the 1970s" (Kehl-Bodrogi 1997a: XIII). Diese Partei mobilisierte laut Werle und Kreile in konfessionell gemischten Wahlkreisen tradierte sunnitische Wahrnehmungs- und Deutungsmuster und Vorurteile gegen die als Linke wahrgenommene Aleviten. Diese galten nun als Ursache für ökonomische Miseren (vgl. Werle/Kreile 1987: 92) und erfüllten als Aggressionsobjekte eine Ventilfunktion.

> Teile der Grauen Wölfe "schießen auf Linksdemonstranten, auf Arbeitervertreter, auf Linksintellektuelle, auf Intellektuelle überhaupt, auf führende Mitglieder der [temporär an der Macht gebliebenen; BG] Regierungspartei Ecevits, deren sozialdemokratische Ausrichtung ... immer wieder als >kommunistisch< verschrien wird. Sie schießen ferner auf Mitglieder der ethnischen und religiösen Minderheiten, auf ... Alewiten, die in vielen Fällen der türkischen Linken nahestehen, weil es sich um Gemeinschaften handelt, die sich über eine Diskriminierung von Seiten ... der türkischen Sunniten beklagen." (Werle/Kreile 1987: 79)

Bei diesen täglich stattfindenden bewaffneten Auseinandersetzungen sind zwischen 1975 und 1980 5.000 Menschen gestorben (vgl. Kongar 1998: 200). In 31 von 67 Provinzen der Türkei wurden von den linken und rechten Extremisten sogenannte "Befreite Zonen" eingerichtet, die sich dem Zugriff staatlicher Ordnungsmächte (Justiz, Polizei, Armee) entzogen und denen die jeweilige Organisation gegen Angehörige des jeweiligen Gegners wütete (vgl. Pevsner 1984: 68).

- **Die Regierungskoalition der 'Nationalistischen Front': Unterwanderung staatlicher Institutionen und gesellschaftliche Islamisierung sowie Bekämpfung der Linken und der Aleviten (von 1975 bis Ende 1977)**

Diese u.a. aus AP, MHP und MSP bestehende Koalition verstärkte zur langfristigen Herrschaftssicherung die weitere sunnitische Reislamisierung: Linke bzw. alevitischverdächtige Personen wurden während ihrer Herrschaft beruflich diskriminiert und verrandet. Es wurden linke bzw. linksverdächtige Personen vom administrativen und juristischen Verwaltungsbereich entfernt. Sie trugen als diskriminierte Ressourcenlieferer zur Stabilität der Kerngesellschaft rechter türkischer Sunniten bei. Sie erfüllten vermutlich gerade durch ihre Verrandung eine Ressourcenliefererfunktion und dienten für andere als Abschreckungsbeispiel. Es wurden 1.365 Beamte gekündigt, 2.500 Techniker entlassen, 14.000 Beamte in 4 Ministerien zwangsversetzt, 19 von 68 Provinzleitern abgesetzt und 41 mit subalternen Aufgaben vertraut, 489 Staatsanwälte und 200 Stellvertreter versetzt, 46 Sicherheitsdirektoren in ihren Provinzen entlassen und 100 Arbeitsinspektoren abgelöst (vgl. Sönmez 1985: 89).

Die Zahl der neuen *medrese*, der *Imam-Hatip*-Schulen und die der Schüler wuchs weiter an. Diese wurden zu Zentren islamischer Aktivitäten. Die MSP ließ Parteimitglieder in das Präsidium für Religionsangelegenheiten unterkommen. Es wurden weitere Moscheen (als Medieninstanzen und Orte für sunnitische Gebetstriten zur zeremoniellen Schaffung islamischer Identität) gebaut und zusätzliche Stellen für sunnitisch-islamische Geistliche und Prediger (als definitionsmächtige Personen mit psychischer Gewalt über gläubige Muslime) geschaffen. Die Zahl der Korankurse wurde von 4.000 auf 6.000 erhöht (vgl. Sönmez 1985: 91).

Die sunnitische Reislamisierung der Politik und Öffentlichkeit war so vorangeschritten, daß der Präsident des Amtes für Religionsangelegenheiten sich traute, für die Einführung der Scharia zu sprechen, ohne negative Konsequenzen fürchten zu müssen (vgl. Roth/Taylan 1982: 157).

Die Hervorhebung der Religion in den Schulen machte auch vor Lehrbüchern nicht halt, die wieder antialevitische Vorurteile enthielten (vgl. Bozkurt 1993: 78).

Auch die Nationalistische Aktionspartei (MHP) hatte aus wahltaktischen Gründen ihre bisherige Ideologie durch die nationalreligiöse Türkisch-Islamische Synthese zur Propagierung türkischer Sunniten als Kerngesellschaft ersetzt (vgl. Arikan 1998: 123). Ihre Erfolge gehen auch auf das Ausnutzen bestehender Vorurteile gegenüber Aleviten der wirtschaftlich in ihrem Status bedrohten sunnitischen Bevölkerungsmehrheit im konfessionell gemischten Zentral- und

Ostanatolien zurück (vgl. Werle/Kreile 1987: 92; Birand 1987: 60), die ihre Marktmacht an aufsteigende Aleviten abgeben mußte (vgl. Sener 1995: 155). Die Aleviten erfüllten als Randgruppe eine Sündenbockfunktion und stellten somit ein Aggressionsventil für die wirtschaftlich verrandeten sunnitischen Kleinunternehmer dar, die sowohl von dem durch die AP begünstigten städtischen Großbürgertum im Wettbewerb und von der neuen alevitischen Mittelschicht vom Markt verdrängt wurden[175]: "Die Aleviten, angeklagt des Kommunismus und der schrecklichsten religiösen Heterodoxien, wurden zu Sündenböcken der Frustration einer sunnitischen Kleinbourgeoisie gestempelt." (van Bruinessen 1984b: 39; vgl. Laciner 1984) Dadurch lenkten Aleviten als Fokus für Aggressionen von den marktwirtschaftlichen Konkurrenzbedingungen ab, worauf die Herrschaftsordnung beruht, und stabilisierten den *Status quo*.

Mit dem Primat der Gewalt ihrer damaligen Neben- und Tarnorganisationen setzte sich die nationalreligiöse MHP gegen die bisher gewaltlose sunnitisch-islamistische MSP, die den Schwerpunkt auf den langen Marsch durch die republikanischen Institutionen legte, allmählich durch (vgl. Laciner 1984: 251; Agaogullari 1987: 203)[176].

Die Koalitionspartnerin und Teil der politischen Regierungselite MHP wurde auch Teil der administrativen Führungsschicht. Es wurden insgesamt 295.000 Beamte eingestellt (vgl. Pekmezci/Büyükyildiz 1999: 65). Die Nationalistische Aktionspartei dominierte auch in den Ministerien für Zölle, Monopole, Handel und Bildung. Darüber hinaus kontrollierte sie das Staatliche Institut für Statistik und das Untersekretariat für Landreformen. Sie plazierte Anhänger in zahlreiche Unternehmungen wie zum Beispiel in Taris (vgl. Agaogullari 1987: 201). Diese Instanzen und Einrichtungen dienten ihnen auch zur weiteren Ressourcenallokation. Denn die Kontrolle über die Ressourcenvergabe (z.B.: Einstellung von Beamten in diese Instanzen) war nicht mehr von der Leistung, sondern von der Gesinnung abhängig. Ab 1976 gewannen hauptsächlich MHP-Anhänger die Aufnahmeprüfungen von pädagogischen Hochschulen, da sie die Prüfungsfragen entweder vorher bekommen hatten oder nur ideologische bzw. religiöse Fragen gestellt bekommen hatten. Letztere konnten nur Personen beantworten, die sich mit der sunnitischen Konfession oder mit der nationalreligiösen Ideologie der Grauen Wölfe

[175] Durch die alevitische Binnenmigration vom Lande in die Städte und somit zur Teilnahme an den bisher von Sunniten dominierten Märkten kam es zur Konkurrenz um begrenzte Ressourcen zwischen den in ihrem ökonomischen Status bedrohten Angehörigen der Mehrheitskonfession und den Zuwanderern. Das Ökonomische wurde konfessionalisiert, konfessionelle Unterschiede zu ökonomischen Diskriminierungsmerkmalen (vgl. Yavuz 2000: 80; Sener 1995: 155). Die Konfessionalisierung wurde schließlich politisiert und verstärkte wechselseitig die jeweiligen stereotypen Fremdbilder zwischen "Islamisten" und "Kommunisten".

[176] Ab 1978 änderte die MSP auch ihre Politik . Es wurden 32 paramilitärische Ausbildungslager der religiösen 'Stürmer' (*akincilar*) eröffnet und militante Organisationen gegründet (vgl. Tusalp 1999: 83).

beschäftigt hatten: "Wie heißen die Töchter unseres Propheten?", "Wer ist der größte Führer?", "Wie oft muß am Samstag Mittag gebetet werden?", "Zählen Sie alle Bücher vom Führer auf, und sagen Sie, welcher Verlag sie betreibt." Auf diese Weise wurden 36.000 MHP'ler in die Lehrerhochschule eingeschleust. Absolventen dieser Schule wurden als Lehrer an staatlichen Schulen beschäftigt, wo sie künftig ihre nationalreligiöse Gesinnung sanktioniert durchsetzen konnten (vgl. Roth/Taylan 1982: 128-129). Nichtdazugehörige bzw. gesinnungskonträre Personen (vordringlich Linke oder Aleviten) wurden diskriminiert und erfüllten somit eine Ressourcenliefererfunktion für nationalreligiöse türkische Sunniten.

■ Die Minderheitsregierung der CHP (1.1.1978-11.11.1979)

Teile der Grauen Wölfe starteten während der Herrschaft der 'Nationalistischen Front' und der der CHP-Minderheitenregierung mit ihren Neben- und Tarnorganisationen auch Angriffe auf Mitglieder und Führer linker Gewerkschaften, Parteien, Organisationen, linke Professoren und gegen das alevitische Kollektiv in Malatya, Maras, Corum und Sivas (vgl. Agaogullari 1987: 204). Die darauffolgende staatliche Verfolgung der MHP wurde unter Ecevit eingeleitet. Es wurde z.B. eine Sondereinsatzgruppe der Polizei zur Ermittlung der Straftaten der Angehörigen oder Sympathisanten der MHP unter Ecevit gegründet, deren Leiter Cevat Yurdakul später einem Anschlag zum Opfer fiel (vgl. Roth/Taylan 1982: 135).

Die Angriffe von Angehörigen der MHP richteten sich nicht nur gegen Linke, sondern auch gegen Aleviten als Kollektiv samt Frauen und Kindern. Dies konnte u.a. folgende Gründe haben:

- Ausbalancierung der Linken, damit die Türkei nicht ins sowjetische Lager abdriftet;
- Beweislieferung für die Unfähigkeit der Regierung Ecevit zur Aufrechterhaltung der Inneren Sicherheit, falls die Anschläge zur Regierungszeit der CHP stattfanden;
- Eskalation der Konflikte mit der Linken zur Provokation einer antikommunistischen Intervention durch die Armee;
- Außerparlamentarisches Erringen der Regierungsgewalt, falls die Anschläge zur Herrschaftszeit der CHP stattfanden;
- Abschreckung der Aleviten vor künftigen 'linken' Verhaltensweisen, da die Opfer als Abschreckungsbeispiel dienten;

- durch die konfessionelle Zerschlagung der Aleviten sollte der Linken ihre demographische Grundlage genommen, um auch bei Wahlen den relativen Anteil linker Wähler in Wahlbezirken zu senken (vgl. Erdost 1999: 235).

Dabei stachelten Teile der Graue Wölfe in Maras, Corum, Malatya und Sivas durch die Dämonisierung der Aleviten und durch die Remobilisierung antialevitischer Deutungsmuster religiöse Angehörige der Sunniten auf.

- Massaker von Malatya

In Malatya detonierte ein Bombenpaket, bei der der sunnitische Bürgermeister Hamit Fendoglu und seine Angehörigen starben. Tausende, von Angehörigen der Nationalistischen Aktionspartei aufgestachelte Sunniten, die sich auf die Nachricht der Anschläge versammelt hatten, "begaben sich zu den Arbeitsstellen der Aleviten, die sie ins Brand stecken. Zehn Menschen sind dabei ums Leben gekommen und Hunderte wurden verletzt." (Laciner 1984: 253) Nach Beurteilung der Lage seitens der Aleviten war die Chance künftiger bevorstehenden Massaker durch radikale Sunniten so hoch eingeschätzt worden, so daß sie sich zur Gewährleistung der konfessionellen Sicherheit in Ghettos zurückzogen. Die als Reaktion auf die Unruhen stattfindende Dämonisierung aller Sunniten veranlaßte die Aleviten Zentral- und Südostanatoliens, einen Sicherheitsabstand gegen die "anderen", Sunniten, einzuhalten (vgl. Laciner 1984: 253)[177].

- Massaker von Sivas (3.9.1978-4.9.1978)

Ein Tag vor dem sunnitischen Ramadanfest, während des öffentlichen Vorherrschens sunnitischer Wahrnehmungs-, Deutungs- und Verhaltensweisen zur Zeit des dreißigtägigen rituellen Fastens, provozierte die von Teilen der Grauen Wölfe verbreitete Nachricht eines erfundenen Brandanschlags auf eine Moschee[178] einen von ihnen angeführten Pogrom gegen die Aleviten in dem von Angehörigen dieser Glaubensgemeinschaft bewohnten Alibaba-Viertel nach der Zerstörung der städtischen Parteizentrale der CHP. Die dabei von den Angreifern ausgesprochenen Slogans waren: "Auch wenn unser Blut fließt, ist der Sieg des Islam! Nationalis-

---

[177] Die von Linksextremen alevitischer Herkunft kontrollierten "Befreiten Zonen" gefährdeten die Sicherheit nationalreligiöser türkischer Sunniten. In Ümraniye wurden beispielsweise fünf Personen von einem 'Volkstribunal' verurteilt und zu Tode gefoltert: "The bodies of the victims, murdered by the enemies of the regime and of the people, were so mutilated as to be almost unidentifiable. Their heads were crushed, eyes goudged out, genitals cut away." (General Secretariat of the National Security Council 1982: 43).

[178] Die MHP'ler hatten schon am 19.8.78 erfolglos versucht, ähnliche erfundene Nachrichten von Brandanschlägen zwecks Volksverhetzung zu verbreiten, aber der örtliche Imam konnte diese rechtzeitig verneinen. Am 24.8.78, ein paar Tage vor dem Massaker, hatten einige Angehörige der Grauen Wölfe durch Beschuß von 300 alevitischen Schülern, Zusammenstöße zu provozieren versucht (vgl. Coskun 1995: 291)

tische Türkei! Muslimische Türkei! Tod den Kommunisten! Sivas wird das Grab der Ungläubigen sein!" (Coskun 1995: 299) Es starben 9 Menschen, 97 Häuser und 350 Geschäfte wurden zerstört. Angehörige der Feuerwehr wurden durch Angriffe an den Löscharbeiten behindert. Die Unruhen dauerten zwei Tage, bis die Armee die Ordnung wiederherstellte (vgl. Coskun 1995: 297-299)[179]. Zuvor waren während der Regierungszeit der 'Nationalistischen Front' der Polizeichef von Sivas durch einen MHP-Angehörigen ersetzt und die im linken Polizistenverein Pol-DER organisierten Beamten mit subalternen Aufgaben betraut oder durch der MHP-nahestehenden Kollegen abgelöst worden (vgl. Coskun 1995: 292). Ein Teil der von MHP-Anhängern dominierten Polizei hetzte den von Angehörigen der Grauen Wölfe angeführten Mob bei den Übergriffen auf Aleviten weiter auf (vgl. Coskun 1995: 295). Die konfessionelle Sicherheit der Aleviten konnte erst durch die Intervention der Armee und später durch Migration in andere Gebiete hergestellt werden. In einigen Moscheen wurden nach den Unruhen antialevitische Predigten gehalten: "Während des Opferfestes werden wir das Blut der Kommunisten und Rotköpfe anstelle der Schafe fließen lassen." (Coskun 1995: 298)

- Massaker von Kahramanmaras (Weihnachten 1978)

Ein von Angehörigen oder Sympathisanten der Grauen Wölfe selbst inszenierter Bombenanschlag auf ein von MHP'lern frequentiertes Kino wurde für einen Rachefeldzug gegen Linke und Aleviten zum Anlaß genommen, dem zunächst zwei Lehrer zum Opfer fielen. Der Trauerzug wurde von einem von Angehörigen der Nationalistischen Aktionspartei angeführten Mob mit dem Schlachtruf überfallen: "Keine muslimische Beisetzung für Kommunisten! Kommunisten verbrennen unsere Moscheen!" (Hoffmann/Balkan 1985: 67, Fußnote 16) Das Ergebnis waren drei Tote, 38 Verletzte und 100 zerstörte Geschäfte von Linken und Aleviten, geplünderte Bürogebäude der Gewerkschaft DISK und der CHP. Die von den Aleviten bewohnten und verbrannten Häuser waren zuvor mit einem Stigma gebrandmarkt worden, wodurch die Gebäude zum Zerstörung freigegeben worden waren. Das Zeichen entschied damit auch über Verschonung oder Tötung der Hausbewohner.

Am 22.12.1978 wurde die Wahrnehmung sunnitischer Muslime in der Moschee während der Freitagspredigt durch den von den Gläubigen als legitim betrachteten Hodscha der Baglarbasi-Moschee antialevitisch geprägt: "Man kann kein Hadschi mit Fasten oder Beten werden. Jemand, der einen Aleviten tötet, hat soviel Gutes getan, als sei er fünf Mal nach Mekka gepil-

[179] Es wurden 350 Personen angeklagt und 20 verurteilt. Einige Angeklagte, deren Nachkommen und Verwandte saßen 15 Jahre später nach dem erneuten Massaker in Sivas am 2.7.1993 wieder auf der Anklagebank

gert. Alle unsere Glaubensbrüder müssen gegen die Regierung [von Ecevit; BG] und Kommunisten, Atheisten einen Aufstand machen. Wir werden Aleviten und sunnitische Gottlose der CHP säubern." (Tusalp 1999: 271, Fußnote 303) Am 23.12.1978 wurde von örtlichen Angehörigen der MHP entworfene provokative Slogans von den städtischen Lautsprechern des Bürgermeisteramtes verbreitet (vgl. Zeugenaussage, zitiert von Mater 1989: 267).

> "Dann begann ein drei Tage dauernder, ... geplanter und organisierter ... Massenmord ... Augenzeugen schilderten, wie ... ganze Familie[sic!] schiitischer [im Sinne von alevitischer; BG] Glaubensrichtung aus ihren vorher in Brand gesteckten Häusern gejagt, ihre Frauen nackt durch die Straßen getrieben und vor den Augen ihrer Angehörigen getötet wurden. Ganze Familien wurden erschossen, Frauen und Mädchen vergewaltigt und dann ermordet, Kinder aus linksverdächtigen Familien zu Tode gefoltert, Säuglinge mit Benzin übergossen und verbrannt, Fahrer von Ambulanzen erschossen. Die ... Fanatiker versuchten, in das städtische Krankenhaus einzudringen, um auch die Verletzten zu ermorden. Nach offiziellen Angaben starben ... 143 Menschen, über 1.200 wurden verletzt, 500 Häuser und Geschäfte zerstört." (Hoffmann/Balkan 1985: 67, Fußnote 16)[180]

Weil die Angreifer zum Zeitpunkt der Tat keine offiziellen Beziehungen zur MHP gepflegt hatten, konnte eine Verwicklung dieser Partei mit dem Massaker rechtlich nicht nachgewiesen werden, auch wenn einige Indizien dafür sprachen: Die Täter riefen laut juristischer Feststellung einige von der MHP benutzte Slogans und trugen MHP-Abzeichen. Gerade die Häuser und Geschäfte, die zuvor mit dem Schriftzug "MHP" gekennzeichnet worden waren, wurden nicht angegriffen (Urteil, zitiert von Mater 1989: 292).

Nach dem Massaker wurde das Kriegsrecht in einigen Provinzen eingeführt und somit die Regierungsgewalt von der linken CHP auf die durch den Besitz am OYAK-Konzern zum Interessenvertreter des Großbürgertums gewordenen Armee übertragen. Diese war nicht nur für die Wiederherstellung der Sicherheit der Bevölkerung, sondern auch durch Einschränkung vieler Grundrechte auch für den Schutz der herrschenden Ordnung vor linksextremen Bewegungen verantwortlich (vgl. Hoffmann/Balkan 1985: 69). Nach Maras wurde die Furcht vor weiteren Unruhen in andere Provinzen verbreitet, so daß sich nicht wenige Zivilisten eine Waffe zulegten, um sich selber zu schützen. In den sogenannten "Befreiten Zonen" boten der

(vgl. Coskun 1995: 300).

[180] Es standen 807 Angeklagte vor dem dritten Militärgericht in Adana und mußten sich für das Massaker verantworten. Der Prozeß endete mit der Verhängung von 22 Todesurteilen, 14 lebenslänglichen Haftstrafen, 411 Freisprüchen und 304 mit Haftstrafen zwischen sechs und 24 Jahren (vgl. Hoffmann/Balkan 1985: 67, Fußnote 16).

linke "Revolutionäre Weg" (DEV-YOL) oder die Grauen Wölfe[181] Angehörigen ihrer jeweiligen Gesellschaft (Sozialisten/Aleviten oder Rechte/sunnitische Türken) Schutz vor jeweiligen Übergriffen an (vgl. Pevsner 1984:75).

Daß ausgerechnet die oft von den Aleviten gewählte CHP sie vor der partiellen Vernichtung nicht schützen konnte, war ein Grund für ihre Wahlniederlage in 1979. Die AP setzte sich durch und bildete eine von der MHP und MSP gestützte Minderheitsregierung.

- Minderheitsregierung der AP (12.11.1979-12.9.1980)

Trotz Regierungswechsels konnte Demirel wegen der parlamentarischen Obstruktion die Interessen des türkischen Großbürgertums zur Implementation der IWF-Forderungen zur weiteren Liberalisierung der Wirtschaft nicht durchsetzen (vgl. Roth/Taylan 1982: 17-18).

Nach der Ablösung der politischen von der CHP gestellten Regierungselite durch die AP wurde auch der administrative Bereich von Ecevits Parteiangehörigen gesäubert. Linke und vermutlich Aleviten wurden dadurch diskriminiert und dienten somit als Ressourcenlieferer für (national-)religiöse Rechte, sunnitisch-türkische Angehörige der Parteien der 'Nationalistischen Front'. Gleichzeitig waren sie ein Abschreckungsbeispiel für potentiell andere Oppositionelle und warnten diese vor herrschaftsgefährdenden Verhaltensweisen. Es wurden 56 Provinzgouverneure und Polizeichefs in 44 Provinzen ausgetauscht. 300 Regierungs- und Polizeidirektoren aller staatlichen Betriebe wurden ersetzt, so daß alle Schlüsselstellen zur Sicherheit der von der Gerechtigkeitspartei favorisierten Ordnung besetzt worden waren (vgl. Hoffmann/Balkan 1987: 65). 5.000 MHPler und somit Anhänger der nationalreligiösen Türkisch-Islamischen Synthese wurden als Lehrer in staatliche Sozialisationsinstanzen aufgenommen (vgl. Roth/Taylan 1982: 68). Nach dem Amtsantritt der AP-Regierung wurde die Sanktionshärte für militante MHP-nahe Personen erheblich gesenkt und die staatliche Verfolgung der Grauen Wölfe, die zur Regierungszeit Ecevits der Fall war, eingestellt. Während der Regierungszeit der AP-Regierung konnten 3.056 gefangene Graue Wölfe ohne Behinderung aus Militärgefängnissen fliehen (vgl. Roth/Taylan 1982: 137). Nach der Auflösung der von Ecevit in Adana gebildeten Sondereinsatzgruppe wurde ihr Leiter, der Polizeichef von Adana,

[181] Die heute nach dem Tode von Türkes vom gemäßigt geltenden Devlet Bahceli angeführte Nationalistische Aktionspartei, die gegenwärtig als zweitstärkste Parlamentsfraktion zusammen mit der Mutterlandspartei (*Anavatan Partisi, ANAP*) Mitglied der vom ehemaligen politischen Erzfeind Bülent Ecevit (Demokratische Linkspartei, *Demokratik Sol Parti, DSP*) geleiteten Regierungskoalition ist, befindet sich in einem Erneuerungsprozeß (vgl. Steinbach 2000: 63). Bahceli warb auch um die Aussöhnung mit den Aleviten. "Wir sollten unsere alevitischen Mitbürger umarmen." (Bahceli 1999)

Cevat Yurdakul, erschossen (vgl. Roth/Taylan 1982: 135). Auch Aleviten wurden von Teilen der den Grauen Wölfen nahestehenden Polizei drangsaliert:

> "Anfang Februar 1980 wandte sich eine Abordnung der alevitischen Bevölkerung von Kayseri an die Zentrale der CHP in Ankara und beschwerte sich über den Polizeiterror in der Stadt. >>Wir werden von der Polizei mit verbundenen Augen zu unbekannten Orten geschleppt und gefoltert. Die Polizei sagt zu uns immer: 'Seid ihr Aleviten? Warum gebt ihr eure Stimme der CHP? Ihr müßt MHP wählen. Wenn ihr die MHP wählt, werden wir euch freilassen!<<" (Roth/Taylan 1982: 20)

Es wurden auch weitere Pogrome gegen Aleviten in Corum durchgeführt (vgl. Eral 1995: 81-118).

- Massaker von Corum (04.07.1980)

Auf die wieder gezielt verbreitete falsche Nachricht über einen Brandanschlags auf eine Moschee in der Nähe des Alevitenviertels kam es trotz Beschwichtigungsversuchen örtlicher Hodschas zu gewalttätigen Übergriffen auf Aleviten seitens einer von militanten Angehörigen der Grauen Wölfe angeführten, aufgebrachten Menschenmenge von radikalen Sunniten. Dabei starben 24 Menschen, 100 Häuser und Geschäfte von Aleviten wurden zerstört und geplündert. Es wurden auch Aleviten als Geisel genommen, vergewaltigt und erschossen. Die zerstörten Häuser waren zuvor durch eigens dafür angebrachte Stigmasymbole gekennzeichnet worden. Diese Embleme signalisierten die Zugehörigkeit zu den 'linken Aleviten' und ihre Abgrenzung von 'rechten Sunniten' und entschieden somit auch über Leben und Tod der Bewohner.

Auch die von Sympathisanten oder Angehörigen der MHP unterwanderten staatlichen Instanzen wirkten bei der Verfolgung der Aleviten mit: Überlebende Augenzeugen berichteten auch über Angriffe von Polizeipanzern auf alevitische Zivilisten. Zuvor waren von der AP-Regierung linke Polizisten zwangsversetzt und von ihren der MHP angehörenden oder mit ihr sympathisierenden rechten bzw. nationalreligiösen Kollegen ersetzt worden. Diese sollen bei den Übergriffen auf Aleviten aktiv teilgenommen haben. Die zuvor von Aleviten vorausschauend vor ihren Vierteln zum Selbstschutz errichteten Barrikaden, waren auf Befehl des regierungstreuen Gouverneurs entfernt worden. Ein diensthabender und dafür zuständiger, mögliche Konsequenzen gegen Aleviten befürchtende und deswegen den Befehl des Gouverneurs verweigernder Militäroffizier war zuvor auf Druck von MHP-Parlamentariern abgelöst worden (vgl. Eral 1995: 89). Die Entfernung der Barrikaden und die von der Polizei durchgeführte vorherige Entwaffnung und Festnahme von Aleviten geschah zwar möglicherweise zur Wiederherstellung des staatlichen Gewaltmonopols und Aufrechterhaltung des herrschenden Rechts, hatte aber die Pogrome gegen Aleviten erheblich erleichtert. Selbst Tage nach dem Massaker wurden eine sachdienliche Spurensuche, Zeugen- und Opferbefragung von der Polizei unterlassen, wie später vor Gericht festgestellt wurde (vgl. Eral 1995: 81-118).

Daß die zugeschriebene Herkunft oder Gesinnung der Opfer eine Rolle spielte, können Aussagen eines später verurteilten Angeklagten belegen, der seinem Opfer vor dessen Tod folgendes sagte: "Du bist Alevite und ein Linker. Du wirst sterben." (Aussagen eines geständigen Angeklagten, zitiert von Eral 1995: 155) Diese Opfererfahrungen traumatisierten die Aleviten und wurden im Opferdiskurs zu hervorgehobenen historischen Beispielen zur ihrer Darstellung als eine seit dem Streit zwischen Ali und den Weggefährten Mohammeds bis heute verrandete, Not, Unterdrückung, Verfolgung und Vernichtung erleidende religiöse Minderheit mit einem Sinn für Gerechtigkeit. Dieses Trauma-Motiv mit den Beispielen der Massaker aus den Siebzigern wurde in alevitischen Songs wie 'Kerbela Destani' (Das Epos von Kerbela) gepflegt und so im kollektiven Erinnerungsbestand der Angehörigen dieser Glaubensgemeinschaft konserviert[182].

Die von der auch von Stimmen der MSP abhängige AP-Regierung hatte bisher sunnitisch-islamistische Bewegungen gefordert. Die niedrige Sanktionshärte gegen Islamisten und die wegen den bürgerkriegsähnlichen Zuständen entstandene Ablenkung der Regierung hatte die MSP vermutlich auch dazu gebracht, die bisher herrschende, aber labile nationalkonservative Ordnung zugunsten der Scharia als neues sunnitisch-islamistischen Werte- und Normensystem umzustürzen. Es wurden seit 1978 vermutlich auch deshalb von der MSP in Ausbildungslagern paramilitärische Einheiten zur Einführung der Scharia trainiert und entsprechende militante Organisationen gegründet (vgl. Tusalp 1999: 83). Darüber hinaus organisierte die MSP in der Islamistenhochburg Konya einen Demonstrationszug unter dem Motto "Befreiungstag für Jerusalem" (vgl. General Secretariat of the National Security Council 1982: 215) zum Umsturz der bisherigen Herrschaftsordnung:

> "Am 7. September fand in Konya ... eine Demonstration statt ... Die Nationale Heilspartei (MSP), von der die Demonstration organisiert wurde, brachte Menschen auf die Straße, die offen die kemalistische laizistischen Prinzipen angriffen ... Viele kamen in der ... islamischen traditionellen Tracht, schwenkten grüne islamische Fahnen [als 'emblematische Ausdrucksmittel'; BG] ... und riefen Parolen, mit der die Rückkehr zur Scharia gefordert wurde." (van Bruinessen 1984b: 13)

---

182 Darauf wird später eingegangen.

Die islamistische Demonstration war ein Anlaß für den dritten Staatsstreich der Militärs am 12. September 1980, die als letzte funktionsfähige Ordnungsmacht die innere Sicherheit bzw. die Herrschaftsordnung der türkischen Wirtschaftselite sichern sollten.

6.1.4. Ausschnitthaftes über die Aleviten seit dem Putsch vom 12.9.1980 und der Einführung der Türkisch-Islamischen Synthese als neues Werte- und Normensystem bis zum Memorandum der Armee vom 28.2.1997

a) Zu den Ursachen und zum Verlauf des Staatsstreichs

Um die durch die Straßenkämpfe gefährdete innere Sicherheit bzw. politische Stabilität und Ordnung der Herrschenden zu gewährleisten, übernahm das Militär am 12.9.1980 die Regierungsgewalt (vgl. Werle/Kreile 1987: 60). Ein weiterer Grund war die Beseitigung der parlamentarischen Obstruktion und der bestehenden Vetomächte sowie möglicher Widerstandskräfte gegen die Durchsetzung der vom türkischen und westlichen Großbürgertum erwünschten Wirtschaftsforderungen des IWF. Das sollte das bisherige vom kemalistischen Staatsdirigismus beeinflußte 'gemischte' Wirtschaftssystem weiter liberalisieren: "Statt Einfuhren durch eigene Produktion überflüssig zu machen, sollten nunmehr die Importe durch steigende Exporte bezahlbar gemacht werden. Von der Großindustrie wie von den Militärs wurde dieses Eingreifen des IWF ausdrücklich begrüßt, und als die letzte zivile Regierung unter Demirel mit der Durchsetzung Schwierigkeiten hatte, putschten die Militärs, um in der Folgezeit konsequent die IWF-Forderungen in die Tat umzusetzen." (Werle/Kreile 1987: 60; Roth/Taylan 1982: 171) Die Armee war durch ihre Herbeiführung des Friedens durch die militärische Beendigung der Straßenkämpfe auch gesellschaftlich von den Beherrschten als legitim betrachtet worden: "Von der Eskalation der Gewalt zermürbt, ging nach dem Staatsstreich ein Aufatmen durch die Bevölkerung. Die Militärs hatten nicht nur die Macht übernommen, sie konnten auch einer großen Massenbasis sicher sein. Dies war die beste Voraussetzung zur Durchsetzung der Forderungen des IWF und der Ziele der industriellen Elite" (Werle/Kreile 1987: 72).

Die Auflösung des türkischen Parlaments, des Verbots aller Parteien und der politischen Betätigung ihrer Führer[183], die Aufhebung der 1961er Verfassung, die landesweite Ausweitung des Kriegsrechts, die Anbindung des juristischen Staatsapparats an das Militär, die Ersetzung der Gouverneure durch Offiziere, das Demonstrationsverbot und die Zensur der Medien zählen zu den ersten Handlungen nach dem Putsch (vgl. Birand 1987; Hoffmann/Balkan 1985: 83ff.). Es wurden 60.000 Verdächtige verhaftet, darunter 54% Linke, 7 % (kurdischstämmige) Separatisten und 14 % Rechte (vgl. Pevsner 1984: 88). Darüber hinaus wurden linke Gewerkschaften und Interessenverbände der Bauern vermutlich zur Sicherung der Ressourcen der aus Großkapital und Landlords bestehenden sozialokönomischen Elite verboten und ihre Vorsitzenden angeklagt (vgl. Hoffmann/Balkan 1985: 90f.). Der von General Kenan Evren geführte und die Türkei bis 1983 regierende Nationale Sicherheitsrat beschloß zur Aufrechterhaltung politischer Stabilität die explizite Neuregelung der Herrschaftsbeziehungen durch die Revision der bisherigen Verfassung. Die den Bürgern viele Rechte einräumende Verfassung von 1961 wurde von einer anderen mit wesentlichen Einschränkungen der nun an harte Bedingungen geknüpften Grundrechte abgelöst und die Exekutive gegenüber der vom Wahlvolk gewählten Legislative (deren zweite Kammer als weitere Vetomacht abgeschafft wurde) verstärkt (vgl. Rumpf 1983).

b) Zur Einführung der "Türkisch-Islamischen Synthese" als neues halboffizielles Werte- und Normensystem und die Neubestimmung der Kerngesellschaft sowie der Randgruppe

Um die kommunistische und die erstarkte kurdisch-separatistische Bedrohung auszubalancieren, wurde die nationalreligiöse, Sunniten und Türken zur Kerngesellschaft vereinigende "Türkisch-Islamische Synthese" als neue semioffizielle Staatsideologie eingeführt.

Zuvor waren die letzten kemalistischen Sozialisations- und Kulturplanungsinstanzen, die Türkische Geschichts- und Sprachgesellschaften (*Türk Tarih Kurumu, Türk Dil Kurumu*), geschlossen worden (vgl. Mater 1989: 457). An ihre Stelle trat die nach der neuen Verfassung konstituierte Hohe Atatürk-Einrichtung für Kultur, Sprache und Geschichte (*Atatürk Kültür, Dil, ve Tarih Yüksek Kurumu, AKDTYK*) zur nationalen Kulturplanung bzw. Annäherung des Werte- und Normensystems an die sunnitisch-konservative Mehrheitsgesellschaft (vgl. Copeaux 1998: 98). Die AKDTYK nahm die Türkisch-Islamische Synthese (*Türk-Islam Sentezi*) auf ihrer 10.Tagung im Juni 1986 an. Daran hatten der Präsident Evren, Ministerpräsident Turgut Özal[184], Staatsminister Mesut Yilmaz, der Erziehungs-, Kultur- und Tourismusminister

---

[183] Dies wurde 1987 durch ein Referendum später wieder aufgehoben.

[184] Bei den ersten freien Wahlen nach dem Putsch stellte die neugegründete und der 1980 verbotenen AP ähnelnde nationalkonservative Mutterlandspartei (Anavatan Partisi, ANAP) von Turgut Özal 1983 und 1987 die Regierung.

sowie der Vorsitzende der AKDTYK, General a.D. Dogramaci teilgenommen (vgl. Ikibin'e/2000'e Dogru 25.1.1987, S.8).

Die Entwicklung der Türkisch-Islamischen Synthese zur Aufrechterhaltung der Herrschaftsordnung hatte mehrere Ursachen:

- Nationalreligiöse Abwehrideologie gegen die 'rote' Gefahr und Einigung der in verschiedene Parteien und Gruppen zerfallenen Rechten im Kampf gegen den Sozialismus

Die Türkisch-Islamische Synthese wurde von der konservativen Intellektuellenvereinigung *Aydinlar Ocagi* ausgearbeitet (vgl. Arikan 1998: 125), um "2500 (!) Jahre Türkentum, 1000 Jahre Islam und (nur) 150 Jahre weltlichen Denkens" (Steinbach 2000: 98) miteinander zu vereinbaren, um "Thesen zu entwickeln, die als politische Leitideen bei der Schaffung eines einheitlich starken Blocks gegen die 'kommunistische [atheistische; BG]Gefahr' dienen und die Aufsplitterung des rechtskonservativen Lagers in islamische versus nationalistische Parteien und Gruppierungen aufheben konnte." (Kehl-Bodrogi 1992: 13; vgl. Ikibin'e/2000'e Dogru 25.01.1987, S.8-13; Bulut 1995: 73f.; Bora 1995: 98; Bora 1998: 127; van Bruinessen o.J.: 4; Kongar 1998: 251; Seufert 1987a: 83; Arikan 1998: 125f.)

- Demokratische Legitimation des Systems durch ideologische Anbindung an die nationalkonservative sunnitisch-türkische Bevölkerung

Das Herrschaftssystem der marktwirtschaftlichen Produktionsweise konnte mit der nationalreligiösen Türkisch-Islamischen Synthese die Identifikation der zu beherrschenden nationalkonservativen sunnitisch-türkischen Mehrheitsbevölkerung mit der propagierten türkisch-muslimischen Eigengruppe und Kerngesellschaft sichern und sich legitimieren.

- Internationale Abwehr gegen mögliche Einflußversuche der Sowjetunion

Die USA sollen zusammen mit der ökonomischen und politischen Elite des Nato-Partners Türkei die (sunnitische) Islamisierung in der türkischen Gesellschaft vorangetrieben haben, um einen ideologischen Puffer gegen die UdSSR im Nahen Osten haben zu können (vgl. Kehl-Bodrogi 1992: 12).

■ Ideologische Einbindung religiöser oder potentiell separatistischer sunnitischer Kurden

Ein weiterer Grund ist die islamisch-religiöse Einbindung kemalismuskritischer sunnitischer Kurden[185] in das Herrschaftssystem und in die nun auch sunnitisch-islamisch definierte Kerngesellschaft zur Aufrechterhaltung der territorialen Integrität der Türkei (vgl. Bulut 1995: 77)[186]. Der Glaube dieser kurdisch-sunnitischen Personengruppe an die Legitimität der Herrschaft konnte dadurch aufrechterhalten werden. Dies geht aus dem veröffentlichten Bericht der AK-DTYK hervor: "Die vom Islam abgeleitete Idee der Bruderschaft und Einheit kann verbreitet werden. Obwohl wir einige unserer [kurdischstämmigen; BG] Staatsbürger als Türken akzeptieren, betrachteten sie sich nicht als die unsrigen. Dann können wir an die Sache von der Idee des Muslimentums herangehen." (Bericht der AKDTYK, zitiert von Ikibin'e/2000'e Dogru 25.01.1987, S.13; vgl. Cicek 2000: 23; Perincek 1993: 135) Dadurch wird islamisch eine transethnische Binnenintegration zwischen turkstämmigen und kurdischen Moslems begünstigt.

Aus diesen obengenannten Gründen sollte die (sunnitisch-) islamische Religion aus der türkischen Gesellschaft "nicht zurückgedrängt werden, sondern ihre Funktion als nationale Quelle von Sitte, Moral und kulturellen Werten in der Gesellschaft behalten. Die Rolle der Religion bei der Herausbildung von Nationen kann nicht geleugnet werden. So die Grenzziehung zwischen Nation und ümmet richtig vorgenommen wird, wird deutlich, daß die Religion zur Stärkung der Nationalkultur [und der Integration; BG] beiträgt ... Es ist durchaus möglich, die Religion, insofern sie zu einer Verbreitung der Legitimationsbasis [der Herrschenden; BG] beiträgt, als kulturelles Element den geistigen Quellen des türkischen Nationalismus anzugliedern." (Bericht der AKDTYK, zitiert von Seufert 1997b: 183) Die kemalistisch bestimmte 'Nation der westlich-modernen-säkularistischen Türken' sollte in die Kerngesellschaft der 'muslimischen Türken' bzw. 'türkischer Muslime' umdefiniert werden. Die Türkisch-Islamische

[185] Die südostanatolischen Landlords, Clanchefs und Scheichs waren schon zuvor von der Türkei als die kurdisch- (islamische) sozialökonomische Elite zur Vermeidung weiterer Aufstände auf Kosten kemalistischer, antifeudalistischer Leitmotive und der von ihnen abhängigen 'leibeigenen' bäuerlichen Landbevölkerung kooptiert worden. Es "wurden kurdische Gesellschaftsstrukturen in das politische System des Staates eingebunden: Die Stammesführer, Clanchefs und Großgrundbesitzer ... wurden Vertreter der politischen Parteien. Sie saßen als Abgeordnete im Parlament in Ankara, repräsentierten den türkischen Staat im 'Osten' und stellten sicher, daß das Stammesvolk 'richtig' wählte. Dafür akzeptierte der Staat die Herrschafts- und Besitzverhältnisse" (Steinbach 2000: 105) im Südosten. Die einseitige Begünstigung der Feudalelite mit der Benachteiligung der Landbevölkerung als Folge, verbunden mit der nach der Beginn der Wirtschaftsliberalisierung verstärkten, marktwirtschaftlich legitimierten Vernachlässigung des Ostens zugunsten der westlichen Großstädte zählen u.a. zu wesentlichen Ursachen der Verrandung der lokalen Bevölkerung kurdischer Abstammung sowie der Zaza. Diese Faktoren begünstigten auch deren separatistische Abkehr von der Kerngesellschaft und von dem Herrschaftssystem.

[186] Die separatistische PKK-Bewegung hatte sich in den 80er Jahren vordringlich in den von sunnitischen Kurden bewohnten Gebieten verbreitet (vgl. Perincek 1993: 140).

Synthese kann als eine Fusion der kemalistischen Definition der türkischen Nation und Kerngesellschaft mit der ihr im antagonistischen Verhältnis stehenden sunnitisch-islamisch-osmanischen Definition zum Nachtteil für die Aleviten als Nichtsunniten betrachtet werden:

> "Einerseits forderte die Organisation eines modernen nationalen Staates, dass all seine Bürger gleichbehandelt würden und die gleichen Rechte und Pflichten besässen. Andererseits gebot die islamische Grundordnung, die als integraler Bestandteil <<des Islams>> empfunden wurde, eine Stufenordnung mit den Muslimen (Sunniten in den meisten Staaten, Schiiten in Iran) als dem eigentlichen Staatsvolk" (Hottinger 1993: 92).

Dann ist der "beste Türke ... der muslimische Türke. Der beste Muslim ist der türkische Muslim." (Seufert 1997a: 66) Dadurch wurden aber Aleviten wegen der halboffiziellen Hervorhebung islamischer und damit auch sunnitischer Bezugsmerkmale in der Staats- und Herrschaftsideologie aus der Kerngesellschaft herausgelöst und zur Randgruppe degradiert, wohingegen sunnitische Kurden reintegriert wurden.

c) Trägerschichten der Türkisch-Islamischen Synthese

Die Trägerschichten der Türkisch-Islamischen Synthese waren vermutlich neben der wirtschaftlich durch den OYAK-Konzern eingebundenen militärischen Elite das städtische Großbürgertum, die Landlords und die Schicht der anatolischen Kleinunternehmer, da das nationalreligiöse und antikommunistische Werte- und Normensystem die Stabilität der Herrschaftsordnung und damit auch der bestehenden 'Ausbeutebeziehung' zum Nachteil von Arbeitern und Bauern sichern half.

d) Durchsetzung der Türkisch-Islamischen Synthese durch staatliche Instanzen

Die staatliche Einrichtung AKDTYK beschloß die Nutzung staatlicher Instanzen zur Vermittlung von nationalreligiöser türkisch-islamischer Identität durch Verbreitung nationalistischer und sunnitisch-islamischer Weltwahrnehmungsweisen, Deutungs- und Verhaltensmuster mittels TRT, des türkischen Staatsfernsehens, des nationalen Erziehungsministeriums und der Universitäten (vgl. Copeaux 1998: 60), des Amts für Religiöse Angelegenheiten, Korankursen, der Identifikationsfigur Atatürk etc. Einige Instanzen sollen näher erläutert werden:

■ Erziehungsministerium

- Sunnitischer Religionsunterricht

Der Religionsunterricht zur Vermittlung sunnitischer Werte, Normen, Wahrnehmungs-, Deutungs- und Verhaltensmuster wurde auch an Grund- und Mittelschulen verpflichtend eingeführt. Aleviten und andere Gruppen, die sich zum Islam bekennen oder deren Standort in der Nähe des Islam ausgemacht wird, blieben und bleiben heute unberücksichtigt, "weil Hauptziel des Religionsunterrichts das Schaffen nationaler und religiöser Einheit ist." (Spuler-Stegemann 1996: 239)[187] Da dort der sunnitische Islam als einzig wahre Religion vermittelt wird, gelten Aleviten zwangsläufig als Abweichler.

- *Imam-Hatip*-Schulen

Der Bau weiterer sunnitisch-islamischer Prediger- und Vorbeterschulen (*Imam-Hatip Okullari*) als religiöse Lehranstalten (*medrese*) zur Vermittlung orthodox-islamischer Werte und Normen wurde vorangetrieben (vgl. Seufert 1997a: 66). Die Studierenden und Absolventen dieser Schulen sind erheblich mehr, als in Theologischen Fakultäten und Religionsberufen überhaupt unterkommen können (vgl. Spuler-Stegemann 1996: 240). Bereits unter der Junta-Regierung von Evren wurde der Zugang der Absolventen dieser Schulen auch zu anderen Fakultäten neben der Theologischen ermöglicht und somit die kemalistische Politik der einheitlichen Ausbildung aller Angehörigen der türkischen Nation (*Tevhid-i Tedrisat*) aufgehoben (vgl. Kongar 1998: 253). Es entstand auch eine orthodox-islamisch sozialisierte Schicht von Wählern[188] und der späteren politisch-administrativen Elite[189]. Wenn man davon ausgeht, daß jahrzehntelang auch Mädchen diese Prediger- und Vorbeterschulen besuchen, obwohl im Islam diese Berufe für Frauen nicht vorgesehen sind, so kann angenommen werden, daß sie später als Mütter die Erziehung ihrer Kinder durchführen und "ihre Kinder auch entsprechend nach der islamischen Religionslehre erziehen werden ... [Mit diesen Schulen; BG] steigt auch die Zahl derer, die von

---

[187] Die durch die Opfererfahrungen von Spaltung, ausländischer Intervention, Besetzung, Herabstufung vom Staatsvolk zur ethnischen Minderheit, Verfolgung und Vernichtung am Ende des Osmanischen Reiches traumatisierten muslimischen Türken (Akcam 1994: 56; Bora 1995: 136) müßten neben einigen Aufständen auch die Rezeption ethnokonfessioneller Vielfalt (kurdische oder/und alevitische Identität) dahingehend geprägt haben, daß diese Phänomene aus Furcht vor künftiger Spaltung kritisch-distanziert betrachtet und Assimilationsversuche legitimiert werden.

[188] Eine Ursache für den Anstieg der Wähler der islamistischen Refah-Partei, der Nachfolgerin der MSP, war die Zunahme der religiös sozialisierter Absolventen dieser Schulen (vgl. Engin 1998a: 89).

[189] Im Jahre 1995 betrug die Zahl der Absolventen der *Imam-Hatip*-Schulen und der Theologischen Fakultäten 53.553 Personen, wohingegen nur 2.288 für Religionsberufe gebraucht wurden. Deshalb schrieben sich 1995 die meisten Absolventen in Politologie/Verwaltungswissenschaften, Jura oder bei Polizeiakademien ein. Dies ist ein Beleg für die Rekrutierung der künftigen Elite des Landes auch von orthodox-religiös sozialisierten Personen (vgl. Kaynak Yayinevi 1997b: 83).

der sunnitisch-islamischen Lehre geprägt werden, was wiederum eine wichtige Entwicklung für die islamische Bewegung in der Türkei zählt." (Engin 1998a: 89)

- Gründungsmythos 'Sieg von Malazgirt', Schulbücher und Atatürk-Bild

Die Schulbücher für Geschichte, Erdkunde und Literatur in allen türkischen Schulen wurden zur Prägung des kollektiven Gedächtnisses und zur Vermittlung nationalreligiöser Werte und Normen umgeschrieben (vgl. Seufert 1997a: 66).

Das Gründungsmythos der Türkischen Nation wurde vom Unabhängigkeitskrieg (1919-1922) auf die Schlacht von Malazgirt (26.8.1071) vorverlegt (vgl. Ikibin'e/2000'e Dogru 25.01.1987, S.13). Dadurch wurde m.E. eine historische Kontinuität der Moslem-Türken zwischen den Seldschuken über das Osmanische Reich bis zur heutigen Türkei hergestellt. Bei dieser Entscheidungsschlacht konnten sich die vom (quasi-)islamischen Seldschukensultan Alparslan angeführten und im Gegensatz zu ihren Gegnern besser organisierten Turkmenen zusammen mit den von christlichen Truppen während des Kampfes zu den Turkmenen übergelaufen turkstämmigen christlichen Petscheneken gegen die Byzantiner durchsetzen. Dadurch wurde das 'Tor Anatoliens' für die turkmenische Einwanderung und Besiedlung eröffnet. Die schulische Darstellung der nun als Gründungsmythos benutzten Entscheidungsschlacht beinhaltet auch religiöse Motive. Demnach haben die Seldschuken vor dem Kampf an dem von Sultan Alparslan angeführten sunnitisch-islamischen rituellen Pflichtgebet teilgenommen und die dadurch den Glaubenszusammenhalt bekräftigende sowie zum Sieg führende und diesen auch moralisch legitimierende religiöse Überlegenheit gegen die aus untereinander zerstrittenen und auch aus materialistischen geldorientierten Söldnern bestehenden Byzantinern erhalten (vgl. Copeaux 1998: 163f.): "Wir haben das tausendjährige christliche Anatolien genommen und in die türkische Heimat und in muslimischen Boden verwandelt." (Schulbuch, zitiert von Copeaux 1998: 167)[190]

Im Gegensatz zum Geschichtsunterricht zur Einparteienzeit wurde auch die Biographie des Propheten Mohammed nicht aus historischer, sondern aus islamischer Sicht beschrieben, die Rolle der muslimischer Türken als Gotteskrieger, als legitime Eroberer und Beschützer des Islam im nun positiv umgewerteten Osmanischen Reich hervorgehoben. Dies kommt bei der Darstellung der Eroberung Istanbuls zum Ausdruck (vgl. Copeaux 1998: 180f.). Diese Dar-

---

[190] Gleichzeitig wird mit dem Bezug auf den von Atatürk gegen griechische Truppen geführten "Großen Angriff" vom 26. August 1922 eine historische Kontinuität zwischen dem 26.8.1071 und 1922, zwischen der Eroberung und 'endgültigen Befreiung' Anatoliens hergestellt und Türken/Moslems als rechtmäßige Eigentümer dieses Territoriums dargestellt (vgl. Copeaux 1998: 166).

stellung muß den kollektiven Erinnerungsbestand und Geschichtsauffassung sunnitischer Türken als legitime Beschützer des Islam und Eigentümer des Seldschuken- und Osmanenreiches sowie der Türkei im Gegensatz zu dem kollektiven Gedächtnis der Aleviten geprägt haben, die von ihren Familien und Medien als alternative Instanzen eher die Geschichte von jahrhundertelanger Verfolgung vermittelt bekommen.

Das offizielle Atatürk-Bild als Integrationsfigur wurde auch islamisch korrigiert, und "der gnadenlose Kritiker der Religion als frommer Muslim gekennzeichnet." (Seufert 1997a: 66). Die AKDTYK hielt deswegen jahrelang auch Atatürks kritischen Ausführungen über den Islam, über die Prophetenschaft Mohammeds und über Allah vor der Öffentlichkeit zurück (vgl. Ikibin'e/2000'e Dogru 25.01.1987, S. 13).

■ Präsidium für Religionsangelegenheiten (*Diyanet Isleri Baskanligi*)

Das Präsidium für Religionsangelegenheiten wurde von einer Einrichtung zur staatlichen Kontrolle und Handhabe des Islam zur einer "mächtigen Institution in der Förderung des Islams in der Türkei." (Spuler-Stegemann 1996: 241) Ihre Aufgabenbereiche sind u.a. die Erstellung religiöser Rechtsgutachten (Fatwa), Abfassung, Übersetzung und Verbot religiöser Werke, Herausgeber von Musterpredigten für Imame während des Freitagsgebets (zur systemkonformen Beeinflussung des Verhaltens der muslimischen Beherrschten), Besoldung des Moscheepersonals, Betreuung von Korankursen, Organisation des rituellen sunnitischen Wallfahrts nach Mekka, Einrichtung und Verwaltung von Moscheen (vgl. Spuler-Stegemann 1996: 241). Der Bau der Moscheen (als Medieninstanzen und Orte des sunnitischen Gebetsrituals) und der Aufbau von Korankursen zur religiösen Sozialisation der Beherrschten wurden weiter vorangetrieben. Es werden jährlich 1500-2000 Moscheen gebaut (vgl. Spuler-Stegemann 1996: 241). 1994 gab es schon 75.000 Moscheen (vgl. Seufert 1997a: 70). Es wurden Moscheen und Gebetsräume nun auch in bisher 'nichtislamischen' Lebensbereichen wie im türkischen Parlament, Ministerien, Schulen und Unis errichtet (vgl. Kehl-Bodrogi 1992: 14). Zwischen 1980-1990 stieg die Zahl der Korankurse um 52 % an (vgl. Seufert 1997a: 69). Dadurch drang das Sunnitentum und damit auch entsprechende Werte und Normen in weite Teile der Gesellschaft vor.

Seit 1992 wurde das Leitgremium für Religionsangelegenheiten neu konstituiert, deren Mitglieder von Imamen und Theologen gewählt werden und vom Staat weder berufen noch abgesetzt werden können. Sie als *ülema* leiten somit die Religionsbehörde und erstellen im

Konsens religiöse Rechtsgutachten (*fetva*) (vgl. Spuler-Stegemann 1996: 243). Die Erstellung der Fatwa und der legitimatorische Bezug staatlicher politischer Ziele (vgl. Seufert 1997a: 70) läßt den Präsidenten des Amts immer mehr dem sunnitischen Scheichülislam des Osmanischen Reiches gleichen. Die Religionsbehörde "rechtfertigte die [gegen die PKK gerichteten; BG] Antiterrorgesetze von 1991 und findet die Quelle des Terrorismus im Atheismus ... Die Behörde ... verwendet sich für die Beschränkung auf religiös legitime Sexualkontakte, um der 'göttlichen Strafe' AIDS zu entgehen." (Seufert 1997a: 70-71) Das definitionsmächtige Amt gleicht auch durch die religiöse Handhabe islamischer Deutungsmuster zur Aufrechterhaltung der Sicherheit der herrschenden Ordnung immer mehr dem Amt des osmanischen Scheichülislams.

Zur Finanzierung des Amtes wurde 1986 die Religionsstiftung der Türkei (*Türkiye Diyanet Vakfı*) eingerichtet, die auch eine Kette religiöser Buchhandlungen zur Verbreitung von religiösen Büchern unterhält. In den Regalen stehen auch Werke der während der Einparteienzeit offiziell verbotenen Bruderschaften und internationale Führer des Islamismus, "daneben Pamphlete gegen ... Zeugen Jehovas, Juden, Baha'i und Alevi." (Spuler-Stegemann 1996: 242) Aus einem Buch des Präsidiums: "Schließt mit euren Vätern und Brüdern (die einer anderen Religion oder einem anderen Glauben angehören) keine Freundschaften." (Gündüz 2001: 11) Die definitionsmächtige Einrichtung beeinflußt somit auch interreligiöse Beziehungen dahingehend, daß Andersgläubige von der Teilhabe an der sozialen Interaktion ausgeschlossen werden sollen. Die Aleviten werden vom staatlichen Amt für Religionsangelegenheiten nicht als Konfession anerkannt, so daß Steuergelder von Türken alevitischer Konfessionszugehörigkeit für sunnitisch-islamische Projekte benutzt werden (vgl. Die Zeit 13/24.03.95, S. 3). Der gegenwärtige Präsident dieses Amtes, Mehmet Nuri Yilmaz, deutete die konfessionelle Assimilation der Aleviten als Bedingung für deren Beschäftigung in diesem Amt an: "Das Alevitentum ist keine Konfession, sondern mit seiner ... Literatur eine Kultur. Wenn ein unser alevitischer Bürger [sunnitische, BG] Theologie studiert und dadurch sich weiterentwickelt hat, sind unsere Tore für ihn offen." (Güvenc 1995: 244). Der staatliche Moscheebau wird im Gegensatz zum Bau von Cem-Häusern auch in alevitischen Dörfern zwecks konfessioneller Assimilation vorangetrieben (vgl. Camuroglu 1994: 13-24). Die an die lokalen Führer gerichteten Worte und Taten des Gouverneurs der mehrheitlich von kurdischen und Zaza-Aleviten bewohnten Provinz Tunceli waren 1982 richtungsweisend: "Meine Aufgabe ist es ... den Islam zu verbreiten und euch zu islamisieren" (Cicek 2000: 27), bevor weitere Moscheen im Zentrum der

Stadt errichtet worden.[191] Diese Assimilationspolitik wird vermutlich von sunnitischen Türken eher nicht verurteilt. Denn ihre kollektive Erinnerung an die im Namen religiöser, konfessioneller und ethnischer Unterschiede und vom westlichen sowie russischem Ausland unterstützte Spaltung des Osmanischen Reiches, die mit traumatisierenden Territorialverlust, Verfolgung und Vertreibung der vom eigentlichen Staatsvolk zur Minderheit degradierten osmanischen Sunniten gleichgesetzt wird, speist die nationalistische und religiöse Furcht vor ethnischen und konfessionellen Separatismus (Sevrès-Syndrom). Das zeigt sich m.E. "im Herunterspielen des Unterschiedes zwischen sunnitischem Islam und dem Alevitentum." (Kehl-Bodrogi 1992: 15). Publikationen des Präsidiums für Religionsangelegenheiten versuchen zu beweisen, daß Aleviten im Grunde doch Sunniten seien (vgl. Kehl-Bodrogi 1992: 15)[192]. Aleviten beklagen sich in Dörfern über den Druck von sunnitischen Hodschas und führen ihre Cem-Rituale bei deren Abwesenheit im Dorf durch (vgl. Kaplan 2001a: 6). Infrastrukturelle Verbesserungen werden von der Teilnahme am sunnitischen Reihengebet, was zu den Fünf Säulen zählt, abhängig gemacht (vgl. Kehl-Bodrogi 1992: 14). Dies stellt wohl eine Beeinträchtigung der Glaubensfreiheit dar.

■ Weitere Beispiele für die staatliche Islamisierungspolitik

In dem Gefängnis von Diyarbekir wurde nach dem Putsch der Unterricht "Die Wunder des Propheten" gelehrt und inhaftierte Minderjährige zur Teilnahme am sunnitischen Reihengebetsritual zwangsverpflichtet (vgl. Cicek 2000: 29).

Der 'säkularistische' Staat rief muslimische (bzw. sunnitische) Kurden zum Heiligen Krieg gegen die als atheistisch verketzerte separatistische, als terroristisch eingestufte Organisation PKK[193] auf. Im Südosten der Türkei wurden durch die Armee Plakate mit Moscheen und türkischer Fahne sowie Auszügen aus dem Koran und dem Hadith verteilt (vgl. Perincek 1993: 132-147): "Bürger! Schaut, was die erhabene Religion Islam euch befiehlt: 'Und bekämpft in Allahs Pfad, wer euch bekämpft' ... Bürger, die Mitglieder der Separatistenbande wollen dich von deiner Religion, Kindern, Weib, von deinen hohen Werten wie Heimat, Flagge und Sitte

[191] Wenn man nur den sunnitischen Religionsunterricht für Aleviten und den Bau der Moscheen in den alevitischen Dörfern berücksichtigt, verbirgt sich eher keine Logik der Apartheid gegen die Aleviten. Vielmehr sollen diese durch Assimilierung an die sunnitische Gesellschaft herangeführt und dadurch sunnitisch eingemeindet werden.

[192] Nach einem von diesem Amt an die Provinz-Muftis verschickten und eiligst zurückgeforderten Schreiben wurde das Alevitentum als ein der sunnitischen Rechtsschule angehörender Weg anerkannt (vgl. Alptekin 2001: 6; Kaplan 2001a: 5).

[193] Vergleiche zur PKK Kislali (1996), Pirim/Örtülü (1999) und Feigl (1995).

losreißen. Es ist deine Pflicht wie die eines jeden Muslim, gegen sie zu kämpfen." (Plakat, zitiert von Perincek 1993: 147) Das ist ein Beleg für die Benutzung der Religion für politischen Zwecke[194].

Die Zulassung eines Mitglieds des von Atatürk verbotenen Nakschibendi-Ordens und Ex-MSP-Mitglieds, Turgut Özal, als ersten zivilen Ministerpräsidenten nach dem Staatsstreich (vgl. Seufert 1997a: 66) war ein weiteres Signal für die staatliche Abkehr vom Kemalismus. Um die kurdisch-mikronationalistische PKK-Bewegung zu schwächen und ihr die demographische Grundlage entziehen zu können, wurde auch von staatlichen Sicherheitskräften die sich mehrheitlich aus radikalislamischen kurdischen Sunniten bestehende militante Organisation 'Hizbullah' (Weg bzw. Partei Gottes) gegen die 'atheistische' PKK unterstützt (vgl. Bulut 1995: 77; Cicek 1999; Steinbach 2000: 100)[195].

- Weitere Reislamisierungspolitik durch Özal mittels Legalisierung islamistischer Betätigung

Unter Özals Präsidentschaft wurde neben dem Bau von Prediger- und Vorbeterschulen sowie -gymnasien, Moscheen und Korankursen auch der Antiislamismusparagraph §163, der sunnitisch-islamistische politische Betätigung rechtlich als abweichendes Verhalten unter Strafe stellte, abgeschafft. Islamisten wurden durch die Liberalisierung begünstigt. Die Abschaffung von §163 hatte eine Signalwirkung für Islamisten (vgl. Kongar 1998: 225; Steinbach 2000: 60)[196].

---

[194] Auch die PKK rivalisierte mit der Armee um die Loyalität religiöser, kurdischer Sunniten. Dies geht aus ihren Printmedien hervor, die den nationalreligiösen Staat als kemalistisch und somit als atheistisch brandmarken: "Der Kemalismus ist, wie das viele angesehene Theologen sagen, die Herrschaft des [lügnerischen Propheten; BG] Deccal. Die Muslime, die mit ihm zusammenarbeiten, säen nicht nur Zwietracht unter den Muslimen, sondern sind eigentlich Ungläubige ... Die Orientierung der PKK ist unbestreitbar eine islamische. Was heute die PKK von dem ... Kämpfern des Islam ... trennt, das sind nur die ... Bezeichnungen, im Grunde sind PKK und Glaubenskämpfer ein und dasselbe ... Als Ergebnis unseres Kampfes kann etwas entstehen, was dem Goldenen Zeitalter ... [der Herrschaft der ersten vier Kalifen; BG] sehr nahekommt." (PKK-Organ, zitiert von Seufert 1997b: 224)

[195] Die Unterstützung der Hisbollah hörte spätestens 1999 auf, als staatliche Sicherheitskräfte gegen diese religiöse Gegenmacht zur PKK vorgingen. Es wurden vor allem nach dem säkularistischen Memorandum der Armee vom 28.02.1997 auch Operationen gegen die Hizbullah durchgeführt (vgl. Cicek 1999: 105), um vermutlich das bisher herrschende Werte- und Normensystem auch vorm erstarkenden umstürzlerischen Islamismus zu schützen. Eine weitere mögliche Erklärung ist die Überflüssigkeit der Hizbullah als staatlich gestützte Gegenmacht seit den bedeutsamen Siegen über die PKK Anfang 1999.

[196] Özal hob zwar auch die Antikommunismusparagraphen 141-142 auf, aber die Legalisierung der seit dem Putsch zerschlagenen Linken bei gleichzeitiger staatlich geförderter sunnitischer Islamisierung hatte keine so weitreichenden Konsequenzen wie die rechtliche Zulassung islamistischen Verhaltens.

e) Kurzer Abriß der Regierungsgeschichte der Türkei bis 1995

Turgut Özals ANAP konnte 1987 noch vor der CHP-Nachfolgerin "Sozialdemokratische Volkspartei" (*Sosyal Demokrat Halkci Parti, SHP*) und der AP-Nachfolgerin "Partei des Rechten Weges" (*Dogru Yol Partisi, DYP von Demirel)* die Wahlen gewinnen. Mit den Wirtschaftskrisen und Özals Austritt wegen seiner Präsidentschaft wurde ANAP 1991 von der konservativ-sozialdemokratischen Koalition zwischen Demirels DYP und der SHP abgelöst. Nach Özals Tod 1993 wurde Demirel Staatspräsident und die Koalition von seiner Nachfolgerin Tansu Ciller bis 1995 fortgesetzt (vgl. Steinbach 2000: 60).

f) Sunnitische Reislamisierung der Gesellschaft und Verrandung von weltlichen Sunniten und Aleviten

Seit Mitte der achtziger Jahre hat sich das politische Gewicht zugunsten der sunnitisch-islamistischen Kräfte auf Kosten der Linken verschoben, die sich von der ANAP, DYP, Erbakans Wohlfahrtspartei (Refah Partisi; RP) und der MHP von Türkes repräsentiert fühlten. Seit Anfang der neunziger Jahre gewann die sunnitisch-islamistische Refah-Partei Kommunal- und auch nationale Wahlen. Der durch u.a. staatliche Instanzen geförderte und auch aus wirtschaftlichen Problemen[197], Arbeitslosigkeit und sozialer Unsicherheit[198] erstarkte sunnitische Islam war in weiten Teilen der Gesellschaft zu spüren (vgl. Kaynak Yayinevi 1999: 54-71).

Die Zahl der Moscheen und Koranschulen hat zugenommen. Dies läßt auf eine erhöhte Vermittlung sunnitisch-islamischer Werte und Normen sowie eine öfter verstärkt stattfindende gebetsrituelle Bekräftigung der religiösen Identität schließen. Die Zahl der jährlichen Teil-

[197] Wirtschaftliche Probleme der Türkei sind wohl strukturbedingt. Die Türkei war durch die Liberalisierung der Wirtschaft zu einem importabhängigen Land geworden, wonach Einfuhren durch Devisen bezahlt werden mußten. Wichtige Deviseneinnahmequellen waren Exporte von Rohstoffen oder von Agrarprodukten, deren Preise am Weltmarkt im Vergleich zu anderen Industrieprodukten niedrig sind. Da dadurch steigende Deviseneinnahmen nicht möglich waren, kam es oft zu Zahlungsbilanzdefiziten. Dies ließ sich durch ausländische Kredite auffangen, was stärkere politische und ökonomische Abhängigkeit von ausländischen Eliten zur Folge hatte. Mit "dem weiteren Ansteigen von Schulden und Defiziten verliert das Land seine internationale Kreditwürdigkeit, Devisen werden knapp, und zur [eigenen; BG] Produktion notwendige Waren können nicht mehr in ausreichender Menge eingeführt werden. Das Sozialprodukt sinkt, die knappen Waren heizen die Inflation an." (Werle/Kreile 1985: 52)

[198] Die ökonomische Verrandung der Arbeitnehmer und Landwirte verstärkten die sozialen und ökonomische Differenzen in der türkischen Gesellschaft. Die wirtschaftlich verrandeten Massen wurden anfällig für extreme und sinnstiftende Ideologien: "Da der gegenwärtige Zustand abgelehnt wird, findet entweder eine Rückbesinnung auf angeblich bessere frühere Zeiten statt, oder es wird die Forderung erhoben, alles grundlegend neu und besser zu machen." (Werle/Kreile 1985: 65) Die sozialökonomischen Krisen erweckten bei religiösen Sunniten den Wunsch zu jener Zeit zurückzugehen, "als der sunnitische Islam noch Herrschaftsideologie war, während die Aleviten dies als Bedrohung empfinden mußten und deshalb als links eingestuft wurden." (Werle/Kreile 1985: 66)

nehmer an der rituellen sunnitischen Pilgerfahrt nach Mekka hat sich allein zwischen 1979 und 1989 verneunfacht (vgl. Frankfurter Rundschau 9.5.1989, S.4). Das zeigt, daß zumindest zwei der Fünf Säulen im Islam (Gebet, Pilgerfahrt) als die von den islamischen Werten und Normen abgeleitete Bezugs- und Diskriminierungsmerkmale in großen Teilen der Gesellschaft Anerkennung finden. Die zunehmende Auflagenhöhe und Zahl sunnitisch-islamis-tischer Zeitschriften und Zeitungen kann als weiterer Indikator dafür betrachtet werden (vgl. Saribay 1989: 92). Viele sunnitisch-islamistische Bruderschaften, politische Parteien und Bewegungen unterhalten inzwischen eigene Ladenketten, Konzerne, TV- und Radiosender, Zeitschriften, Tages- und Wochenzeitungen als Medieninstanzen (vgl. Seufert 1997a: 49; Kuloglu 1998), vom Internet ganz zu schweigen. Dadurch werden entsprechende Werte und Normen medial verbreitet.

Angehörige des anatolischen religiösen aufsteigenden Mittelstands haben auch den eigenen "Unabhängigen Industriellen- und Unternehmerverband" (*Müstakil Sanayiciler ve Isadamlari Dernegi, MÜSIAD*) als Gegenmacht zum städtisch-großbürgerlichen "Türkischen Industriellen- und Unternehmensverband" (*Türkiye Sanayiciler ve Isadamlari Dernegi, TÜSIAD*) gegründet (vgl. Seufert 1997a: 118). Die Stimmengewinne der Refah-Partei zeigen auch den starken Einfluß des politischen Islams, der die bestehenden politischen Zustände ablehnt, indem er sie verketzert. Die Inszenierung der eigenen Kollektividentität erfolgt durch den Einsatz "emblematischer Ausdrucksmittel"[199] zahlenmäßig auch in türkischen Großstädten zu sehenden rundbärtigen Männern mit Käppchen und verschleierten Frauen und Mädchen im Straßenbild, die durch Barttracht und Kopfbedeckung demonstrativ Zugehörigkeit zum orthodoxen Islam und Abgrenzung von weltlichen Sunniten oder Aleviten exemplarisch an sich selbst darstellen. Dadurch können ihre 'inneren' Überzeugungen mühelos an ihren 'äußeren' Symbolen abgelesen werden. Diese Symbole sind auch Indizien für die "Wiederkehr der Religion in die öffentliche Sphäre." (Kehl-Bodrogi 1992: 12) "Andere Nichtdazugehörige" fallen zunehmend durch ihre Inkonformität gegenüber diesen gesellschaftlich immer mehr sanktionierten Kleidungsnormen als Außenseiter auf. Die zunehmende Anzahl der Befolger religiöser Kleidungsnormen läßt sie für andere ab einem kritischen Schwellenwert als die normative bzw. moralische Mehrheit erscheinen und erhöht auf diese den Außendruck, sich den "Göttlichen Befehlen" unterzuordnen. Die Wiederkehr des sunnitischen Islam in der Öffentlichkeit mit der Hervorhebung der Fünf Säulen und weiterer Riten der Enthaltsamkeit (Alkohol, Geschlechtertrennung) führt dazu, daß

---

[199] Weitere Embleme sind Aufkleber für die Autoheckscheiben mit Sprüchen wie "Der einzige Weg ist der Islam!", "Die Souveränität gehört ... Allah!", "Der einzige Weg ist Refah!" (Cetinkaya 1996: 24)

sich die Definitionsmacht über gebotenes und abweichendes Verhalten nun in religiös sunnitisch-islamischer Hand befindet.

Die Sanktionierung bestimmten Verhaltens zeigt auch die zumindest partielle Geltung religiöser Werte und Normen an: Weltliche Sunniten oder Aleviten, die beispielsweise am sunnitischen Ritual der Enthaltsamkeit (Fasten, Alkoholverbot, Eßtabu) nicht teilnehmen und die Kleiderordnung nicht beachten, widersetzen sich damit der sozialen Kontrolle und werden wegen der Geltung der Türkisch-Islamischen Synthese als Negativ- und Abschreckungsbeispiele zur Zielscheibe von religiös legitimierter verbaler und non-verbaler Gewalt selbsternannter Sittenwächter:

> "Brutale Übergriffe gegen Menschen, die die islamischen Gebote nicht befolgen, haben in den letzten Jahren derart zugenommen, daß in der liberalen Presse schon vom 'Religionsterror' gesprochen wird ... Besonders im Fastenmonat werden in allen Landesteilen Nichtfastende beschimpft und geschlagen; auch sonst hört man immer wieder von tätlichen Übergriffen gegen jene, die die religiösen Vorschriften nicht einhalten ... Die Angriffe richten sich besonders gegen Alkoholgenuß, die 'offene' Kleidung von Frauen und gegen die im öffentlichen Bereich fehlende Geschlechtertrennung." (Kehl-Bodrogi 1992: 15-16)

Das Trinken von Alkohol oder das Unterlassen des Tragens eines Schleiers werden gerade durch das Vorherrschen religiöser sunnitischer Werte und Normen zum abweichenden Verhalten. In einigen (Prediger-) Schulen kommt es zur gesetzlich unzulässigen Geschlechtertrennung, die Unterhaltung zwischen Mädchen und Jungen ist verboten, es wird Druck zur Einhaltung der Fastenvorschriften ausgeübt, Mensen im Ramadan geschlossen (vgl. Seufert 1997a: 68), bekennende kemalistische oder antiosmanische Lehrer wurden als Abschreckungsbeispiele strafversetzt (vgl. Cetinkaya 1995: 65).

Neben weltlichen Sunniten werden vor allem auch Aleviten, die die religiösen Werte und Normen nicht einhalten sowie an den Riten nicht teilnehmen (Fasten, Beten, Alkoholverbot, Verschleierung, Geschlechtertrennung) "in einer Zeit, wo immer mehr [sunnitische; BG] Menschen ihr Verhalten nach islamischen Vorschriften richten, als Aleviten leichter unterscheidbar und damit Angriffen leichter ausgeliefert." (Kehl-Bodrogi 1992: 16) Dies zwingt nicht wenige Aleviten als reaktive Verhaltensweise zum Täuschen in der sunnitischen Außenwelt: "Gegen drei Uhr morgens z.B., wenn Trommler durch die Straßen ziehen, um die Gläubigen zu einer letzten Mahlzeit vor Sonnenaufgang zu wecken, machen viele alevitische Familien, um nicht den Verdacht der Nachbarn zu erwecken, Licht in ihren Wohnungen, wodurch sie den Eindruck vermitteln, die Fastengebote ebenfalls zu befolgen." (Kehl-Bodrogi 1992: 17) Viele Aleviten haben im sunnitisch dominierten Divrigi im Ramadan in der Öffentlichkeit weder essen noch trinken können, "in der Absicht, die Sunniten nicht unnötig zu provozieren." (Kehl-Bodrogi 1992: 17) Die erlittene oder antizipierte Diskriminierung führt einige Aleviten dazu, gegenüber die als Bedrohung empfundene orthodoxe Sunniten einen Sicherheitsabstand zu wahren. Dazu meint eine aus Sivas vor sunnitischen Islamisten nach Antalya geflüchtete Familie: "In Antalya glaubten wir uns vor den Islamisten ... sicher. Aber schau, sie sind mittlerweile auch hier. Von überall her sind sie gekommen. Hast Du hier früher so viele verschleierte Frauen gesehen? Langsam können sich unsere Töchter auch hier nicht in offener Kleidung auf die Straßen trauen!" (Kehl-Bodrogi 1992: 17)

Aleviten unterlagen weiterhin einer Vielzahl von Vorurteilen und Diskriminierungen, die vom Staate nicht verfolgt wurden.

■ Vorurteile den Aleviten gegenüber:

Tradierte, nicht bekämpfte sunnitische Vorurteile sind unter anderem:

- Aleviten gehen bei den rituellen Cem-Zusammenkünften, bei denen auch Frauen und Kinder teilnehmen, inzestiöse und Promiskuitätsbeziehungen ein (vgl. Kehl-Bodrogi 1996: 52, Fußnote 6). Dies wurde auch in einer TV-Spielshow eines Privatfernsehsenders unterstellt, wie schon in der Einleitung erwähnt (vgl. Die Zeit 13/24.03.95, S. 3).
- Aleviten reinigen sich nicht nach dem Geschlechtsakt, da sie die Scharia ablehnen, so daß Sunniten kein von Aleviten zubereitetes Fleisch essen sollten (vgl. Kehl-Bodrogi 1996: 52, Fußnote 3)[200].
- "Benutzt niemals die gleichen Badehäuser wie die *Kizilbas*; ihr werdet in vierzig Jahren den Dreck nicht wegwaschen können." (Engin 1999a: 559)
- "Wer mit dem Wasser, was durch ein *Kizilbas*-Dorf fließt, sein Land bewässert, dessen Ernte ist unrein." (Engin 1999a: 559)
- Aleviten sind als Linke keine 'wahren Moslems' (vgl. Güvenc 1995: 243).
- Aleviten spucken in von ihnen zubereiteten Kaffee (vgl. Türkdogan 1995: 34).

Diese Vorurteile werden m.E. staatlich nicht nur nicht bekämpft, sondern es gibt zumindest Einzelfälle von diskriminierenden Lehrern und staatlichen antialevitischen Schulbüchern:

- Die vom Erziehungsministerium herausgegeben Bücher "würden zum Beispiel glauben machen, Aleviten begingen Inzest" (Tagesanzeiger 13.03.96, S. 2).

[200] Deshalb hält ein alevitischer Dönerhändler, ein guter Bekannter, seine Herkunft anderen Sunniten gegenüber geheim.

- Ein Lehrer im Unterricht über die Aleviten: "...es ist unzüchtig, wenn Frauen und Männer sich die Hand reichen. Im Westen schlafen die Mädchen zuerst, wie es bei den Rotschöpfen der Fall ist, mit ihren Vätern. Bei den Aleviten schlafen die Mädchen mit ihren Vätern und die Jungs mit ihren Müttern." (Yörükoglu 1995: 427)
- Ein anderer Lehrer: "Die Hälfte der in Istanbul lebenden Frauen sind Huren. 70 Prozent der alevitischen Mädchen besitzen keine Jungfernhäutchen mehr. Sie haben auch kein [intaktes; BG] Familienleben." (Yörükoglu 1995: 427) Damit dienen die Aleviten als Negativbeispiel für die Gesellschaft der "Moslem-Türken".

■ Antialevitische Diskriminierung

Da diese Vorurteile Wahrnehmungs-, Deutungs- und somit Handlungsmuster prägen, steigt die Wahrscheinlichkeit, daß Aleviten gesellschaftlich diskriminiert werden:

- Busunternehmer in Corum werden mehrheitlich jeweils von 'ihren' Konfessionsangehörigen bevorzugt, so daß die Angehörigkeit über Kunden- und Ressourcenzugang entscheidet (vgl. Türkdogan 1995: 341).
- Es wird Aleviten verweigert, sie nach islamischen Traditionen zu bestatten. Somit werden sie aus dem orthodox-islamischen Bestattungsritual ausgeschlossen.
- Es wird von Aleviten zubereitetes Fleisch wegen ihrer Nichtteilnahme am islamisch-orthodoxen Reinigungsritual nicht nachgefragt, da es religiös als "unrein" gilt. Aleviten, die als Gastronom, Schlächter oder Metzger arbeiten möchten, müssen ihre Identität verheimlichen, wenn sie in dieser Branche erfolgreich sein möchten.
- Sunniten möchten mit Aleviten keine ehelichen Beziehungen eingehen (vgl. Güvenc 1995: 243). Auf dem sunnitischen Heiratsmarkt werden damit Angehörige der sunnitischen Mehrheitsbevölkerung aus Gründen konfessioneller Diskriminierung bevorzugt.
- Aleviten werden auch bei der Arbeitsplatzvergabe diskriminiert: "Als in den Bergwerken von Divrigi, das zu 95% alevitisch ist, letztes Jahr 200 Leute eingestellt werden sollten, kamen nicht die vielen Arbeitslosen aus der Stadt zum Zuge, sondern Fremde aus fundamentalistischen [im Sinne von radikal sunnitischen; BG] Gegenden erhielten den Vorzug." (Tagesanzeiger 13.03.96, S.1-2) Sie erfüllen dann eine Ressourcenliefererfunktion.
- Aleviten werden von der Teilhabe an der sozialen Interaktion ausgeschlossen. Ein Alevite in Deutschland berichtet von den Erlebnissen seiner Frau mit einer sunnitischen Nachbarin, "mit der seine Frau sich auf der Bank im Park zunächst gut verstanden hatte und die auf

den Absatz kehrtmachte, als sie bei der Einladung zum Tee Indizien für die alawitische Herkunft fand." (Die Zeit 14/31.03.95, S. 18)

- Die Diskriminierung auf dem Heiratsmarkt gilt auch für Freundschafts-beziehungsmärkten: Die sunnitische Freundin eines Aleviten brach ihre Beziehung zu ihm nach seinem Outing mit der Begründung ab, er ginge inzestiöse Beziehungen mit seiner Mutter ein (vgl. Die Zeit 14/31.03.95, S. 18).

Einige Vorfälle wurden vordringlich durch die sozialdemokratischen Parteien SHP bzw. CHP und der DSP thematisiert. In der südöstlichen Provinz Bingöl war es zwischen Auseinandersetzungen zwischen Aleviten und Sunniten um Bodenbesitzverhältnisse gekommen. Dabei hatte das Oberhaupt einer sunnitischen Familie und gleichzeitiger Dorfimam sowie (kurdischer) Clanchef aus Rache für den alevitischen Verrat am sunnitisch-kurdischen *Scheich-Sait*-Aufstand zum Heiligen Krieg gegen die Aleviten aufgerufen und den Bau einer 1.5 m hohen Mauer befohlen (vgl. Engin 1999b: 239f.).

Ein später suspendierter Hodscha in Eskisehir sagte während seiner über Lautsprecher an andere Moscheen übertragenen Predigt, daß das von Aleviten Geschlachtete unrein sei und nicht gegessen werden dürfe, ebenso für sie kein Totengebet gesprochen werden sollte, es auch nicht richtig sei, an ihren Häusern vorbeizugehen (vgl. Engin 1999b: 246).

Ein alevitisches Cem-Haus in Istanbul wurde auf Befehl des Istanbuler Bürgermeisters von der Refah-Partei abgerissen (vgl. Engin 1999b: 246f.; Korkmaz 1997: 65f.).

Ein Lehrer im Unterricht, der nach dem Vorfall befördert wurde, sagte: "Der Alewismus ist keine Gottesreligion, sondern eine, die auf Aberglauben basiert. Alewiten glauben nicht an Gott und an die Verkündigungen des Propheten. Wenn ihr Alewiten seid, verschwindet; ich habe mit sunnitischen Schülern besondere Dinge zu besprechen." (Engin 1999b: 243)

Nach dem noch zu erläuternden Massaker von Sivas (1993) kam es zu Überfällen der PKK auf dortige sunnitische Dörfer, während gerade alevitische verschont blieben. Staatliche Sicherheitskräfte führten dann Razzien, Festnahmen oder Evakuierungen in alevitischen Dörfern durch, deren Bewohner als potentielle PKK-Helfer behandelt wurden (vgl. Engin 1999b: 242)[201].

> Aber das sunnitisch-konservativ dominierte Parlament konnte alevitischen Opfererfahrungen kaum Abhilfe leisten. Die Sprecher der die Anfragen der

[201] Die PKK ging auf die alevitisch-sunnitische Problematik ein und versuchte daraus, Kapital zu schlagen: Das "Zülfikar [bzw. das Schwert Alis; BG] ist in der Hand der Guerilla." (Sener/Ilknur 1995: 65) Die PKK versuchte alevitische Kurden durch entsprechende Nebenorganisationen und Zeitschriften (Zülfikar) an sich zu binden (vgl. van Bruinessen 1997: 18).

> Sozialdemokraten beantwortenden regierenden Parteien "legten einhellig die Auffassung zutage, daß in der Darstellung bzw. Wiedergabe der Ereignisse und Vorfälle im Zusammenhang mit der Alewitenproblematik übertrieben werde. Die Regierungssprecher bzw. Minister verwiesen immer wieder auf die Einheit von Glaube, Prophet und der Heiligen Schrift (Koran). Ihrer Ansicht nach hat eine Diskriminierung der Alewiten von staatlicher Seite niemals stattgefunden ... Die Trennung des Volkes in ein sunnitisches und in ein alewitisches Lager sei künstlich und von der Türkei feindlich gesinnten, fremden Kräften lanciert. Differenzen und Konflikte innerhalb beider religiöser Richtungen existierten nicht." (Engin 1999b: 249)[202]

Daß die Aussagen der Mitglieder der politischen Regierungselite über das Ausbleiben staatlicher Diskriminierung nicht ganz der Wahrheit entsprechen, können die Verhaltensweisen Angehöriger staatlicher Instanzen zur Durchsetzung von Recht und Ordnung (Polizei) und der politisch-administrativen Elite während des Massakers an alevitischen Künstlern und Intellektuellen in Sivas am 2.7.1993 und bei den tödlichen Übergriffen von Teilen der Polizei im vor allem überwiegend von Aleviten bewohnten Istanbuler Stadtteil Gazi am 12.3.1995 belegen. Denn ihnen kann zumindest passive Mittäterschaft vorgehalten werden. Auch diese Ereignisse sind Beispiele für das Vorherrschen sunnitisch-islamischer Werte, Normen, Wahrnehmungs-, Deutungs- und Verhaltensmustern und damit der Bestrafung des davon abweichenden Verhaltens.

- Massaker von Sivas (2.7.1993)

Auf einem alevitischen Kulturfestival in der zentralanatolischen Stadt Sivas sind 37 Personen, vornehmlich alevitischstämmige Intellektuelle und Künstler, nach stundenlanger Belagerung durch Tausende aus dem Freitagsgebet aus den Moscheen kommenden, aufgebrachten religiösen Sunniten vor den Augen polizeilicher Sicherheitskräfte, live vor laufenden Kameras umgebracht worden. Sie wurden von Angehörigen der örtlichen Zentrale der islamistischen Refah-Partei angeführt (vgl. Coskun 1995: 354; Gölbasi 1997; Eral 1995: 219ff.; Kongar 1998: 254-263). Vor dem Festival wurden in der Stadt Flugblätter von "Muslimen" an die "Muslimische Öffentlichkeit" verteilt. Die Teilnahme des bekennenden atheistischen Romanciers sunnitischer Herkunft, Aziz Nesin, der kurz zuvor Teile des von Salman Rushdie verfaßten, weltweit durch Islamisten verketzerten "Satanischen Verse" übersetzt hatte, wurde in dem Schreiben mit anderen alevitischen Künstlern verketzert und dämonisiert:

> "Im Namen Allahs, des Erbarmers, des Barmherzigen,

---

[202] Ein möglicher Grund für das Herunterspielen von religösen Unterschieden und Konflikten kann das erwähnte Trauma der Zerstückelung des Osmanenreiches durch separatistische vom Ausland unterstützter Minderheiten sein, die zur Verfolgung und Vernichtung der Moslem-Türken führte. Diese begegnen dann aus Furcht vor künftiger Spaltung ethnischen oder konfessionellen Bewegungen kritisch-distanziert.

'Der Prophet steht den Gläubigen näher als sie sich selber, und seine Gattinnen sind ihre Mütter.' ...
Der den Gläubigen näher als diese zu sich selber stehende Botschafter Gottes (Friede sei mit ihm) und seine reinen Gattinnen, das Haus (Kaaba) und Buch Gottes, der Koran, werden auf niedrigste Art beleidigt und die Ehre der Gläubigen angegriffen ... AZIZ NESIN hat auf die gleiche Art [wie Salman Rushdie; BG] die Bewahrung des Koran beschimpft, das Familienleben des Propheten (Friede sei mit ihm) mit dem eines Bordells verglichen und den Mut aufgebracht die Mütter der Umma, seine Gattinnen ... als Prostituierte zu bezeichnen. Während dieses Ereignis sogar in den gottlosen Staaten der Welt nicht akzeptiert wird, hat es leider der zweigesichtige laizistische Staat TR [[203]; BG] die Veröffentlichung erlaubt, und darüber hinaus wurden ehrbare Muslime, die dagegen protestiert haben, von der Polizei und Gendarmerie des Staates geschlagen, erschossen und ein Teil ins Gefängnis gesteckt. Während sich der Hund Salman Rushdie in den Ländern mit wenigen Moslems aus Furcht kaum auf die Straße wagen kann, kann sein ... Diener mit seiner Begleitung ... so spazierengehen, als würde er Moslems spotten ...
Die Ungläubigen müssen eines begreifen:
Wir geben unser Leben für den Schutz des Propheten und Buches des Islam.
Der Tag ist gekommen, um unser Muslimentum zu beweisen.
'Wer da glaubt, kämpft in Allahs Weg ... So bekämpfet des Satans Freunde, Siehe, des Satans List ist schwach.' ... Die Sieger werden zweifellos die Anhänger Gottes sein.
MUSLIME." (Eral 1995: 228-229; Coskun 1995: 364; Gölbasi 1997: 15-16)

Sunnitische Muslime wurden durch Verketzerung und Dämonisierung ('Freunde Satans') Aziz Nesins und anderer Teilnehmer des Kulturfestivals sowie Koranzitaten zum angeblich islamisch-gebotener Gewalt aufgefordert. Das Vorherrschen sunnitischer Werte, Normen, Wahrnehmungs-, Deutungs- und Verhaltensmuster bei der Bevölkerung von Sivas machte diese durch entsprechende Verzerrung ihres Bezugsrahmens empfänglich für religiös legitimierte Gewalt gegen die als Feinde des Islams definierten Personengruppen. Diese dienten somit als Negativbeispiel für "Muslime" und erfüllten durch ihre "Bestrafung" eine Abschreckungsfunktion. Es kam nach den Freitagsgebeten zu den stundenlangen dauernden Demonstrationszügen mit 10.000 bis 15.000 Teilnehmern, auf denen "Muslimische Türkei!", "Wir wollen die Scharia!" (Gülcicek 1994: 115), "Die Republik wurde hier [auf dem Kongreß von Sivas; BG] errichtet, hier wird sie zerschlagen!", "Es gibt keinen Gott außer Allah!", "Die Hände, die den Islam angreifen, werden gebrochen!" (Coskun 1995: 369) gerufen wurden. Neben der Zerstörung einer Atatürkbüste und dem Denkmal des im Osmanenreich gehängten alevitischen oppositionellen Dichters Pir Sultan Abdal, zu dessen Ehren das Festival organisiert worden war, wurde das die Teilnehmer beherbergende Hotel nach stundenlanger Belagerung vor den Augen der zum Teil Beifall klatschenden Polizisten angezündet (vgl. Gölbasi 1997: 35). Der vom Gouverneur zur Beruhigung der Demonstranten beauftragte Bürgermeister der Refah-Partei wiegelte die Menge mit "Euer Glaubensfeldzug sei gesegnet!" (Gülcicek 1994: 117; Gölbasi 1997: 35) auf[204]. Die Feuerwehr wurde auf dem Weg zum brennenden Hotel blockiert (vgl. Coskun 1995: 371), ankommende Fahrzeuge haben es unterlassen, Löschwasser einzusetzen (vgl. Eral 1995: 236, 240). Die Feuerwehrleiter, die einige Personen am Anfang gerettet hatte, wurde wieder eingefahren (vgl. Eral 1995: 240). Der vom Gouverneur zuvor beorderte Einsatz der Türkischen Streitkräfte zur Wiederherstellung der Ordnung und auch der Sicherheit der Angegriffenen wurde von Präsident Demirel mit folgender Bemerkung verweigert: "Laßt mein Volk mit meiner Polizei nicht gegeneinander aufbringen!" (Gölbasi 1997: 75) Demirel stellte klar, wer aus der Sicht der politischen Elite zum Volk bzw. zur Kerngesellschaft gehörte und wer nicht. Viele Medieninstanzen machten aus den Opfern Täter. Die Chefkommentatoren der auflagenstärksten bzw. staatstragenden Medien (*Hürriyet, Sabah, Milliyet*) wie die islamistischen oder nationalreligiösen Zeitungen *Zaman*[205], *Milli Gazete*[206] und *Türkiye*[207] machten Aziz Nesin für die Provokation verantwortlich und entlasteten somit die Täter (vgl. Tusalp 1998: 36-37; Tusalp 1999: 183-184; Cuma Nr.204/8.07.1994, S.30-31). Auch juristische Instanzen des Staates gaben zunächst milde Urteile gegen alle vom späteren Justizminister der Refah-Regierung Sevket Kazan verteidigten 124 Angeklagten und beschuldigten stattdessen Aziz Nesin der Volksverhetzung, worauf die Todesstrafe steht. 26 Angeklagten bekamen 15, 60 3 Jahre, während 37 freigesprochen wurden (vgl. Die Tageszeitung Nr. 4394/18.08.1994, S. 8; Die Tageszeitung Nr.4503/27.12.1994, S. 2; Die Tageszeitung Nr.4504/28.12.1994, S. 10; Cumhuriyet Hafta Nr.20/2001/18.05.2001, S.6)[208][209]. Die traumatisierende Opfererfahrung und die einseitige Parteinahme der politischen Elite, der Si-

---

[203] Das ist die Abkürzung für Republik Türkei. Gegner des Staates Republik Türkei (*Türkiye Cumhuriyeti*) benutzen als Hinweis für ihre Geringschätzung die Kürzel 'TC' ohne Punkte.

[204] Er ist heute Parlamentarier für die inzwischen verbotene Tugendpartei.

[205] Das ist die Zeitung der Fethullah-Gruppe des sunnitischen Nurcu-Ordens (vgl. Seufert 1997a: 49). Diese Gruppe wird von Fethullah Gülen angeführt (vgl. Bulut 1999).

[206] Die *Milli Gazete* ist Parteiorgan Refah- bzw. der Fazilet-Partei (vgl. Seufert 1997a: 49).

[207] Türkiye gehört dem Ihlas-Konzern, dem Kern der Isikci-Gruppe des Nakschibendi-Ordens (vgl. Seufert 1997a: 49).

[208] Ein Angeklagter war flüchtig.

[209] Der Prozeß wurde mehrmals jeweils nach den Einsprüchen des Kassationsgerichtshofes, der die Urteile zu mild fand, aufgerollt. Das letzte Urteil des zuständigen Staatssicherheitsgerichts wurde am 10.05.2001 zum großen Teil mit u.a. 31 Todesurteilen bestätigt. Die Angeklagten wurden zum Tod verurteilt, weil sie nach neuester Auffassung des Gerichtes im Rahmen eines organisierten Verbrechens den Umsturz des säkularen Staates geplant und dabei Verhaltensweise und Gedanken von des damit rehabilitierten Aziz Nesin als Vorwand dazu genommen haben (vgl. Cumhuriyet Hafta Nr.20/2001/18.05.2001, S.6).

cherheitskräfte, Medien- und Justizinstanzen erschütterte nachhaltig das Vertauen der Aleviten gegenüber dem Herrschaftssystem (vgl. Dural 1995: 148).

- Massaker von Gazi (12.03.1995)

Die konfessionelle Sicherheit der Aleviten wurde auch direkt von Angehörigen staatlicher Instanzen zur Durchsetzung von Recht und Ordnung bedroht, wozu die Übergriffe durch die Polizei im Istanbuler Viertel Gazi zählen können. Nachdem ein alevitischer *Dede* von Unbekannten in einem Café in dem von Aleviten bewohnten Viertel erschossen wurde und Polizeibeamte samt Einheiten zur Spurensicherung sowie dem Staatsanwalt auch nach Stunden nach dem Anschlag nicht am Tatort eingetroffen waren, kam es zu Protesten örtlicher Anwohner, die auch von linksradikalen Terrororganisationen angeheizt wurden. Die neu erlittene Opfererfahrung zusammen mit staatlicher Indifferenz zählen zu den Ursachen des Vertrauensverlustes der Aleviten an den Staat und begünstigen die Neigung, Konflikte eigenständig ohne staatliche Instititutionen lösen zu wollen. Denn Aleviten "haben Sivas nicht vergessen, auch damals hat die Polizei zugeschaut" (Die Tageszeitung Nr.4569/14.03.1995, S. 3), aber "diesmal werden wir unser Recht einfordern." (Dural 1995: 20) Die Folge waren tagelange Unruhen mit 17 Toten. Polizeiangehörige hatten das Feuer auf die Demonstranten eröffnet[210]. Die Autopsie der Leichen ergab, daß dreizehn der 17 Toten von Polizeikugeln getötet wurden (vgl. Erzeren 1997: 127). Ein Großteil der Menschen waren durch einen gezielten tödlichen Schuß umgekommen (vgl. Dural 1995: 155f.). Bei den täglichen Übergriffen der Polizei intervenierte zum Teil erfolgreich auch einmal die türkische Armee zum Schutze der alevitischen Bevölkerung vor der Polizei. Sie bildete dazu einen Schutzpuffer zwischen alevitischer Zivilbevölkerung und den Polizisten (vgl. Dural 1995: 59, 64). Ein möglicher Erklärungsgrund für das Verhalten örtlicher Polizisten ist der mehrfach wegen "Folter" und "Mord" angeklagte und in den Krisenviertel versetzte nationalreligiöse Polizeichef Mehmet Tokus, der ihnen entsprechende Handlungsanweisungen gab (vgl. Dural 1995: 124). Darüber hinaus ist der Anteil nationalreligiöser Personen türkisch-sunnitischer Herkunft in der Polizei durch den seit 1974 gewährten Zugang von *Imam-Hatip*-Schulabsolventen an Polizeiakademien angestiegen (vgl. van Bruinessen o.J.: 3; Tagesanzeiger 16.03.1996, S. 2). Dadurch wurden staatliche Organe zur Rechtsdurchsetzung von religiös sozialisierten Sunniten unterwandert, die gegen die für "Muslime" als Negativbeispiel dienenden Aleviten vorgingen.

[210] Es hat aber auch Polizisten gegeben, die verletzte Kinder vor den Auseinandersetzungen schützend wegbrachten (vgl. Dural 1995: 65).

6.2. Über die reaktive Verhaltensweise der Aleviten seit ihrer Verrandung

Die subjektive Einschätzung der Wahrscheinlichkeit der Bedrohung der konfessionellen Sicherheit der Aleviten durch die Sunniten war so hoch, daß es zu deren offener konfessionellen Dissimilation bzw. Revival[211] im Sinne einer Wiederbelebung der alevitischen Identität oder dessen gekommen ist, was man als alevitische Identität auszumachen glaubt. Zunehmende Vereinsgründungen, die sich durch verstärkte Teilnahme an Cem-Riten zeigende Rückbesinnung auf ihre durch ihre Säkularisierung vergessenen alevitischen Werte und Normen, Politisierung, *Outings* (vgl. Kehl-Bodrogi 1996: 56), Automarginalisierung sind als reaktive Verhaltensweise auf Verrandung oft die Folge.

Das *Revival* des Alevitentums schlägt sich seit dem Ende der Achtziger und Mitte der 90er Jahre auch in hunderten neuer Bücher nieder (vgl. Engin 1996). Es sind zahlreiche alevitische Periodika wie z.B. *Cem, Pir Sultan Abdal, Kavga, Gönüllerin Sesi, Karacaahmet Sultan,* die der PKK nahestehende *Zülfikar* und *Pir,* die protürkischen Blätter *Haci Bektas Veli* und *Genc Erenler* oder *Ehl-i Beyt Dünyasi* in der Türkei und *Alevilerin Sesi* in Westeuropa erschienen oder haben seit dem ihre Auflagen vervielfacht.

Es kommt wegen des technischen Fortschritts zur Erschließung neuer Bereiche, in denen alevitische Identität dargestellt und bekräftigt wird. Dem Alevitentum kann man sich im Internetzeitalter auch auf dem Datenhighway nähern. Verschiedene Vereine, Akademikerverbände, virtuelle Diskussionsforen[212] sind online. Dazu zählen u.a. (hier ohne 'www.'): sahkulu.org, aleviyol.com, tahtacilar.com, alevi.com, cemvakfi.org, pirsultanabdal.8m.net, karacaahmet.org..

Seit etwa 1993 sind zahlreiche Radiosender gegründet worden, die ihre Schwerpunkt auf alevitische Musikkultur legen. In TV-Diskussionssendungen setzt man sich mit dem Thema

---

[211] Die Reaktion auf den sunnitischen Islamismus scheint nicht der einzige Grund für das alevitische *Revival* zu sein. Laut Camuroglu sei das Alevitentum eine sinnstiftende Instanz zum Ausfüllen des durch den Ende der Achtziger stattfindenden Zusammenbruch des Sozialismus wichtig geworden. Eine weitere Ursache für die Betonung konfessioneller Identität ist der Versuch der Überbrückung entstandener Gräben zwischen turkstämmigen und kurdischen Türken innerhalb der alevitischen Glaubensgemeinschaft (vgl. Camuroglu 1997: 26-27). Außerdem werde die Wiederbelebung des Alevitentums auch staatlich gefördert, um durch die Heranführung von Teilen der Aleviten an die türkisch-islamische Kerngesellschaft ein Bündnis zwischen PKK'lern und verrandeten Aleviten zu verhindern oder alevitische Kurden und Zazas durch Bereitstellung einer alternativen konfessionellen Identität von der PKK fernzuhalten (vgl. Perincek 1993: 148ff.; Erdemir o.J.: 2; van Bruinessen 1997: 15, 18)) sowie mit den Aleviten eine für das Herrschaftssystem auch zu gefährlich werdende sunnitisch-islamische Bewegung auszubalancieren (vgl. van Bruinessen 1997: 15; Erdemir o.J.: 2). Damit hat auch das alevitische *Revival* eine herrschaftsstabilisierende Wirkung, indem die PKK-Bewegung nicht mehr auf alevitische Zazas und Kurden zurückgreifen kann und sunnitische Radikalreligiöse ausbalanciert werden.

[212] In diesen Foren wird Alevitentum durch Forumsbeiträge kommunikativ hergestellt.

auseinander, während Musikprogramme oft alevitische Sänger einladen (vgl. Vorhoff 2000: 61, Fußnote 6).

Ein Ziel des *Revivals* ist es vermutlich, die wahrgenommene sunnitische Bedrohung auszubalancieren. Um sich aktiv zur Verbesserung ihrer eigenen Lage einzusetzen, werden seit dem staatlich geduldete alevitische Vereine gegründet (vgl. Aydin 1997: 88f.). Anders gesagt: Aleviten gehen davon aus, daß sie niemals zur Kerngesellschaft gehören und einen Platz darin finden werden. Darüber hinaus können sie davon ausgehen, daß auch ihre physische Sicherheit gefährdet ist, so daß auch kein Anreiz mehr besteht, sich dem sunnitischen Werte- und Normensystem unterzuordnen. Ein weiteres Indiz für die offene Rebellion ist ihre Überrepräsentierung in linksradikalen, terroristisch einzustufenden Organisationen wie 'Front der Revolutionären Volksbefreiungspartei' *(Devrimci Halk Kurtulus Partisi-Cephesi, DHKPC)*, 'Befreiungsarmee der Arbeiter und Bauern der Türkei' (*Türkiye Isci Köylü Kurtulus Ordusu, TIKKO*)[213] und Kommunistische Partei der Türkei/Marxisten-Leninisten (*Türkiye Komünist Partisi/Marksist-Leninist, TKP/ML*). Engin meint, mit der Unterlassung der politischen Lösung des Alevitenproblems im Parlament sei es indirekt zur erhöhten Tätigkeit dieser militanten Organisationen gekommen (vgl. Engin 1999b: 250). Die militante Politisierung der Aleviten ist somit als eine Folge ihrer Verrandung durch die Türkisch-Islamische Synthese zu betrachten.

6.2.1. Skizzenhaftes zum *Coming out*, Vorurteile gegen Sunniten und soziale Automarginalisierung

Es kommt zur ihrer Abwendung von der Kerngesellschaft als Reaktion auf negative Diskriminierung, um Eigenidentität durch diesmal ihre Hervorhebung der Diskriminierungsmerkmale und durch Stigmasymbole zu gewinnen: "Wir zeigen offensiv, daß es uns gibt. Immer mehr Jugendliche ... tragen einen kleinen goldenen Anhänger am Hals: das [als 'Zülfikar' bezeichnete; BG] Schwert Alis mit der gespaltenen Spitze." (Die Zeit Nr.14/31.03.95, S. 18)[214]. Das Symbol läßt als 'äußeres' Emblem 'innere' Überzeugungen und Herkunft der Träger mühelos ablesen, die damit Zugehörigkeit zum Alevitentum und Abgrenzung von den Sunniten signalisieren. Aleviten bekräftigen ihre Identität durch stereotype Selbst- und Fremdbilder, indem sie gruppenkonforme oder ihnen zugeschriebene 'typische' Einstellungen, Redewendun-

---

[213] Der alevitisch dominierten TIKKO wird nachgesagt, daß sunnitischstämmige Mitglieder aus Gründen konfessioneller Diskriminierung nicht in führende Gremien zugelassen werden.

[214] Es handelt sich bei diesen im Zitat erwähnten Jugendlichen um Berliner Schüler (vgl. Die Zeit Nr.14/31.03.95, S. 18), aber dieses Phänomen der Selbststigmatisierung kann m. E. auch auf die Türkei angewandt werden.

gen, Glaubenspostulate, Verhaltensweisen "zu einer signifikanten Inszenierung" (Soeffner 1997b: 71) zusammenstellen. So werden Sunniten zugeschriebene Floskeln wie "Inschallah, Maschallah, Subhanallah, Bismillah, Elhamdillullah" (Bas 1992: 29) in den dazu passenden Anlässen bewußt gemieden, um sich demonstrativ als Nichtsunniten in die zu Szene setzen, wohingegen auf andere wiederum ihnen zugeschriebene Redewendungen wie "Hakk'a yürümek" (zur göttlichen Wahrheit gehen bzw. versterben) häufiger anzutreffen sind. Auch werden bestehende Vorurteile, sie seien 'links' oder 'liberal' zu Bezugspunkten der normativen Standortsbestimmung des Alevitentums hervorgehoben. Menschen, die Aleviten sein möchten, müssen laut Metin u.a. folgende Abgrenzungs- bzw. Diskriminierungsmerkmale aufweisen: 'human', 'modern', 'fortschrittlich', 'säkular' sein (vgl. Metin 1999: 73-74)[215]: "Wer politisch nicht wie ein Alevit denkt, hat größtenteils keinen Bezug zum Alevitentum mehr." (Metin 1999: 71) Diese Werte und Normen werden diesmal von Aleviten zu ihrer Selbstdefinition herangezogen, um sich von den Sunniten abzugrenzen: "Für die Aleviten stehen Sunniten für religiösen Fanatismus und Intoleranz schlechthin, während tolerant ... und aufgeklärt ... als sine qua non des Alevitentums gelten." (Kehl-Bodrogi 1992: 31) Dabei wird dem sunnitischen Islam der Regeltreue und des Verbots die Freizügigkeit des alevitischen Islam der Freigeister gegenübergestellt (vgl. Bas 1992: 24-35). Kaum Erwähnung findet dabei allerdings die bei der Vorstellung alevitischer Normen und Werten bereits erwähnte starke soziale Einschränkung gewisser individueller Freiheiten durch die Bestrafung abweichenden Verhaltens bei den rituellen Volkstribunalen und Befragungen während der Cem-Zusammenkünfte. Alevitische Autoren bzw. Personen versäumen bei dem Vergleich zwischen dem Aleviten- und Sunnitentum, eine Unterscheidung zwischen der Norm- und der tatsächlichen Verhaltensebene, zwischen Anspruch und Wirklichkeit vorzunehmen, wenn sie die emanzipierte Rolle der alevitischen Frau gegenüber den der islamisch-orthodoxen betonen. Im Gegensatz zum dargestellten alevitischen Ideal scheint es wohl faktisch auch eine gewisse Passivität der alevitischen Frau zu geben. So befindet sich unter führenden alevitischen Autoren, Führungspersönlichkeiten (Vereinschefs) oder Priestern nicht eine einzige Frau (vgl. Cakir 1999: 82; Engin 1999a: 555). Nach der Lektüre zahlreicher Monographien (z.B. Bas 1992 oder Metin 1999) kann sich der "Leser ... kaum des Eindrucks erwehren, es müsse sich gar um die 'besseren Muslime' handeln, wenn 'der sunnitische Muslim' zum Gegenbild verzerrt wird ... der sich blind der vom machtgierigen Tyran-

[215] Metin betrachtet als einziger mir bekannter Autor das Alevitentum als eine Beitritts- und Gesinnungsgemeinschaft.

nen fixierten Tradition hingebe." (Vorhoff 2000: 65) Es wird bei Gesprächen mit Aleviten zwar nicht selten hinzugefügt, daß es auch unter den Sunniten 'aufgeklärte' Menschen gibt, aber "dabei handele es sich jedoch um individuelle Charakterzüge, bei den Aleviten jedoch um kollektive Attribute." (Kehl-Bodrogi 1992: 32) Durch Hervorhebung der jeweiligen Massaker werden vermutlich Sunniten mit einer für Aleviten bedrohlichen Identität versehen, so daß man gegenüber ihnen einen Sicherheitsabstand wahren sollte. Sunniten erscheinen als Befürworter von Gewalt, Islamisten, Reaktionäre und Faschisten (vgl. Sökefeld/Schwalgram 2000: 24). Bei einer Befragung von 314 Aleviten in Istanbul, Ankara, Izmir, Corum und Tokat antworteten 78,3% der Befragten auf die Frage, wer/was für sie ein Sunnit sei, mit "Scharia-Anhänger" und mit 62,4% mit "Rechte" (vgl. Engin 1999a: 559). Die 'sunnitischen anderen' dienen m.E. auch zur Aufrechterhaltung der alevitischen Gemeinschaft, da deren Stabilisierung nach Innen auch durch die Stabilisierung nach Außen erreicht wird[216]. Aleviten wenden auch die gegen sie bestehenden Vorurteile der Freizügigkeit in umgekehrter Form auf Sunniten an. Auf einem alevitischen Konzert am 23.9.2000 in der Nähe von Singen kritisierte zum Beispiel die eigens für die Veranstaltung nach Deutschland geflogene berühmte alevitische Sängerin Gülen Duman ein junges alevitisches Mädchen, welches eher Diskotheken, Orte zum Kennenlernen von Jungen, bevorzugen würde: "Sie ist noch dazu ein alevitisches Mädchen!" (Gedächtnisprotokoll, 23.09.2000) Auch Kehl-Bodrogi, die von Aleviten bewohnte Gebiete besuchte, stützt diese Vermutung. Ihr wurden Berichte "über Fälle von Mord, Diebstahl, Ehebruch und Inzest in den umliegenden sunnitischen Dörfern ... immer mit dem Hinweis darauf beendet, daß all dies unter Aleviten niemals vorkäme." (Kehl-Bodrogi 1992: 31) Im legitimatorischen Diskurs wird das jahrhundertealte Vorurteil, Aleviten seien keine Muslime, auch in umgekehrter Form auf die Sunniten in sein Gegenteil verkehrt: Eigentlich sei das Alevitentum der 'wahre' Islam (vgl. Kehl-Bodrogi 1992: 33).

Die durch die sunnitische Reislamisierung stattfindende Fremdverrandung der Aleviten trägt auch zur ihrer sozialen Automarginalisierung bei. Die Diskriminierungsmerkmale (Fünf Säulen,

---

[216] Dies wird auch bei den Gedenkzeremonien an die jeweiligen Massaker erreicht. Bei den Ritualen der Erinnerung während der wieder verstärkt stattfindenden Cem-Zusammenkünfte werden die 'Ereignisse von Kerbela' (als ein von den Schiiten entlehntes Opfertrauma-Gründungsmythos) und weitere historische Erlebnisse von Verfolgung und Vernichtung in den von den Barden (*zakir*) mit Saz vorgetragenen mystischen Songs tradiert und im kollektiven Erinnerungsbestand der Aleviten als eine durch die Geschichte hindurch kontinuierlich von den als 'Yezid' beschimpften Sunniten seit der Tötung Alis, Hüseyin auch heute noch von sunnitischen Fanatikern und Sicherheitskräften verfolgte und unterdrückte Gemeinschaft konserviert. Dies trägt zur dauerhaften Aufrechterhaltung eines antisunnitischen Feindbildes bei (vgl. Engin 1999a: 568; Engin 2001a: 24-25). Dieses Feindbild des 'Yezid' dient wohl zur negativen Selbstbestimmung der Aleviten.

Geschlechtertrennung, Barttracht, Schleiergebot, Alkoholverbot, politische Einstellung), die auch zur sozialen Verrandung der Aleviten durch ihren Ausschluß von der Teilhabe an sozialer Interaktion führten, werden nun neben dem Zülfikar und anderen Stigmasymbolen[217] in negativer Weise auch als Merkmale zur sozialen Abgrenzung der Aleviten von den Sunniten benutzt. Diese Diskriminierungsmerkmale liefern die nötige Information zur Einschätzung der konfessionellen Herkunft des betroffenen Gegenübers, von der eine Korrelation mit persönlichen Charaktereigenschaften des Interaktionspartners im voraus angenommen wird. Diese Embleme beeinflussen somit jeweils die Wahl der Freunde, für die man sich entscheidet. Aleviten wahren im Rahmen eines Enthaltsamkeitsrituals einen sozialen Sicherheitsabstand zu Sunniten. Dieser Ausschluß von der Teilhabe der Sunniten an der sozialen Interaktion mit Aleviten trägt somit der interaktionistischen Bekräftigung der konfessionellen Grenzen nach Außen bei.

In der letzten Zeit boomen auch sogenannte *türkü-bar* (alevitische Dorfcafés in den Städten), die eher von Aleviten frequentiert werden, wo sie "unter sich" sind. In diesen Cafés werden vordringlich gefühlsbeladene alevitische Lieder mit Liebes-, Opfer- oder Widerstandsmotiven live mit Saz- oder Gitarre vorgetragen. Diese Motive remobilisieren durch Hervorhebung der gemeinsamer Geschichte und Schicksals alevitische Deutungsmuster. Vorgetragene Songs mit Opfer- und Widerstandsmotiven aus der Geschichte und Gegenwart aktivieren bei den Zuhörern, die Teil der Erinnerungsgemeinschaft sind, das kollektive Gedächtnis und rufen ins Bewußtsein, daß sie einer durch Jahrhunderte hindurch unterdrückten Gruppe mit Widerstandstradition angehören.

Dabei kommt es nicht selten zu kollektiven Gesangritualen, bei dem alle Sänger und Besucher gleichzeitig und einheitlich mitsingen und so zeremoniell ihre alevitische Identität bekräftigen. Das bei den Liedern entstehende Gruppenerlebnis nivelliert Verschiedenheiten der synchron und einförmig das gleiche singenden Teilnehmer, ruft neben den gefühlsbetonten Melodien und Textinhalten affektive Bindungen hervor, vermittelt den Eindruck außergewöhnlicher Kommunikation und stiftet so kollektive Identität. Die Abwesenheit der im Straßenbild fast vorherrschenden rundbärtigen und verschleierter Personen ist auf diesen Konzerten auffällig. Gerade durch ihre Abwesenheit fallen sunnitisch-orthodoxe Personen als Nichtdazugehörige auf.

---

[217] Weitere 'emblematische Ausdrucksmittel' sind Ketten mit dem alevitischen Volksdichter Pir Sultan Abdal, Anstecknadeln oder Handy-Logos und Klingeltöne mit alevitischen Motiven. Diese Embleme gibt es inzwischen auch für politische Parteien und Bewegungen, für Nationalreligiöse, Kemalisten, Sozialisten, kurdische Separatisten, Islamisten etc. .

Die reaktive Automarginalisierung wirkt sich neben der Fremdverrandung auch auf das Konsumverhalten der Aleviten aus. Durch den resignativen Rückzug auf die eigene Konfession "gewinnt die Frage an Bedeutung, inwieweit Aleviten bevorzugen, bei alevitischen Händlern (Lebensmittel-, Kleider-, Kassettengeschäfte) einzukaufen, welche Reisebüros sie benutzen ... in welche Cafés, Restaurants oder Kaffeehäuser sie gehen." (Sariönder o.J.: 6)

Die nach den Massakern von Sivas und Gazi verstärkt gegründeten Vereine und der intensivierte Opferdiskurs tragen zur Schaffung und Stabilisierung der alevitischen Identität beim *Revival* bei.

6.2.2. Zur Rolle alevitischer Organisationen bei der Erschaffung alevitischer Identität

Ein Zeichen für das *Revival* ist die verstärkte Gründung von alevitischen Vereinen und Organisationen in türkischen Städten und in Westeuropa. Die höchsten Funktionäre der Vereine gehören in der Türkei und in der Diaspora zur 'transnationalen Elite', wobei sie die Aleviten gegenüber Regierungen und NGOs zu repräsentieren suchen. Dazu gehören Ali Dogan, Chef des Haci Bektas Veli Anadolu Kültür Vakfi (Ankara), Izzettin Dogan, Präsident der CEM-Vakfi (Istanbul) oder Turgut Öker, der das Amt des Vorsitzenden der größten alevitischen Dachorganisation in der Bundesrepublik, der *Almanya Alevi Birlikleri Federasyonu, AABF* (Föderation der Alevitengemeinden in Deutschland) bekleidet (vgl. Sökefeld/Schwalgram 2000: 21).

a) Cem-Riten und religiöse Unterweisung

Diese Vereine organisieren nicht selten die nächtlichen zeremoniellen Cem-Zusammenkünfte, *Saz*- und *Semah*-Kurse, vermitteln sogar noch vor dem eigentlichen Initiationsritual den Kursbesuchern alevitische Werte und Normen. Mit der Organisierung der Cem-Riten und der neuen Religiosität der Aleviten haben die *Dede*, die diese Zeremonien leiten, einen Bedeutungszuwachs in der Gemeinde wiedererlangt (vgl. Kehl-Bodrogi 1996: 57). Diese Aussage gilt allerdings eingeschränkt. Denn mit der Modernisierung und Urbanisierung werden ja Werte und Normen nun durch die Vereine verbreitet. Damit ist das Informationsmonopol der *Dede* in dem Zeitalter der 'organisierten Gesellschaft' durch die Vereine gebrochen. Die religiösen Führer werden durch die Vereinsstrukturen entlastet (vgl. Yavuz 2000: 91). Sie haben somit aber auch nur einen symbolischen Wert. Da die Anonymität der Städte die Kontrolle der konfessionellen Herkunft erschwert, sind auch die Cem-Zeremonien entgegen den konventionellen alevitischen

Werten und Normen für alle offen (vgl. Kehl-Bodrogi o.J.: 3), und es werden alevitische Lehren und Riten *allen* Kursbesuchern vermittelt, ohne daß wirkungsvoll kontrolliert werden kann, wer Alevite ist und wer nicht. Mit der Vermittlung alevitischer Werte und Normen durch Kurse kann das Schweigegebot, Außenstehenden religiöse Inhalte des Alevitentums nicht weiterzugeben, auch nicht aufrecht erhalten werden. Die Vermittlung von Werten und Normen könnte durch den in der Bundesrepublik neu eingeführten Islamunterricht an deutschen Schulen von den Vereinsbesuchern auf alle alevitische Schüler ausgeweitet werden (vgl. Kaplan 2001b). Die Vermittlung alevitischer Werte und Normen erfolgt innerhalb eines Rahmens für alle einheitlich und in den Kursen oder im schulischen Unterricht auch in schriftlicher Form. Dies ist eine Abkehr zur alevitischen Tradition, wonach Werte und Normen nur den Gemeindeangehörigen bei einem Initiationsritus nur vom *Dede* mündlich offenbart werden. Zumindest in westeuropäischen Alevitenvereinen werden vereinsangehörige Aleviten verschiedener anatolischer Distrikte (*ocak*) zusammen von einem *Dede* aus der örtlichen Umgebung betreut. Mit dem Ende der Kontrolle der konfessionellen Herkunft bei den Cem-Riten öffnet sich das Alevitentum und paßt sich den gesellschaftlichen Umständen (Vereinsgründung, Landflucht, Auslandsmigration) an. Ein weiterer Grund für die Öffnung ist der Wunsch, soviel Personen wie möglich zu erreichen und durch die Transparenz zumindest einige Vorurteile abzubauen.

b) Kulturveranstaltungen

Darüber hinaus organisieren die Vereine das Abhalten von weiteren rituellen Versammlungen anläßlich der Vergabe der zeremoniellen Speise Asure nach dem Muharrem-Fasten; halten Kulturveranstaltungen mit berühmten alevitischen Sängern wie z.B. Arif Sag oder Musa Eroglu ab, deren (Volks-)Lieder die Kultur musikalisch aufrechterhalten. Es werden alevitenbezogene Paneldiskussionen und Riten der Erinnerung an Massaker in Geschichte und Gegenwart (zum Beispiel in Sivas) im Rahmen des Opferdiskurses veranstaltet (vgl. Sökefeld/Schwalgram 2000: 19). Diese Veranstaltungen dienen auch dazu, die Alevitenthematik ständig an der Tagesordnung zu halten.

Jedes Jahr zwischen dem 16.-18. August findet in Hacibektas zu Ehren des gleichnamigen Derwischs, nach dem der Ort Sulucakarahöyük umbenannt wurde, ein alevitisches Kulturfestival mit Cem-Zeremonien statt, an dem inzwischen Vertreter des türkischen Staates und der

Regierung als Besucher teilnehmen, um Teile der alevitischen Bevölkerung für sich zu gewinnen.

Anläßlich des Jahrtausendwechsels fand am 13. Mai 2000 das von der AABF in Köln veranstaltete "Epos des Jahrtausends" (*Bin Yilin Türküsü*) statt. Dabei spielten 1.246 alevitische Barden mit Saz gleichzeitig und einheitlich die gleichen mystischen Songs, während 674 Frauen und Männer den rituellen Paartanz *Semah* vorführten. Diese rituelle Handlung[218] war ein tiefbewegendes Gruppenerlebnis und bekräftigte so kollektive Identität der Teilnehmer (vgl. Redaktion der Alevilerin Sesi 2000: 5-8).

Im Rahmen der Riten der Erinnerung an Opfererfahrungen werden anläßlich der Jahrestage der Massaker von Sivas (2.7.1993) oder Gazi (12.3.1995) Diskussionsforen, Ausstellungen, Gedenkveranstaltungen, Konzerte oder Seminare im Rahmen des Opferdiskurses veranstaltet. Dabei vergegenwärtigen sich die Anwesenden an die Vergangenheit. Der Vorgang der Erinnerung der Aleviten schafft eine alevitische Vergangenheit, die wiederum jene historisch kontinuierlich unterdrückte Glaubensgemeinschaft mit fortschrittlicher Widerstandstradition gründet, in dem der Prozeß der Erinnerung stattfindet.

6.2.3. Über alevitischen Opferdiskurs und ihren Beitrag bei der Schaffung alevitischer Identität

Neben der zeremoniellen Stiftung der alevitischen Kollektividentität bei den Cem-Riten, der Vergabe der rituellen Speise (*lokma*), der *Semah*-Tänze, der Schließung der Wahlbruderschaften (*müsahiplik*), der Abhaltung von Volkstribunalen (*halk mahkemesi*) zur sozial sanktionierten Vermittlung von Werten und Normen kommen dem Opferdiskurs und Erinnerungsritualen eine besondere Bedeutung bei der Konstruktion alevitischer Identität zu. Aleviten gedenken heute an die ihr kollektives Gedächtnis prägende Vergangenheit und konstruieren sich dabei als Aleviten in der Gegenwart. Die Erinnerungen vergegenwärtigen die Vergangenheit in besonderen *Personen* (Ali, Hüseyin, Schah Ismail, Pir Sultan, Haci Bektas, "37 Märtyrer in Sivas"), *Örtlichkeiten* (Kerbela, Corum, Sivas, Gazi, Maras) und *Ereignissen* (Kampf gegen Muaviye, Ermordung durch Yezid, Massaker durch aufgebrachte Religiöse) sowie *Zeiten* (Monat Muharrem für die Ermordung Hüseyins, 2. Juli für Sivas etc.). Sie prägen

[218] Laut Oppitz 'Montageplan' (1999: 73) besteht das *Material* aus dem Ort, der Kölner Arena; dem Instrument Saz und der einheitlichen Kleidung (weißes Hemd, dunkle Hose) etc.. Der *Klang* wird durch Gesang, *Saz*-Musik und Orchesterbegleitung erzeugt. Die *Sprache* besteht aus dem Gesang der mystischen Lieder. Zur *Bewegung* gehört das geordnete Sitzen aller Barden in Reih und Glied sowie die *Semah*-Tanzeinlagen.

Wahrnehmungsweise und Deutungsmuster und schaffen dadurch rituell die Grenzen der alevitischen Erinnerungsgemeinschaft als eine durch die Zeit hindurch ständig unterdrückte Gruppe mit ethisch legitimer Widerstandstradition. Im Vordergrund steht dabei das von den Schiiten entliehene traumatisierende Gründungsmythos "Kerbela", wovon die heutige Randgruppenlage der Aleviten ableitungslogisch deduziert wird. Diese Riten der Erinnerung werden heute durch Gedenkveranstaltungen, Seminare, Konzerte, Paneldiskussionen, Ausstellungen etc. alevitischer Organisationen rechtzeitig zu dem jeweiligen Jahrestag abgehalten, einschlägige Periodika und Zeitungen veröffentlichen rechtzeitig Termine. Sie bringen auch Berichte, um alevitische Geschichte zu schreiben.

Den sazspielenden Barden mystischer Lieder bzw. populäre Volksliedersänger werden im Opferdiskurs eine bedeutsame Rolle beigemessen. Ihre Songs prägen mit den Opfermotiven das kollektive Gedächtnis der alevitischen Erinnerungsgemeinschaft und formen somit das eigene "offizielle Geschichtsbild": Es werden Parallelen zwischen den Ereignissen Kerbela, Anatolien, Corum, Maras, Malatya, Sivas und Gazi gezogen. Dabei entsteht eine historische Kontinuität von jahrhundertelanger Unterdrückung und Widerstand gegen Ungerechtigkeit mit jeweiligen (pro-) alevitischen Helden und ihren sunnitischen Widersachern: Ali gegen Ebubekir, Ömer, Osman und Muaviye; Hüseyin gegen Yezid; Haci Bektas gegen die seldschukische Führungsriege; Schah Ismail gegen Yavuz Sultan Selim; Atatürk gegen den Osmanensultan Vahdettin (vgl. Vorhoff 2000: 63-64), der Führer der THKO, Deniz Gezmis, gegen die 1971er Junta etc. Als ein Beispiel unter vielen ist ein vom bekannten alevitischen Sänger Musa Eroglu vorgetragenes Lied namens "Kerbela Destani" (Epos von Kerbela) zu nennen, das hier auszugsweise zitiert wird:

> "Ich habe mein Herz in Stücke geteilt/ Einer blieb in der Wüste von Kerbela/ Einer machte sich auf den Weg nach Damaskus/ Einer blieb in der Hand Muaviyes/ Einer ging in die Heimat von Haci Bektas, um den Erleuchteten zu folgen/ Einer teilte sich die Sorgen Pir Sultans/ Einer blieb in der Hand Hizir Paschas/ ... / Einer schwamm in den Wellen des Schwarzen Meeres/ ... / Einer blieb auf dem Weg nach Kizildere liegen/ ... / Einer blieb ... [im; BG] Nurhakgebirge/ .../ Einer fragte, 'hast du Maras vergessen/Dort flossen die Tränen der Unterdrückten ...'"

Die historische Ereigniskette der Unterdrückung der Aleviten wird seit Hüseyins gewaltsamen Tod durch Yezid in der Wüste von Kerbela bis zu den Ereignissen der heutigen Republik chronologisch in Form von Stationen dargestellt: der Kampf von Haci Bektas und anderer islamisch-mystischer Wanderprediger und –derwische gegen die Seldschuken; das Schicksal des alevitischen Volksdichters Pir Sultan, der von Hizir Pascha gehängt wird; das Los des im Jahre 1921 vermutlich von Sicherheitskräften am Schwarzen Meer liquidierten Vorsitzenden der moskautreuen türkischen KP Mustafa Suphi; das tödliche Ende der legendären, von Sozialisten verehrten Mitglieder der linken militanten Organisationen THKO und THKP-C, die im Nurhakgebirge und in Kizildere bei Zusammenstößen mit staatlichen Sicherheitskräften zur Zeit der 1971er Militärjunta ums Leben kamen. Das Massaker von Maras bildet zwar in diesem Volkslied die vorläufige Endstation des dargestellten Leidensweges der Aleviten. Aber diese Kette wird beispielsweise durch andere Songs von kritischen Protestsängern oder Bands wie Edip Akbayram (*'Türküler yanmaz'*/ "Volkslieder brennen nicht"), Mogollar (*'Issizligin Ortasinda'*/ "In der Mitte der einsamen Verlassenheit'), Zülfü Livaneli (*'Yangin Yeri'*/ "Ort des Feuers") fortgesetzt, die den Brandanschlag von Sivas zum Thema haben.

Auch alevitische Autoren tragen zum Opferdiskurs bei. Eral stellt in seiner Monographie "Alevitenmassaker von Caldiran bis Corum" (*Caldiran'dan Corum'a Alevi Katliamlari*) in bezug auf das Unterlassen der Benutzung von Löschwasser durch die Feuerwehr beim Brandanschlag in Sivas: "Die Feuerwehr benutzte kein Wasser, um das Feuer zu löschen. Genau wie in Kerbela wurde [Aleviten gegenüber; BG] ein Wasserembargo verhängt." (Eral 1995: 240) Damit bringt er zwei historisch verschiedene Ereignisse, einen Machtkampf religiöser Eliten in der arabischen Wüste und einem Anschlag auf eine religiös liberale minoritäre Glaubensgemeinschaft durch religiöse Fanatiker in einen Zusammenhang. Eine mögliche Leseart ist, daß Aleviten damals wie auch heute von fanatischen Sunniten umgebracht werden. Der Chefredakteur der Zeitschrift Pir Sultan Abdal meinte: "Die Wahrheit ist doch, man hat uns in Sivas verbrannt. Nach Sivas sind diejenigen gekommen, die den alevitischen Volksdichter Nesimi gehäutet haben ..., die den Philosophen Hallaci Mansur Blei in den Mund gegossen haben ..., die Pir Sultan Abdal gehenkt haben ..., die in Maras schwangere Frauen erstochen haben." (Gülcicek 1994: 117) Es werden konsistent durch die arabische, seldschukische, osmanische und türkische Geschichte hindurch Aleviten als Opfer dargestellt und dabei der dämonisierte, intolerante, gewaltbereite 'sunnitisch-islamistische Andere' konstruiert, der als Negativbeispiel zur Selbstdefinition und Konstruktion der permanent unterdrückten progressiven und kritischen alevitischen Glaubensgemeinschaft dienlich ist.

Im Opferdiskurs werden, wie die Bezeichnung zu vermuten läßt, nur Opfererfahrungen der Aleviten thematisiert, wohingegen Erfahrungen von Emanzipation oder sogar Kooperation nicht beachtet werden. Da nur die historischen Fakten oder Mythen stets auf Entsprechungen und Kontinuitäten sowie Ähnlichkeiten hin ausgewählt werden (vgl. Assmann 1992: 40), findet die bis 1826 dauernde Zusammenarbeit des Bektaschi-Ordens mit dem Serail kaum Beachtung. Genauso wird die Tatsache nicht erwähnt, daß nicht wenige proiranische Alevitenführer des *Sahkulu*-Aufstandes auf Befehl des von den Aleviten verehrten Safavidenkönigs Schah Ismail nach ihrer Aufnahme in Persien hingerichtet worden sind (vgl. Öz 1992: 172). Denn die Erwähnung dieser historischen Tatsachen würde zu einem Bruch führen. Die Kooperation der Bektaschiten mit dem im alevitischen Diskurs dämonisierten und von türkisch-sunnitischen National-Islamisten idealisierten Osmanenreich wäre vermutlich der Verfechtung der "alevitischen Sache" gegenüber sunnitisch-dominierten Staat und Gesellschaft nicht dienlich. Das gilt auch für die auf Befehl des religiösen Alevitenidols Schah Ismail durchgeführte Exekution von proiranischen Alevitenführern des antiosmanischen *Sahkulu*-Aufstandes, die Persien um Asyl gebeten hatten (vgl. Öz 1992: 172)[219]. Auch die graduelle Emanzipation von Bektaschiten und die Zusammenarbeit von Aleviten-Bektaschiten mit den jungtürkischen Unionisten gegen Russen und Armenier im Ersten Weltkrieg (vgl. Sener 1994:57; Sener 1995: 149; Öz 1997: 59) wird kaum erwähnt. Damit kommt es zur einseitigen Hervorhebung der Massaker, bei dem es sich wohl um ausgewählte traumatische Erlebnisse (*chosen trauma*) handelt (vgl. Yavuz 2000: 87; Volkan 1991). Um die historische Kontinuität der Aleviten als Unterdrückte aufrechtzuerhalten oder um sich vom offiziell noch auf Atatürk als Integrationsfigur im staatlich-offiziellen Diskurs beziehenden Republik Türkei legitimatorisch abzugrenzen oder um mit den zusammen mit den Linken verrandeten separatistischen Kurden ein politisches Bündnis einzugehen; oder um den ethnischen Graben zwischen türkischen und kurdischen Aleviten zu überbrücken, wird m.E. von (pro-) alevitischen Autoren nun auch die kemalistische Einparteienzeit historisch verklärt. Die fehlende offizielle Anerkennung ihrer Glaubensgemeinschaft wird nun im Gegensatz zum antisunnitischen Säkularismus Atatürks betont und die Niederschlagung des Dersim-Aufstands als eine Maßnahme gegen Aleviten umgedeutet (vgl. Aydin 1999; Balkiz 1999; Yildirim 1999; Bozarslan 2000: 31; Kilic 1998:6; Kehl-Bodrogi 2000: 149). Die Darstellung der Aleviten als eine kontinuierlich unterdrückte Glaubensgemeinschaft wäre nun vollständig, da die kemalistische Einparteienzeit nun auch als eine Station des alevitischen Leidensweges konstruiert wird. Aleviten wurden und werden nach dieser Lesart

219 Der Umstand, daß die islamisch-heterodoxen Clan-Chefs turkmenischer Nomadenstämme erst durch eine von Schah Ismail per Schreiben (*siyadetname*) erteilte religiöse erbcharismatische Legitimation zum Dede wurden (vgl. Ocak 1997: 201; Ocak 2000: 226) und somit nicht von Alis Familie abstammen, wird nicht erwähnt.

ständig unterdrückt: Nicht nur im Omayyaden-, im Seldschuken- und Osmanenreich, durch Rechtsradikale in den Siebzigern, durch die Junta von 1970/1980, durch religiöse Islamisten in den Neunzigern, sondern nun auch unter Atatürk sollen Aleviten verfolgt worden sein. Durch die Kritik an der fehlenden Anerkennung wird die graduelle Emanzipation der Aleviten durch die Kemalisten heruntergespielt und die türkische Republik wegen dem von den Kurden bzw. Zazas übernommenen Opfertraumas von Dersim (1937-1938) delegitimiert.

6.2.4. Kurzer historischer Abriß der Übernahme der Regierungsgewalt durch die Refah-Partei bis zum Memorandum der Armee vom 28.2.1997

Die siegreich aus den Wahlen von 1995 gehende Refah-Partei Erbakans bildete 1996 eine islamistisch-konservative Koalition mit der AP-Nachfolgerin DYP von Tansu Ciller. Die von der RP geführte politische Regierungselite forderte durch provokative religiöse Worte und Taten das noch zum Teil säkularistische Establishment heraus und signalisierte die von ihr beabsichtigte weitere islamische Veränderung der herrschenden Werte- und Normensystems. Die Türkisch-Islamische Synthese sollte von der sunnitisch-islamischen "Gerechten Ordnung" (*Adil Düzen*) abgelöst werden: "Im Gegensatz zur *Türk-Islam Sentezi*, die ... die Religion der nationalen Idee unterordnet, steht die *adil düzen* für einen Gesellschaftsentwurf, der den Staat und die Nation der Religion unterordnet." (Dreßler 1999: 45)

Zur Aufrechterhaltung der bisherigen türkisch-islamischen Werte- und Normensystems und dessen Schutz vor der Einführung des nur sunnitisch-islamistischen *adil düzen* kam es bisher zur letzten Intervention der Türkischen Streitkräfte, die durch ihr Memorandum vom 28.2.1997 eine antiislamistische *Containment*-Politik erzwangen. Einige Maßnahmen waren:

■ Neuordnung des Bildungssystems

- Schließung der dreijährigen Mittelstufe der Prediger- und Vorbeterschulen (*Imam-Hatip*-Okullari) durch Erhöhung der allgemeinen Schulpflicht von fünf auf acht Jahre, um die religiöse Sozialisation zu verkürzen;
- Durchsetzung der westlichen Kleiderordnung;
- Überwachung und Schließung von Koranschulen, in denen sich auch das Bekenntnis als rituelles Gelöbnis etabliert hatte: "Ich gehöre zur muslimischen Gemeinschaft Mohammeds. Die Türkei ist zu einer glaubenslosen, laizistischen Nation geworden. Ich schwöre, daß ich mein Leben für den Kampf gegen die Gottlosigkeit des Mustafa-Kemal-Staates und für die

Umgestaltung der Türkei in einen Religionsstaat, geführt mit den Gesetzen der Scharia, einsetzen werde." (Engin 1998b: 87)

- Ökonomische Schwächung der islamistischen Konzerne (vgl. Kaynak Yayinevi 1997b: 93)

- Gründung der "Arbeitsgruppe West" innerhalb der militärischen Elite als Instanz gegen Islamismus und Entlassung von Islamisten aus dem Staatsapparat sowie künftige Verhinderung ihres Zugangs zur Verwaltung (Kaynak Yayinevi 1997b: 21)[220]. Dazu gehört auch die künftige Versperrung des Zugangs der Absolventen der *Imam-Hatip*-Schulen zur Polizeiakademie zur Verhinderung islamistischer Unterwanderung der polizeilichen Sicherheitskräfte (vgl. Özyanik 2001)

- Druck zur Eröffnung des Verbotsverfahrens gegenüber der RP. Diese wurde verboten, wobei deren Angehörige vorausschauend die inzwischen auch verbotene Nachfolgerin Fazilet Partisi (Tugendpartei) gegründet hatten (vgl. Steinbach 2000: 62; vgl. zu den juristischen Details Savas 1997; Savas 2000: 251-326; Neue Zürcher Zeitung Nr.143/23./24.06.2001: 1-2).

Die Eindämmungspolitik hatte vor allem politische, wirtschaftliche und konfessionelle Ursachen:

a) Zu den Ursachen der Armeeintervention

- Politische Gründe für die Militärintervention: Sicherheit der bisherigen Herrschaftsordnung und Verhinderung der bürgerkriegsrelevanten Spaltung der Gesellschaft in gegnerische Lager zwischen Laizisten und Islamisten sowie Sunniten und Aleviten

Vorschläge zur Veränderung des für alle Bürger geltenden bestehenden westlichen Familien-, Erb-, Kleiderrechts nach sunnitischen-islamischen Vorbild oder auch zum Bau einer symbolträchtigen Moschee im ehemaligen Christenviertel auf dem Taksim-Platz in Istanbul (vgl. Kongar 1998: 278) zeigten schon die nichtintendierten Wirkungen der absichtsvollen Reislamisierung seit den Achtzigern durch die Herrschenden. Diese Vorschläge waren auch Anlaß für

Empörung in den noch weltlichen sunnitischen bzw. alevitischen Teilen der Bevölkerung. Sie förderten durch eine mögliche Spaltung der Gesellschaft in zwei verfeindete ideologische und konfessionelle Lager die Bürgerkriegsgefahr (vgl. Kaynak Yayinevi 1997b: 30). Dies gefährdete die Sicherheit der Ordnung der bisher Herrschenden.

Die Auseinandersetzungen zwischen der islamistischen *Refah*-Regierung und der noch graduell weltlichen Kräften war auch ein Machtkampf zwischen der religiös-konservativen politischen Regierungs- und der im Verhältnis zu ihr relativ säkularen Militärelite. Der Machtkampf zwischen der religiösen Erbakan-Regierung und der Armee zeigte sich auch darin, "daß die Regierung systematisch den [zum Teil von Absolventen der islamischen Lehranstalten, den Imam-Hatip-Schulen, dominierten und von ihr zur religiösen Gegenmacht zu den Militärs aufgebauten; BG] Polizeiapparat einsetze, um die Armee auszuspionieren" (Erzeren 1997: 28). Ein weiteres Beispiel unter vielen bildete der vom RP-Bürgermeister von Sincan/Ankara veranstaltete "Jerusalem-Nacht" am 31.1.1997. Sie geriet zu einer Demonstration gegen Israel und für die Einführung eines Gottesstaates, bei der der Botschafter der Islamischen Republik Iran als "Gastredner die Türkei aufforderte, ... die Scharia ... als Grundlage des Staates zu wählen." (Steinbach 2000: 62; vgl. Kongar 1998: 280) Zur psychischen Abschreckung vor weiteren islamistischen und somit herrschaftskonträren Verhaltensweisen rollten in Sincan daraufhin Panzer. Der von den Militärs dominierte Nationale Sicherheitsrat (*Milli Güvenlik Kurulu, MGK*) stellte Forderungen zur Eindämmung der 'Reaktion' an die RP-DYP-Regierung (vgl. Kaynak Yayinevi 1997b; Perincek 2000). Der im Vergleich zur *Türk-Islam Sentezi* noch religiösere Islamismus wurde noch vor der separatistischen PKK zur Primärbedrohung für die "nationale Sicherheit" der Herrschenden definiert (vgl. Kongar 1998: 286). Dies war ein Abschied von der bisherigen "Religionspolitik der letzten 50 Jahre" (Özcan 2000: 47).

■ Wirtschaftliche Gründe zur *Containment*-Politik

Die RP galt genau wie ihre Vorgängerin MSP als die Interessensvertreterin der anatolischen religiösen Kleinunternehmer und deren Unternehmensvereinigung MÜSIAD, um als politische Regierungselite durch die an islamische Konzerne zu vergebende Regierungsaufträge eine wirtschaftliche Expansion muslimischer Firmen zu ermöglichen. Der MÜSIAD-Verband benutzte die propagierte *adil düzen* der RP, denn die "religiöse Ideologie ermöglicht es ihm, seine For-

---

[220] Es wurde festgestellt, daß fast 40 Gouverneure, 300 Landräte, 100 Richter und Staatsanwälte, 150 Muftis und Muezzine, 200 Beamte im Innenministerium, 400 Dozenten usw. Islamisten sind. Ein Großteil wurde

derung nach Änderung der (ökonomischen und politischen) Verhältnisse in einer Art und Weise zu stellen, die die eigene ökonomische Stellung unberührt läßt." (Seufert 1997a: 118). Die wirtschaftliche Rivalität der MÜSIAD mit dem durch die TÜSIAD repräsentierten Großbürgertum verschärfte sich dadurch. Die verstärkte ökonomische Konkurrenz islamischer Firmen mit dem zu den Militärs gehörenden OYAK-Unternehmungen waren auch Folge ihrer einseitigen Begünstigungen durch Erbakans Partei: "In jüngster Zeit konkurrierten islamistische Konzerne mit Oyak-Firmen um profitable Aufträge." (Die Tageszeitung Nr.5496/31.03.1998, S.12) Die "Armee als Gesamtkapitalist" (Die Tageszeitung Nr.5496/31.03.1998, S.12) intervenierte deshalb "zur ökonomischen Schwächung islamistischer Konzerne. Letzteres allein aus Eigeninteresse." (Die Tageszeitung Nr.5496/31.03.1998, S.12)

■ Konfessionelle Herkunft und kemalistische Affinität der Generalität

Viele Militärs alevitischer Herkunft, die durch den offiziell bestehenden Säkularismus Atatürks (als Integrationsideologie zur Nivellierung konfessioneller Unterschiede innerhalb der von ihm propagierten 'Nation der modernen Türken') im Heer aufgestiegen waren, betrachten entweder als Angehörige einer religiösen Minderheit oder aber auch als Kemalisten die islamistische Bewegung als Gefahr: "Zur rigiden Haltung der Militärs gegenüber der Refah-Partei haben sicherlich alevitische Führungsoffiziere im Militär viel beigetragen." (Engin 1999b: 238)[221].

b) Auswirkungen auf die Aleviten und einige alevitische Reaktionsweisen

Die Eindämmungs- bzw. graduelle Verrandungspolitik gegenüber den Islamisten war eine gleichzeitige Signalwirkung für die partielle Reintegration der Aleviten in die Kerngesellschaft, obwohl sie selbst offiziell immer noch als eine eigenständige Konfession nicht anerkannt worden sind[222]. Der Hinweis auf aktuelle Mißstände bzw. eine zu radikale und kritische Äußerung über bisherige staatliche Alevitenpolitik in Publikationen und öffentlichen Äußerungen wird aber durch die Anwendung der gegen kurdische Separatisten und sunnitische Islamisten benutzten türkischen Strafrechtsnorm §312 negativ sanktioniert, wonach auf die möglicherweise "Haß und Feindschaft unterm Volk" auslösende Hervorhebung von Unterschieden in der Region, Sprache, Rasse, Religion, Klasse und Konfession zur Wahrung der Einheit unter Strafe

entlassen (vgl. Tusalp 1999: 228, Fußnote 16).

[221] Leider gibt es keine konfessionellen Statistiken.

gestellt wird (vgl. Redaktion der Alevilerin Sesi 2000: 12). Das heißt, es wurde lediglich der auch das herrschende Regime gefährdende islamistische Außendruck auf die Aleviten gesenkt. Um sich dem Militär als einem bedeutsamen politischen Entscheider zu empfehlen, wurde alevitischerseits das Alevitentum als eine Variante des Islam dargestellt, das "*per se* säkular sei" (Vorhoff 2000: 67), und die These von der alevitischen Lehre als aufgeklärter und türkischer Islam zugespitzt. "Am ausgeprägtesten läßt sich diese 'Türkisierung des Alevitentums' als legitimatorischer Diskurs und eine Strategie, mit dem türkischen Staat ins Gespräch zu kommen und Zugeständnisse zu erlangen, bei der ... *Cem*-Stiftung nachweisen." (Vorhoff 2000: 68) Deren Vorsitzender Dogan pocht auf den Nationalen Sicherheitsrat (vgl. Hürriyet-Europaausgabe 19.01.2001, S.31). Andere Alevitenvereine verfolgen trotz der antiislamistischen Eindämmungspolitik der Armee keinen konsensualen Kurs. Der in der Türkei ansässige Pir-Sultan-Abdal-Kulturverein zum Beispiel versucht zumindest in ihrer Publikation über das 75jährige Bestehen der Republik, auch die Atatürk-Ära als eine antialevitische Epoche historisch zu verklären, um das sich offiziell auch davon ableitende heutige Regime weiter zu delegitimieren. In den in seinen Periodika veröffentlichten Beiträgen über das 75jährige Bestehen der Republik wird die kemalistische Verweltlichungspolitik im Gegensatz zur damals unterlassenen offiziellen Anerkennung der Aleviten heruntergespielt und die Niederschlagung des Dersim-Aufstands als eine eigentlich gegen die Aleviten gerichtete Tat dargestellt (vgl. Aydin 1999: 21; Balkiz 1999: 41; Kaleli 1999: 94; Yildirim 1999: 71).

In der Diaspora sind der Handlungsspielraum alevitischer Vereine und ihre Einwirkungsmöglichkeit auf türkische Zuwanderer alevitischer Konfessionszugehörigkeit in Westeuropa größer. Diese können dann, ohne rechtliche türkische Sanktionen offen gegen das herrschende Werte- und Normensystem in der Türkei rebellieren. Die AABF, die als ein Dach- und ein Interessensverband vermutlich auch einige wenige Einflußmöglichkeiten auf die deutsche Politik hat, versucht in der Diaspora, durch auch von den örtlichen Vereinen organisierten Panels, Ausstellungen, Foren, Konzerte, Cem-Riten oder Medien (Internet: www.alevi.com, Zeitschrift: *Alevilerin Sesi*), alevitische Kollektividentität außerhalb offiziell türkischer Sozialisationsinstanzen in Deutschland zu bilden (vgl. Sökefeld/Schwalgram 2000). Die Möglichkeit

[222] Das Alevitentum wurde Anfang 2001 vom Amt für Religionsangelegenheiten nach einem von ihm verteilten und wieder zurückberufenen inoffiziellen Schreiben bisher nur als ein dem Sunnitentum gehörender Weg anerkannt (vgl. Alptekin 2001: 6; Kaplan 2001a: 5).

des Islamunterrichts an den deutschen Schulen[223] wird auch von der AABF als eine Gelegenheit zur alevitischen Unterweisung wahrgenommen (vgl. Föderation der Alevitengemeinden e.V. 2000; Kaplan 2001b). Demnach werden vermutlich künftig auch entsprechende alevitische Werte und Normen zur Anerziehung der Weltwahrnehmungsweise, Deutungs- und somit Verhaltensweisen von alevitischen Türken an deutschen Schulen inhaltlich vermittelt[224]. Das Alevitentum bekommt auch dadurch die Chance, innerhalb eines bestimmten Rahmens an alle Schüler standardisiert, vereinheitlicht und in Büchern verschriftlicht verbreitet zu werden. Es wird auch über die EU-Perspektive versucht, Zugeständnisse herbeizuführen. Die der Türkei gewährte EU-Kandidatenstatus und die mit einem Beitritt zusammenhängenden Kriterien für die Demokratisierung werden auch für die 'Alevitenfrage' nutzbar gemacht (vgl. Engin 2001b). Doch bisher sind große Zugeständnisse ausgeblieben[225].

6.3. Zusammenfassung

Nach der Einführung des Mehrparteiensystems in Folge der Ausdifferenzierung der sozialökonomischen Elite wurde die kemalistische Staatselite 1950 von der Vertreterin der wirtschaftlichen Oberschicht, der Demokratischen Partei, abgelöst. Diese leitete nach ihrem Sieg mit ihrem religiösen Wahlversprechen die sunnitische Revision der säkularen Ordnung ein. Gründe für diesen Schritt war die nun mit dem politischen Parteienwettbewerb verbundene demokratische Legitimation der politischen Regierungselite und der ideologische Schutz der Wirtschaftsordnung vor dem "Kommunismus und Moskau". Die DP von Adnan Menderes förderte den Moscheebau, die Eröffnung der religiösen Prediger- und Vorbetergymnasien (*Imam-Hatip*-Schulen), schaffte kemalistische Sozialisationsinstanzen (Volkshäuser, Dorfinstitute) ab, erschwerte die Abwesenheit vor dem fakultativen wieder neu eingeführten sunnitischen Relig-

223 Gleichzeitig wird das Islamunterrichtsmonopol der Republik Türkei in der Bundesrepublik aufgehoben, wonach von deutschen Behörden anerkannte und damit legitimierte sunnitisch-islamistische Vereine und Ableger entsprechender Parteien in Deutschland am türkischen Staat und dessen Präsidium für Religionsangelegenheiten vorbei 'ihren' Islam nun an deutschen Schulen verkünden können. Dadurch wird möglicherweise eine noch religiösere sunnitische Islamisierung türkischer Schüler orthodox-islamischer Herkunft außerhalb den Kontrollmöglichkeiten türkischer Instanzen erleichtert. Bisher wurde nur der türkische Staatsislam des Religionsamts an alle Besucher der Türkischen Schulen als offizielle Islamkunde vermittelt. Diese könnten dadurch einen Bedeutungsverlust erleiden.

224 Dadurch kann eine schulische Errichtung alevitischer Kollektividentität erreicht werden. Wenn türkische Aleviten und Sunniten in der Bundesrepublik an deutschen Schulen jeweils am konfessionell getrennten Religionsunterricht teilnehmen, wird wahrscheinlich die jeweilige konfessionell getrennte religiöse Sozialisation zur Stärkung der Grenzen zwischen den Angehörigen der beiden Glaubensgemeinschaften in Deutschland beitragen. Das ist durch die Existenz jeweils eigener religiöser Vereinsstrukturen und Sozialisationsinstanzen von Sunniten und Aleviten schon vorher begünstigt worden.

ionsunterricht, führte wieder den arabischen Gebetsruf ein und suchte den Ausgleich mit dem von den Kemalisten kriminalisierten Bruderschaften. Die graduelle Islamisierung des türkischen Nationbegriffes an türkischen Schulen und die staatliche Verbreitung der Religiosität in der Gesellschaft war ein Zeichen der Umdefinition der Kerngesellschaft der "Nation der zivilisierten Türken" zu den "Moslem-Türken", wovon Kommunisten, (separatistische) Kurden und Aleviten ideologisch ausgeschlossen wurden.

Als Wirtschaftskrisen die Unzufriedenheit im Volke erhöhten, begann die regierende DP gegen die postkemalistische CHP und andere Oppositionelle durch den Mißbrauch der Verfassung (Verbot oppositioneller Zeitungen, Drangsalierung der Opposition, Einsatz eines übermächtigen DP-Untersuchungsausschusses gegen die Opposition, Änderung des Wahlrechts) vorzugehen. Die DP wurde durch einen Staatsstreich von der Regierungsgewalt gedrängt (27.5.1961), eine neue Verfassung mit sozialen und demokratisch-rechtsstaatlichen Reformen sowie Grundrechten eingeführt. Die AP Süleyman Demirels, die die Politik des durch diesen Staatsstreich gestürzten und hingerichteten Premiers Menderes fortführte, benutzte die sunnitisch-islamische Religion beim Wahlkampf, führte die weitere sunnitische Islamisierung der Gesellschaft durch den Bau weiterer Moscheen und Prediger- und Vorbetergymnasien als neue religiöse Sozialisationsinstanzen fort. In den als Medieninstanzen benutzten Moscheen wurden Musterpredigten des Religionsamtes zur islamischen Beeinflussung der Verhaltensweisen der sunnitischen Bevölkerung im Interesse der Herrschenden gehalten und religiöse Riten zur zeremoniellen Stiftung muslimisch-orthodoxer Kollektividentität durchgeführt. In den religiösen Lehranstalten wurden immer mehr Schülerinnen und Schüler sunnitisch-islamisch sozialisiert. Aber mit der Re-Politisierung der Religion wurde über die Rückkehr der als Diskriminierungsmerkmale benutzten Fünf Säulen des Islam in die Öffentlichkeit auch eine Konfessionalisierung der Politik in die Wege geleitet, da mit der sozialen Geltung der Fünf Pfeiler Aleviten zwangsläufig zu abweichenden Außenseitern wurden. Die Politisierung der Aleviten wegen ihrer kritischen Distanz zum sunnitisch dominierten System und ihr politisches Engagement zwecks Verbesserung ihrer eigenen Lage waren Folgen der zunehmenden antialevitischen Religiosität der Sunniten. Während der Zunahme der auch durch die neue Verfassung begünstigten politischen Aktivitäten kam die verweltlichte, städtische und studierende alevitische Jugend mit dem Sozialismus in Berührung. Die Folge war eine Polarisierung der

---

[225] Ein erstes Zugeständnis ist die erste Zulassung eines alevitisch-bektaschitischen Dachverbands der den Namen dieser Glaubensgemeinschaft trägt. Dies war bisher nicht möglich gewesen (vgl. Yildirim 2001b).

Gesellschaft zwischen linken Aleviten und rechten religiösen Sunniten Ende der sechziger Jahre. Die Polarisierung wurde durch die Verstärkung der oft von Aleviten unterstützten Linken im Parlament, Gewerkschaften und militanten Organisationen verschärft. Die AP benutzte religiös-sunnitische und rechtsradikale Bewegungen als Gegengewicht bzw. Straßenmacht, um die Sicherheit ihrer Herrschaft und der des Großbürgertums sowie der Großgrundbesitzer vor Linken aufrechtzuerhalten. Neben dem Bau weiterer Moscheen, Eröffnung der sunnitischen Vorbeter- und Predigergymnasien wurden durch die mit ihr verbundenen islamischen Bruderschaften öffentliche rituelle "Gebete gegen den Kommunismus" organisiert, die Ausbildung von Todesschwadronen der Grauen Wölfe gegen die oft von Aleviten unterstützte Linke in Ausbildungslagern zumindest toleriert. Die Folge waren Straßenschlachten zwischen politischen Extremisten und Pogrome gegen die als kommunistisch verketzerte alevitische Bevölkerung mit Toten, Verletzten und Sachschäden.

Um die Sicherheit der sozialökonomischen Elite vor linken Organisationen zu gewährleisten, griff am 12.3.1971 zum zweiten Mal das Militär ein. Die Armee hatte durch das Eigentum an dem OYAK-Konzern seine materielle Interessenslage und damit politischen Standort verändert: Das Kriegsrecht zur Aufhebung individueller Rechte und Freiheiten der Beherrschten zwecks erleichterter Verfolgung von linken Extremisten wurde in einigen Provinzen eingeführt, Menschen massenhaft verhaftet, Angehörige linker Organisationen abgeurteilt und zum Teil hingerichtet, wohingegen militante Rechte eher verschont wurden. Nach der zweijährigen Herrschaft einer vom Militär abhängigen überparteilichen Regierung wurden wieder freie Wahlen abgehalten. Die mit den Stimmen sunnitischer Islamisten ins Parlament gewählte Nationale Heilspartei MSP erreichte als Juniorpartnerin in der Koalition mit der sozialdemokratischen Republikanischen Volkspartei CHP durch die Zulassung der islamisch-orthodox sozialisierten Absolventen der Prediger- und Vorbeterschulen an Polizeiakademien weitere Zugeständnisse. Während der bürgerkriegsähnlichen Zustände zwischen 1975 und 1980, bei dem sich die Regierungen der CHP und der 'Nationalistischen Front' (AP+MHP+MSP) jeweils ablösten, wurden die bis zu Massakern reichenden Pogrome von Angehörigen und Sympathisanten der Grauen Wölfe zum Teil mit Hilfe von nationalreligiösen Teilen der Sicherheitskräfte gegen die als kommunistisch bzw. atheistisch verketzerte alevitische Zivilbevölkerung in Corum, Maras, Malatya und Sivas durchgeführt. Diese Erfahrungen der Herabsetzung traumatisierte Aleviten und stärkte bei ihnen das Gefühl, als Kämpfer gegen Unrecht jahrhundertelang von sunnitischen Herrschenden ausgegrenzt zu sein. Aleviten, die bei den Wahlen in den siebziger Jahren auch als Sündenbock für Wirtschaftskrisen herhalten mußten, wurden durch die 'Nationalistische Front' als heterodoxe Nichtsunniten, Weltliche, Linke ideologisch dreifach verrandet. Da die politische Regierungselite aus der Gerechtigkeits-, Nationalen Heils- und der Nationalistischen Aktionspartei bestand, wurde die administrative Elite von ihren konservativen bis religiösen sunnitischen Angehörigen besetzt, mehr Moscheen, Koranhurse und Prediger- und Vorbeterschulen zur weiteren gesellschaftlichen sunnitischen Islamisierung eröffnet.

Um die politische Stabilität wiederherzustellen und die Forderungen des IWF zur weiteren Liberalisierung der Wirtschaft zugunsten des türkischen Großbürgertums leichter ohne nennenswerte linke Opposition einzuführen, intervenierte am 12.9.1980 die durch das Eigentum am OYAK-Konzern zur unternehmerischen Oberschicht gehörende Militärelite. Wiederum wurden eher die von den Aleviten unterstützten Linken inhaftiert und abgeurteilt und die bisherige Verfassung durch eine restriktive ersetzt. Nach dem Militärputsch wurde die nationalreligiöse Türkisch-Islamische Synthese, die türkische Sunniten bzw. sunnitische Türken zur Kerngesellschaft erklärte, von der mit der nationalen Kulturplanung beauftragten Hohen Atatürk-Einrichtung für Kultur, Sprache und Geschichte (*AKDTYK*) zum halboffiziellen Werte- und Normensystem der Türkei erhoben. Das anvisierte Ziel war die Aufrechterhaltung der Herrschaft der sozialökonomischen Elite der Landlords und des Großbürgertums durch ihre ideologische Sicherung vor linken, als atheistisch gebrandmarkten Bewegungen, durch ihre soziale Legitimation in der sunnitischen Mehrheitsgesellschaft und durch die islamische Heranführung sunnitischer Kurden. Darüber hinaus wurde staatlich die von sunnitisch-islamistischen Kurden dominierte Hizbullah gegen die damals marxistisch-leninistische und vermutlich von kurdischen Aleviten dominierte separatistische Kurdische Arbeiterpartei unterstützt und ostanatolische Muslime von der türkischen Armee erfolgreich gegen die PKK religiös mobilisiert. Der "Konflikt niedriger Intensität im Südosten" (Kislali 1996) wurde konfessionalisiert: Sunnitische Dörfer wurden von der Kurdischen Arbeiterpartei überfallen. Ihnen wurde vermutlich auch aus konfessionellen Gründen Staatstreue zugeschrieben, wohingegen vordringlich alevitische Dörfer von staatlichen Sicherheitskräften durchsucht und zwangsgeräumt wurden. Deren Bewohnern wurde Kollaboration mit der PKK vorgeworfen. Zur Durchsetzung nationalreligiöser Werte und Normen wurden u.a. immer mehr *Imam-Hatip*-Schulen als religiöse Lehranstalten und Moscheen als Medieninstanzen und Kultorte für die dauerhafte Verbreitung und Verankerung des sunnitischen Islam in der Gesellschaft eröffnet, der sunnitische Religionsunterricht für alle auch alevitische Moslems zwangsweise eingeführt,

Koranschulen geduldet bzw. gefördert und der Islam in den staatlichen Medien thematisiert. Der Zugang der religiös sozialisierten Absolventen der *Imam-Hatip*-Gymnasien an die Hochschulen wurde nun auch gewährt, die über den Bildungsweg als eine Art *ülema* Einlaß zur bürokratischen Elite der Türkei erhielten.

Dem Präsidium für Religionsfragen, des als eine rein sunnitische Institution der islamischen verbeamteten Geistlichen für das Abfassen religiöser Rechtsgutachten zur Legitimation staatlichen Handels oder zur Beeinflussung von Bürgerverhalten mit dem Amt des Scheichülislams zu vergleichen ist, wurde ein großes Budget zugewiesen. Das Alevitentum wurde im Gegensatz dazu im Religionsunterricht nicht berücksichtigt oder im Religionsamt nicht repräsentiert und Moscheen auch in alevitischen Dörfern gebaut, was die These der erwünschten Assimilation der von der nationalreligiösen Türkisch-Islamischen Synthese ideologisch verrandeten Aleviten stützt. Die Geltung nationalreligiöser türkisch-sunnitischer Normen veranlaßte Aleviten, ihre bisherige Verhaltensweise des Verschweigens ihrer Herkunft nach Außen fortzuführen. Denn die jahrzehntelange sunnitische Reislamisierungspolitik konservativer Regierungskreise trug ab Mitte der achtziger Jahre neben den die Bevölkerung verunsichernden Wirtschaftskrisen zum Wiedereinzug der sunnitischen Religiosität in der Öffentlichkeit bei: Immer mehr Moscheen, Prediger- und Vorbetergymnasien, Korankurse wurden besucht, und Rundbärtige Männer sowie verschleierte Frauen prägten immer mehr das Straßenbild in nahezu allen Städten der Türkei.

Die Zunahme religiöser Sunniten in der Öffentlichkeit ließ weltliche Sunniten sowie Aleviten äußerlich für alle deutlich sichtbar unterscheidbar machen und steigerte auf diese den äußeren Anpassungsdruck zur öffentlichen Einhaltung sunnitischer Normen des Alkoholverbots, der Gebetsgebote, der Fastenvorschriften im Ramadan, der Geschlechtertrennung und 'züchtigen' Kleidung auf der Straße, in Restaurants oder auch in einigen Schulen. Weltliche Sunniten und Aleviten, die sich der zunehmenden sozialen Kontrolle widersetzten, mußten mit verbaler und nonverbaler Gewalt rechnen. Die Abschaffung des Antiislamismusparagraphen durch die Regierung Özal ermutigte Anhänger des politischen Sunnitenislam durch eigene Medien, Konzerne und Parteien Propaganda für die Einführung des sunnitischen Gesetzes (Scharia) zu machen.

Mit der Wiederkehr der Religiosität wurden auch jahrhundertealte Vorurteile den Aleviten gegenüber in zumindest einigen Schulen und Lehrbüchern sowie Medien verbreitet und deren Angehörige in Sivas bzw. Gazi von religiösen Sunniten bzw. nationalreligiösen Teilen der Polizei umgebracht. Diese Mitte der neunziger Jahre erlittenen traumatisierenden Opfererfahrungen und die einseitige Parteinahme von Teilen der regierenden politischen Elite, Sicherheitskräften und Medien verstärkten ihre Abwendung von der Kerngesellschaft. Nun sind es die Aleviten, die seitdem als Reaktion auf Diskriminierung konfessionelle und religiöse Bezugsmerkmale zur Hervorhebung ihrer Eigenidentität und zur Abgrenzung von dem sunnitisch-dominierten Staat und Gesellschaft pflegen. Diese Bezugsmerkmale sind Stigmasymbole, 'typische' Einstellungen, Redewendungen oder offene Ablehnung islamisch-orthodoxer Werten und Normen. Die Abkehr von der Kerngesellschaft drückt sich durch ihre offene Rebellion, durch ihre Politisierung, ihren Zulauf zu linksradikalen militanten Organisationen, ihrer Religiosität (vermehrte Teilnahme an den rituellen Cem-Zusammenkünften) oder durch ihr öffentliches *Coming out* aus. Davon abgesehen ist auch eine soziale Selbstverrandung zu beobachten, da nicht wenige Aleviten eine Distanz auch zu relativ liberalen Sunniten wahren, in 'eigene' Cafés gehen und bei 'eigenen' Händlern einkaufen. Das gesellschaftliche Phänomen des *Revivals* drückt sich in der seit Anfang der Neunziger erhöhten Publikation von Zeitschriften und Büchern über die Alevitenthematik aus.

Es ist bei den von alevitischen Vereinen organisierten Erinnerungsritualen, in den mit Saz gesungenen neuen Volksliedern, auf den abgehaltenen Ausstellungen, Gedenk- oder Kulturveranstaltungen ein Opferdiskurs zu bemerken. Dieser Opferdiskurs verstärkt mit der historischen Bezugnahme auf die Massaker neben den nun öfter abgehaltenen Cem-Zeremonien und dem Rekurs auf die Lehren der eigenen Religion die kollektive Identität der Aleviten als eine fortschrittliche Glaubensgemeinschaft mit Widerstandstradition, die jahrhundertelang permanent von Sunniten unterdrückt werde. Zu diesem Zwecke wurden neben der von den Schiiten übernommenen und als Gründungsmythos benutzten Kerbela-Passion auch historische Erfahrungen der Unterdrückung, Verfolgung und Vernichtung während der Seldschuken- und Osmanenzeit sowie in den letzten Jahrzehnten der Republik hervorgehoben und in einen gemeinsamen Zusammenhang gebracht. Dabei werden die Zusammenarbeit der Bektaschiten mit der osmanischen Dynastie, die graduelle Emanzipation der Aleviten-Bektaschiten unter den Jungtürken nicht erwähnt. Die antiislamistische Herrschaftszeit der die Aleviten am stärksten entdiskriminierenden Kemalisten wird wegen der alevitischen Umdeutung der Niederschlagung des zaza-kurdischen Dersim-Aufstands und des Ausbleibens der offiziellen Anerkennung als Konfession nun heruntergespielt.

Am 28.2.1997 haben die sich als Kemalisten verstehenden Militärs hauptsächlich sowohl zur politischen Sicherung der bisherigen Herrschaft vor dem immer stärker werdenden und im Gegensatz zu *Türk-Islam Sentezi* noch religiöseren Islamismus als auch zur Verdrängung islamischer Konkurrenten des zur Armee gehörenden OYAK-Konzerns eine *Containment*-Politik eingeleitet. Diese besteht primär aus dem Sturz der seit 1996 regierenden islamistischen MSP-Nachfolgerpartei Refah und der Verrandung ihrer politischen Nachkommen, der Abschaffung der Mittelstufe der *Imam-Hatip*-Schulen, der Überwachung von Korankursen und der Brandmarken religiöser Firmen. Diese Eindämmungspolitik vermag die Entfremdung der Aleviten nicht vollkommen umzukehren. Vor allem die in der europäischen Diaspora ohne Behinderung Kultur-, politische, religiöse, Gedenk- und künftig auch schulische Veranstaltungen abhaltenden türkeikritischen Alevitenvereine stellen offensiv Forderungen für ihre Gleichstellung der Glaubensgemeinschaft.

Das letzte Kapitel faßt die Befunde zusammen und enthält neben einem möglichen Ausblick in die Zukunft auch methodologische Selbstkritiken des Autors.

7. Resümee

7.1. Zusammenfassung der Befunde

Soziale Randgruppen sind nicht vorgegeben, sondern entstehen erst durch ihre Benachteiligung in Gesellschaften wegen ihrer Abweichung von der propagierten Leitkultur. Diese ist ein System von handlungsleitenden Werten und Normen, nach deren Maßstab Träger abweichender Merkmale diskriminiert werden. Gerade diese Benachteiligung führt zur Entstehung einer bevorzugt behandelten Kerngesellschaft von Regelkonformen, die eben die sie gegenüber den anderen positiv hervorhebende 'richtige' Einstellung, Verhaltensweise oder religiöse oder rassische Herkunft usw. haben. Die verrandeten Personengruppen dienen durch die Benachteiligung, Verfolgung oder gar Vernichtung zur Stabilisierung der Herrschaft, indem sie durch ihre 'Bestrafung' als Abschreckungsbeispiel für andere dienen, als Negativbeispiel zur Binnenintegration der Kerngesellschaft herangezogen werden oder aber durch ihre Zurücksetzung auf dem Arbeitsmarkt etc. als Ressourcenlieferanten für Angehörige der zu privilegierenden Hauptgruppe dienen. Randgruppen können diese herrschenden Werte und Normen akzeptieren, ja sich ihnen (nach außen hin) unterordnen oder sich offen dagegen auflehnen.

Auch die sunnitisch-alevitischen Beziehungen lassen sich als Verhältnis zwischen Kerngesellschaft und Randgruppe betrachten. Die als Referenzkriterien geltenden Fünf Säulen des Islam können neben den vom orthodoxen Sunnitentum abweichenden Lehren und Riten des *Alevilik* als Diskriminierungsmerkmale zur Benachteiligung, Verfolgung und gar graduellen Vernichtung der Aleviten herangezogen werden.

Der sunnitische Islam ist die vom arabischen Kaufmann Mohammed gestiftete jüngste monotheistische Weltreligion, zu deren Glaubens- und Gesetzeslehre vor allem der Koran und die Nachrichten von den Taten und Aussprüchen des Propheten zählen. Der Islam fordert unter anderem den Glauben an den einen allmächtigen Gott, an die Prophetenschaft Mohammeds, an die Belohnung ethischer und die Bestrafung 'böser' Handlungsweisen im Jenseits. Neben dem Glaubensbekenntnis, der Pilgerfahrt nach Mekka und Almosensteuer zählen das möglichst kollektiv zu verrichtende zeremonielle Reihengebet, das rituelle Fasten im Ramadan, die Vermeidung von Alkohol- und Schweinefleischkonsum zu den sunnitischen Grundpflichten. Islamische Werte und Normen, die alle Lebensbereiche der Menschen reglementieren, werden bei ihrer gesetzlichen Anwendung und Geltung durch religiöse Gerichte mit islamischen Gelehrten als Richter juristisch und sozial wirksam durchgesetzt. Diese von den Mythen, Lehren und Werten sowie Normen abgeleiteten Riten sind als normative Bezugsmerkmale zu betrachten, von denen das Alevitentum abweicht.

In der Türkei gibt es seit dem Osmanenreich zwei muslimische Glaubensgemeinschaften, von denen das größere Kollektiv von den orthodox islamischen Sunniten und die kleinere Gruppe von den Aleviten gebildet wird. Letztere weist aber heterodoxe Eigenschaften auf. Aleviten können gemäß herrschenden sunnitischen Werten und Normen als von der Gesellschaft und auch vom Staat diskriminierte Randgruppe in der osmanischen und nationalreligiösen Epoche der Türkei betrachtet werden. Dabei ist die Herabsetzung in der jüngeren Zeit nicht so hart wie in der Osmanenära ist. Das synkretistische Alevitentum ist vordringlich aus der Vermischung alttürkischer, islamisch-mystischer, schiitischer, zorastrischer und christlich-häretischer Glaubenssysteme hervorgegangen. Diese Verbindung wurde primär durch die Zuwanderung der aus Zentralasien stammenden islamisch-heterodoxen turkmenischen Nomadenstämme und die Bewegung mystischer Wanderderwische sowie durch schiitische Einflüsse im anatolischen Schmelztiegel zwischen Balkan und Kaukasus bedingt. Im Zentrum alevitischer Lehre steht das pantheistische Element des Glaubens an die Manifestation Gottes im Menschen und in der Natur. Dieses steht mit der Vergöttlichung des Menschen und mit der Vermenschlichung Gottes, der sich auch in Ali, dem Schwiegersohn Mohammeds, reinkarniert hat, im engen Zusammenhang. Um ein vollwertiges Mitglied der Gemeinschaft zu werden, muß ein Alevite 'Vier Pforten' durchschreiten, deren sozialethische Lehren zentral sind. Die Grundsätze des Alevitentums werden nach der Lehre bei den rituellen Cem-Zusammenkünften jungen Aleviten durch den heiligen Erbpriester und Gemeindeführer (*Dede*), der seine Genealogie bis hin zur Familie des Propheten zurückführt und dem Heilkräfte zugeschrieben werden, mündlich offenbart. Diese Aussage gilt heute eingeschränkt, da alevitische Vereine nun Kurse zur Vermittlung von Werten und Normen noch vor dem eigentlichen Initiationsritual geben. Das Alevitentum weicht in Lehre und Ritus vom sunnitischen Islam ab. Aleviten lehnen die Scharia, die alle Lebensbereiche regelt, ab. Im Gegensatz zu Sunniten fasten Aleviten nicht im islamischen Mondmonat Ramadan, sondern im Muharrem, und dies nur zehn bis zwölf Tage im Gedenken an die Tötung von Alis Sohn Hüseyin durch dessen sunnitischen Widersacher Kalif Yezid in der Wüste von Kerbela. Die rituellen Zusammenkünfte der Aleviten finden nicht in den Moscheen, sondern in Cem-Häusern statt. Dort wird beim Gottesdienst nicht in Richtung Mekka gebetet, sondern alle Betenden sitzen sich im Kreis gegenüber. Es gibt bei den Aleviten im Alltag oder auf den Cem-Treffen keine Geschlechtertrennung, Frauen und Männer tanzen zusammen den rituellen *semah*. Alkohol ist bei den Aleviten nicht nur nicht verboten, sondern gilt als *das* für das Abhalten des Cem obligatorisches Ritualgetränk. Ein eigens zur gesellschaftlichen Durchsetzung alevitischer Werte und Normen innerhalb der Gemeinschaft geschaffenes, aus Dede und Gemeinde bestehendes und während des Cem tagendes Volksgericht ahndet Verfehlungen je nach Ausmaß ihrer Schwere mit zeitweiligen oder dauerhaften Ausschluß aus der Gemeinschaft. Diese Unterschiede der alevitischen Lehren und Riten vom orthodoxe Sunnitentum wurden als Diskriminierungsmerkmale in der osmanischen und nationalreligiösen Türkei zur Benachteiligung der Aleviten instrumentalisiert:

Mit der Ausbreitung des osmanisch-turkmenischen Fürstentums zum multiethnischen und multireligiösen Großreich war die bisherige *Gazilik*-Ideologie der islamisch-heterodoxen nomadischen Glaubenskämpfer, die als Werte- und Normensystem kurzfristige Beutezüge zur Finanzierung der Herrschaft der Dynastie legitimieren sollte, obsolet geworden. Zur langfristigen Eroberung und dauerhaften Konsolidierung bisheriger und künftiger Reichsgebiete, Regelung der immer komplexer gewordenen Verwaltungs- und Rechtsstruktur, zur verbesserten Manipulation der noch zu vereinheitlichenden Deutungs- und Verhaltensmuster der muslimischen Untertanen, zur Erleichterung deren Identifikation mit der propagierten Kerngesellschaft, zur religiösen Legitimation der Herrschaft des Sultans, des Schwertadels (*sipahiler*), der Janitscharen (*yeniceriler*), der islamischen Gelehrten (*ülema*) sowie der feudalen Produktionsweise wurde die sunnitische Scharia (neben dem Gewohnheitsrecht) als Werte- und Normensystem eingeführt. Sunnitische Werte und Normen als Handlungsrichtschnur mit den dazugehörigen Wahrnehmungs- und Deutungsmustern wurden in den dazugehörigen religiösen Sozialisationsinstanzen (*medrese*) islamischen Geistlichen (*ülema*) dauerhaft vermittelt. Die Angehörigen der politischen, administrativen und juristischen Elite gingen aus diesen in den islamischen Lehranstalten geschulten und sunnitisch-orthodox sozialisierten muslimischen Gelehrten hervor, die neben dem Serail und den Spahis zu den Trägerschichten des Sunnitentums im Osmanischen Reich gehörten. Das in den Reichsstädten aufgespannte Netzwerk der *medrese* trieb auch die sunnitische Islamisierung der bisher islamisch-heterodoxen Bevölkerung voran. Entsprechende religiöse Werte und Normen wurden wirksam auch mit Scharia-Gerichten durchgesetzt. Die Grundpfeiler des Islam und weitere Eßtabus und Trinkverbote sowie Kleidungsnormen wurden als Abgrenzungsmerkmale zur Kennzeichnung der muslimischen Kerngesellschaft eingeführt. Mit der Propagierung des sunnitischen Werte- und Normensystems in den *medrese* wurden zwangsläufig alle anderen Glaubenssysteme zu Abweichungen 'vom wahren Weg'. Moscheen, die nun von allen zu sunnitisierenden Moslems besucht werden mußten, fungierten sowohl als Medieninstanzen als auch als Kultorte. Sie dienten als Medieninstanzen, da auch die vom Scheichülislam als islamisch geboten definierte herrschaftskonforme Verhaltensweisen bei den Musterpredigten verbreitet worden waren. Als Ort für das rituelle Reihengebet trugen sie zur zeremoniellen Stiftung der sunnitischen Kollektividentität der Moslems bei. Das propagierte Sunnitentum trug als Werte- und Nor-mensystem zur Entfremdung zwischen der städtischen, multiethnisch-sunnitischen, osmanischen Führungsriege und den islamisch-heterodoxen turkmenischen Bauern und Nomaden bei. Weitere Faktoren waren die erzwungene Seßhaftigkeit der ländlichen Turkmenen zur Herstellung der Rahmenbedingungen für eine feudale Produktionsweise, die als ungerecht empfundene soziale Ungleichheit zwischen den städtischen Herrschern (Serail, *sipahiler*, *yeniceriler*, *ülema*) und den anatolischen Bauern bzw. (Halb-) Nomaden und der ethnische bzw. politische Statusverlust der Turkmenen. Diese wurden gegen islamisierte Serben, Kroaten, Albaner, Bulgaren, Griechen etc. benachteiligt.

Viele Unzufriedene wandten sich als reaktive Verhaltensweise am Anfang des 16. Jahrhunderts dem als 'Erwarteten Erlöser' (*'Beklenen Mehdi'*) bzw. als Reinkarnation Alis betrachteten turkmenischen Safavidenkönig Persiens zu, Schah Ismail. Sie wanderten nach Persien ab oder begannen im Grenzgebiet als seine Anhänger, eine zylindrische, zwölfeckige rote Kopfbedeckung zu tragen. Die 'Rotköpfe' wurden vom Schah Ismails Schiitentum in ihren Lehren und Riten so sehr beeinflußt, daß sie davon auch die Passion von Kerbela oder die Ali-Verehrung übernommen haben. Die Genealogie ihrer ex-schamanistischen, erbcharismatischen Clanchefs (*kam-ozanlar*) wurde durch eine von Schah Ismail ausgestellten Bescheinigung (*siyadetname*) auf die Familie des Propheten zurückgeführt und diese religiös als Dede verheiligt. Die 'Rotköpfe' begannen nun als 'Aleviten' prosafavidische Aufstände zu machen.

Zur Gewährleistung der Herrschaft der Osmanendynastie nach innen und außen, zur Abschreckung von anderen revolutionären Bewegungen und vermutlich auch zur Binnenintegration der islamischen Kerngesellschaft waren Aleviten massiver Verfolgung, Umsiedlung oder auch Vernichtung ausgesetzt. Ihre aus politischen Gründen erfolgte Verfolgung und Vernichtung wurde religiös legitimiert, da die verketzerten Aleviten die Fünf Grundpfeiler ignorierten, Alkohol tranken und an den verbotenen Cem-Sitzungen teilnahmen. Resultat der Verfolgung waren weitere Aufstände, die soziale und räumliche Selbstisolation der Aleviten zur Gewährleistung ihres Schutzes und die Beeinflussung der alevitischen Glaubenslehre zur Schaffung eigener, religiös legitimierter und sozial sanktionierter Gemeindestrukturen, Solidaritätsnetzwerke und Instanzen sozialer Kontrolle auf konfessioneller Basis (Wahlbruder-schaft, Volkstribunal). Das führte zum jahrhundertelangen Nebeneinander von Sunniten und Aleviten. Außerdem wurde ihr durch mystische Lieder aufrecht erhaltener kollektiver Erinnerungsbestand von dem Selbstbild der seit Hüseyins Tötung in Kerbela jahrhundertelang von sunnitischen Tyrannen unterdrückten, fortschrittlichen Glaubensgemeinschaft mit Widerstandstradition geprägt.

Die Zusammenarbeit des Osmanenreiches mit dem zur religiösen Unterweisung der Janitscharen beauftragten und in seinen Lehren dem *Alevilik* ähnelnden und beeinflussenden Bektaschi-Orden ist ein Beleg für den Vorzug der Politik vor den Prinzipien der Religion: Denn solange der Orden dem Reich bzw. der Herrschaft der Dynastie gedient hat (Unterrichtung von Janitscharen, Integration sowie Zähmung von oppositionellen Aleviten), wurde er begünstigt. Das hörte aber 1826 auf, als die Janitscharen als inzwischen bedrohlicher Machtfaktor vom Sultan ausgeschaltet wurden. Das Streben nach Kontinuität im alevitischen Erinnerungsbestand läßt nur der Verfolgung des Bektaschi-Ordens ab 1826 Platz, wohingegen die bis dahin dauernde Kooperation der Bektaschiten mit dem Reich ignoriert wird.

Im Jahre 1908 übernahmen die Unionisten, weltliche großtürkisch-nationalistische Angehörige der osmanischen Verwaltungs- und Militärelite, die politische Regierungsgewalt. Diese häufig balkan- und bektaschtischstämmigen Militärs und Bürokraten waren zuvor in westlichen Schulen (als Sozialisationsinstanzen) ausgebildet und hatten westlich-nationalistische Weltwahrnehmungsweisen, Deutungs- und Verhaltensmuster anerzogen bekommen. Die Jungtürken um Verteidigungsminister Enver Pascha, Flotten- und Polizeiminister Cemal Pascha und Innenminister Talat Pascha wollten neben ihrer Herrschaft auch die Zukunftsfähigkeit der religiös rückständigen und von ethnischen sowie religiösen Separatismen bedrohten türkisch-osmanischen Gesellschaft sichern. Dazu wurde das sunnitisch-osmanische Werte- und Normensystem durch die Einführung von weltlichen Gesetzen und Gerichten, die als Rechtsnormen und juristische Instanzen neben der Scharia und Scharia-Gerichten fort existierten, teilweise revidiert. Das bedeutete auch den relativen Machtverlust der bisherigen osmanischen Elite, Hof und geistliche Rechtsgelehrte (*ülema*), gegenüber der neuen administrativen, militärischen und jetzt auch politischen Elite der Jungtürken. Der bisherige Sultan wurde abgesetzt, der Scheichülislam und der Vorsitzende des Geheimdienstes durch Bektaschiten abgelöst. Die weltlichen Maßnahmen und die Ablösung des Alten Regimes sowie die erhöhte Partizipation der Bektaschiten bedeuteten gleichzeitig eine teilweise Entdiskriminierung der Aleviten und Bektaschiten. Die reformorientierten Jungtürken wurden als Gegner des bisherigen alten Regimes von Aleviten und Bektaschiten als reaktive Verhaltensweise auf die graduell erfolgte Emanzipation unterstützt. Im Ersten Weltkrieg waren vermutlich auch deshalb alevitische Kurden- und Zaza-Clanmilizen sowie das Mudschaheddin-Regiment der Bektaschiten für die Unionisten gegen Russen und Armenier im Einsatz.

Im Türkischen Unabhängigkeitskrieg (1919-1922) unterstützten nicht wenige Aleviten und Bektaschiten die Widerstandsbewegung von Gazi Mustafa Kemal Pascha. Denn diese richtete sich nicht nur gegen die Alliierten, sondern auch gegen die nach der Flucht der Jungtürken wieder von den Westmächten neu installierte alte osmanische Reichsregierung. Das Oberhaupt der Aleviten-Bektaschiten hatte zuvor in Hacibektas Gazi Mustafa Kemal die Unterstützung seiner Gemeinde zugesichert. Dabei konnte Atatürk auch auf bektaschitische Netzwerke der Unionisten zurückgreifen. In Ostanatolien waren auch kurdische und Zaza-Aleviten gegen armenische Truppen eingesetzt worden.

Nach der Beseitigung der bisherigen osmanischen Elite (Serail, *ülema*) und der Ausrufung der Republik durch die vor allem Militärs, Bürokraten, weltlichen Rechtsanwälten und Journalisten unterstützten herrschenden Kemalisten wurden die Fünf Grundpfeiler des Islam von den Sechs Pfeilen der Republikanischen Volkspartei abgelöst. Das nationalistisch-säkularistische Werte- und Normensystem wurde im kemalistischen Einparteienstaat zur Konstruktion der Kerngesellschaft der 'Nation der westlichen Türken' anstelle der abgeschafften Scharia eingeführt. Ziel der Sechs Pfeile war die Entstehung des Glaubens der zu säkularisierenden und zu türkisierenden Beherrschten an die Rechtmäßigkeit der Herrschaft der kemalistischen Staatspartei. Weitere Gründe für das kemalistische Werte- und Normensystem waren die Herbeiführung transethnischer Binnenintegration der zu beherrschenden Bevölkerung zum Schutze vor Abspaltung, die Erschaffung eines türkischen Bürgertums und die Herstellung internationaler Souveränität der Türkei zur Sicherung der internationalen Zukunftsfähigkeit der Gesellschaft und Herrschenden der Türkei.

Die Abschaffung der Scharia, der religiösen Gerichte, religiöser Schulen (*medrese*), des (sunnitischen) Religionsunterrichts, die Entmachtung der sunnitisch-islamischen Geistlichen (*ülema*) als Teil der osmanischen Elite zählen neben der Loslösung der 'zeitgenössischen Türken' vom islamischen Kultur- und Zivilisationsverbund zu den wichtigsten kemalistischen Umbrüchen. Letzteres geschah vor allem durch die rechtliche Einführung westlicher Kleidung, Maße, Rechtsnormen, Lateinschrift und durch nationalistisch-säkularistische Indoktrination in den entsprechenden Sozialisationsinstanzen (Volkshäuser; Dorfinstitute; Türkenherd; Armee, einheitliche weltliche Schulen), im offiziellen Geschichtsunterricht, bei zahlreichen Bekenntnis-, Gesang- und Erinnerungsritualen in der Schule und an den neu eingeführten offiziellen Feiertagen in der Öffentlichkeit. Es wurden darüber hinaus Flagge, Nationalhymne und Atatürk selber als weitere Identifikationssymbole und Bezugsmerkmale zur Definition der 'westlich-türkischen Kerngesellschaft' in Abgrenzung von der islamischen oder kurdisch-separatistischen 'Reaktion' benutzt. Sunnitische Islamisten und kurdische Separatisten, gegen die staatlich vorgegangen wurde, galten vermutlich als Abschreckungs- oder Negativbeispiele.

Mit der kemalistischen De-Sunnitisierung, Verweltlichung und Turkifizierung der Gesellschaft der Türkei kam es zur Abschwächung konfessioneller Abgrenzungsmerkmale und damit zwangsläufig auch zur partiellen Entdiskriminierung der Aleviten, weil diese zusammen mit den Sunniten zu den 'zivilisiert-westlichen türkischen' Bürgern auf dem Wege zur 'zeitgenössischen Zivilisation' umdefiniert wurden. Während religiöse Sunniten und separatistische Kurden verrandet wurden, erfuhren die Aleviten auch durch Einführung der Glaubensfreiheit ihre Emanzipation. Ihre Abkehr von der bisherigen traditionellen Oppositionsrolle und ihre ethnische Identitäten überlagernde Loyalität zum kemalistischen Staat war die Folge: Das prorepublikanische Verhalten kurdischer und Zaza-Aleviten während des von sunnitischen Kurden und Zazas gegen den 'gottlosen' türkischen Staat angeführten *Scheich-Sait*-Aufstands (1925) ist ein Beleg dafür. Die These von der Loyalität emanzipierter Randgruppen wird dadurch gestützt. Atatürk wurde sogar als 'Erlöser' neben Ali und Haci Bektas Veli auch in die Liste alevitischer Heiliger aufgenommen und in einigen alevitischen Gedichten verewigt. Da bei der kemalistisch von oben herab verordneten Deislamisierung jedoch gleichzeitig sunnitische Vorurteile in der Gesellschaft geblieben waren, haben nicht wenige Aleviten über das Verschweigen der eigenen Herkunft Zugang zu Ressourcen erlangen können. Neben dem Kemalismus und mit der Landflucht setzte eine Säkularisierung der Aleviten ein. Die *Dede* in den Dörfern gaben ihre Autorität als Lehrer und Richter an staatliche Organe ab. Denn sie hatten zu der in die Städte abwandernden Bevölkerung keinen Zugang mehr und konnten deswegen die Cem-Zeremonien (mit Wahlbruderschaft, Opferdiskurs, Initiation, Volkstribunal etc.) nicht mehr abhalten.

Nach der Ausdifferenzierung der staatlichen Elite und dem Kampf zwischen der unternehmerischen und administrativen Fraktion wurde nach dem Zweiten Weltkrieg das Mehrparteiensystem eingeführt und die bisher allein regierende kemalistische Staatspartei bei den Wahlen von 1950 von der nationalkonservativen DP abgelöst. Die *Demokratik Parti* von Adnan Menderes hatte zuvor religiöse Wahlversprechen gegeben, die sie nach der Übernahme der Regierungsgewalt einlöste. Sie leitete die schrittweise sunnitische Revision des bisherigen Werte- und Normensystems ein. Grund war - neben der wegen dem Parteienwettbewerb nun nötigen demokratischen Legitimation der politischen Regierungselite in der sunnitischen Mehrheitsgesellschaft - angeblich der ideologische Schutz der Herrschaft der sozialökonomischen Elite vor dem Kommunismus und der UdSSR. Alte Moscheen wurden restauriert und neue gebaut. Es wurden sunnitisch-islamische Prediger- und Vorbeterschulen (*Imam-Hatip*-Schulen) als religiöse Sozialisationsinstanzen geöffnet, die Abwesenheit vor dem freiwilligen ausschließlich sunnitischen Religionsunterricht erschwert, islamische Machenschaften kriminalisierter Bruderschaften geduldet, islamische Themen in staatlichen Medien wieder behandelt und der arabische Gebetsruf wieder eingeführt sowie kemalistische Lehranstalten (Volkshäuser, Dorfinstitute etc.) abgeschafft.

Die Nachfolgerin der durch den Coup d'État kemalistischer Offiziere 1961 verbotenen DP, die ab Mitte der Sechziger regierende *Adalet Partisi* von Demirel, führte die sunnitische Islamisierungspolitik fort. Das geschah durch den Bau weiterer Moscheen (als Kultorte, Medieninstanzen) und die Eröffnung von Prediger- und Vorbeterschulen zur gesellschaftlich breitenwirksamen Reislamisierung der sunnitischen Mehrheitsbevölkerung. Die Absolventen der Imam-Hatip-Schulen bekamen wie andere Abiturienten auch Zugang zur Universität und bildeten einen Teil der künftigen (Bildungs-, Verwaltungs-, juristischen und politischen) Elite der Türkei. Das heißt die juristische, Verwaltungs- und politische Elite der Türkei wurde künftig auch durch islamisch sozialisierte Sunniten gebildet. Mit der Re-Politisierung der Religion wurde über die Wiederkehr sunnitischer Bezugs- und Diskriminierungsmerkmale (Fünf Grundpfeiler, Schleier, Alkoholverbot, Geschlechtertrennung) eine Konfessionalisierung der Politik eingeleitet. Denn mit der verstärkten sozialen Geltung orthodox-islamischer Werte und Normen wurden Aleviten zu Außenseitern. Als reaktive Verhaltensweise auf Verrandung und wegen ihrer sachlichen Distanz zum Herrschaftssystem wandten sie sich oft 'revolutionären', 'egalitären' und antireligiösen sozialistischen Bewegungen zu. Die Abkehr von der Loyalität zum Staat war die Folge. Die - wie die DP - die Interessen feudaler Landlords und des Großbürgertums vertretende Gerechtigkeitspartei Demirels benutzte religiöse und rechte Bewegungen als Gegengewicht zur immer stärker werdenden Linken. Neben dem Bau von weiteren Moscheen und der Eröffnung von Prediger- und Vorbeterschulen, wurden die von den Kemalisten kriminalisierten sunnitisch-islamischen Bruderschaften gegen den 'atheistischen Kommunismus' mobilisiert, öffentliche sunnitische Reihengebetsrituale gegen den Sozialismus abgehalten und die Ausbildung rechter Todesschwadronen ('Graue Wölfe') in Trainingslagern geduldet. Das Resultat waren Auseinandersetzungen zwischen politischen Extremisten neben Ausschreitungen gegen die als kommunistisch verketzerte Aleviten bis zur Intervention der Armee in 1971. Dies geschah zur Sicherung der Herrschaft der wirtschaftlichen Elite vor kommunistischen Bewegungen. Die militärische Elite hatte als Eigentümerin des OYAK-Konzerns ihren politischen Standort in die Richtung konservativer Parteien gerückt und ging gegen Linke vor.

Nach den ersten freien Wahlen wurde eine sozialdemokratisch-islamistische Koalition mit Erbakans Nationaler Heilspartei MSP gebildet, die den Absolventen der Prediger- und Vorbeterschulen den Weg in die Polizeiakademie ebnete und dadurch die islamistische Unterwanderung der Polizeikräfte ermöglichte. Es kam zu bürgerkriegsähnlichen Auseinandersetzungen zwischen nationalreligiösen Sunniten und linken Aleviten. Anhänger bzw. Angehörige der Grauen Wölfe führten Massaker an der als kommunistisch und atheistisch betrachteten alevitischen Zivilbevölkerung in Maras, Corum, Sivas, Malatya durch. Dies geschah vor dem Hintergrund des politischen Machtkampfes zwischen der inzwischen sozialdemokratischen Republikanischen Volkspartei Ecevits und der aus Demirels Gerechtigkeits-, Erbakans Nationaler Heils- und Türkes' Nationalistischer Aktionspartei ('Graue Wölfe') bestehenden Koalition der 'Nationalistischen Front'. Die Koalition der 'Nationalistischen Front' trieb die sunnitische Islamisierung durch Moscheebau, Eröffnung von *Imam-Hatip*-Schulen, Positionierung nationalreligiöser Personen in Politik, Justiz, Verwaltung und Polizei weiter voran. Die gemachten Opfererfahrungen traumatisierten die als Ketzer, Atheisten und Kommunisten gebrandmarkten Aleviten und verstärkten bei ihnen das Gefühl, als fortschrittliche Opposition jahrhundertelang dauerhaft von sunnitischen Despoten unterdrückt worden zu sein.

Nach dem Putsch der den OYAK-Konzern besitzenden Armee (1980) zur Wiederherstellung politischer Stabilität und zur Liberalisierung der Wirtschaft wurde die nationalreligiöse Türkisch-Islamische Synthese (*Türk-Islam Sentezi*) halboffizielles Werte- und Normensystem der Türkei, wonach nun türkische Sunniten oder sunnitische Türken zur Kerngesellschaft gehörten. Dadurch wurden zwangsläufig separatistische Kurden, Aleviten und Kommunisten verrandet. Im Gegensatz zum Kemalismus wurden religiöse (auch kurdische) Sunniten emanzipiert und säkularistische (auch kurdische) Aleviten deprivilegiert. Die Kerngesellschaft der nationalreligiösen Türkei ähnelt aus alevitischer Perspektive eher dem des Osmanischen Reiches, indem sunnitische Muslime bevorzugt und 'Rotköpfe' verrandet wurden. Die halboffizielle Staatsideologie sollte die Herrschaft der Landlords und Großbürgertums vor linken Bewegungen sichern, kurdische Muslime bzw. muslimische Kurden an das Herrschaftssystem heranführen und dieses in der sunnitischen Mehrheitsgesellschaft legitimieren. Deswegen wurden auch unter den der AP ähnelnden Regierungen Özals, Demirels oder Cillers immer mehr *Imam-Hatip*-Schulen als religiöse Lehranstalten eröffnet, immer mehr Moscheen (auch in alevitischen Dörfern) gebaut, der für alle (auch alevitische) Muslime ausschließlich sunnitische Religionsunterricht als Pflichtfach eingeführt, Koranschulen geduldet. Die Aufhebung des Strafparagraphen 163 durch Özal belegt, daß islamistische Tätigkeiten kein abweichenden Verhaltensweisen mehr sind. Die fehlende Berücksichtigung der Aleviten im Islamunterricht und der Bau der Moscheen in alevitischen Dörfern läßt auf eine staatlich erwünschte Assimilation dieser Glaubensgemeinschaft schließen. Das inzwischen mit einem großen Budget ausgestattete Präsidium für Religion, das unter Atatürk vermutlich zur einschränkenden Kontrolle des sunnitischen Islam eingerichtet worden war, ist in den letzten fünfzig Jahren zum Förderer der sunnitischen Reislamisierung geworden. Es erstellt wie das osmanische Amt des Scheichülislams religiöse Rechtsgutachten zur Legitimation staatlichen Handelns bzw. zur Beeinflussung der Beherrschten[226]. Aleviten, die genau wie Sunniten Steuern zahlen, die diesem Amt zugeführt werden, werden wegen konfessioneller Einheit oder aus religiösen Gründen nicht repräsentiert. Die auch dadurch bedingte Zunahme religiöser Sunniten in der Öffentlichkeit trug zur sozialen Geltung sunnitischer Werte und Normen (Fünf Pflichten, Geschlechtertrennung, Alkoholverbot, Schleier) im Straßenbild bei. Dabei wurden weltliche Sunniten und Aleviten, die äußerlich in Auftreten, Kleidung (unverschleierte Frauen), Barttracht, Habitus (Essen im Ramadan, Alkoholgenuß, Geschlechtermischung) von herrschenden sunnitischen Werten und Normen abwichen, auch Opfer religiös legitimierter verbaler und körperlicher Gewaltanwendung. Islamistische Medien und Konzerne sind den achtziger Jahren weit verbreitet, die religiöse Werte und Normen in der Gesellschaft durchsetzen und Bewegungen finanzieren. Mit der Wiederkehr der Religiosität und der sunnitischen Abgrenzungsmerkmale in die Öffentlichkeit Anfang der neunziger Jahre wurden auch jahrhundertealte Vorurteile den Aleviten gegenüber (Inzestvorwurf etc.) durch einige (national-) religiöse Schulbücher und Lehrer verbreitet. 37 Angehörige der kulturellen Elite der Aleviten, die von den orthodoxen Werten und Normen abwichen, starben bei einem Brandanschlag auf einem Kulturfestival in Sivas in 1993 live vor laufenden Kameras und vor den Augen der Sicherheitskräfte, während Teile der polizeilichen Sicherheitskräfte 1995 im Istanbuler Bezirk Gazi über zehn Menschen erschossen hatten. Diese traumatisierenden Opfererfahrungen prägten das alevitische Kollektivgedächtnis und Selbstverständnis von einer progressiven, unterdrückten religiösen Minderheit mit jahrhundertelanger Widerstandstradition. Die Konfessionalisierung der Kurdenthematik hat vermutlich auch einen Beitrag dazu geleistet: Der nach dem Massaker von Sivas stattfindende Überfall der PKK auf sunnitische Dörfer, die staatliche Unterstützung der sunnitisch-kurdischen Hizbullah gegen die eher alevitisch-kurdische Arbeiterpartei, die Zwangsräumung alevitischer Dörfer durch Teilen türkischer Sicherheitskräfte sind m.E. in diesem Zusammenhang von Bedeutung.

---

[226] Überhaupt scheint die Benutzung bereits vorherrschender religiöser Werte und Normen sowie Deutungsweise für politische Zwecke durch Eliten in den nicht ganz verweltlichten Gesellschaften der Fall zu sein: Selim I. oder Kanuni Sultan Süleyman haben ihre Persien- und Alevitenpolitik mit religiösen Rechtsgutachten der islamischen Geistlichen (Fatwa) gerechtfertigt. Dasselbe gilt für den mit den Alliierten kooperierenden Sultan Vahdettin, der per *fetva* Atatürk zum Tode verurteilte, der selber daraufhin eine Gegen-Fatwa veröffentlichen ließ oder Aleviten mit den Empfehlungen des Celebi in Hacibektas für sich mobilisieren wollte. Die separatistische PKK, das Kurdische Freiheitskomitee mit Scheich Sait, die Türkische Armee nach 1980 oder das Amt für Religionsangelegenheiten haben dabei auch für politische Zwecke religiöse Deutungsmuster zum Beispiel für oder gegen einen jeweiligen Kurdenaufstand mobilisiert, wie schon erwähnt wurde.

Die Fremdverrandung durch sunnitische Islamisten gehört zu den Hauptursachen der seit Anfang der neunziger Jahre verstärkten alevitischen Abkehr von der Kerngesellschaft. Diese drückt sich in der Politisierung (Vereinsgründungen), ihrer Wiederentdeckung dessen was als Alevitentum ausgemacht wird, in ihrer Unterstützung von linksradikalen Organisationen, in ihrem *Coming out*, ihrem Tragen von Stigmasymbolen (Schwert Alis), ihrem bewußten Entsprechen von stereotypen Selbst- und Fremdbildern (Redewendungen, Haltungen, Musikkonsum, Parteipräferenzen) aus, ihrer Teilnahme an Religions-, Kultur- und Gedenkveranstaltungen sowie an den Erinnerungsritualen im Rahmen des Opferdiskurses aus. Dabei werden ausgewählte traumatisierende Opfererfahrungen seit Kerbela bis Gazi zur Konstruktion der Aleviten als eine jahrhundertelang durch die Geschichte hindurch von sunnitischen Herrschern unterdrückte, aus Tradition oppositionelle und fortschrittliche Gemeinschaft hervorgehoben. Auf die Kooptation der Bektaschi-Ordens im Osmanenreich und auf ihre teilweise Entdiskriminierung durch die Unionisten wird wohl daher kaum eingegangen, und die Entnahme der Kerbela-Passion von den Schiiten findet kaum Erwähnung. Darüber hinaus sind auch Umdeutungsversuche des zaza-kurdischen Dersim-Aufstands zu beobachten. Es sind auch kemalismuskritische Stimmen wegen der fehlenden offiziellen Anerkennung der Aleviten als Religionsgemeinschaft laut geworden. Dies zeigt das Wechselverhältnis zwischen dem aktuellen Gegenwartsbewußtsein und dem Geschichtsbild der Aleviten an: Die Geschichtsdeutung hängt auch von ihrer heutigen Verrandungslage ab. Es ist nicht selten auch eine soziale Selbstverrandung zu beobachten, da Aleviten eine Sicherheitsdistanz zu Sunniten wahren, zunehmend bei 'eigenen' Händlern einkaufen und 'eigene' Cafés besuchen, wo sie ausschließlich 'unter sich' sind. Seit Anfang der Neunziger erfreuen sich Publikationen über das Alevitentum auch großer Beliebtheit. Das Thema wird in einschlägigen Büchern, Zeitungen, im Fernsehen, Magazinen, im Radio und im Internet behandelt. Alevitische Volkssänger treten vermehrt im Fernsehen, Radio etc. auf.

Die Abkehr läßt sich auch durch die seit 1997 bestehende antiislamistische Eindämmungspolitik durch die militärische Elite nicht vollständig umkehren. Die Armee hatte hauptsächlich zur Sicherung des politischen *Status quo* vor dem im Vergleich zu *Türk-Islam Sentezi* noch religiöseren Islamismus die von der MSP-Nachfolgerin Refah-Partei dominierte Regierungskoalition beendet, die Mittelstufe der *Imam-Hatip*-Schulen abgeschafft, die Kontrolle der Korankurse beschlossen. Aber dies hat die Entfremdung der Aleviten nicht vollständig bereinigt.

Vor allem die in der westeuropäischen Diaspora tätigen Alevitenvereine stellen offensive Forderungen zur Emanzipation ihrer Gemeinde in der Türkei.

Wenn alle drei Epochen in Bezug auf die Lage der Aleviten betrachtet werden, kann folgender Schluß gezogen werden: Im Osmanischen Reich wurden die Aleviten von der osmanischen Dynastie durch die von der Etablierung des sunnitisch- islamischen Werte- und Normensystems gebildeten sunnitischen Kerngesellschaft verrandet, was ihre Aufstände und wiederum ihre großangelegte partielle Vernichtung mit ihrem anschließenden sozialen und geographischen Rückzug und Automarginalisierung als reaktive Verhaltensweisen erklärt. Jungtürken und Kemalisten wurden von ihnen als neue Elite und als Revisionisten der bisherigen religiösen Herrschaftsordnung unterstützt, als die äußere und Binnenmacht des Reiches und der Dynastie schrumpfte. Nach der Gründung der Republik durch die kemalistische Elite mit der gleichzeitigen Einführung eines nationalistisch-säkularistischen Werte- und Normensystems (Sechs Pfeile) zur Konstruktion einer 'westlich-türkischen' Kerngesellschaft mit der Verdrängung des Sunnitisch-Islamischen und der Abnahme staatlicher Diskriminierung von Aleviten kam es zur partiellen Emanzipation dieser und zum erleichterten Zugang zu gesellschaftlichen Ressourcen in politischen, öffentlichen, wirtschaftlichen und sozialen Bereichen. Die Abkehr von der traditionellen Opposition gegenüber dem Staate als reaktive Verhaltensweise war die Folge. Die Aleviten akzeptierten ihre verbesserte Lage und verschwiegen gleichzeitig ihre Herkunft: Da trotzdem tradierte sunnitische Vorurteile in der Gesellschaft geblieben waren, verdeckten sie als Verhaltensweise nicht selten ihre wahre Identität, um ihre aktuellen oder auch erreichbaren Positionen nicht zu gefährden. Die Ersetzung der kemalistischen Staatselite durch das konservative Großbürgertum bzw. durch Landlords und die Machtübernahme der ihr nahestehenden Demokratischen Partei nach der Einführung des Mehrparteiensystems setzte einen Prozeß der sunnitischen Reislamisierung durch Revision des bisherigen Werte- und Normensystems in Gang mit der Umdefinition der Kerngesellschaft (Moslem-Türken) als Folge. Die Reislamisierung war die Ursache der erneuten Verrandung der Aleviten bis hin zur ihrer partiellen Vernichtung in Corum, Maras, Sivas und Gazi. Die Folge ihrer verschlechterten Lage ist ihre Entfremdung gegenüber Staat und Kerngesellschaft mit der Wiederbesinnung auf ihre Eigenidentität.

Wenn alle drei Phasen unter dem Gesichtspunkt der Geltung sunnitischer Werte und Normen betrachtet werden, kann folgende These formuliert werden:

1. Wenn sozial oder auch juristisch die Scharia angewandt wird, weichen Aleviten von den von den dann als Diskriminierungsmerkmale benutzten Fünf Säulen und weiteren islamisch-orthodoxen Geboten sowie Verboten ab und werden deshalb nach Maßgabe der Abweichung diskriminiert. Dabei reicht die Diskriminierungspalette von dem Ausschluß an der Teilhabe an sozialer Interaktion bis hin zu pogromartigen Übergriffen und Massakern. Das Gegenteil scheint beim Vorherrschen weltlicher Werte und Normen der Fall zu sein, wonach Aleviten nicht verrandet werden, da die sunnitischen Bezugs- und Abgrenzungsmerkmale irrelevant sind.
2. Die Diskriminierung und Emanzipation der Aleviten hat auch deren reaktive Verhaltensweise bezüglich Loyalität oder Rebellion maßgebend beeinflußt: Wenn sie verrandet werden, rebellieren sie. Wenn sie entdiskriminiert werden, werden sie loyal. Ob der letzte Satz auch für die Phase seit dem 28. Februar 1997 gilt, ist noch früh zu sagen.

7.2. Ausblick

Die wegen der islamistischen Fremdverrandung mitentstandene Automarginalisierung der Aleviten wird auch durch die erst seit dem 28.2.1997 stattfindende staatliche Bekämpfung des politischen Sunnitenislam nicht mehr vollständig umzukehren sein, da schon eine organisierte Parallelgesellschaft der Aleviten mit eigenem Bewußtsein ('Aleviten *für* sich'), eigenen religiösen und politischen Vereinen, Medien, Händlern, Songs, Dorfcafés etc. entstanden ist. Deren teilweise Reintegration in die sunnitische Mehrheitsgesellschaft kann durch eine momentan geschehene Fortführung der antiislamistischen Eindämmungspolitik (Verbot extremer Parteien wie Refah oder Fazilet; Ächtung der Täter von Sivas, Schließung der *Imam-Hatip*-Schulen etc.), offizielles Beharren auf den kemalistischen Diskurs und von Einräumung einiger Zugeständnissen (offizielle Unterstützung von Cem-Häusern und staatstreuer Alevitenvereine) geschehen. Ein gemeinsamer sunnitischer-alevitischer Religionsunterricht würde einen Schritt weiter in diese Richtung gehen, da er möglicherweise wechselseitige Vorurteile abbaut, konfessionelle Binnengrenzen abschwächt. Diese Berücksichtigung kann stärker die Loyalität der Aleviten gegenüber den Herrschenden sichern. Fromme Sunniten können dann durch die Duldung relativ liberal-islamischer Parteien auch von der Abkehr vom Herrschaftssystem abgehalten werden.

Aber durch die grenzüberschreitende konfessionelle Allianz alevitischer Migranten in Westeuropa mit ihren Glaubensbrüdern in der Türkei kann auch türkische Innen- und Alevitenpolitik aus der Diaspora außerhalb der Türkei betrieben werden. Durch die Einführung des Islamunterrichts an den deutschen Schulen wird künftig auch das Alevitentum in Lehre und Ritus Einzug in die bundesrepublikanischen Schulklassen erhalten. Somit werden alevitische Werte und Normen, die über Alevitenvereine bzw. Dede den Kindern in der Bundesrepublik im Gegensatz zu den in der Türkei vermittelt werden, in Deutschland zu einer einheitlich standardisierten konfessionellen Formung der Weltwahrnehmungs- und Denkweise sowie Kollektividentität der Aleviten beitragen. Wenn kein gemeinsamer interkonfessioneller Religionsunterricht (sunnitischen Islam *und* Alevitentum) stattfindet, werden wegen der getrennten Unterweisung weitere Grenzbarrieren zwischen Orthodoxen und Aleviten aufgebaut. In der deutschen Diaspora entsteht dann im Gegensatz zu Aleviten in der Türkei ein aus vorherrschenden Infrastrukturen (Vereine, Cem-Häuser *und* Schulunterricht) seinen Nutzen ziehendes organisiertes türkeikritisches Alevitentum. Die AABF, die die organisierte Verbreitung der religiösen Identität, Werten und Normen unter den bundesrepublikanischen Aleviten vorantreibt und damit unter diesen die Herrschaft ihrer Vorsitzenden als transnationale Elite ohne Hinderung durch den türkischen Staat ausweitet, wird als ein lobbyistischer Machtfaktor in Deutschland noch stärker politischen Einfluß auf die Alevitenpolitik der Türkei nehmen wollen. Denn sie kann dann auf eine in Vereinsstrukturen und alevitischen Schulunterricht sozialisierte Gruppe mit Kollektivbewußtsein als Basis zurückgreifen. Damit ist sie zu den Vereinen in der Türkei etwas voraus, da das Alevitentum im türkischen Unterricht nicht gelehrt oder Vereine aus Gründen religiöser Einheit nicht gänzlich staatlich gefördert werden. Um den Einfluß der türkeikritischen AABF abzumildern, werden möglicherweise von türkischer Seite Ableger staatstreuer Alevitenvereine als Gegenmacht dazu in Deutschland gebildet, auch um die weitere Abkehr westeuropäischer Aleviten von der türkischen Kerngesellschaft abzuschwächen.

7.3. Selbstkritische Reflexion der Methode

Es kann dieser Arbeit kritisch entgegengehalten werden, daß Verhaltensdispositionen der Akteure ungeprüft unterstellt und dabei deren wahre Relevanzstrukturen, Deutungsmuster bzw. Präferenzen vernachlässigt worden sind: Es lassen sich *ex Post* viele Handlungen durch Zuschreibung von Intentionen rekonstruieren, um gesellschaftliche Phänomene wie zum Beispiel dem Persienfeldzug von Selim I. oder den Putsch von 1980 zu erklären. Dies bringt eine Tautologiegefahr mit sich, da der Autor nicht selten von den Handlungen der Akteure auf deren Präferenzen geschlossen hat: es sollten Präferenzen empirisch-operational unabhängig von den Handlungen ermittelt werden. Beispielsweise wurde das Zustandekommen des Staatsstreiches von 1980 auf dessen Beitrag zur politischen Stabilität und zur Durchsetzung von IWF-Forderungen und schließlich auf die Interessenshomogenität der Armee mit der wirtschaftlicher Elite zurückgeführt.

Der Ansatz versäumt bei der Analyse des herrschenden Werte- und Normensystems, zwischen einer ideologisch und einer materiell verrandeten Randgruppe zu unterscheiden. Beispielsweise hebt ideologisch der kemalistische Populismus die Wichtigkeit der Arbeiter und Bauern hervor, während der realexistierende Kemalismus in der Einparteienzeit Arbeiter und Landwirte ökonomisch vernachlässigte.

Ferner existieren in dieser Arbeit keine empirisch fundierten Untersuchungen mit statistisch zu ermittelnden Maßzahlen über die relative Verteilung von sunnitischen Vorurteilen und Diskriminierungen gegen Aleviten in der türkischen Gesellschaft, da in dieser Arbeit nur Beispiele zur Plausibilität herangezogen worden sind.

Darüber hinaus wurde in dieser Arbeit aus darstellungsökonomischen Gründen die explizite analytische Trennung in soziale Makro-, Meso- und Mikroebenen nicht durchgeführt.

Die durchgeführte Einteilung des zeitlichen Untersuchungsrahmens in drei unterschiedlich lange Zeiträume (Osmanenreich, Unionisten und Kemalisten sowie die Phase nach der Einführung des Mehrparteiensystems) kann zwar kritisiert werden, sie ist jedoch wegen den in den Epochen jeweils verschieden herrschenden Eliten und Herrschaftsideologien nach theoretischen Gesichtspunkten sinnvoll.

Epoche	Osmanisches Reich	Ära der Unionisten und kemalistische Einparteienzeit	Die Phase seit der Einführung des Mehrparteiensystems bis 1997
Trägerschicht	Hof, Kavallerie (Schwertadel), Janitscharen, islamische Rechtsgelehrte (*ülema*)	Prowestliche Offiziere und Bürokraten, Rechtsanwälte	Großbürgertum und feudale Landlords, die Armee seit dem Besitz des OYAK-Konzerns
Werte- und Normensystem	Scharia (neben Gewohnheitsrecht), darunter Fünf Säulen des Islam als Abgrenzungsmerkmal	Turkismus bei den Unionisten, Nationalistische und säkularistische Sechs Pfeile bei den Kemalisten	*Türk-Islam Sentezi*
Ursache für Einführung des Werte- und Normensystems neben der Herrschaftslegitimation	Regelung der Verwaltungs- und Rechtsstruktur, religiöse Manipulation der Untertanen, Identifikation mit der Kerngesellschaft	Verwestlichung und Zukunftsfähigkeit der Gesellschaft, Binnenintegration der ethnokonfessionell heterogenen Bevölkerung, Identifikation mit der westlich-türkischen Nation	Demokratische Legitimation der Herrschaft in der sunnitischen Mehrheitsgesellschaft, ideologischer Schutz vorm Kommunismus, Integration frommer sunnitischer Kurden in die Kerngesellschaft
Durchsetzung des Werte- und Normensystems (eine Auswahl)	Einführung der Scharia	Ausschaltung der bisherigen osmanischen Elite (Hof, *ülema*); Abschaffung der Scharia; öffentliche Bekenntnis und Opferrituale, Einführung westlicher Gesetze, Kleidung, Lateinschrift, Maße, Kalender; Hervorhebung der Nationalhymne, -flagge und Denkmalskult um Atatürk; Einführung des türkischen Gebetsrufs, Verfolgung von Islamisten und Separatisten als 'Reaktionäre'	Eingestellte Verfolgung von Islamisten, Wiedereinführung des arabischen Gebetsrufs, Abschaffung des Antiislamismusparagraphen, öffentliche Benutzung des sunnitischen Islam im Diskurs; Förderung der nationalreligiösen Unterwanderung der Verwaltungs-, Justiz-, Polizei-, Politik und Lehrbereiche; Unterstützung antialevitischer rechter Parteien und Organisationen als Gegenmacht zur Linken; gesellschaftliche Bestrafung von Personen, die sunnitische Werte und Normen offen mißachten
Instanzen	Bau von Islamische Lehranstalten (*medrese*) und Moscheen; Benutzung des Amts des sunnitischen Scheichülislams zum Abfassen religiöser Rechtsgutachten zur Legitimation staatlichen Handelns und Beeinflussung des Verhaltens der muslimischen Untertanen	Abschaffung der *medrese* und religiösen Gerichte sowie des Religionsunterrichts; Vernachlässigung der Moscheen; Nationalistische und säkularistische Indoktrination in neu eingeführten, ausschließlich zentralistisch gesteuerten, vereinheitlichten, weltlichen Schulen, Volkshäusern, Dorfinstituten, im Militär, im offiziellen Geschichtsunterricht	Abschaffung der Volkshäuser, Dorfinstitute, Einführung sunnitischer Prediger- und Vorbeterschulen (*Imam-Hatip*) und Duldungsowie Förderung von Korankursen als religiöse Sozialisationsinstanzen; Förderung des Moscheebaus auch in alevitischen Dörfern; Aufbau des Amtes für Religionsangelegenheiten zur Abfassung religiöser Rechtsgutachten (Fatwa) für politische Zwecke
Kerngesellschaft	Sunniten (alle)	Westliche, zivilisierte Nation der Türken (inklusive Aleviten)	Türkische Sunniten bzw. sunnitische Türken (+ kurdischstämmige Sunniten)
Randgruppe	Aleviten als "Ketzer" und "Ungläubige"	Islamistische Sunniten und separatistische Kurden bzw. die Schnittmenge beider als "Reaktionäre"	Aleviten, Linke, autonomistische Kurden bzw. die Schnittmenge dieser als "Kommunisten", "Ketzer", "Ungläubige" und "Separatisten"
Diskriminierungspalette gegen Aleviten (eine Auswahl)	Nichtanerkennung, Enteignung, Verketzerung, Umsiedlung, Vernichtung, räumliche und soziale Verrandung	(Keine offizielle Anerkennung)-	Verfolgung, Verketzerung, Betrachtung als Kommunist, soziale Verrandung, Dorfräumung (bei PKK-Verdacht) und Vernichtung in Corum, Sivas, Maras, Gazi, Malatya (mit Hilfe nationalreligiöser Teile staatlicher Sicherheitskräfte)
Funktion der Aleviten als Randgruppe	Abschreckungs-, Negativbeispiel, Ressourcenlieferer	-	Abschreckungs-, Negativbeispiel, Ressourcenlieferer, Aggressionsobjekt
Ausgewählte reaktive Verhaltensweise der Aleviten	Abkehr von der Kerngesellschaft, Proiranische Aufstände, Auswanderung, räumliche und soziale Automarginalisation; Umwandlung der Lehre (Einführung der Wahlbruderschaft)	Loyalität zum Staat, Goffmansches Verstellen bei Interaktionen mit Sunniten wegen verbliebenen Vorurteilen	Abkehr von der Kerngesellschaft, Goffmansches Verstellen, Politisierung, Unterstützung linker Parteien, Vereine und Organisationen, religiöse Selbstvergewisserung (Teilnahme an religiösen Riten), soziale Automarginalisation, Praktizierung Opferdisk[illegible] Erinnerungsritualen,

Tabelle 1: versuchte tabellarische Zusammenfassung der Lage der Aleviten seit dem Osmanischen Reich bis 1997.

8. Literatur

Agaogullari, Mehmet Ali: Chapter 6. The Ultranationalist Right. In: **Schick, Irvin C.; Tonak, Ertugrul Ahmet (Ed.):** Turkey in Transition. New York 1987.

Ahmad, Feroz: Ittihatciliktan Kemalizme. 3.A. Istanbul 1996. [Vom Unionismus zum Kemalismus]

Ahmad, Feroz: The Turkish Experiment in Democracy, 1950-1975. Boulder 1977.

Ahmad, Feroz: The Young Turks. The Comittee of Union and Progress in Turkish Politics 1908-1914. Oxford 1969.

Akcam, Taner: Türk Ulusal Kimligi ve Ermeni Sorunu. Istanbul 1994. [Die türkische Nationalidentität und die Armenierfrage]

Akpinar, Turgut: Türk Tarihinde Alevilik. In: **Engin, Ismail; Franz, Erhard (Haz./Hg.):** Aleviler/Alewiten. Kimlik ve Tarih/ Identität und Geschichte. Cilt 1/Band 1. (Band 59 aus der Reihe Mitteilungen/ Deutsches Orient-Institut). Hamburg 2000. [Das Alevitentum in der türkischen Geschichte]

Akyol, Taha: Osmanli ve Iran'da Mezhep ve Devlet. Istanbul 1999. [Konfession und Staat im Osmanischen Reich und im Iran]

Algar, Hamid: Der Naksibendiorden in der republikanischen Türkei. In **Blaschke, Jochen; van Bruinessen, Martin (Hg.):** Thema: Islam und Politik in der Türkei. Berlin 1984

Alptekin, Orhan: Diyanet Alevilige Sahip Cikti. In: Yeni Düsünce 16.02.2001, S. 6-9. [Das Amt für Religionsangelegenheiten nimmt sich dem Alevitentum an]

Antes, Peter: Der Islam als politischer Faktor. Bonn 1994.

Arai, Masami: Jön Türk Dönemi Türk Milliyetciligi. Istanbul 1994. [Türkischen Nationalismus in der Jungtürkenzeit]

Arcayürek, Cüneyt: Amerikanci Askeri Darbeler ve Irticanin Beslenmesi. [Promarikanische Staatsstreiche und die Begünstigung der Reaktion] In: **Kaynak Yayinevi:** Bati ve Irtica. Istanbul 1999. [Der Westen und die Reaktion]

Arikan, E. Burak: The Programme of the Nationalist Action Party: An Iron Hand in a Velvet Glove? In: **Kedourie, Sylvia (Ed.):** Turkey before and after Atatürk. Internal and External Affairs. London 1978.

Aringberg-Laanatza, Marianne: Türkiye Alevileri-Suriye Alevileri. Benzerlikler ve Farkliliklar. In: **Olsson, Tord; Özdalga, Elisabeth; Raudvere, Catharina (Haz.):** Alevi Kimligi. Istanbul 1999. [Die Aleviten der Türkei und die Alawiten Syriens. Gemeinsamkeiten und Unterschiede]

Arsel, Ilhan: Seriat Devleti'nden Laik Cumhuriyet'e. Teokratik Devlet Anlayisindan Demokratik Devlet Anlayisina. 4.A. Istanbul 1997. [Vom Scharia-Staat zur laizistischen Republik. Vom theokratischen zum demokratischen Staatsverständnis]

Assmann, Jan: Das kulturelle Gedächtnis: Schrift, Erinnerung und politische Identität in frühen Hochkulturen. München 1992.

Assmann, Jan: Kollektives Gedächtnis und kulturelle Identität. In: **Assmann, Jan; Hölscher, Tonio (Hg.):** Kultur und Gedächtnis. Frankfurt 1988.

Atatürk, Mustafa Kemal: Din ve Laiklik Üzerine. Istanbul 1997. [Über Religion und Laizismus]

(Atatürk), Mustafa Kemal: Eskisehir-Izmit Konusmalari (1923). Il kez sansürsüz tam Metin. Istanbul 1993. [Die Reden von Eskisehir und Izmit. Zum erstenmal der vollständige unzensierte Inhalt]

Atatürk, Gazi Mustafa Kemal: Söylev. 20. A. Istanbul 1991. [Rede]

Aybars, Ergün: Istiklal Mahkemeleri. Ankara 1975. [Unabhängigkeitstribunale]

Aybars, Ergün: Yakin Tarihimizde Anadolu Ayaklanmalari. In: Altiok 5 (1994), S.54-60. [Die anatolischen Aufstände in unserer neu(er)en Geschichte]

Aydemir, Celal; Sener, Cemal: Alevilik Dersleri 1. Hückelhoven 2000. [Lehren des Alevitentums 1]

Aydemir, Sevket Süreyya: Ikinci Adam. Istanbul 1968. [Der Zweite Mann]

Aydin, Erdogan: Cumhuriyet'in kurulusunda Din Devlet Iliskileri ya da Türk ve Sünni Bir Ulusun Insasi. In: Pir Sultan Abdal 30 (1999), S. 16-22. [Die Beziehungen zwischen Staat und Religion in der Gründungszeit der Republik oder der Aufbau einer türkischen und sunnitischen Nation]

Aydin, Erdogan: Osmanli Gercegi. Istanbul 2000. [Die Wahrheit über das Osmanische Reich]

Aydin, Hayrettin: Das ethnische Mosaik der Türkei. In: Zentrum für Türkeistudien 10 (1997), S. 65-102.

Bahceli, Devlet: Alevi vatandaslari kucaklayalim.
Ýn: hurweb01/hurriyet.com.tr/hur/turk/99/04/08/gundem/27gun.thm

Bal, Hüseyin: Alevi-Bektasi Köylerinde Toplumsal Kurumlar. Istanbul 1997a. [Gesellschaftliche Institutionen in alevitisch-bektaschitischen Dörfern]

Bal, Hüseyin: Alevi-Bektasi Sosyolojisi. Istanbul 1997b. [Die Soziologie des Aleviten-Bektaschitentums]

Bal, Hüseyin: Özel bir Sosyoloji Olarak Alevi-Bektasi Sosyolojisi. In **Engin, Ismail; Franz, Erhard (Haz./Hg.):** Aleviler/Alewiten. Kimlik ve Tarih/ Identität und Geschichte. Cilt 1/Band 1. (Band 59 aus der Reihe Mitteilungen/ Deutsches Orient-Institut). Hamburg 2000. [Das Aleviten-Bektasitentum als Sonderzweig der Soziologie]

Bal, Hüseyin: Sosyolojik Acidan Alevi-Sünni Farklilasmasi ve Bütünlesmesi. Istanbul 1997c. [Die alevitisch-sunnitische Ausdifferenzierung und Integration aus soziologischer Perspektive]

Balaban, Kazim: Demoklesin yeni kilici: "Ermeni Davasi". In: www.candost.itgo.com/kazimbalaban.html. [Das neue Damoklesschwert: "Die Armenische Sache"]

Balkiz, Ali: Dede, Baba, Celebi, Seyit, Nakip ve Cumhuriyet. In: Pir Sultan Abdal 30 (1999), S. 39-44.

Balli, Rafet: Komünizmle Mücadele Dernekleri'nden Bugüne. [Von den Vereinen zur Bekämpfung des Kommunismus bis heute] In: **Kaynak Yayinevi:** Bati ve Irtica. Istanbul 1999a. [Der Westen und die Reaktion]

Bas, Mustafa: Alevitische Glaubens- Philosophie. Eine kritische Auseinandersetzung mit den Dogmen des Islam oder Auswirkungen grundlegender Prinzipien des Islam auf die Erziehung islamischer Kinder. Berlin 1992.

Bender, Cemsid: Anadolu Kültüründe Kürt Izleri. In: Teori 10 (1990), S. 41- 47. [Kurdische Spuren in der anatolischen Kultur]

Bender, Cemsid: Kürt Tarihi ve Uygarligi. Istanbul 1991. [Kurdische Geschichte und Zivilisation]

Berkes, Niyazi: The Development of Secularism in Turkey. Montreal 1964.

Birand, Mehmet Ali: The General's Coup in Turkey. An Inside Story of 12th September 1980. London, Oxford, Washington u.a. 1987.

Birdogan, Nejat: Ittihat-Terakki'nin Alevilik-Bektasilik Arastirmasi. Istanbul 1994. [Die Untersuchung des Alevitentums-Bektaschitentums der Union für Einheit und Fortschritt]

Birge, John Kingsley: The Bektashiorder of Dervishes. London 1937.

Bora, Tanil: Milliyetciligin Kara Bahari. Istanbul 1995. [Der dunkle Frühling des Nationalismus].

Bora, Tanil: Türk Saginin üc Hali. Istanbul 1998. [Die drei Zustände der türkischen Rechte]

Bozarslan, Hamit: Araþtýrmanýn Mitoslarý ya da Aleviliđin Tarihsel ve Sosyal Bir Olgu Olarak Deđerlendirilmesinin Zorunluluđu Üzerine. In: **Engin, Ismail; Franz, Erhard (Haz./ Hg.):** Aleviler/Alewiten. Kimlik ve Tarih/ Identität und Geschichte. Cilt 1/Band 1. (Band 59 aus der Reihe Mitteilungen/ Deutsches Orient-Institut). Hamburg 2000.

Bozdemir, Mevlut: Armee und Politik in der Türkei. Frankfurt 1988.

Bozkurt, Fuat: Aleviligin Toplumsal Boyutlari. Istanbul 1993. [Die gesellschaftlichen Dimensionen des Alevitentums]

van Bruinessen, Martin: "Aslini inkar eden haramzadedir!" The Debate of the Ethnic Identity of the Kurdish Alevis. In: **Kehl-Bodrogi, Krisztina; Kellner-Heinkele, Barbara; Otter-Beaujean, Anke(Ed.):** Syncretistic Religious Communities in the Near East. Collected Papers of the International Symposium "Alevism in Turkey and Comparable Syncretistic Religious Communities in the Near East in the Past and Present". Berlin, 14- 17 April 1995 (Band 76 aus der Reihe Studies in the History of Religions, herausgegeben von H. G. Kippenberg, E. T. Lawson). Leiden 1997.

van Bruinessen, Martin: Die Türkische Republik, ein säkularisierter Staat? In: **Blaschke, Jochen; van Bruinessen, Martin (Hg.):** Thema: Islam und Politik in der Türkei. Berlin 1984b.

van Bruinessen, Martin: Kurds, Turks and the Alevi Revival in Turkey. In: http://www.uga.edu/religion/ag/alevivanb.html. (Originally at: http://www.ruu.ul/ oriental_studies/mvbalevi.html).

van Bruinessen, Martin: Vom Osmanismus zum Separatismus: Religiöse und ethnische Hintergründe der Rebellion des Scheich Said. In **Blaschke, Jochen; van Bruinessen, Martin (Hg.):** Thema: Islam und Politik in der Türkei. Berlin 1984a.

al-Buhari; Sahih: Nachrichten von Taten und Aussprüchen des Propheten Muhammad. Stuttgart 1991.

Bulut, Faik: Belgelerle Dersim Raporlari. Istanbul 1991. [Die Dersim-Berichte in Dokumenten]

Bulut, Faik: Kim Bu Fethullah Gülen. 3.A. Istanbul 1999. [Wer ist dieser Fethullah Gülen]

Bulut, Faik: Ordu ve Din. Asker gözüyle Islamci faaliyetler. Istanbul 1995. [Heer und Religion. Islamistische Aktionen aus der Sicht der Armee]

Busse, Heribert: I. Grundzüge der islamischen Theologie und der Geschichte des islamischen Raumes. In: **Ende, Werner; Steinbach, Udo (Hg.):** Der Islam in der Gegenwart. 4.A. München 1996.

Cakir, Rusen: Politik "Alevilik" ile Politik "Sünnilik": Benzerlikler ve Zitliklar. In: **Olsson, Tord; Özdalga, Elisabeth; Raudvere, Catharina (Haz.):** Alevi Kimligi. Istanbul 1999. [Politisches "Alevitentum" und Politisches "Sunnitentum": Gemeinsamkeiten und Unterschiede].

Canetti, Elias: Masse und Macht. Frankfurt 1993.

Camuroglu, Reha: Günümüz Aleviligin Sorunlari. 2.A. Istanbul 1994. [Die Probleme des heutigen Alevitentums]

Camuroglu, Reha: Some Notes on the Contemporary Process of Reconstructuring Alevilik in Turkey. In: **Kehl-Bodrogi, Krisztina; Kellner-Heinkele, Barbara; Otter-Beaujean, Anke (Ed.):** Syncretistic Religious Communities in the Near East. Collected Papers of the International Symposium "Alevism in Turkey and Comparable Syncretistic Religious Communities in the Near East in the Past and Present". Berlin, 14- 17 April 1995 (Band 76 aus der Reihe Studies in the History of Religions, herausgegeben von H. G. Kippenberg, E. T. Lawson). Leiden 1997.

Cecen, Anil: Kemalizm. Istanbul 1998. [Kemalismus]

Cem, Ismail: Türkiye'de gerikalmisligin Tarihi. 9.A. Istanbul 1986. (Die Geschichte der Rückständigkeit der Türkei]

Cetinkaya, Hikmet: Sancili Yillar. Kusatilmis Sokaklar. 1968'den 1978'e. Istanbul 1996. [Schmerzhafte Jahre. Umzingelte Straßen. Von 1968 zu 1978]

Cig, Muazzez Ilmiye: Kur'an Incil ve Tevrat'in Sumer'deki Kökeni. Istanbul 1995. [Die Wurzel des Korans, der Bibel und der Thora bei den Sumerern]

Cicek, Hikmet: Hangi Hizbullah. Istanbul 2000. [Welche Hisbollah?]

Coleman, James S.: Grundlagen der Sozialtheorien (übersetzt aus dem Amerikanischen von Michael Sukale und Martina Wiese). Studienausgabe (Band 1 :Handlungen und Handlungssysteme) . München 1995 .

Connerton, Paul: How societies remember. Cambridge 1989.

Copeaux, Etienne: Tarih Ders Kitaplarinda (1931-1993) Türk Tarih Tezi'nden Türk-Islam Sentezi'ne. 2.A. Istanbul 1998. [Von der Türkischen Geschichtsthese zur Türkisch-Islamischen Synthese in den Geschichtsbüchern (1931-1993)]

Coskun, Zeki: Aleviler, Sünniler ve ... Öteki Sivas. Istanbul 1995. [Aleviten, Sunniten und ... das andere Sivas]

Costuroglu, Mustafa: Laik Okullara Karsi Bir Secenek mi? In: Halkoyu 11 (1977), S. 21-22. [Eine Alternative zu säkularen Schulen?]

Cuma: Aziz Nesin'in provokasyonu: Sivas. Nr.204/8.7.1994, S.30-31.

Cumhuriyet Hafta: Avluda yankilanan üc genc ses. Nr. 21/2001/25.05.2001, S.15. [Drei junge, im Korridor verhallende Stimmen]

Cumhuriyet Hafta: Seriatci teröre ölüm cezasi. Nr. 20/2001/18.05.2001, S.6. [Todesstrafe für islamistischen Terror]

Davaz, Rasim: Yeni bir Kürt Ayaklanmasi. Rundschau. Nr.32/29.07.1937, S.1162 [Ein neuer Kurdenaufstand]

Der Koran. Aus dem Arabischen übersetzt von Max Henning. Einleitung und Anmerkungen von Annemarie Schimmel. Stuttgart 1994.

Die Tageszeitung: Aufruhr vor dem Café des Ostens. Nr. 4569/14.3.1995, S. 3.

Die Tageszeitung: Aziz Nesin –vom Opfer zum Täter. Nr.4394/18.08.1994, S. 8.

Die Tageszeitung: "Der Staat ist der Mörder". Nr.4504/28.12.1994, S. 10.

Die Tageszeitung: Die Armee als Gesamtkapitalist. Nr. 5496/31.03.1998.

Die Tageszeitung: Gnade vor Recht im Prozeß um Sivas-Attentat. Nr.4503/27.12.1994, S. 2.

Die Zeit: Die Freundschaft zersplittert. Nr. 14/31.3.1995, S. 17-19.

Die Zeit: Jagd auf die "Rotschöpfe". Nr. 13/24.3.1995, S.3.

Dierl, Anton Josef: Geschichte und Lehre des anatolischen Alevismus-Bektasismus. Frankfurt 1985.

Donnan, Hastings; Wilson, Thomas M.: Borders: Frontier of Identity, Nation and State. New York 1999.

Dreßler, Markus: Die civil religion der Türkei. Kemalistische und alevitische Atatürk-Rezeption im Vergleich. Würzburg 1999.

Dural, Tamasa: Aleviler ve Gazi Olaylari. Istanbul 1995. [Aleviten ... und die Ereignisse von Gazi]

Dursun, Turan: Kur'an. 7. A. Istanbul 1997.[Koran]

Dursun, Turan: Kutsal Kitaplarin Kaynaklari 1. 2. A. Istanbul 1996. [Die Quellen der Heiligen Bücher 1]

Dursun, Turan: Kutsal Kitaplarin Kaynaklari 2. 2. A. Istanbul 1996. [Die Quellen der Heiligen Bücher 2]

Dursun, Turan: Tabu Can Cekisiyor. Din Bu 2. 12.A. Istanbul 1995. [Das Tabu ringt mit dem Tode. Das ist Religion 2]

Ende, Werner: III. Der schiitische Islam. In:**Ende, Werner; Steinbach, Udo (Hg.):** Der Islam in der Gegenwart. 4.A. München 1996.

Engin, Ismail: Abschlußbericht des Forschungsprojekts "Entstehung, Tradierung und Relevanz von Fremd- und Feindbildern im alewitisch-sunnitischen Konflikt in der Türkei". In: Orient 40 (1999a), S. 545-572.

Engin, Ismail: Alevi Kollektif Bilincinin olusturulmasi ile sürdürülmesinde Zakirlerin ve Ozanlarin rolü. In: Alevilerin Sesi 43 (2001a), S. 24-25. [Die Rolle der Barden und Dichter bei der Prägung und Aufrechterhaltung des alevitischen Kollektivbewußtseins]

Engin, Ismail: Avrupa Birligi ve Türkiye: Türkiye'de Demokratiklesmenin Önemli Bir Unsuru Olarak Aleviler. In: Alevilerin Sesi 42 (2001b), S.36-37. [Die Europäische Union und die Türkei: Die Aleviten als ein wichtiger Bestandteil der Demokratisierung in der Türkei]

Engin, Ismail: Eine Analyse der Alevitenproblematik auf der Grundlage der Sitzungsprotokolle des Türkischen Parlaments (*Türkiye Büyük Millet Meclisi*) der Jahre 1989-1997. In: Orient 40 (1999b), S. 235-253.

Engin, Ismail: Imam Hatip Okullari in der Türkei- Zündstoff für das Regime? In: Orient 39 (1998a), S. 85-101.

Engin, Ismail: Izzetin Dogan. In: Orient 39 (1998b), S. 541-547.

Engin, Ismail; Franz, Erhard: Nusairier- die arabischsprachigen 'Alawi. In: **Engin, Ismail; Franz, Erhard (Haz./Hg.):** Aleviler/Alewiten. Kimlik ve Tarih/ Identität und Geschichte. Cilt 1/Band 1. (Band 59 aus der Reihe Mitteilungen/ Deutsches Orient-Institut). Hamburg 2000.

Engin, Ismail: Thesen zur ethnischen und religiösen Standortbestimmung des Alevitentums. Türkischsprachige Publikationen der Jahre 1983-1995. In: Orient 37 (1996), S. 691-706.

Eral, Sadik: Caldiran'dan Corum'a. Anadolu'da Alevi Katliamlarý. 2.A. Istanbul 1995. [Alevitenmassaker in Anatolien von Caldiran bis Corum]

Erbakan, Necmettin: Milli Görüs. Istanbul 1975. [Nationaler Standpunkt]

Erdemir, Aykan: Death of a Community: Kizilbas-Alevi-Predicament in 1990's in Istanbul. In: www.sahkulu.org/aykan_sempoz.htm.

Erdost, Muzaffer Ilhan: Gazi Olaylari, Sivas Örnegi ve Alevi-Sünni Kavgasi Kiskirtilmasi. [Die Ereignisse von Gazi, Das Beispiel Sivas und die Provokation des alevitisch-sunnitischen Konflikts] In: **Kaynak Yayinevi:** Bati ve Irtica. Istanbul 1999. [Der Westen und die Reaktion]

Erogul, Cem: Chapter 4. The Establishment of the Multiparty Rule 1945. In: **Schick, Irvin G.; Ertugrul, Ahmet (Ed.):** Turkey in Transition. New Perspectives. New York 1987.

Erseven, Ilhan Cem: Alevi-Bektasi Kültüründe "Semahlar". In: **Engin, Ismail; Franz, Erhard (Haz./Hg.):** Aleviler/Alewiten. Kimlik ve Tarih/ Identität und Geschichte. Cilt 2/Band 2. (Band 60 aus der Reihe Mitteilungen/ Deutsches Orient-Institut). Hamburg 2001. [Die Semah in der alevitisch-bektaschitischen Kultur]

Erürten, Bahir: Türkiye Cumhuriyeti Devrim Yasalari. O.O. 1999. [Die Revolutionsgesetze der Republik Türkei]

Erzeren, Ömer: Der lange Abschied von Atatürk. Berlin 1997.

Esser, Hartmut: Die Definition der Situation. In Kölner Zeitschrift für Soziologie und Sozialpsychologie 48 (1996), S. 1-34.

Faroqhi, Suraiya: Geschichte des Osmanischen Reiches. München 2000.

Feigl, Erich: Die Kurden: Geschichte und Schicksal eines Volkes. München 1995.

Fenske, Hans: Politisches Denken im 20. Jahrhundert. In: **Lieber, Hans-Joachim:** Politische Theorien von der Antike bis zur Gegenwart. München 1991.

Figlali, Ethem Ruhi: Siilik ve Anadolu Aleviligi Arasindaki Farkliliklar ve Benzerlikler. In: **Engin, Ismail; Franz, Erhard (Haz./Hg.):** Aleviler/Alewiten. Kimlik ve Tarih/ Identität und Geschichte. Cilt 1/Band 1. (Band 59 aus der Reihe Mitteilungen/ Deutsches Orient-Institut). Hamburg 2000. [Gemeinsamkeiten und Unterschiede zwischen der Schia und dem anatolischen Alevitentum].

Firro, Kais M.: The Attitude of the Druzes and 'Alawis Vis-à-vis Islam and Nationalism in Syria and Lebanon. In: **Kehl-Bodrogi, Krisztina; Kellner-Heinkele, Barbara; Otter-**

Beaujean, Anke (Ed.): Syncretistic Religious Communities in the Near East. Collected Papers of the International Symposium "Alevism in Turkey and Comparable Syncretistic Religious Communities in the Near East in the Past and Present". Berlin, 14- 17 April 1995 (Band 76 aus der Reihe Studies in the History of Religions, herausgegeben von H. G. Kippenberg, E. T. Lawson). Leiden 1997.

Föderation der Aleviten-Gemeinden in Deutschland e.V.: Alevitentum in den Deutschen Schulen. In: Alevilerin Sesi 37 (2000), S. 29-32.

Frankfurter Rundschau: Jeden Tag entstehen vier neue Moscheen. 9.5.1989, S.4.

Franz, Erhard: Wer und was ist ein Alewite? In: **Engin, Ismail; Franz, Erhard (Haz./Hg.):** Aleviler/Alewiten. Kimlik ve Tarih/ Identität und Geschichte. Cilt 1/Band 1. (Band 59 aus der Reihe Mitteilungen/ Deutsches Orient-Institut). Hamburg 2000.

Geertz, Clifford: Religiöse Entwicklung im Islam. Beobachtet in Marokko und Indonesien. Frankfurt 1991.

Gellner, Ernest: Der Islam als Gesellschaftsordnung. München 1992.

Gellner, Ernest: Nationalismus und Moderne. Berlin 1991.

General Secretariat of the National Security Council: 12 September in Turkey. Before and After. Ankara 1982.

Giesen, Bernhard: Die soziale Konstruktion von Erinnerung. [Masch.-schr.] Manuskript. Universität Konstanz. Geisteswissenschaftliche Sektion. Fachbereich für Geschichte und Soziologie 2000.

Giesen, Bernhard: Europa als Konstruktion der Intellektuellen. In **Viehoff, Reinhold; Segers, Rient T.:** Kultur. Identität. Europa. Frankfurt 1999a.

Giesen, Bernhard: Kollektive Identität. Die Intellektuellen und die Nation 2. Frankfurt: 1999b.

Glasenapp; Helmuth von: Die fünf Weltreligionen: Hinduismus, Buddhismus, chinesischer Universismus, Christentum, Islam. München 1996.

Gökalp, Ziya: The Principles of Turkism. Leiden 1968.

Gökalp, Ziya: Türkcülügün Esaslari. 4.A.Istanbul 1994.

Gökalp, Ziya: Turkish Nationalism and Western Cicilization. New York 1959.

Gölbasi, Haydar: Aleviler ve Sivas Olaylari. Istanbul 1997. [Aleviten und die Ereignisse von Sivas]

Goffman, Erving: Stigma. Über Techniken der Bewältigung beschädigter Identität. Frankfurt 1975.

Gronau, Dietrich: Mustafa Kemal Atatürk oder die Geburt der Republik. Frankfurt 1994.

Gülcicek, Ali Duran: Der Weg der Aleviten (Bektaschiten).Köln 1994.

Gündüz, Hursit: Demokrasiye Ters Bir Kurum: Diyanet Isleri Baskanligi. In: Alevilerin Sesi 44 (2001) 4, S. 10-11. [Eine antidemokratische Institution: das Präsidium für Religionsangelegenheiten]

Güvenc, Bozkurt: Türk kimligi. Kültür tarihinin kaynaklari. Istanbul 1995. [Türkische Identität. Die Quellen zur Kulturgeschichte]

Haas, Angelika; Berndt, Thorsten; Dommermuth, Lars: 2. Theoretische Vorüberlegungen. In: **Haas, Angelika; Berndt, Thorsten; Dommermuth, Lars et al:** Studierende türkischer Herkunft an der Universität Konstanz. Vorwort von Ekin Deligöz (Band 48 aus der Reihe Konstanzer Studien zur Sozialwissenschaft; herausgegeben von Horst Baier und Erhard R. Wiehn). Konstanz 1998.

Halbwachs, Maurice: Das kollektive Gedächtnis. Frankfurt 1991.

Heckmann, Friedrich: Ethnische Minderheit, Volk und Nation. Soziologie interethnischer Beziehungen. Stuttgart 1992.

Heper, Metin: The state tradition in Turkey. Washington 1985.

Hirsch, Ernst E.: Die Verfassung der Türkischen Republik. Frankfurt, Berlin 1966.

Hoffmann, Barbara; Balkan C.: Militär und Demokratie in der Türkei. Berlin 1985.

Hottinger, Arnold: Macht und Minderheiten im Nahen Osten. In: **Müller, Kurt (Hg.):** Minderheiten im Konflikt. Fakten, Erfahrungen, Lösungskonzepte. Zürich: Verlag Neue Zürcher Zeitung 1993.

Hovannissian, Richard: Armenia on the Road to Independence. Berkeley/ Los Angeles 1998.

Hürriyet-Europaausgabe: Aleviler MGK'ya gidiyor. 19.01.2001, S.31. [Aleviten gehen zum Nationalen Sicherheitsrat]

Hürriyet-Europaausgabe: Almanya'da 'Alevilik Dersleri' oyunu. 14.02.2001, S.15. [Das Intrigenspiel 'Alevitenunterricht' in Deutschland]

Hürriyet-Europaausgabe: Anadolu'da Ermeni'den cok Türk öldü. 24.03.2001, S.11. [In Anatolien sind mehr Türken als Armenier umgekommen].

Ikibin'e/2000'e Dogru: Resmi Istikamet: Türk-Islam Sentezi. 25.01.1987, S. 8-13.

Ilsever, Ferit: Cumhuriyet Devrimi Kanunlari. Istanbul 1997. [Die Gesetze der Republikanischen Revolution]

Inalcik, Halil: The Ottoman Empire. The Classical Age 1300-1600. London 1973.

Izady, Mehrdad: Alevism. In: http://www.xs4all.nl./~tank/kurdish/hdocs/cult/alev.html

Kaleli, Lütfi: Cumhuriyet ve Aleviler. In: Pir Sultan Abdal 30 (1999), S. 92-95. [Die Republik und die Aleviten]

Kantemir, Dimitri: Osmanli Imparatorlugu'nun Yükselis ve Cöküs Tarihi 1. Istanbul 1998. [Die Geschichte vom Aufstieg und Niedergang des Osmanischen Reiches]

Kaplan, Ismail: Diyanet Isleri Yasasi Degismelidir. In: Alevilerin Sesi 44 (2001a), S. 5-6. [Das Gesetz für das Präsidium für Religionsangelegenheiten muß geändert werden]

Kaplan, Ismail: Warum Alevitischer Religionsunterricht? In: Alevilerin Sesi 46 (2001b), S. 27-29.

Karpat, Kemal H.: Turkey's Politics: The Transition to a Multi-Partysystem. Princeton 1966.

Kaynak Yayinevi: Genelkurmay Belgelerinde Kürt Isyanlari 1. Istanbul 1992a. [Kurdenaufstände in den Dokumenten des Generalstabs 1]

Kaynak Yayinevi: Genelkurmay Belgelerinde Kürt Isyanlari 2. Istanbul 1992b. [Kurdenaufstände in den Dokumenten des Generalstabs 2]

Kaynak Yayinevi: Irticaya Karsi Genelkurmay Belgeleri. Istanbul 1997b. [Dokumente des Generalstabs gegen die Reaktion]

Kaynak Yayinevi: Ülkücü Komando Kamplari. 4.A. Istanbul 1997a. [Die Trainingslager der idealistischen Kommandoeinheiten]

Kayra, Cahit: Sevr Dosyasi. Istanbul 1998. [Sevrès-Dossier]

Kehl-Bodrogi, Krisztina: Introduction. In: **Kehl-Bodrogi, Krisztina; Kellner-Heinkele, Barbara; Otter-Beaujean, Anke (Ed.):** Syncretistic Religious Communities in the Near East. Collected Papers of the International Symposium "Alevism in Turkey and Comparable Syncretistic Religious Communities in the Near East in the Past and Present". Berlin, 14- 17 April 1995 (Band 76 aus der Reihe Studies in the History of Religions, herausgegeben von H. G. Kippenberg, E. T. Lawson). Leiden 1997a.

Kehl-Bodrogi, Krisztina: On the Significance of *musahiplik* among the Alevis of Turkey: The Case of the Tahtaci. . In: **Kehl-Bodrogi, Krisztina; Kellner-Heinkele, Barbara; Otter-Beaujean, Anke (Ed.):** Syncretistic Religious Communities in the Near East. Collected Papers of the International Symposium "Alevism in Turkey and Comparable Syncretistic Religious Communities in the Near East in the Past and Present". Berlin, 14- 17 April 1995 (Band 76 aus der Reihe Studies in the History of Religions, herausgegeben von H. G. Kippenberg, E. T. Lawson). Leiden 1997b.

Kehl-Bodrogi, Krisztina: Prozesse ethnisch-sprachlicher Differenzierung am Beispiel der zazakisprachigen Alewiten aus Dersim. In: **Engin, Ismail; Franz, Erhard (Haz./Hg.):** Aleviler/Alewiten. Kimlik ve Tarih/ Identität und Geschichte. Cilt 1/Band 1. (Band 59 aus der Reihe Mitteilungen/ Deutsches Orient-Institut). Hamburg 2000.

Kehl-Bodrogi, Krisztina: Tarih mitosu ve kollektif kimlik. In: Birikim 88 (1996), S. 52-63. [Geschichtsmythos und Kollektividentität]

Kehl-Bodrogi, Krisztina: The New Garments of Alevism. In http:// www.isim.nl.newsletter /5/regional/7.html.

Kehl-Bodrogi, Krisztina: Vom revolutionären Klassenkampf zum "wahren" Islam. Transformationsprozesse im Alevitentum der Türkei nach 1980. Sozialanthroplogische Arbeitspapiere 49. Berlin 1992.

Kehl-Bodrogi, Krisztina: "Wir sind ein Volk." Identitätspolitiken unter den Zaza (Türkei) in der europäischen Diaspora. In: Sociologus. Zeitschrift für empirische Ethnosoziologie und Ethnopsychologie 48 (1998), S. 110-135.

Khoury, Adel-Theodor: Einführung in die Grundlagen des Islams. Graz, Wien, Köln 1978.

Kilic, Ali: Europäische Aleviten. In: Die Stimme der Aleviten. Zentralorgan der Vereinigung der Aleviten- Gemeinden e.V. 26 (1998), S.6-9.

Kislali, Mehmet Ali: Güneydogu Düsük Yogunluklu Catisma. Istanbul 1996. [Low-Intensity Conflict. Südosten]

Kitsikis, Dimitri: Türk-Yunan Imparatorlugu. Istanbul 1996. [Das Türkisch-Griechische Reich]

Knoblauch, Hubert: Religionssoziologie. Berlin, New York 1999.

Knoll, Michael: "Ich weiß, was ich nicht bin. Aber ich weiß nicht, was ich bin." In: **Haas, Angelika; Berndt, Thorsten; Dommermuth, Lars et al:** Studierende türkischer Herkunft an der Universität Konstanz. Vorwort von Ekin Deligöz (Band 48 aus der Reihe Konstanzer

Studien zur Sozialwissenschaft; herausgegeben von Horst Baier und Erhard R. Wiehn). Konstanz 1998.

Kongar, Emre: 21. Yüzyilda Türkiye' nin toplumsal yapisi. 11.A. Istanbul 1998. [Sozialstruktur der Türkei des 21. Jahrhunderts]

Kongar, Emre: Turkey's Cultural Transformation. In: **Renda, Günsel; Kortepeter, C. Max (Ed.):** The Transformation of Turkish culture. The Atatürk Legacy. Princeton 1986.

Korkmaz, Esat: Alevilere Saldirilar. Istanbul 1997. [Angriffe auf Aleviten]

Koydl, Wolfgang: Der lange Schatten des Übervaters. Wie eine Nation langsam erwachsen wird. In: Geo Spezial 2 (1998), S. 34-36.

Krämer, Gudrun: Islam ist nicht gleich Islam. Einheit der Lehre, Vielfalt der Lebenswelten. In: Du 7/8 (1994), S. 27-29.

Kral, August Ritter von: Das Land Kamal Atatürks. Der Werdegang der modernen Türkei: Wien/Leipzig: 1937.

Kuloglu, Nazan: Basin ve yayin ile verilen dinsel egitim. In: Alevilerin Sesi 25 (1998), S. 49-52. [Die Erziehung durch Presse und Sendung]

Laciner, Ömer: Der Konflikt zwischen Sunniten und Aleviten in der Türkei. In **Blaschke, Jochen; van Bruinessen, Martin (Hg.):** Thema: Islam und Politik in der Türkei. Berlin 1984.

Lenk, Kurt: Volk und Staat. Stuttgart/Berlin 1971.

Lerch, Wolfgang Günter: Muhammads Erben: die unbekannte Vielfalt des Islam. Düsseldorf 1999.

Lewis, Bernard: The Emergence of Modern Turkey. 3.A. London 1965.

Macfie, Alexander: Atatürk. London 1994.

Macfie, Alexander L.: The End of the Ottoman Empire 1908-1923. London, New York 1998.

Majoros, Ferenc; Rill, Bernd: Das Osmanische Reich. Regensburg 1999.

Mater, O. Tayfun: Devrimci Yol Savunmasi. 12 Eylül Öncesi ve Sonrasi. Ankara 1989. [Die Verteidigung des Revolutionären Weges. Der 12. September: Vorher und Nachher]

Matuz, Josef: Das Osmanische Reich: Grundlinien seiner Geschichte. Darmstadt 1985.

McCarthy, Justin: Death and Exile: The Ethnic Cleansing of Ottoman Muslims. 1821-1922. Princeton 1995.

McCarthy, Justin: The Ottoman Turks. 2.A. London 1998.

Mélikoff, Irène: Bektasilik/Kizilbaslik: Tarihsel Bölünme ve Sonuclar. In: **Olsson, Tord; Özdalga, Elisabeth; Raudvere, Catharina (Haz.):** Alevi Kimligi. Istanbul 1999. [Bektaschitentum/Kizilbaschtum: Historische Spaltung und Folgen]

Metin, Ismail: Aleviliginin Anayasasý. Ýstanbul 2000[Das Grundgesetz des Alevitentums].

Metin, Ismail: Osmanli'lin Kanli Tarihi. 2. A. Istanbul 1998. [Die blutige Geschichte des Osmanischen Reiches]

Michaels, Alex: >>Le rituel pour le rituel<< oder wie sinnlos sind Rituale? In: **Caduff, Corina; Pfaff-Czarnecka, Joanna:** Rituale heute. Berlin 1999.

Ministerium für Arbeit, Gesundheit und Soziales des Landes Nordrhein-Westfalen(Hg.): Türkische Muslime in Nordrhein- Westfalen. 3.A. Duisburg 1997.

Mumcu, Ugur: Kürt Dosyasi. 8.A. Ankara 1994. [Kurdisches Dossier]

Mumcu, Ugur: Kürt-Islam Ayaklanmasi. 20.A. Ankara 1995. [Der kurdisch-islamische Aufstand]

Neue Zürcher Zeitung: Die Tugendpartei in der Türkei verboten. Nr.143/23./24.06.2001, S.1-2.

Noyan, Bedri: Bektasilik, Alevilik Nedir?. 3.A. Istanbul 1995. [Was ist Bektaschitentum, Alevitentum?]

Ocak, Ahmet Yasar: Babailer Isyanindan Kizilbasliga: Anadolu'da Islam Heterodoksinin Dogus ve Gelisim Tarihine Kisa Bir Bakis. In: **Engin, Ismail; Franz, Erhard (Haz./Hg.):** Aleviler/Alewiten. Kimlik ve Tarih/ Identität und Geschichte. Cilt 1/Band 1. (Band 59 aus der Reihe Mitteilungen/ Deutsches Orient-Institut). Hamburg 2000. [Vom Babailer-Aufstand zum Kizilbaschtum: Kurzer historischer Abriß über Entstehung und Entwicklung der islamischen Heterodoxie in Anatolien].

Ocak, Ahmet Yasar: Türk Sufiligine Bakislar. Istanbul 1996. [Einblick in das türkische Sufitum]

Ocak, Ahmet Yasar: Un aperçu général sur l'Hétérodoxie Musulmane en Turquie: Réfléxions sur les origines et les caracteristiques du Kizilbachisme (Alévisme) dans la perspective de l'histoire. In: **Kehl- Bodrogi, Krisztina; Kellner-Heinkele, Barbara; Otter-Beaujean, Anke (Ed.):** Syncretistic Religious Communities in the Near East. Collected Papers of the International Symposium "Alevism in Turkey and Comparable Syncretistic Religious Communities in the Near East in the Past and Present". Berlin, 14- 17 April 1995 (Band 76 aus der Reihe Studies in the History of Religions, herausgegeben von H. G. Kippenberg, E. T. Lawson). Leiden 1997.

Ocak, Ahmet Yasar: Zindiklar ve Mülhidler. Istanbul 1998. [Gottlose und Atheisten]

Oehring, Otmar: Die Türkei im Spannungsfeld extremer Ideologien (1973-1980). Eine Untersuchung der politischen Verhältnisse. Berlin 1984.

Öke, Mim Kemal: Yüzyilin Kan Davasi – Ermeni Sorunu. 1914-1923. Istanbul 2000. [Die Blutfehde des Jahrhunderts – Die Armenierfrage 1914-1923.].

Öz, Baki: Kurtulus Savasinda Alevi-Bektasiler. Istanbul 1997. [Aleviten-Bektaschiten im Türkischen Unabhängigkeitskrieg]

Öz, Baki: Osmanli'da Alevi Ayaklanmalari. Istanbul 1992. [Alevitenaufstände im Osmanischen Reich]

Özcan, Ahmet: 28 Subat: Cözülüsün Restorasyonu. In: Birikim 131 (2000), S. 55-59.

Özkirimli, Atilla: Alevilik-Bektasilik. Toplumsal Bir Baskadiri Ideolojisi. 2.A. Istanbul 1993. [Alevitentum-Bektaschitentum. Eine soziale Widerstandsideologie]

Özyanik, Turan: IHL'ye üvey evlat muamelesi. In: Yeni Düsünce. 11.05.2001, S.16-19. [Die Stiefkindbehandlung der Imam-Hatip-Gymnasien]

Oguz, Burhan: Antik ve Hiristiyan Anadolu Din ve Kültürlerinin Alevilige Etkileri. In: **Engin, Ismail; Franz, Erhard (Haz./Hg.):** Aleviler/Alewiten. Kimlik ve Tarih/ Identität und Geschichte. Cilt 1/Band 1. (Band 59 aus der Reihe Mitteilungen/ Deutsches Orient-Institut).

Hamburg 2000. [Der Einfluß antiker anatolischer Religionen und des Christentums auf das Alevitentum]

Olson, Mancur: The Logic of Collective Action. Cambridge 1965.

Oppitz, Michael: Montageplan von Ritualen. In: **Caduff, Corina; Pfaff-Czarnecka, Joanna:** Rituale heute. Berlin 1999.

Otter-Beaujean, Anke: Schriftliche Überlieferung versus mündliche Tradition: zum Stellenwert der *Buyruk-* Handschriften im Alevitentum. In: **Kehl-Bodrogi, Krisztina; Kellner-Heinkele, Barbara; Otter-Beaujean, Anke (Ed.):** Syncretistic Religious Communities in the Near East. Collected Papers of the International Symposium "Alevism in Turkey and Comparable Syncretistic Religious Communities in the Near East in the Past and Present". Berlin, 14-17 April 1995 (Band 76 aus der Reihe Studies in the History of Religions, herausgegeben von H. G. Kippenberg, E. T. Lawson). Leiden 1997.

Papouilia, Basilike: Ursprung und Wesen der 'Knabenlese' im Osmanischen Reich. München 1963.

Parla, Taha: Türkiye'de Siyasal Kültürün Resmi Kaynaklari. Cilt 3: Kemalist Tek-Parti Ideolojisi ve CHP'nin Alti Oku. 2.A. Istanbul 1995. [Die offiziellen Quellen der politischen Kultur in der Türkei. Band 3: Die kemalistische Einparteienideologie und die Sechs Pfeile der CHP]

Parla, Taha: Ziya Gökalp, Kemalizm ve Türkiye'de Korporatizm. 2. A. Istanbul 1993. [Ziya Gökalp, Kemalismus und Korporatismus in der Türkei]

Pekmezci, Necdet; Büyükyildiz, Nursen: Ülkücüler. Istanbul 1999. [Idealisten]

Perincek, Dogu: 28 Subat Süreci. Istanbul 2000. [Die Phase des '28.Februar']

Perincek, Dogu: Kemalist Devrim 1. Teorik Cerceve. 3.A. Istanbul 1995a. [Kemalistische Revolution 1. Theoretischer Bezugsrahmen]

Perincek, Dogu: Kemalist Devrim 2. Din ve Allah. 3.A. Istanbul 1995b. [Kemalistische Revolution 2. Religion und Allah]

Perincek, Dogu: Kemalist Devrim 3: Altiok. Istanbul 1999a. [Kemalistische Revolution 3: Sechs Pfeile]

Perincek, Dogu: Kemalist Devrim 4. Kurtulus Savasi'nda Kürt politikasi. Istanbul 1999b. [Kemalistische Revolution 4. Die Kurdenpolitik im Befreiungskrieg]

Perincek, Dogu: Osmanli' dan bugüne Toplum ve Devlet. 3.A. Istanbul 1991. [Staat und Gesellschaft vom Osmanischen Reich bis in die Gegenwart]

Perincek, Dogu: Türk Sorunu. Istanbul 1993. [Türkische Frage]

Pevsner, Lucille W.: Turkey's political crisis. Background, Perspectives. Foreword by James W. Spain. New York 1984.

Pirim, Oktay; Örtülü, Süha: PKK'nin 20 yillik öyküsü. Istanbul 1999. [Die zwanzigjährige Geschichte der PKK]

Radtke, Bernd: II. Der sunnitische Islam. In: **Ende, Werner; Steinbach, Udo (Hg.):** Der Islam in der Gegenwart. 4.A. München 1996.

Redaktion der Alevilerin Sesi: Alevi Festivali Bin Yilin Türküsü'nün Ardindan. In: Alevilerin Sesi 37 (2000), S. 5-8 [Nach dem Alevitenfestival "Epos des Jahrtausends"]

Redaktion der Alevilerin Sesi: Devlet Güvenlik Mahkemelerinin Alevilere yaptigi baskilardan bir örnek. In: Alevilerin Sesi 38 (2000), S. 12. [Ein Beispiel für die Unterdrückung der Aleviten durch die Staatssicherheitsgerichte]

Reinhard, Ursula: Musik der Alewiten. In: **Engin, Ismail; Franz, Erhard (Haz./Hg.):** Aleviler/Alewiten. Kimlik ve Tarih/ Identität und Geschichte. Cilt 2/Band 2. (Band 60 aus der Reihe Mitteilungen/ Deutsches Orient-Institut). Hamburg 2001.

Rill, Bernd: Atatürk. Reinbeck/Hamburg: Rowohlt 1987.

Rinehart, Robert: Chapter 1. Historical Setting. In: **Pitman III, Paul M. (Ed.):** Turkey: a country study. 4. A. Federal Research Division. O.O. 1988.

Roth, Jürgen; Taylan, Kamil: Die Türkei. Republik unter Wölfen. 2.A. Bornheim/Merten 1982.

Rumpf, Christian: Die Verfassung der Republik Türkei. In: Beiträge zur Konfliktforschung 13 (1983), S. 111-174.

Runciman; Steven: Häresie und Christentum. München 1988.

Salisik, Selahattin: Kurtulus Savasi'nin Gizli Örgütü. M.M. Grubu. Istanbul 1999. [Die Geheimorganisation im Befreiungskrieg. Die M.-M.-Gruppe]

Samim, Ahmet: 5.The Left. In: **Schick, Irvin G.; Ertugrul, Ahmet (Ed.):** Turkey in Transition. New Perspectives. New York 1987.

Sapolyo, Enver Behnan: Mezhepler ve Tarikatlar Tarihi. Istanbul 1964. [Die Geschichte der Konfessionen und Ordenswege]

Saribay, Ali Yasar: Der Einfluß der Religion auf die türkische Gesellschaft und ihre Rolle im politischen Leben. In: **Özak, Halil; Dagyeli, Yildirim (Hg.):** Die Türkei im Umbruch. Frankfurt 1989.

Saribay, Ali Yasar: Die Nationale Heilspartei. In: In: **Blaschke, Jochen; van Bruinessen, Martin (Hg.):** Thema: Islam und Politik in der Türkei. Berlin 1984.

Sarihan, Zeki: Kurtulus Savasinda Ikili Iktidar. Istanbul 2000. [Doppelregierung im Befreiungskrieg]

Sariönder, Refika: Globalisierung, Politische Öffentlichkeit und Alevitentum. In: www. sahkulu.org/xrefika.htm.

Savas, Vural: Irtica ve Bölücülüge Karsi Militan Demokrasi. 7.A. Ankara 2000. [Militante Demokratie gegen die Reaktion und den Separatismus]

Savas, Vural: Refah Partisi Iddianamesi. Istanbul 1997. [Das Plädoyer gegen die Wohlfahrspartei]

Schimmel; Annemarie: Der Islam. Eine Einführung. Stuttgart 1999.

Schimmel, Annemarie: Einleitung. In: **Der Koran**. Aus dem Arabischen übersetzt von Max Henning. Einleitung und Anmerkungen von Annemarie Schimmel. Stuttgart 1994.

Schweizer, Gerhard: Die Janitscharen. Geheime Macht des Türkenreiches. Salzburg 1979.

Sener, Cemal: Alevilik Olayi. Istanbul 1995. [Das Phänomen Alevitentum]

Sener, Cemal: Atatürk ve Aleviler. Istanbul 1994. [Atatürk und die Aleviten]

Sener, Cemal: Sah'a Giden Dogru Yol. Istanbul 1997. [Der wahre Weg zum Schah]

Sener, Cemal; Ilknur, Miyase: Seriat ve Alevilik. Istanbul 1995. [Die Scharia und das Alevitentum]

Seufert, Günter: Café Istanbul. Alltag, Religion und Politik in der modernen Türkei. München 1997a.

Seufert, Günter: Politischer Islam in der Türkei. Islamismus als symbolische Repräsentation einer sich modernisierenden muslimischen Gesellschaft. Stuttgart 1997b.

Sever, Erol: Coktanricilik, Hiristiyanlik ve Kabe. Islamin Kaynaklari 1. Istanbul 1995 [Polytheismus, Christentum und die Kaaba. Die Quellen des Islam]

Shaw, Stanford J.: Das Osmanische Reich und die moderne Türkei. In: **von Grunebaum, Gustove (Hg.):** Der Islam II. Die islamischen Reiche nach dem Fall von Konstaninopel. O.O. 1971.

Shaw, Stanford J.; Shaw, Ezel Kural: History of the Ottoman Empire and Modern Turkey. Volume II: Reform, Revolution, and Republic: The Rise of Modern Turkey, 1808-1975. Cambridge, London, New York, Melbourne 1977.

Soeffner, Hans-Georg: >>Auf dem Rücken eines Tigers<<. Über die Hoffnung, Kollektivrituale als Ordnungsmächte in interkulturellen Gesellschaften kultivieren zu können. In: **Heitmeyer, Wilhelm (Hg.):** Was hält die Gesellschaft zusammen? Frankfurt 1997.

Soeffner, Hans-Georg: Rituale des Antiritualismus. In: **Soeffner, Hans-Georg:** Die Ordnung der Rituale. Die Auslegung des Alltags 2. Frankfurt 1992a.

Soeffner, Hans-Georg: Stil und Stilisierung. Punk oder die Überhöhung des Alltags. In: **Soeffner, Hans-Georg:** Die Ordnung der Rituale. Die Auslegung des Alltags 2. Frankfurt 1992b.

Sökefeld, Martin; Schwalgram, Susanne: Institutions and their Agents in Diaspora. A Comparison of Armenians in Athens and Alevis in Germany [Masch.-schr.]. Paper presented at the 6th European Association of Social Anthropologists Conference, Krakau, 26-29 July 2000. Universität Hamburg. Institut für Sozial- und Kulturanthroplogie 2000.

Sönmez, Ergün: Die Türkei von Atatürk bis heute. Berlin 1985.

Sohrweide, Hanna: Der Sieg der Safaviden in Persien und seine Rückwirkungen auf die Schiiten Anatoliens. In: Der Islam 41 (1965), S. 95-223.

Spuler-Stegemann, Ursula: 2. Türkei. In: **Ende, Werner; Steinbach, Udo (Hg.):** Der Islam in der Gegenwart. 4.A. München 1996.

Steinbach, Udo: Geschichte der Türkei. München 2000.

Steinbach, Udo: Die Türkei im 20. Jahrhundert. Bergisch Gladbach 1996.

Steinhaus, Kurt: Soziologie der türkischen Revolution. Frankfurt 1969.

Stonequist, Everett V.: The Marginal Man. A study in Personality and Culture Conflict. New York 1937.

Stromeier, Martin: Seldschukische Geschichte und türkische Geschichtswissenschaft. Die Seldschuken im Urteil moderner Historiker. Berlin 1984.

Tagesanzeiger: Das lange Warten auf mehr Demokratie.13.3.96. In: http:// www.tagesanzeiger.ch/archiv/96maerz/960313/188662.htm

Thomas, William I; Thomas, Dorothy S.: The Child in America. Behaviour Problems and Programs, New York 1928.

Tibi, Bassam: Aufbruch am Bosporus. Die Türkei zwischen Europa und dem Islamismus. München 1998.

Toprak, Binnaz: Die Institutionalisierung des Laizismus in der türkischen Republik. In: **Blaschke, Jochen; van Bruinessen, Martin (Hg.):** Thema: Islam und Politik in der Türkei. Berlin 1984.

Toprak, Binnaz: Islam and Political Development in Turkey. Leiden 1981.

Toprak, Binnaz: 7. The Religious Right. In: **Schick, Irvin C.; Tonak, Ertugrul Ahmet (Ed.):** Turkey in Transition. New York 1987.

Türkdogan, Orhan: Alevi-Bektasi Kimligi. Sosyo-Antropolojik Arastirma. Istanbul 1995. [Die Identität der Aleviten- Bektaschiten. Eine Sozialanthropologische Untersuchung]

Türkdogan, Orhan: Etnik Sosyoloji. Istanbul 1997. [Ethnische Soziologie]

Türkdogan, Orhan: Güneydogu Kimligi. Asiret. Kültür. Insan. Istanbul 1998. [Die Identität Südostanatoliens. Clan. Kultur. Mensch.]

Türkdogan, Orhan: Kemalist Sistem. Istanbul 1999. [Kemalistisches System]

Türkes, Alparslan: Milli Doktrin. Dokuz Isik. Istanbul 1997. [Nationale Dokktrin. Neun Leuchtende Pfade]

Türk Tarihi Tetkik Cemiyeti: Türk Tarihinin Ana Hatlari. 2.A. Istanbul 1996. [Grundzüge der türkischen Geschichte]

Tusalp, Erbil: Sivas 1993'den Türkiye 1998'e. In: Alevilerin Sesi 27 (1998), S. 36-37.

Tusalp, Erbil: Islam Fasizmi. Istanbul 1999. [Islam-Faschismus]

Ulusoy, A. Celalettin: Hünkar Haci Bektas Veli ve Alevi-Bektasi Yolu. 2.A. Istanbul 1986. [Hünkar Haci Bektas Veli und der alevitisch-bektaschitische Weg].

Väth, Gerhard: Zur Diskussion um das Alevitentum. In: Zentrum für Türkeistudien 6 (1993), S. 211-222.

Voigt, Rüdiger: Mythen, Rituale und Symbole in der Politik. In: **Pribersky, Andreas; Unfried, Berthold (Hg.):** Symbole und Rituale des Politischen. Ost- und Westeuropa im Vergleich. Frankfurt 1999.

Volkan, Vamik: On Chosen Trauma. In: Mind and Human Interaction 3 (1991), S. 3-19.

Vorhoff, Karin: Alewitische Identität in der Türkei heute. In: **Engin, Ismail; Franz, Erhard (Haz./Hg.):** Aleviler/Alewiten. Kimlik ve Tarih/ Identität und Geschichte. Cilt 1/Band 1. (Band 59 aus der Reihe Mitteilungen/ Deutsches Orient-Institut). Hamburg 2000.

Vorhoff, Karin: Türkiye'de Alevilik ve Bektasilik'le ilgili Akademik ve Gazeticilik Nitelikli Yayinlar. In: **Olsson, Tord; Özdalga, Elisabeth; Raudvere, Catharina (Haz.):** Alevi Kimligi. Istanbul 1999. [Akademische und journalistische Publikationen über das Aleviten- und Bektaschitentum in der Türkei]

Weber, Max: Wirtschaft und Gesellschaft. Grundriß der verstehenden Soziologie. 5.A. Tübingen 1980.

Weiher, Gerhard: Militär und Entwicklung in der Türkei, 1945-1973. Ein Beitrag zur Untersuchung der Rolle der Militärs in der Entwicklung der Dritten Welt. Opladen 1978.

Werle, Rainer; Kreile, Renate: Renaissance des Islam. Das Beispiel Türkei. Hamburg 1987.

Werner, Ernst: Die Geburt einer Großmacht. Die Osmanen. Berlin 1971.

Werner, Ernst; Markov, Walter: Geschichte der Türken. Von den Anfängen bis zur Gegenwart. Berlin 1979

Widengren, Geo: Die Religionen Irans. Stuttgart 1965.

Wiehn, Erhard Roy: Mechanismen der Marginalisierung und Rassismus. [Maschschr.] Manuskript. Universität Konstanz. Geisteswissenschaftliche Sektion. Fachbereich für Geschichte und Soziologie. o. J.

Wiehn, Erhard Roy: Soziale Randgruppen. Mechanismen der Absonderung. In: **Becker, Georg E.; Coburn-Staege, Ursula (Hg.):** Pädagogik gegen Fremdenfeindlichkeit, Rassismus und Gewalt. Mut und Engagement in der Schule. Weinheim, Basel 1994.

Williamson, Oliver: The Economic Institutions of Capitalism. New York 1985.

Yalcin, Ayhan: Türkiye Cumhuriyeti'nin Anayasalari. Istanbul 1987. [Die Verfassungen der Republik Türkei]

Yaman, Ali: Kizilbash Alevi Dedes. Manuskript zur Magisterarbeit "Alevilik'te Dede kurumu ve Islevleri. Universität Istanbul 1996. In http://www.sahkulu.org/dedes.htm [Die Institution des Dede im Alevitentum und deren Funktionen]

Yavuz, M. Hakan: Degisim Sürecindeki Alevi Kimligi. . In: **Engin, Ismail; Franz, Erhard (Haz./Hg.):** Aleviler/Alewiten. Kimlik ve Tarih/ Identität und Geschichte. Cilt 1/Band 1. (Band 59 aus der Reihe Mitteilungen/ Deutsches Orient-Institut). Hamburg 2000. [Die alevitische Identität im Wandlungsprozeß].

Yavuz, Turan: ABD'nin Kürt Karti. Istanbul 1993. [Die kurdische Spielkarte der USA]

Yegen, Mesut: Devlet Söyleminde Kürt Sorunu. Istanbul 2000. [Die Kurdenfrage im Diskurs des Staates]

Yetkin, Cetin: Etnik ve Toplumsal Yanlariyla Türk Halk Hareketleri ve Devrimler. Istanbul 1974. [Türkische Volksbewegungen und Revolutionen in ihrer ethnischen und gesellschaftlichen Dimensionen]

Yildirim, Ali: Alevi'nin Adi yok. In: Pir Sultan Abdal 30 (1999), S.68-73. [Der Name des Aleviten wird nicht genannt]

Yildirim, Ali: Alevi Bektasi Kuruluslari Birligi Yasallasti. In: Alevilerin Sesi 46 (2001b), S. 9-11. [Die Union der Aleviten-Bektaschiten-Vereine ist legalisiert]

Yildirim, Ali: Alevilik'te Hukuk Sistemi. In: **Engin, Ismail; Franz, Erhard (Haz./Hg.):** Aleviler/Alewiten. Kimlik ve Tarih/ Identität und Geschichte. Cilt 2/Band 2. (Band 60 aus der Reihe Mitteilungen/ Deutsches Orient-Institut). Hamburg 2001a. [Das Rechtssystem im Alevitentum]

Yörükoglu, Riza: Okunacak en büyük kitap insandir. Tarihte ve Günümüzde Alevilik. 5.A. Istanbul 1995. [Das größte zu lesende Buch ist der Mensch. Das Alevitentum in Geschichte und Gegenwart].

Zeidan, David: The Alevi of Anatolia. In: http://www.angelfire.com/az/rescom/ALEVI.html.

Zelyut, Riza: Öz Kaynaklarina Göre Alevilik. Istanbul 1990. [Alevitentum in seinen Originalquellen]

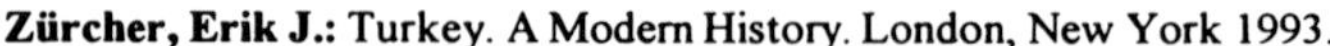

Zürcher, Erik J.: Turkey. A Modern History. London, New York 1993.

Herrn Professor Dr. Horst Baier danke ich herzlich für seine ebenso freundlichen wie nützlichen Hinweise auf folgende Literatur: Max Weber, Religiöse Gemeinschaften (Max Weber Gesamtausgabe I/22-2), herausgegeben von Hans G. Kippenberg. Tübingen 2001; Wolfgang Schluchter (Hg.), Max Webers Sicht des Islam. Frankfurt 1987; Shmuel N. Eisenstadt (Hg.), Kulturen der Achsenzeit II. Ihre institutionelle und kulturelle Dynamik. Frankfurt 1992. In meiner derzeitigen Arbeit "Renaissance des Alevitentums in der Türkei und in Deutschland" werde ich diese Literatur entsprechend berücksichtigen. - Sabine Martin (Universität Konstanz) danke für ihre Hilfe bei letzten PC-Arbeiten zu dieser Schrift.

Burak Gümüs
4.12.2001

In der Reihe

Konstanzer Schriften zur Sozialwissenschaft
Herausgegeben von Horst Baier und Erhard R. Wiehn

erschienen ebenfalls die Bände

Haki Gürtas
Mythen und Rituale des Alevitentums.
Zur Religionssoziologie einer
Glaubensgemeinschaft im Nahen Osten
2005; 256 Seiten, 19,90 €.
ISBN 978-3-86628-014-4

Burak Gümüs
Die Wiederkehr des Alevitentums
in der Türkei und in Deutschland.
1. Aufl. 2007. IV, 440 Seiten. € 29,90.
ISBN 978-3-86628-128-8

Diese Bücher sind erhältlich über den Buchhandel
oder direkt von

Hartung-Gorre Verlag
D-78465 Konstanz
Telefon: +49 (0) 7533 97227
Telefax: +49 (0) 7533 97228
eMail: verlag@hartung-gorre.de
http://www.hartung-gorre.de